사회복지행정론

김남수 · 김문수 · 김효선 · 류동수
박철민 · 이승준 · 정형민 · 한승협

KNOWLEDGE COMMUNITY 공동체

머리말

4차 산업혁명 시대를 살고 있는 현재, 우리는 이러한 시대조류에 발맞추어 어떠한 초점 및 기준에 맞추어 삶을 살아가야 할지 많은 고민을 하게 된다. 인간 삶의 궁극적인 복지라는 문제는 예전이나 지금이나 앞으로도 계속적으로 중요한 화두가 될 것이다. 인간의 기본적인 삶의 욕구를 충족시켜야 한다는 것은 크게 달라지지 않고 더욱 중요한 이슈로서 다루어질 것이다. 그러한 점에서 사회복지라는 문제는 지속적으로 관심을 가지고 연구되어야 한다.

사회복지는 인간이 지구상에 살고 있는 한 사라지지 않고 조직의 규모가 크든 작든 상관없이 항상 존재하게 된다. 사람마다 인간다운 삶을 살기 위한 원초적 욕망을 가지고 있기 때문에 누구나 복지에 대한 관심이 높다. 그러나 모든 인간들이 편안한 삶을 사는 것은 아니다. 태어날 때는 누구나 공평하고 차별이 없는 것처럼 보이지만, 살아가면서는 삶의 격차가 벌어지고 빈부의 차이가 발생하며 심하게는 인간적인 모욕과 차별을 받으며 살아가는 현실이다.

그럼에도 불구하고 우리 개인들은 인간으로서 기본적이고 기초적인 삶의 욕구를 충족받을 권리와 의무를 가지고 있다. 그러기 위해서는 법적 · 제도적으로 복지에 대한 규범, 절차, 방법 등이 요구되고 이에 따라 반드시 국가의 역할이 필요하게 된다.

본 서는 이러한 문제의식을 가지고 집필자 각자의 세부전공에 따라 장별로 맡아 글을 작성하였다. 본 서는 크게 13장으로 구성되었다.

제1장은 사회복지행정의 개념으로 사회복지행정의 개념과 필요성, 사회복지행정의 특성을, 제2장은 사회복지행정의 역사로 미국과 한국을 중심으로 한 사회복지행정의 역사를 기술하였다. 제3장은 사회복지조직의 이론으로 사회복지조직이론의 유형, 전통적 조직이론, 현대적 조직이론 등을, 제4장은 사회복지조직의 구조와 유형으로 사회복지조직의 관리원칙, 사회복지조직의 구조와 조직화, 사회복지조직의 유형 등을 기술하였다. 제5장은 사회복지조직의 환경과 조직문화로 사회복지조직의 환경, 환경분석, 사회복지조직의 문화 등

을, 제6장은 사회복지서비스 전달체계로 사회복지서비스 전달체계 개념과 구성요소, 사회복지서비스 전달체계 구분과 원칙, 공·사 사회복지서비스 전달체계 역할, 사회복지서비스 전달체계의 문제점과 개선방안 그리고 우리나라 사회복지서비스 변천과정 등을 작성하였다. 제7장은 리더십과 동기부여로 리더십의 개념과 요소, 이론과 유형, 리더십과 집단역학, 동기부여 이론 등을, 제8장은 인적자원관리로 사회복지조직의 인적자원관리, 직원능력개발, 슈퍼비전 등을 기술하였다. 제9장은 재정관리로 재정관리의 개념, 예산체계와 과정, 예산수립, 예산집행 및 결산, 회계관리 및 회계감사 등을, 제10장은 사회복지서비스 질 관리와 위험관리로 사회복지서비스 질의 개념과 특성, 구성요소와 관리방안, 서비스 질 평가 및 사회복지기관에서 TQM 도입요소, 사회복지서비스 질에 대한 과제, 위험관리의 개념과 방법 등을 정리하였다. 제11장은 기획과 정보관리로 기획의 의의, 의사결정, 성과관리, 정보관리 등을, 제12장은 사회복지조직의 마케팅과 홍보로 마케팅과 사회복지조직의 마케팅 등을, 마지막으로 제13장은 사회복지조직 관리자의 자세와 지식 및 기술로 사회복지조직 관리자의 자세, 지식, 사회복지조직 관리자의 계층별 요구기술 등을 제시하였다.

다양한 집필진을 통하여 글을 작성하다 보니 장별로 어느 정도 매끄럽지 못한 부분도 있을 수 있지만, 집필자들의 전문적인 지식을 최대한 반영하여 전반적으로 사회복지행정의 기본 개념 및 이해를 하는 데 각고의 노력을 기울였다. 그럼에도 본 서를 작성하는 데 미비한 점이나 독자들의 엄정한 질책에 대하여는 집필진의 전적인 책임이며, 향후 개정판이 나올 시 수정할 것임을 약속드린다. 어쨌든 본 서가 사회복지행정을 공부하는 학생들에게 기본적인 지식 및 정보를 제공하는 데 많은 도움이 되었으면 하는 바람이다.

2023년 8월

저자 일동

차 례

CONTENTS

차 례

01
CHAPTER

사회복지행정의 개념

1. 사회복지행정의 개념
2. 사회복지행정의 필요성
3. 사회복지행정의 특성

01 CHAPTER

사회복지행정의 개념

1. 사회복지행정의 개념

1) 사회복지행정의 의의

복잡화된 현대사회에서 사회복지적 기능을 효율적으로 달성하기 위해서는 체계적이고 공식적인 실천 활동이 중요하다. 다양화된 사회복지욕구와 사회문제들을 해결하기 위해서는 공공전달체계와 민간전달체계의 공동의 조직적인 노력이 필요하다. 사회복지행정이란 '사회복지기관에서 사회복지서비스 대상자나 국민의 복지 증진을 위하여 어떠한 목적을 설정하고 그것을 달성하기 위해 노력해 나가는 조직 내에서 이루어지는 합리적인 협동행위'라 할 수 있다.

또한 사회복지행정은 수립된 사회복지정책을 보다 효과적으로 기획 · 실천 · 평가하도록 지원해 주는 사회복지의 중요한 방법 가운데 하나이며, 궁극적으로 사람들의 사회적 기능을 강화하는 데 목적을 두고 있다(성규탁, 1993).

사회복지행정이란 '관리자를 포함한 모든 조직 구성원의 체계화된 조정과 협력 활동을 통해 설정된 조직의 사회복지정책을 인적 · 물적 자원의 관리를 포함한 사회복지실천 개입방법을 통해 사회복지서비스로 전환하는 과정'으로 정의할 수 있다(오세영, 2018). 사회복지행정은 인간의 욕구충족과 관련된 정책의 결정, 조직의 관리, 서비스의 제공 등에 관한 모든 활동을 관리하는 것이다.

그중에서도 인간의 개별적이고 구체적인 욕구의 충족이라는 서비스 활동은 최종적이며 핵심적이라고 할 수 있다. 사회복지행정의 주된 관심사는 역시 개별적인 욕구라고 할 수 있고 이러한 개별적 · 구체적 욕구에 대한 강조가 사회복지행정의 성격을 결정짓는 데 중요한 역할을 한다(이준영, 2019).

윌렌스키와 르보(Wilensky & Lebeaux)는 사회복지를 협의의 개념으로 잔여적 사회복지와 광의적 개념으로 제도적 사회복지로 구분하고 있다. 이러한 구분은 사회복지서비스의 공급주체에 의한 구분으로, 잔여적(residual) 사회복지는 공급주체가 가족이나 시장이 되는 경우이고, 제도적(institutional) 사회복지는 공급주체가 국가인 경우이다(Wilensky & Lebeaux, 1965). 티트머스(Titmuss)는 사회복지행정을 단순히 사회복지기관이나 시설의 행정과는 달리 사회적 서비스의 관리운영이며, 사회복지서비스를 대상자에게 전달되도록 인적 조직과 기구 및 서비스의 선택 문제를 검토하는 것이라 하였다. 스키드모어(Skidmore)는 사회복지행정을 사회복지기관의 사회적 정책을 사회적 서비스로 전달되도록 전환시키기 위해 사회적 과정을 활용하는 기관 요원들의 활동으로 정의하여 사회사업행정으로 규정하였다. 패티(Patti)는 조직의 목적과 목표 달성을 위해 관리담당자들이 활용하는 일련의 상호 의존적인 과업과 기능 및 관련 활동들로 구성된 하나의 체계적인 개입활동이라 정의하여 사회복지실천의 한 방법으로 규정하였다. 따라서 사회복지행정은 사회복지조직의 다양한 활동을 통하여 조직의 목적을 달성하기 위한 조직 구성원과의 총제적인 행정적 업무를 총칭한다고 할 수 있다. 트레커(Trecker)는 지역사회가 필요로 하는 서비스와 사업을 제공하려는 의도로 이용 가능한 모든 자원을 주민들이 사용할 수 있도록 그들의 에너지를 방출하고 관련시키면서 주민들과 같이 일하는 과정이라 하였으며, 다음과 같이 행정의 개념을 정리하고 있다(임상록 외, 2010).

① 행정이란 지속적이며 동적인 과정이다.
② 이 과정은 공통의 목적 달성을 위하여 활용된다.
③ 인적 · 물적 자원의 기반을 강화함으로써 공통의 목표를 달성하도록 한다.

④ 조정과 협력은 인적 · 물적 자원의 기반을 강화하는 매체가 된다.

⑤ 이러한 개념의 핵심 요소는 기획, 조직 및 리더십이다.

협의의 사회복지행정은 '민간부문에서 사회복지실천목표를 달성하기 위한 여러 가지 인적 및 물적 자원을 동원하여 조직적인 노력을 통하여 사회복지서비스를 제공하는 활동'을 말한다. 이 개념은 미시적 접근의 형태이자 사회사업 실천방법의 하나로서 사회사업 행정(social work administration)이라고 할 수 있으며, 민간의 사회복지조직의 목표달성을 위해 수행되고 있다.

광의의 사회복지행정은 '중앙정부나 지방정부의 복지 관련 행정 전반을 포함하는 공공복지행정'이다. 거시적 접근 방법으로 클라이언트의 직접적인 서비스제공보다는 사회과학적 이론과 관리를 바탕으로 한 일반적인 사회정책을 통해 실천현장의 사회복지서비스를 전개하는 총체적인 활동을 말한다.

행정의 개념규정에 의한 사회복지행정의 유형을, 행정의 개념을 어떻게 파악하는가에 따라 다음과 같이 구분해 볼 수 있다.

첫째, 사회복지행정은 주체나 객체에 관계없이 사회복지기관에서 나타나는 행정현상에 초점을 두고 관리하는 일련의 기술적 과정 내지 협동적 집단 활동으로 파악하는 견해이다(Friedlander & Apte, 1974).

둘째, 사회사업기관(시설)행정은 사회복지행정의 주체를 민간 복지기관으로 간주하고 객체를 클라이언트로 한정시켜 클라이언트에 대한 복지기관의 서비스 제공에 필요한 전문적인 과정으로 이해하는 개념 규정이다.

셋째, 공공사회복지행정은 사회복지행정의 주체를 공공 복지기관으로 간주하고, 그 객체를 클라이언트를 포함한 전 국민으로 파악하며, 사회 전체적인 입장에서 문제해결을 하는 과정이나 기술로 이해하는 개념 규정이다. 이러한 개념 규정은 사회복지행정을 공공 행정기관과 연관시켜 국가공권력이나 정치권력을 사회복지 분야에 동원할 수 있음을 나타낸다.

2) 사회복지행정의 구분

사회복지행정 관련 용어들을 중심으로 전문직과의 관련성 정도에 따라 그 개념을 다르게 파악하고 있다. 김영종(2001)은 각 사회는 여건에 따라 사회복지전문직과의 관계를 각기 달리 설정하고 있으며, 크게 세 가지로 사회사업행정, 사회복지행정, 사회행정으로 나누어 볼 수 있다. 트레커(Trecker)는 '사회사업행정은 그 지역사회가 필요로 하는 서비스와 사업을 제공하려는 의도로 이용 가능한 모든 자원을 주민들이 사용할 수 있도록 그들의 에너지를 방출하고 관련시키면서 주민들과 같이 일하는 과정'이라고 정의하고 있다. 티트머스(Titmuss)는 '사회복지행정은 사회적 제반 서비스가 대상자에게 전달되도록 공급하는 인적 조직과 기구 및 서비스의 선택 문제를 검토하는 것'으로, 스키드모어(Skidmore)는 '사회복지기관의 사회적 정책을 사회적 서비스로 전환하기 위해 사회적 과정을 활용하는 직원들의 활동'이라고 정의하고 있다.

사회사업행정은 사회사업전문직의 관점에서 사회사업실천을 관리하는 것에 관심을 둔다. 사회사업전문직의 영향력이 강했던 1970년대 이전 미국의 경우가 여기에 해당된다고 볼 수 있다. 주로 클라이언트에게 서비스를 직접 전달하는 조직, 즉 사회복지시설에서 일어나고 있는 활동들을 관리하는 것이라고 할 수 있으며, 특히 미시적인 관점에서 프로그램의 개발과 관리에 초점을 두고 있다고 볼 수 있다(김영종, 2001). 사회복지행정은 개방적이고 동태적인 관점에서 사회복지를 이해하고 있다는 점에서 차이가 있다. 사회복지행정은 미시적 관점에서 조직 내 관리뿐만 아니라 거시적 관점에서 조직 간 관리를 포함하며 복지행정의 대상인 정부정책 결정과정과 사회사업행정의 프로그램 및 인력관리를 연속선상에서 보는 입장이다(이준영, 2019).

사회행정의 개념은 영국이 채택한 것으로서 20세기 초 개혁적 사회정책의 영향력이 강하였으며, 사회행정은 전체 사회적 관점에서 사회복지가 어떤 기능을 수행하는가와 제도적 사회복지에 관심을 가지고 있다.

3) 사회복지행정의 이념

사회복지행정의 이념은 사회복지행정이 추구하는 기본적인 방향과 궁극적 가치를 말하며 사회복지현장에서 사회복지행정가에게 요구되는 활동규범이나 행동규범이라 할 수 있다. 사회복지행정은 사회복지의 효과적이고 효율적인 목적을 달성하고자 하는 면을 강조하고 있다. 사회복지행정의 이념은 매우 다양하며 일반적으로 제시되는 행정이념과도 공통적으로 연결되는 부분이 있다. 사회복지행정에서 추구하는 이념은 다음과 같이 정리할 수 있다.

〈표 1-1〉 사회복지행정의 이념

원 칙	개 념	내 용
합법성	행정활동은 법률을 준수하여 합법적으로 실행되어야 한다.	• 합법성의 범위 내에서만 전문가의 재량권 인정 • 합법성이 강조될수록 행정의 예측성과 안전성이 도모됨 예 사회복지사업법, 사회복지법인 재무회계규칙
효율성	최소한의 자원과 시간을 투입해 최대의 성과를 거두어야 한다.	• 투입/ 산출비의 적정화, 업무의 전문화, 업무의 전문직업화 • 양과 관련된 방법과 수단에 관한 개념 • 경제성의 원리라고도 함
효과성	목표달성 또는 지역사회의 욕구나 소망에 부응해야 한다.	• 산출이 당초의 목표를 어느 정도를 달성했느냐 여부 • 질과 관련된 합목적적인 개념 • 효율성을 강조하면 효과성이 떨어질 수 있고, 반대의 경우도 가능
민주성	클라이언트를 위하고 그들의 뜻에 따라 서비스가 전달되어야 한다.	• 주민참여, 공개성과 공익성, 과정의 민주화 등이 포함 예 사회복지시설의 운영위원회 설치
형평성	비용과 혜택이 여러 집단에 평등하게 배분되어야 한다.	• 서비스 공급의 지역 간, 남녀 간, 계층 간 평등
대응성	정책 결과는 특정 집단의 욕구, 선호, 가치 등에 부합되어야 한다.	• 정책목표가 달성되어도 수혜자 만족도가 낮으면 대응성은 떨어짐
접근성	서비스를 받고자 하는 사람이 항상 쉽게 이용할 수 있어야 한다.	• 지리적, 물질적, 심리적으로 접근 용이 • 편익성이라고도 함

출처 : 강종수(2011).

오늘날 사회복지행정의 이념은 사안에 따라 서로 대립되고 있다. 가장 대표적인 사례로 사회복지서비스의 대상을 선정하는 데 있어서 선별주의와 보편주의의 선택 문제라 할 수 있다. 선별주의는 대상자의 영역을 사회적·경제적 기준 등에 따라 선별하여 서비스를 제공하는 것을 말하며 자산조사를 통하여 필요가 있다고 인정된 사람들만을 대상으로 한다. 보편주의는 전 국민을 대상으로 하며 모두가 사회복지서비스의 수혜대상자로 접근하는 것을 말한다.

1. 선별주의	무상급식 찬반 논의와 사회복지행정의 가치	2. 보편주의
• 서비스 집중 • 자원낭비가 적음 • 비용이 적게 듦 • 자산조사 필요 • 잔여적 모형	• 무상급식에 대한 논의 • 두 입장의 대립 • 효과성, 효율성의 측면 • 공평성(낙인문제), 편익성의 측면	• 최저소득 보장 • 행정절차 용이 • 비용이 많이 듦 • 자산조사 불필요 • 제도적 모형

| 그림 1-1 | 선별주의와 보편주의 논의의 예

4) 사회복지행정과 일반행정

행정은 사회복지조직뿐만 아니라 기업조직, 정부조직, 교육조직 등 모든 유형의 조직에서 이루어지며, 이때 각 조직에는 공통의 일반적 보편적 행정 원리가 적용된다(임정문 외, 2017). 일반적으로 우리 사회에서 행정(administration)이란 공공행정(public administration)을 지칭한다. 공공행정은 정부조직에서 이루어지는 행정과정이지만 행정은 기업, 학교, 병원 등 다른 조직에도 존재한다(황성철 외, 2009). 사회복지조직은 휴먼서비스를 제공함에 따라 일반행정의 원리와 방법이 동일하게 적용되기에는 한계가 있다. 사회복지행정과 일반행정의 공통점과 차이점은 다음과 같이 나누어 볼 수 있다.

(1) 공통점

조직이란 어떠한 목적을 달성하기 위해서 구조화된 분업체계로서, 국가조직이든 사회복지조직이든 일반조직이든 어떤 목적을 달성하기 위해서는 여러 가지 기능이 요구된다. 다음은 조직의 목적을 달성하기 위해서 요구되는 기능이며 사회복지행정과 일반행정의 공통점이다.

첫째, 행정은 문제해결의 과정으로 인력, 재정, 프로그램 및 서비스를 전달하며 대안을 모색하고 평가하는 문제해결과정이라고 할 수 있다.

둘째, 행정은 상호작용하는 부분들이 모여서 이루어지는 체계이며 미래의 바람으로 이루어진다.

셋째, 행정은 대안 선택에 있어서 가치판단을 사용하여 창의적인 지식 및 활용으로 이루어진다.

넷째, 행정은 조직 내 개인과 집단의 목표달성을 위한 조력의 과정이 필요하다.

다섯째, 행정은 인적 · 물적 자원을 동원하고 조직화하여 최적의 서비스를 생산할 수 있도록 하며 인력을 배치하고 예산을 관리하는 등의 과정을 수행한다.

여섯째, 행정은 모든 부분에서 공공 의지(public will)의 실현에 주목한다.

(2) 차이점

일반행정은 효율성을 매우 강조하기 때문에 비용을 줄이는 것이 가장 중요한 관심사이다. 또한 일반행정은 관료제의 원칙에 따라 이루어진다. 즉, 정책의 집행에 관련된 정부수집 및 의사결정과 관련된 비용을 최소화하기 위해 합리적인 규정을 미리 정해놓고 이에 따라 행동함으로써 매번 의사결정을 위해 정보를 수집하거나 토론할 필요를 없게 한 것이다(이준영, 2019).

사회복지행정은 기업이나 정부에서 이루어지는 행정과 원리, 기술 면에서 공통점도 있지만, 본질적으로 휴먼서비스(human service) 조직이라는 사회복지조직 고유의 특성으로 인하여 다른 행정과의 차이점도 크다. 각 조직이 추구하는 가치와 목표, 업무활동은 서로 다르므로 각 조직의 특성은 행정의 본질을 규정하는 데 중요한 개연성을 가질 수밖에 없다(임정문 외, 2017).

휴먼서비스조직은 조직의 원료가 인간이며, 도덕적 가치판단이 필요하고, 클라이언트와 일선 직원과의 관계가 효과성과 효율성에 중요한 요인이 되는 등 여타의 조직들과 다른 특징을 가지고 있다.

첫째, 사회복지행정은 변화되어야 할 속성을 가지고 있는 클라이언트와 접촉하여 활동하므로 주된 활동 대상은 사람이다.

둘째, 사회복지행정은 지역사회 내 클라이언트의 욕구충족을 위한 독특한 성격의 서비스를 산출하며 일반행정에 비할 수 없는 지식을 요구하며 환경관리의 문제가 중요하다.

셋째, 사회복지행정은 전문 사회복지사의 직무수행 역량에 크게 의존적이며, 행전전문가와 조직관리자 외에 모든 구성원들의 참여를 독려한다.

넷째, 사회복지행정가는 사회복지조직의 운영에 있어서 지역사회에 대한 책임감을 가지고 있어야 하며 지역사회와 밀접한 관련이 있어야 한다.

다섯째, 사회복지조직의 크기, 범위, 구조 및 프로그램의 형태는 광범위하고 다양하다.

〈표 1-2〉 사회복지행정과 일반행정의 차이점

구 분	사회복지행정	일반행정
대 상	• 지역사회의 인지된 욕구 충족(사회문제 해결)	• 전 국민 혹은 일정한 지역주민의 욕구 충족(공공복리)
서비스 종류	• 손상된 사회적 기능 회복 • 사회적 · 개인적 자원의 제공 • 사회적 역기능 예방	• 국가 또는 지방자치단체 유지 업무 • 공공정책 입안 및 집행 • 대민업무
구성 및 활동	• 이사회가 집행	• 업무에 따라 중앙부서나 지방자치단체의 해당 부서가 집행
조직형태	• 다양하고 광범위 • 법령에 위반하지 않는 원칙적으로 자유로운 활동	• 법령에 의거하여 조직되고 명확한 업무 • 법적 제약이 큼
행정가의 책임	• 조직의 내부운영을 지역사회와 연계하는 책임(정당성, 자원 확보)	• 전체 국민 혹은 지역주민에 대한 책임(선거를 통한 신임)

자원활용 선택	• 수시로 끊임없이 선택	• 법령에 따른 업무한도 내에서 활용
재정문제	• 조직의 생존을 위해 적자운영 지양	• 법령에 따라 적자예산 가능
서비스 성격	• 전문 사회사업적 성격(노인복지, 아동복지, 장애인복지 등)	• 전문 관리적 성격(주택문제, 환경문제)
행정참여도	• 조직의 모든 직원이 의사결정	• 직급, 직위에 따른 참여

출처 : 우종모 외(2004).

2. 사회복지행정의 필요성

사회복지행정이 왜 필요한가에 대한 논의는 사회복지행정의 개념을 이해하기 위한 기초과제이다. 사회복지를 둘러싼 거시환경 측면에서 사회복지행정의 필요성은 사회복지와 관련된 다양한 요구가 출현하여 그러한 요구를 충족하기 위한 다양한 활동이 나타났고, 이러한 다양한 활동을 조정하고 조직화하여 사회복지의 전체 목적에 부합하도록 유도하려는 노력의 일환으로 존재한다(임정문 외, 2017). 산업화와 도시화로 인하여 복잡화된 현대사회에서 빈곤, 의료, 주택 등 많은 문제를 야기하여 사회에 대한 복지제도의 정책적 개입이 요구되기 시작하였다. 다양한 사회문제를 해결해 나가기 위하여 사회 내에서 인적자원과 물적 자원의 효율적인 활용을 통하여 사회문제를 해결해 나가기 위한 조직적인 활동으로 사회복지행정의 필요성이 대두되고 한정적인 자원을 고려했을 때, 사회복지행정은 클라이언트에게 요구되는 서비스를 적시에 제공하고 그 효율성을 극대화시킬 필요가 있다. 사회복지행정의 필요성 및 중요성을 다음과 같이 들 수 있다(장인협 · 이정호, 1993).

첫째, 인간의 복지에 대한 관심은 시대와 국가 또는 사회를 막론하고 공통적인 것이었으나 이러한 복지에의 관심사로서 사회적인 의미를 가지고 있다. 산업화로 인한 사회변동은 사회문제를 야기해 위협을 초래하였다. 소득보장, 의료보장, 고용, 주택 등의 사회문제를 해결하기 위해서 노력하고 있다.

둘째, 행정의 의미를 조직관리를 통한 합리적 협동행위로 본다면 사회복지활동은 기관이나 시설에서 효과성을 기대할 수 있다. 사회복지활동의 목표는 인적·물적 자원의 효과적인 관리를 통해서 성취될 수 있는 것이다.

셋째, 사회적 서비스 조직체들은 막대한 재정이 소요되며 국가 예산의 많은 부분을 차지해 감에 따라서 복지재정 부분의 효율성을 높일 수 있는 행정관리가 요청되고 있다.

사회복지행정은 사회복지환경의 변화로 나타난 다양한 복지욕구와 그 욕구를 충족시키기 위한 많은 활동들을 체계화하고 효율적으로 조정하여 목표달성을 이루도록 하는 것으로, 무분별한 서비스 난립의 방지, 공적자원의 효율적 사용, 대상자의 욕구해결을 위한 충족 등을 통해 사회복지조직의 효과적인 목표를 달성하는 것이다.

윌렌스키와 르보(Wilensky & Lebeaux)는 사회복지사가 공식적 조직에 의한 활동임을 강조하고 있다. 오늘날의 사회복지활동은 이러한 조직적인 틀을 갖추고 지속이며 체계적으로 이루어져야 하며, 다양한 분야에의 사회복지사 활동을 통해 이루어지고 있고, 가장 기본적인 조직인 사회복지조직에서의 활동이라 할 수 있다.

사회복지조직에서 사회복지행정이 없다면 효과성 및 효율성을 떠나 사회복지 서비스 현장에 접근하기 어려우므로, 사회복지조직에서 행정의 필요성과 중요성은 매우 크다고 할 수 있는데, 행정 없는 사회복지 활동의 어려움을 바인바흐(Weinbach)는 다음과 같이 설명하고 있다.

① 클라이언트와 직원들은 기분 내키는 대로 나타나기도 하고 사라지기도 할 수 있다.
② 직원들은 매일 업무를 시작할 때 하고자 하는 것을 결정할 것이며 그들의 업무는 다른 직원들과의 어떤 유기적 관련 없이도 이루어질 수 있다.
③ 아무도 자신의 업무 또는 다른 사람의 업무에 책임을 지지 않을 것이다.
④ 아무도 다른 사람의 업무 또는 어떠한 프로그램 및 서비스를 평가하지 않을 것이다.

⑤ 아무도 지역사회 내에서 조직의 현재 역할에 대해 알지 못할 것이고 조직의 미래에도 관심을 갖지 않을 것이다.
⑥ 아무도 다른 직원과 어떤 정보를 함께 나누려 하지 않을 것이다.
⑦ 어떤 확실한 지도자도 없을 것이며 또한 직원들에 대한 분명한 역할 기대도 없을 것이다. 모든 결정은 일방적으로 이루어질 것이다.
⑧ 행동을 지도할 목표도 사명도 없을 것이다. 모든 행동은 제멋대로 될 것이다.
⑨ 직원들의 지식과 기술을 향상시키는 것을 도울 어떤 수단도 없을 것이다.
⑩ 과업의 위임도 전혀 없을 것이다.

사회복지행정이란 이러한 상태가 발생하지 않도록 하는 장치이며 조직이 실현하고자 하는 이념에 따라 목표를 설정하고 효과적으로 달성하기 위해서는 이러한 장치가 필요할 뿐만 아니라 매우 중요하다는 것을 역설적으로 나타내고 있다.

3. 사회복지행정의 특성

1) 사회복지조직과 행정의 특징

사회복지행정은 일반적이고 추상적인 사회복지정책을 구체적이고 개별적인 서비스로 전환하는 과정에 있는 조직들의 활동을 관리하는 것이다. 또한 인간에 의한 인간을 위한 구체적이고 개별적인 서비스를 효과적 · 효율적으로 제공하기 위한 것이다(이준영, 2019).

패티(Patti)는 관리자의 기능과 임무에 초점을 두고 사회복지행정의 특징에 대하여 언급하고 있는데, 이를 기초로 다음과 같이 사회복지행정의 특징을 요약할 수 있다.

① 사회복지행정은 정치와 제도에 관련되지만 행정가는 다수의 어려운 도덕적 딜레마와 선택에 직면하는 경우가 많다.

② 사회복지행정의 관리 실무는 외부의 기대와 선호에 의한 영향력과 매개, 화해에 관심을 가진다. 사회복지조직은 기관 프로그램의 발전과 유지에 필요한 자원을 위해 다양한 집단에 의존한다.

③ 사회복지행정은 차별받고 외면당하는 집단이 공공의 관심과 지원을 받을 수 있도록 옹호한다. 지역사회의 사회적 약자들을 대변하고 보호하지 못한다면 사회복지조직은 자원과 협동을 얻을 수 없고 사회복지사들은 이해와 존경도 얻지 못할 것이다.

④ 사회복지행정은 클라이언트들이 보다 많은 전문가들로부터 급여를 받을 수 있도록 자원을 집중하고 다른 기관들과 협동하여 협력을 증진시킨다. 인간에 대한 보호와 변하는 기관들의 네트워크에 의해 협동적으로 산출되기 때문에 휴먼서비스 관리는 통합적인 협동을 발전시키고 유지하는 것이 필요하다.

⑤ 사회복지행정은 조직 구성원, 서포터, 자원봉사자들의 도덕적 수행을 촉진하는 가치와 목표를 정교하게 만든다. 사회복지조직 내에서 사회복지사와 다른 전문가들의 업무수행은 개인적 인성, 조직 분위기, 문화, 구조 등 많은 다른 요소들에 의해서 규정되는 것으로 알고 있지만, 동기화의 가장 중요한 자원 중 하나는 목적에 대한 신념이다.

⑥ 사회복지행정은 기금을 제공하는 기관에 의해 부과된 측정 가능한 기준에 대응하여 조직의 업무 수행을 측정하려 한다. 사회복지행정은 소비자의 선택과 특수화되는 업무수행에 대한 기대에 부응하는 서비스 기술을 발전시킨다.

⑦ 사회복지행정은 기관의 업무 수행과 재산권을 확립하도록 지원하며 임파워 과정을 발전시키고 신체적 · 심리적 건강을 도모하는 환경을 유지하려 한다.

⑧ 사회복지행정은 서비스 수단선택과 전달에 클라이언트가 능동적으로 관여할 수 있도록 주의를 기울인다. 최근 사회서비스 소비자는 변화 창조의 핵심적 부분으로 인식되고 있고 변화를 함께 만들어 내고 있다.

사회복지조직관리를 중심으로 사회복지행정의 특성을 살펴보면 다음과 같다(오세영, 2009).

첫째, 일반적으로 사회복지조직은 민간서비스와 공적서비스를 혼합하여 제공하기 때문에 목표가 모호하다. 또한 정부, 민간후원자, 서비스 이용자와 가족, 전문가, 다른 서비스 기관의 직원 등 이해관계자 사이의 타협에 의해 형성되는 경우가 많다. 비교적 분명한 조직목표가 설정되어 있어도 위정자나 일반사회의 지지가 결여되는 경우가 흔히 있다.

특히 사회복지조직이 클라이언트에게 어떤 서비스를 주고 어떻게 변화시킬 것인가에 대해서 사회적인 지지가 결여되고 합의된 요구가 없기 때문에 조직의 목표추구 활동이 매우 어렵다.

둘째, 사회복지조직은 효과성 및 효율성 측정의 척도가 부족하다. 사회복지조직은 인간을 원료로 하고 있다. 클라이언트는 도덕적 가치를 지닌 인간이고 인간을 다루는 지식과 기술은 완전할 수 없다. 따라서 사회복지서비스를 표준화하기가 어렵고, 서비스 제공과 기법의 사용에 대한 효과성 및 효율성을 평가하는 것이 어렵고 부정확하다.

셋째, 사회복지조직은 과업환경 속에서 운영되고 있다. 과업환경은 누가 클라이언트가 되어야 하고, 어떤 과정을 거쳐 어떤 목적으로 서비스가 제공되어야 하는가에 관해서 다양하고 때로는 상호 모순적인 기대를 갖는 조직과 집단으로 구성된다.

넷째, 사회복지조직은 과업 환경적 요구의 다양성만큼 조직 내부 구성원의 관점과 요구도 다양하다. 클라이언트들의 요구와 기관의 방침은 마찰이 있는 경우에 갈등해소와 조정이 필요하다. 또한 사회복지조직은 다양한 전문직종의 사람들이 혼재되어 있어 전문분야에 따른 강조점이 서로 다르기 때문에 조정이 필요하다. 따라서 사회복지행정가는 다양한 클라이언트 개인과 집단의 요구와 상호 모순되는 견해를 조정해야 한다.

사회복지조직이나 기관도 하나의 조직체이기 때문에 다른 관료제 조직과 유사한 속성을 가지고 있다. 모든 조직체들은 사회적 환경 속에서 합법성을 획득하려 활동하고 노력한다.

이러한 활동과 노력은 사회 속에서 필요한 자원을 획득하고, 지지를 얻기 위하여 노력하게 되는데, 나름대로의 목적을 달성하기 위해서는 내부 구조를 체계화하여 관리 · 운영할 수 있는 기술을 확보해야 한다.

따라서 사회복지행정의 특성을 구체적으로 살펴보면 다음과 같다.

① 사회복지업무에서는 일반행정에서 고려되는 능률성이나 경제성이라는 행정 이념보다 형평성, 사회정의, 서비스의 효과성을 우선적으로 고려한다.

② 일반행정의 경우 대상이 사람과 제도적일 수 있으나, 사회복지행정의 경우 오직 사람만을 대상으로 하며, 인간을 이해할 수 있는 실천기술이 매우 중요한 부분을 차지한다. 즉, 인간관계적 기법을 기본 원리로 하고 있다.

③ 사회복지행정의 대상이 되는 문제는 주로 사회문제라고 인식되며, 도움을 필요로 하는 클라이언트의 욕구가 다양하기 때문에 사회복지행정이 추구하는 목표는 다양할 수밖에 없다.

④ 사회복지행정은 이윤추구나 권력을 목적으로 하는 것이 아니라 욕구충족의 우선순위와 제한된 자원을 보다 효율적으로 배분하는 일련의 과정으로서 클라이언트, 지역사회 주민의 권리, 공공의 책임, 전문인력의 관리 등 포괄적인 영역을 포함한다.

2) 사회복지행정의 기능과 과정

사회복지행정의 기능은 구체적으로 어떤 영역에서 하는 일에 따라 밀접한 관련을 가지고 있다. 일반적인 사회복지조직을 비롯하여 정부조직, 기업, 학교, 병원 등 많은 조직에서 추구하는 목표와 조직의 구조, 활용기술에서 차이가 있지만 각각의 조직에서 추구하는 본래의 기본 목표를 달성하기 위해 각 조직에서 접근하는 절차와 방법 등은 기본적으로 일반적이고 보편적인 관리

기능을 활용하며 공유하고 있다.

홍현미라 등(2014)은 사회복지행정의 기능은 사회복지행정이 구체적으로 어떠한 영역에서 무슨 일을 하는 것인지와 관련된다고 하였다. 더 이상 사회복지행정이 단순히 정책에 의해 정해진 바를 집행하거나, 혹은 전문적 서비스 제공 자원을 위한 보조만 하는, 즉 사회복지행정을 독자적 영역이 없는 채 임상의 하위분야로 인식하지 않는다.

사회복지행정은 조직을 통해 사회복지정책에서 제시하는 방향과 목적달성을 위한 집행체계로서 보다 효과적이며 효율적인 전달체계가 되기 위한 기능을 담당한다.

사회복지서비스를 대상자 또는 이용자에게 제공하는 절차와 구조를 만들어 이들에 대한 문제해결과 욕구충족을 지원하는 기능을 담당하며, 외부환경과 유기적인 상호작용을 통해 조직의 목표와 전략을 수립하고 인적자원관리, 재정관리, 홍보와 마케팅, 정보관리 등 조직관리의 기능을 수행한다.

사회복지행정이 이루어지는 행정과정은 'POSDCoRBE'로 설명할 수 있다.

사회복지행정과정의 보편적 관리기능을 살펴보면 다음과 같다.

① 사회복지기획행정(Planning)은 사회복지조직의 목표와 전략 및 목표달성을 위한 일련의 활동과 방법을 결정하는 기능이다. 기획은 기관의 목표설정, 목표달성을 위한 과업이나 활동, 과업 수행을 위한 방법의 결정을 말한다.

② 사회복지조직 행정(Organization)은 사회복지조직의 하위구조와 직무의 할당 및 역할과 책임을 명확히 하는 공식적 구조의 설정으로 사회복지조직의 관리를 결정하는 기능이다. 사회복지조직의 구조는 일반적으로 정관의 규정, 운영지침에 기술되어 있다.

③ 사회복지인사행정(Staffing)은 사회복지조직 직원의 채용과 훈련, 직원배치, 근무조건, 교육, 동기부여, 업적평가, 해고 등 인사관리를 진행하는 기능이다. 행정책임자는 직원의 임면에 대한 책임과 교육 및 훈련, 우호적인 활동조건의 조성에도 책임을 지며 구성원 간에 개방적인 의사소통

의 망을 유지하고 갈등을 해소해야 한다.

④ 사회복지통제행정(Directing)은 사회복지조직에서 합리적인 의사결정에 의한 업무지시와 책임과 권한을 효과적으로 위임하는 기능이다. 사회복지기관의 행정책임자는 기관을 효과적으로 지시하는 지도자로서 합리적인 결정을 내리는 능력, 헌신적인 태도, 도와주는 능력, 위임하는 능력과 동시에 개인과 집단의 창의성을 고취하는 능력을 갖추어야 한다.

⑤ 사회복지조정행정(Coordinating)은 사회복지조직의 부서와 사업 등 기관 활동의 다양한 요소들을 상호 연결하여 조정하며 효과적인 의사소통을 원활하게 하는 기능이다. 조정은 기관 활동을 다양하게 상호 유기적으로 연결시켜 주는 중요한 기능으로 기관 내 여러 부서와 구성원들 간의 효과적인 의사소통의 통로를 확보해야 한다.

⑥ 사회복지보고행정(Reporting)은 사회복지기관의 의사결정사항, 회계관리, 업무나 사업 등 기관 내 활동에 대한 기록의 유지 및 보고 기능이라 할 수 있다. 사회복지행정책임자는 보고의 기능을 수행하기 위해 기관의 직원, 이사회, 운영위원회 및 유관기관에 대하여 기관에서 발생하는 상황을 유기적으로 알려야 한다. 행정책임자는 기록의 유지, 정기적인 감사, 조사연구 등의 활동을 해야 한다.

⑦ 사회복지재무행정(Budgeting)은 사회복지기관 운영에 필요한 재정규모의 예측과 재원마련, 예산계획, 예산의 할당, 예산집행 및 회계 등의 기능을 관리한다. 사회복지기관의 재정은 기관 운용에 필요한 요소로서 예산상의 관점에서 투명해야 하며 장기적인 목표와 현재의 운영계획에 기초하여 수립되어야 하며 재정상의 운영을 통제하는 전반적인 책임을 진다.

⑧ 사회복지평가행정(Evaluation)은 사회복지기관의 목표와 사업 및 활동 목표에 비추어 결과를 사정하고 그 효과성과 효율성을 측정한다. 평가는 기관의 목표에 따라 전반적인 활동결과를 사정하는 과정으로 기관의 서비스가 수행된 정도와 가용한 자원과 기관의 서비스가 수행된 정도를 평

가하는 효과성과 효율성 척도를 활용하여 효과적인 평가가 진행될 수 있도록 평가활동을 자유롭게 수행할 수 있는 분위기를 조성해야 한다.

기획 P	조직 O	인사 S	통제 D	조정 Co	보고 R	재무 B	평가 E
방법의 결정	공식적 구조	우호적 활동	효과적 능력	기관활동 상호연결	진행상황 점검	기관운용 핵심	활동결과 사정

사회복지 목표를 달성하기 위한 일련의 행동과정
'POSDCoRBE'

그림 1-2 사회복지행정의 과정

학습평가

01 사회복지행정과 일반행정을 비교한 것으로 옳지 않은 것은? ( )

① 대상자를 보면 사회복지행정은 클라이언트이나 일반행정은 국민이다.
② 활동 측면에서는 둘 다 문제해결을 위한 과정으로 볼 수 있다.
③ 조직(구성) 측면에서는 둘 다 미래지향적인 요소도 있다.
④ 추구하는 목표가 서로 다르므로 사회복지행정은 일반행정의 지식과 이론 중 일부만 사용한다.
⑤ 활동 측면에서는 둘 다 공공의지(public will)를 실행하는 체계이다.

정답 ④

해설 사회복지행정도 간(間)학문적이다. 따라서 일반행정의 많은 지식과 이론을 활용한다.

02 다음은 사회복지행정의 특성을 나열한 것이다. 옳은 것은? ( )

① 복지행정은 서비스대상이 인간이므로 인간이 조직의 원료이다.
② 복지행정은 독립적인 역할을 하므로 지역사회와는 무관하다.
③ 복지행정은 인간을 대상으로 서비스하므로 환경 변화와 관계없다.
④ 복지행정은 휴먼서비스이므로 전문성보다는 일반성이 요구된다.
⑤ 복지행정은 정형화된 문제에만 접근하면 된다.

정답 ①

해설 ② 지역사회의 밀접한 관계가 유지되어야 한다.
③ 환경에 대한 의존성이 크므로 행정의 탄력성과 유연성을 구축해야 한다.
④ 조직에서 클라이언트와의 전문적인 상호작용을 하므로 전문성이 요구된다.
⑤ 개별화된 수혜자 욕구를 만족시키는 행정이므로 비정형화된 문제가 많다.

03 **다음은 사회복지행정의 휴먼서비스 측면과 특성, 과제를 연결한 것이다. 옳지 않은 것은? ( )**

① 휴먼서비스의 대상 - 문제나 욕구를 지닌 클라이언트 - 클라이언트의 욕구 만족에 노력
② 휴먼서비스의 주체 - 조직의 직원인 사회복지사 - 전문성이 필요
③ 휴먼서비스의 조직 - 사회적으로 위임받아 정당화됨 - 지역사회와의 연계 구축(민간과 공공조직의 협력, 지역사회의 참여)
④ 휴먼서비스의 목표 - 항상 분명한 목표 - 공익적 조직, 이윤을 추구하는 조직으로 유지
⑤ 휴먼서비스의 기술 - 사회적 가치의 제약, 기술의 불확실, 효율성과 효과성의 평가척도 불확실 - 상황에 맞는 기술 등 개발

정답 ④

해설 목표는 인간을 대상으로 하므로 모호하고 애매하며 문제점이 있고, 이윤을 추구하는 조직은 아니다(Hasenfeld). ⑤ 클라이언트들은 도덕적 가치를 지닌 인간이므로 사회복지사의 대부분 활동이 도덕적으로 정당해야 한다(사회적 가치의 제약). 따라서 실천기술과 복지활동에 제한이 있다.

04 **다음은 사회복지행정의 이념과 그에 대한 설명이다. 옳은 것은? ( )**

① 효과성 - 최소의 비용으로 최대의 효과
② 효율성 - 목표의 달성 정도(욕구와 문제해결의 적절성)
③ 책임성 - 복지행정이 목표를 달성하고자 하는 노력, 서비스 전달의 책임
④ 접근성 - 동일한 욕구를 가진 사람들에게 동일한 서비스
⑤ 공평성 - 쉽게 이용할 수 있도록 가까운 거리에 복지조직이 위치

정답 ③

해설 책임성은 효율성과 효과성을 높이는 것이다. ①은 효율성, ②는 효과성, ④는 공평성(형평성), ⑤는 접근성(편익성)에 대한 설명이다.

05 **사회복지법인의 대표이사가 행정이념을 설명하고 있다. 여기에서 언급되지 않은 개념은 무엇인가? ( )**

> "사회복지조직은 국민의 권리로 인정한 사회복지서비스를 소비자에게 전달하도록 위임받은 조직이므로 서비스 전달에 책임을 져야 한다(1). 그리고 복지행정이 진행되는 과정도 법률에 적합해야 한다(2). 물론 복지조직을 수혜자와 가까운 거리에 위치하도록 해야지(3). 목표는 최대한으로 달성하도록 하고(4), 최소의 비용으로 최대의 효과 부분도 고려해야지(5)."

① 효율성　② 합법성　③ 효과성
④ 형평성　⑤ 접근성

정답 ④

해설 (1) 책임성, (2) 합법성, (3) 접근성, (4) 효과성, (5) 효율성

02
CHAPTER

사회복지행정의 역사

02 CHAPTER

사회복지행정의 역사

우리가 역사를 공부하는 이유는 "역사는 현재와 과거의 대화"라는 에드워드 카(E. Carr)의 말처럼 과거를 통해서 현재를 정리하고 미래의 방향을 설정, 예측하는 데 도움이 되기 때문이다. 사회복지행정이 어떠한 역사적 배경에서 성립되고 발전되었는가를 살펴보는 것은 사회복지행정의 중요성은 물론 당면하고 있는 다양한 형태의 사회복지행정 문제를 해결하고 나아가 사회복지행정의 방향을 설정하는 데 중요한 지식이 된다.

사회복지행정을 가장 먼저 독립된 분야로 발전시키고 우리나라 사회복지행정 발달에 많은 영향을 준 미국의 역사를 알아보고 우리나라의 사회복지행정의 비전과 발전 방향에 대해 살펴보고자 한다.

1. 미국 사회복지행정의 역사

사회복지행정, 사회사업행정은 미국을 중심으로 발전하였으며, 사회행정은 영국, 공공 복지행정 분야는 독일, 미국에서 시작되어 전 세계로 전파되었다 할 수 있다.

미국 사회복지행정의 역사를 고찰하는 데 있어 패티(Patti, 1983 : 1-23)는 발달과정을 크게 인식기, 기초정립기, 정체기, 발달기, 새로운 도약기의 5단계로 구분하였다. 이에 대해 살펴보면 다음과 같다.

1) 인식기(19세기 말~1930년대 초반)

사회복지의 태동은 산업화로 인하여 다양한 사회문제의 발생으로 탄생하였으나, 사회복지행정에 대한 관심이 최초로 나타난 것은 19세기 말이라고 이야기할 수 있을 것이다.

이 시기는 사회사업이 하나의 전문직업으로 인정받고 정체성이 형성되던 시기이며, 대표적인 사회사업 방법론으로서 개별사회사업(casework)을 개발하던 시기였다. 이 시기 동안에 병원, 학교, 정신과 분야 등에서 사회사업이 도입되었고, 사회사업대학원 및 사회사업전문직 협회들이 설립되었다. 이러한 과정에서 사회사업의 이론, 지식, 기술은 물론 심지어는 사회사업 교육까지도 개별사회사업에 초점을 두고 있었기 때문에 개별사회사업이 전체 사회사업 전문직을 대표하는 것으로 생각되어 사회복지행정은 전문직의 실천형태로서 사실상 인정받지 못하였다(신복기, 1984 : 221).

그러나 빈민들이 처한 사회적 환경을 개선하고 사회사업시설과 기관들을 효과적으로 운영하는 사회사업전문직들의 활동이 직·간접적으로 행정과 불가피하게 연관되어 있었기 때문에 행정에 무관심하기는 어려웠다. 따라서 사회사업전문직은 사회사업시설과 기관 등을 합리적이고 효율적으로 관리할 수 있는 전문적 방법의 필요성을 인식하게 되었다(Lubove, 1965 : 22-34). 그리고 애보트(Abbott)와 던햄(Dunham), 해거티(Hagerty) 등 일부 사회사업학자들은 케이스워크가 사회적 서비스의 목적, 조직, 그리고 전달에 영향을 미치는 하나의 전문직으로서는 너무 좁은 영역이므로 보다 광범위한 접근이 필요하다고 주장했다(Patti, 1983 : 3-4).

사회복지행정이 사회사업대학의 교육과정에 최초로 나타난 것은 1914년이었으며 이후로 여러 학교에서 사회복지행정을 교육과정에 포함시켰지만 교수가 아닌 기관 관리자들이 가르쳤기 때문에 다른 과목에 비해 높은 비중을 차지하지 못했다. 실제로 이 시기에 사회복지행정에 대한 인식에 가장 큰 영향을 끼친 것은 1929년 밀포드 회의(Milford Conference)였다. 이 회의에서 전문적 사회사업교육기관은 사회사업가 양성을 위하여 케이스워크, 그룹워크, 지역사회조직, 사회사업조사, 사회복지행정을 포괄하는 하나의 교육과정을 제안하였다(AASW, 1929 : 78). 특히 이 제안에는 사회복지기관에 필요한 조직구조의 틀과 기준, 효과적인 서비스 전달체계에 대해서는 자세한 언급이 있었으나 행정에 필요한 기술과 과정 그리고 훈련된 관리자가 필요하다는 언급은 없었다.

이런 내용으로 미루어 볼 때 당시 사회사업실천가나 교육을 담당하는 사람들은 사회복지행정의 필요성을 인식하면서도 행정업무나 행정가의 역할 등에 대한 구체적인 내용을 정립하지는 못했던 것으로 보인다.

이상과 같이 미국의 사회복지행정은 19세기 후반부터 1930년대 초반 사이에 그 필요성을 인식하기 시작했다. 그러나 사회복지행정의 지식과 기술을 일관성 있게 발전시키지는 못했으며, 또한 사회복지행정 영역을 지도할 전문적 규범과 가치 및 원리도 정립하지 못하여 명목상 인식기로 볼 수 있을 것이다.

2) 기초정립기(1930년대 중반~1950년대 후반)

미국 사회복지행정의 기초는 초기의 인식기를 바탕으로 사회사업가들의 행정지식과 기술에 대한 관심과 노력, 그리고 1930년대 초 대공황에 따른 실업과 빈곤문제 해결을 위해 정부에 의해 수립된 공공복지정책의 실현과 연계가 이루어지면서 형성되었다. 따라서 이 시기는 사회복지행정 실천영역이 형성되어 가고 있었고 사회복지행정의 개념과 이론의 기초가 정립되는 시기였다.

먼저 사회복지행정 실천영역은 대공황에 따른 대량 실업문제를 해결하기 위해 연방정부가 관여하여 1934년 연방긴급구호청(FERA : Federal Emergency Relief Administration)을 설립하고, 1935년 사회보장법(Social Security Act)을 제정하여 연방 및 주의 공공부조제도가 실시됨에 따라 형성되었다.

연방긴급구호청의 설립으로 구제업무를 수행할 많은 직원들과 이들을 효율적으로 관리할 많은 관리자들이 필요하게 되었다. 또한 사회보장법 제정에 따른 공공부조제도의 실시는 연방정부로부터 위임된 사회적 서비스를 계획하고 조직하며, 기획하고 감독하기 위한 훈련된 많은 직원들을 필요로 하였다(Brown, 1940 : 273-298). 이러한 현상은 사회복지행정의 실천영역이 형성되어 행정발전의 기초가 형성된 것으로 볼 수 있다.

이와 같은 변화에 따라 사회복지대학들은 케이스워크를 중심으로 한 직접적 실천가를 양성하는 것에서부터 공공복지행정에 속하는 하나 또는 그 이상의 과정을 두고 공공행정가를 양성하는 방향으로 교과과정을 개정하였다(Street, 1940 : 6). 개정된 교과과정을 이수한 학생들이 각종 공공기관과 민간기관에 진출하면서 사회복지행정의 실천영역은 더욱 확고하게 되었다.

사회복지행정의 개념과 이론은 학자들과 사회사업대학에서 행정에 관한 집중적·전문적 교육을 받은 실천가들이 협력하여 사회복지행정을 사회복지의 핵심적 지식, 가치, 기술과 체계적으로 접목시켜 하나의 실천방법으로 정립하려는 과정에서 발전하였다. 즉, 사회복지행정은 일반행정과는 다른 특성을 가지고 있으며, 그 실천에는 고도의 전문성이 요구될 뿐만 아니라 민주적이고 참여적인 과정, 인간관계 기술의 적용 등이 요구된다는 것이다(신복기 외, 2009 : 61-62).

이러한 사회복지행정의 개념과 이론을 정립시키려는 노력들은 다음과 같이 나타났다. 첫째, 일반행정의 요소들이 모든 조직에 공통된 것은 확실하나 사회복지조직 및 사회복지서비스가 가지는 독특한 특성은 사회복지행정이 하나의 독립된 영역으로서 주목받을 만한 가치가 있는 것으로 평가된다. 즉, 사회복지행정의 독특한 특성으로는 급여와 서비스의 적합성, 클라이언트 중심의 서비스, 전문적 능력, 프로그램의 효과성, 운영의 효율성 등 서비스의 질 강조 등을 들 수 있다(Kidneigh, 1950 : 57). 둘째, 사회복지행정도 케이스워크, 그룹워크, 지역사회조직 등과 같은 전문성이 있는 방법론으로 확립하고자 하는 노력을 들 수 있다. 즉, 사회복지행정과 다른 전문적 방법론이 그 가치, 원리 및 지식과 기술 측면에서 서로 밀접한 관계가 있음을 확인하려는 것이었다. 셋째, 사회복지행정은 일반행정보다 그 과정에 있어 더욱 민주적이고 참여적인 경향이 강조된다는 것이다.

이와 같은 사회복지행정의 실천영역, 개념, 이론, 원칙들의 기초 정립을 통해 사회복지행정을 단지 하나의 도구나 보조적인 것이 아닌 독립적인 영역으로 확립되게 하였다. 이러한 사회복지행정 영역의 확립은 사회복지행정 교육을 위한 기반 형성과 함께 사회사업 방법론에서 사회복지행정이 동등한 위치를 확립하도록 하는 데 공헌하였다고 볼 수 있다.

3) 정체기(1960~1970년대)

1960년대 초반에는 1950년대까지의 사회복지행정의 이론적 기초 정립을 발판으로 상당한 발전이 기대되었다. 기대된 발전의 예로는 첫째, 1960년에 전국사회사업가협회(NASW)의 후원하에 사회복지행정과 사회복지조직에 이용할 수 있는 많은 이론들이 연구되었고, 또한 사회복지협의회(NCSW : National Council of Social Welfare)가 사회복지행정에 관한 많은 논문들을 발표했다(Reed, 1961 : 18).

둘째, 1961년 사회사업교육협회(CSWE : Council on Social Work Education)는 사회사업대학의 교과과정에 사회복지행정을 포함시켰다(Skidmore, 1983 : 10). 또한 사회복지행정 분야에서 종사할 사람들을 위한 전문적인 연구과정의 필요성이 제기되어(Burns, 1961 : 78) 사회사업교육협회는 개별 대학들이 사회복지행정 교육을 강화하는 교육과정을 인정하였다(CSWE, 1965 : 73-75).

셋째, 사회복지행정에 대한 전문적 관심이 증대되면서 1963년에 NASW 산하에 사회사업행정위원회(Council on Social Work Administration)가 설립되었다(Patti, 1983 : 11-12).

이상의 몇 가지 발전에 힘입어 사회복지행정의 많은 성장을 기대하였으나 실제로 이루어진 것은 별로 없었다. 그러므로 1960년대는 사회복지행정 발달과정에 있어 하나의 정체기라 할 수 있다. 이러한 원인은 그 당시 사회변화의 요구에 적절히 대처하지 못한 사회복지기관에 대한 국민들의 불신과 사회복지행정의 대안으로 지역사회조직사업이 급격히 발달하였기 때문이다.

그 배경에는 빈곤문제 해결을 목적으로 개발된 많은 사회복지 프로그램의 관리와 실천을 위해 경제원조국(OEO : Office of Economic Opportunity) 및 지역사회행동기관(CAA : Community Action Agency) 등 수많은 기관들을 설립하고 많은 노력과 재원을 투자했음에도 불구하고 빈곤문제를 비롯한 사회문제를 해결하는 데 실패하였던 일이 있다. 이는 사회변화의 흐름과 클라이언트의 욕구에 적절히 대응하지 못했을 뿐만 아니라 서비스 제공보다는 기관의 유지와 안전에 더 치중한 결과에 따른 것이다. 결국 이러한 사회복지기관 및 행정가에 대한 국민들의 비판은 사회복지행정의 발달을 정체시키는 결과를 가져왔다.

또한 1960년대는 사회변화와의 관계 속에서 지역사회조직사업의 전문적 발달이 이루어지는 시기이다. 지역사회조직사업은 그 당시 사회변화의 욕구에 맞는 인권운동과 인종차별방지운동 및 도시재개발운동 등 많은 사회문제 해결에 직접적으로 응용되었으며 하나의 사회사업 실천방법으로서 급속하게 성장하게 되었다. 이는 상대적으로 사회복지행정에 대한 관심을 약화시키는 결과를 가져왔을 뿐만 아니라 사회사업대학에서의 교육도 지역사회조직을 강화함으로써 사회복지행정의 발달을 저해시켰다.

4) 발달기(1970~1980년대)

1970년대 미국에서는 1960년대 비약적으로 확대된 사회복지 프로그램들에 대한 효과성과 효율성 및 사회적 책임성이 강하게 대두되기 시작하였다. 그 배경에는 1960년대 후반 이후 베트남 전쟁, 사회복지비 지출의 증가 및 이에 대한 재정적 부담, 인플레이션과 경제성장의 둔화, 복지서비스 수혜대상자의 증가 및 의존성 심화에 대한 불안 등이 자리잡고 있다. 즉, 사회복지 프로그램에 대한 재정적 확충이 어려워 최소의 비용으로 최대의 효과를 낼 수 있는 프로그램을 선정하여 지원할 수밖에 없었기 때문이다.

또한 이 시기에는 사회복지 프로그램의 유지와 확장에 초점을 가졌던 과거와는 달리 프로그램의 효과성과 효율성에 관심을 갖게 되었고 새로운 관리기법(PPBS, PERT 등)들을 도입하기 시작하였으며, 기존의 직원들을 위한 직원재교육 프로그램을 운영하였다. 이러한 맥락에서 사회복지행정 교육과 행정가들의 조직에도 변화가 가속화되었다. 사회복지행정가에 대한 수요가 증대되자 1975년 84개 사회복지대학들 중 19개 대학이 사회복지행정에 대한 교과과정을 운영하였고, 기획, 조직 그리고 행정을 조합하여 학생들을 교육시켰다.

이와 같이 사회복지행정에 대한 교육이 확산되면서 이에 대한 학문적 관심도 증가하여 1970년 중반에는 CSWE, NASW, NCSW 등의 후원을 받은 전문직 협회를 중심으로 행정실천에 관한 논문들이 발표되었다. 그리고 1976년에는 사회사업행정 최초의 저널인 「사회사업행정(Administration in Social Work)」이 발간되었다. 이러한 전문적 저널은 사회복지행정 연구를 위한 실제적인 자료 제공뿐만 아니라 행정실천을 위한 지식과 기술의 검증에 기여하였고, 사회복지행정의 원칙, 이론, 역할 등에 대한 사례 및 모델 정립에 기여하였다(강용규 외, 2008 : 44).

1980년대 들어서는 레이건(Reagan) 행정부가 기존의 사회복지 확대정책에서 벗어나 중앙정부의 사회복지 역할 축소정책을 시행함에 따라 사회복지행정에 있어 중대한 변화를 가져오게 된다. 사회복지서비스 전달체계에 있어서 민영화(privatization)와 그에 따른 서비스 구입계약, 보조금에 의해 유지되는 많은 민간 사회복지기관들이 생겨났으며, 기관의 존립과 차별성을 위해 보다 전문적 지식을 가진 사회복지행정 전문가가 더욱 필요하게 되었다.

이와 같이 새로운 교과과정의 개발 및 전문 학술지의 출간, 사회복지행정가의 등장은 사회복지행정에 대한 이론적 기틀을 제공하였으며, 이는 사회복지행정이 학문적으로 발전할 수 있는 기반이 되었다(홍봉수 외, 2016 : 36).

5) 새로운 도약기(1990년대~현재)

1990년대에 들어서도 미국사회의 보수주의적인 성향으로 사회복지 프로그램의 지속적인 비용긴축을 위해 사회복지서비스의 민영화와 상업화는 더욱 진행되었다. 1990년대의 미국 사회복지행정과 관련한 사회복지 환경은 첫째, 기획에서 서비스 전달까지를 직접 담당했던 거대 공공관료조직들의 퇴조, 둘째, 계약이나 서비스 구입 등의 방법을 통한 민간부문의 직접 서비스 전달에서의 역할 증대, 셋째, 민간과 공공의 엄격한 조직적 구분의 퇴조, 넷째, 서비스의 목적 실현을 위해서는 느슨하게 연결되어 있는 다양한 서비스 조직들을 연계할 서비스 전달체계의 통합이 필요하다는 인식 확산, 다섯째, 사회복지서비스의 책임성에 대한 구체적인 행정실천 등으로 나타난다(김영종, 1998 : 51).

이와 같은 사회복지 환경의 변화에 적응하기 위해 1990년대 이후 나타난 사회복지행정의 현상 및 가치를 살펴보면 다음과 같다(황성철 외, 2014 : 48-50).

첫째, 재정관리와 마케팅이 강조되기 시작했다. 사회복지서비스의 민영화와 상업화가 급속도로 진행되는 상황에서 빈곤계층의 다양하고 증대된 복지욕구를 충족시키기 위해서는 재화의 안정적인 재원 확보가 무엇보다 중요한 과제이다. 따라서 조직 내부적으로 비용절감 경영이 강조되고, 외부적으로는 전략적 기획(strategic planning)을 수립하여 보다 공격적인 마케팅과 홍보를 강화하게 되었다.

둘째, 기존 조직구조의 변화와 리더십에 대한 강조에 변화가 나타났다. 관료조직 구조를 유지하던 기존의 사회복지조직들이 수직적인 조직구조를 수평적 구조로 변화시켜 여러 형태의 팀(teams)제와 태스크 포스(task force) 집단을 형성하여 이들 하부조직들이 유기적인 네트워크를 구성하며 작동하도록 하였다. 또한 사회복지 조직관리자의 리더십에도 변화가 초래되었는데 내부지향적이며 성과에 의한 보상을 강조하는 거래적 리더십(transactional leadership)보다는 외부지향적이며 새로운 아이디어와 도전을 중요시하는 변혁적 리더십(transformational leadership)이 점차 강조되는 경향을 보인다.

셋째, 사회복지조직의 합병과 연합이 등장했다. 이미 공공복지행정체계에서는 본래의 기능을 민간에 이양하는 민영화[1]가 진행되고 있었다. 때문에 지

1) 민영화란 정부의 부담을 줄이면서도 서비스의 다양성과 범위를 확보할 수 있도록 하기 위해 정부재원으로 공공복지조직을 운영하는 대신 민간사회복지 프로그램에 대해 정부가 보조금을 지급하거나 민

역 차원에서 계약과 서비스 구매가 활발히 이루어지는 상황 속에서 위기를 느낀 영세 민간 사회복지조직들이 보다 경쟁력 있는 대규모 조직으로 합병하거나 협력하여 공동사업과 클라이언트 확보 전략을 세우게 되었다. 이러한 합병과 연합에 의해서 새로운 형태의 사회복지조직(제3섹터 조직 등)이 출현하였다.

넷째, 정보기술이 빠른 속도로 발전하여 사회복지서비스에 유의미한 영향을 미치기 시작했다. 2000년대 이후 미국은 국가 행정정보화에 따른 복지행정 정보시스템의 개발 및 구축으로 인하여 행정정보체계에 대한 관심이 높아졌다. 따라서 사회복지조직 관리자들도 조직을 효과적으로 운영하기 위해서 복지정보체계에 대한 이해와 정보기술에 점점 더 크게 의존하게 되었다.

이와 같은 상황 속에서 최근 미국의 추세는 사회복지조직의 효과적이고 효율적인 운영을 위해 관리(management)를 강조하고 있다. 사회복지 분야의 많은 문헌들이 행정(administration)보다는 관리(management)라는 단어를 쓰는 현실이 이를 반영하는 것으로 볼 수 있다(최성재 외, 2016 : 71).

2. 한국 사회복지행정의 역사

한국 사회복지행정의 역사에 대한 논의는 그 역사가 매우 짧고 역사를 기술하고 평가하는 데 필요한 기본적인 자료나 문서의 부족으로 많은 한계를 가지고 있다. 서구의 사회복지 역사가 수백 년 동안 산업화 및 민주화의 성장과 함께 발전을 해왔으나, 이에 비해 한국의 경우 대한민국 정부 수립 이후 현재까지 약 70여 년 동안 급속히 발전해 왔다고 할 수 있다. 학자마다 한국 사회복지행정의 역사에 대한 분류방법은 상이하다. 그러나 한국 사회복지행정의 발달이 각종 사회복지 관련 법령의 제정과 밀접한 관계가 있으며, 사회복지법령이 주로 정치체제의 변동과 정치적 동기에 따라 제정되었고, 그에 따라 행

간서비스 구입 계약을 체결하는 방법으로 민간부문을 적극 참여시키는 것을 말한다.

정의 발전이 이루어져 왔기 때문에 사회복지행정의 역사를 파악하기가 용이하다. 이에 여기서는 우리나라 사회복지행정의 역사를 각 공화국별로 살펴보고자 한다.

1) 일제와 미군정하의 사회복지행정

한국에 근대적 의미의 사회복지제도의 시작은 일제강점기라 할 수 있을 것이다. 이어 해방 후 미군정 시절까지 사회복지행정을 살펴보면 사회복지행정보다 구호행정이라고 말할 수 있다. 이러한 구호행정이 지금까지의 우리나라 사회복지행정에 많은 영향을 미쳤으며, 근대 사회복지행정 역사의 출발점이 되었다는 점에서 의의가 있다.

첫째, 1910년부터 시작된 일제강점 시대에는 기존의 구제사업은 거의 자취를 감추고, 1921년 조선총독부 내무국에 사회과를 신설하여 우리나라 사회복지사업의 지도 · 통제를 담당하게 되었다. 이것을 한국 사회복지행정 실천의 효시라고 볼 수 있으나 광복이 되기까지 공적조직의 사회복지 활동은 시혜적인 활동에 국한되어 공적인 사회복지조직이라고 보기는 어렵다(최성재 외, 2016 : 72).

그 후 1944년 3월 전문 제33조로 된 조선구호령이 공포 · 시행되었는데, 이 역시 당시 조선총독부가 국민들을 회유하고 종속시키기 위한 정치적 맥락에서 시행한 법령상의 명문규정에 지나지 않았기 때문에 그 실현을 위한 구호행정도 형식적이고 명목적인 것에 불과하였다. 그러나 조선구호령에 근거한 구호행정은 생활보호법이 제정되어 생활보호행정이 실현되기까지 우리나라 공공구호행정의 근거가 되었다는 데 그 의의가 있다.

둘째, 8 · 15광복 이후 대한민국 정부 수립 이전까지의 미군정 시대에는 1945년 10월 27일 군정법령 제18호로 보건후생국이 설립된 후, 1946년 3월 2일 보건후생부로 승격하였다. 보건후생부는 1946년 1월 12일 후생국보 제3호를 발표하여 일제가 제정 · 공포한 조선구호령과 함께 시행하였다. 그 후 1946년 9월 18일 아동노동법규와 1947년 5월 16일 미성년자노동보호법을 제정 ·

시행하였으나 이 역시 구호행정 수준에 불과하였다.

미군정 시대에는 사회사업 실천현장이 없었기 때문에 사회복지교육에 대한 필요성과 욕구도 전혀 없었지만 1947년 이화여자대학교에 기독교사회사업학과가 신설되어 전문사회사업 교육이 처음으로 시작되었다. 이것은 한국사회사업교육이 실천현장의 요구보다는 기독교와 교육이념 수용과정에서 미국의 사회사업교육이 먼저 도입된 것이다(홍봉수 외, 2016 : 40).

이 시기의 구호행정의 특성은 계획적이거나 장기적인 관점에서 이루어지지 못하고 주로 빈곤과 사회적 혼란에 대처하기 위한 임시구호적·응급적 차원에서 이루어졌다. 따라서 근대적 사회복지 개념에 입각한 사회복지행정으로 보기에는 무리가 있으며, 한국의 사회복지행정 역사의 출발점이 되었다는 데 그 의의가 있다.

2) 제1·2공화국의 사회복지행정

1948년 8월 대한민국 정부가 수립된 후 1961년 5·16 군사 쿠데타까지의 시기로 말할 수 있을 것이다. 대한민국정부 수립 후 이승만 대통령의 1공화국이 출범하였으나, 정치 상황이 매우 불안정하였으며 1950년 6월 25일 한국전쟁이 발발하였다. 전쟁으로 월남한 피난민, 전쟁고아 등 빈민계층이 형성되어 임시구호적인 성격의 사회복지행정을 시행하였는데, 한국정부의 행정이 아닌 외국의 원조기관이 실시하는 자선 및 구제가 전부였다.

제1공화국은 미군정 당시의 보건후생부와 노동부를 병합하여 사회부로 개칭하고 보건, 위생, 노동, 부녀 행정을 관장하게 하였다. 1949년 3월 기존의 사회부에서 보건행정을 분리하여 보건부를 신설하였고 1955년 2월 보건부와 사회부를 보건사회부로 통합하여 사회, 복지, 보건, 부녀 행정을 총괄하는 중심 부서로 운영하였다. 보건사회부의 사회복지 활동은 주로 월남피난민과 전쟁고아 및 피해자의 긴급구호에 급급한 상황이었기 때문에 현대적 의미의 복지행정은 실시되지 못하였다.

한국전쟁 이후 국내에 도입된 외국의 원조기관들은 현대적 의미의 민간 사회복지기관들을 설립하고 사회복지행정을 실천하였다. 그러나 이러한 원조기관들은 주로 전쟁피해자인 고아, 미망인, 무의탁 노인 및 빈민들에 대한 긴급구조를 하였기 때문에 조직적 원조활동과 전문적 사회복지 활동을 수행할 수는 없었다. 이러한 상황에서 공적 및 사적 사회복지 현장에서 사회복지행정의 필요성은 거의 인식되지 못하였을 것으로 생각된다(최성재 외, 2016 : 72).

한편 제1공화국 중반부터 사회복지 현장에서 사회복지교육의 필요성이 강조되지 않았지만 우리나라 대학에 사회사업학과가 개설되어 전문적인 사회복지 실천가를 양성하게 되었다. 1953년 중앙신학교(후에 강남대학교), 1958년 이화여자대학교(기존의 기독교사회사업과를 개칭), 1958년 서울대학교 대학원, 1959년 서울대학교 학부에 사회사업학과가 각각 개설되어 사회복지교육을 실시하게 되었고, 1956년 사회복지 전문인력 단기양성소인 국립 중앙사회사업종사자 훈련소(현재는 보건사회연구원에 포함됨)가 창설되었다.

위와 같이 제1 · 2공화국의 사회복지행정은 외국 원조단체들의 구호물품의 배분과 대학에서의 사회사업학과 설치로 인한 교육 실시 이외에는 전문적이고 체계적인 활동이 이루어지지 않았음을 알 수 있다.

3) 제3 · 4공화국의 사회복지행정

이 시기는 5 · 16 군사 쿠데타에 의해 탄생한 제3공화국으로 박정희 대통령은 한국전쟁의 후유증으로 최빈국인 상황을 벗어나고자 경제개발을 최우선 목표로 설정하고 절대빈곤 탈피에 주력하였다. 아울러 당시의 생활 무능력자들에 대한 생계보호를 위해 1961년 생활보호법을 제정함으로써 저소득층에 대한 공공부조를 위주로 하는 생활보호행정을 실시하였다. 그러나 정부 재정의 부족으로 인하여 민간 외원단체가 시급한 사회복지 문제나 욕구를 해결하는 상황이었다.

주무부서인 보건사회부의 역할도 전반적으로 생활보호 위주의 정책 수행이었고, 123개의 외원기관도 거의 전부 저소득층에 대한 원조를 위주로 활동하였다. 이러한 상황에서 공적 사회복지행정의 역할은 단순한 정책적 계획과 비전문적 활동 위주였으며, 사회복지서비스의 효율성과 효과성을 생각할 수 있는 정도가 되지 않았다.

또한 당시의 가장 심각한 사회문제인 전쟁고아에 대한 해결책으로서 고아입양특례법, 아동복리법과 같은 법률을 제정하였던 것은 아동복지행정의 효시로 간주할 수도 있으나 법령 속에 사회사업행정이라는 용어는 사용되지 않았다.

1970년 사회복지사업법이 제정되면서 사회사업의 정의와 범위를 명확히 하고 민간 사회복지사업의 체계 확립뿐만 아니라 국가와 지방자치단체에 의한 사회복지행정을 위한 보조와 지도, 감독이 가능하게 되어 민간 사회복지행정과 공공 사회복지행정을 위한 토대가 마련되었다.

반면에 1970년대 중반에 이르러 경제개발정책이 서서히 효과를 나타내어 국민의 소득수준과 국가의 재정능력이 향상되어 외국정부와 원조단체의 지원이 점차 축소되고, 철수하기 시작하여 민간 사회복지시설 운영에 필요한 재정문제가 더욱 악화되었다. 또 대학에서는 3개 대학이 신규로 사회사업학과를 개설하고, 1970년대 말에는 총 13개 대학의 사회사업학과에서 교육을 하였다. 그러나 사회복지학자들도 사회사업행정을 전공분야로 하거나 행정에 관한 논문을 발표한 적이 거의 없고 행정을 전공분야로 하는 학생들도 거의 없는 실정이었다. 하지만 제3·4공화국에서는 공공부조제도의 수립과 사회복지법인제도의 도입 등으로 공공 및 민간 사회복지행정의 발전 기초를 마련하였다고 평가할 수 있다(한국복지행정학회, 2015 : 59).

4) 제5공화국의 사회복지행정

제5공화국은 광주민주화운동 및 정부의 정통성 문제 등의 문제가 있었다. 또 산업화의 급속한 진전과 경제발전 위주의 국가정책을 추진한 결과, 소득격차 및 소득분배의 불균형, 지역 간의 격차, 상대적 빈곤, 가치관의 분열, 도시화 등 다양한 사회문제가 나타나기 시작하였다. 이에 정부는 복지사회 구현을 국가목표로 설정하고 헌법에 국가는 사회보장, 사회복지의 증진에 노력하는 의무를 진다는 조항과 행복추구권을 신설하였다. 여기서 사회보장은 소득보장, 의료부조를 말하고 사회복지는 아동복지, 모자복지, 장애인복지, 노인복지 등을 포괄하는 대인사회서비스를 말하는 것으로 이해할 수 있다(김만두, 1991 : 115).

또한 사회적 약자에 대한 구체적 입법화 과정을 거치면서 과거의 요보호대상자만을 위한 사회복지서비스가 아닌 전 국민을 대상으로 하는 법제도로 변화시키려는 의지가 구체화된 시기였다. 이에 국가와 지방자치단체의 책임을 강화하는 조치를 시행하고, 생활보호급여에 교육보호와 자활보호를 첨가시켜 공공부조행정의 범위를 확대하며 종래의 생계 중심의 보호 목적에서 자활 목적 중심의 행정을 병행하도록 하였다. 이 당시에 사회보험이 전 국민에게 적용되고 사회복지서비스가 보편적 서비스를 지향하게 된 데에는 노동조합, 여성운동단체 그리고 시민사회단체의 지속적인 입법청원운동이 크게 기여했다(홍봉수 외, 2016 : 43).

한국사회복지사협회는 1982년에 사회복지사 윤리강령을 제정하였다.

이와 같이 제5공화국의 사회복지행정은 이전과 비교해서 진일보한 측면을 보이고 있으나 다양한 사회복지 욕구를 가진 국민들의 인간다운 생활보장 목적을 달성하는 데는 한계가 있었으며, 당시 심화되었던 국민생활의 불안정과 계층 간의 갈등해소 및 융화에는 큰 공헌을 하지 못했다. 다만, 그동안 주목받지 못했던 사회복지서비스 행정에 관심을 갖게 되어 생활보호법에 교육보호와 자활보호를 첨가하는 등 사회복지행정의 범위를 확장시켰다는 데 의의를 둘 수 있다.

사회복지사 선서문

나는 모든 사람들이 인간다운 삶을 누릴 수 있도록,
인간존엄성과 사회정의의 신념을 바탕으로,
개인 · 가족 · 집단 · 조직 · 지역사회 · 전체사회와 함께한다.

나는 언제나 소외되고 고통받는 사람들의 편에 서서, 저들의 인권과 권익을 지키며,
사회의 불의와 부정을 거부하고, 개인이익보다 공공이익을 앞세운다.

나는 사회복지사 윤리강령을 준수함으로써, 도덕성과 책임성을 갖춘 사회복지사로 헌신한다.
나는 나의 자유의지에 따라 명예를 걸고 이를 엄숙하게 선서합니다.

사회복지사 윤리강령(2023. 4. 11. 5차 개정)

전문

사회복지사는 인본주의 · 평등주의 사상에 기초하여, 모든 인간의 존엄성과 가치를 존중하고 천부의 자유권과 생존권의 보장 활동에 헌신한다.
특히 사회적 · 경제적 약자들의 편에 서서 사회정의와 평등 · 자유와 민주주의 가치를 실현하는 데 앞장선다. 또한 도움을 필요로 하는 사람들의 사회적 지위와 기능을 향상시키기 위해 저들과 함께 일하며, 사회제도 개선과 관련된 제반 활동에 주도적으로 참여한다. 사회복지사는 개인의 주체성과 자기 결정권을 보장하는 데 최선을 다하고, 어떠한 여건에서도 개인이 부당하게 희생되는 일이 없도록 한다.
이러한 사명을 실천하기 위하여 전문적 지식과 기술을 개발하고, 사회적 가치를 실현하는 전문가로서의 능력과 품위를 유지하기 위해 노력한다. 이에 우리는 클라이언트 · 동료 · 기관 그리고, 지역사회 및 전체사회와 관련된 사회복지사의 행위와 활동을 판단 · 평가하며 인도하는 윤리기준을 다음과 같이 선언하고 이를 준수할 것을 다짐한다.

사회복지사의 윤리기준

Ⅰ. 기본적 윤리기준

1. 전문가로서의 자세
   1) 인간 존엄성 존중
      가. 사회복지사는 모든 인간의 존엄, 자유, 평등을 위해 헌신해야 하며, 사회적 약자를 옹호하고 대변하는 일을 주도해야 한다.
      나. 사회복지사는 모든 인간의 고유한 존엄성과 가치를 인정하고 존중하며, 이를 기반으로 사회복지를 실천한다.
      다. 사회복지사는 클라이언트의 성,연령, 정신 · 신체적 장애, 경제적 지위, 정치적 신념, 종교, 인종, 국적, 결혼상태, 임신 또는 출산, 가족 형태 또는 가족 상황, 성적 지향, 젠더 정체성, 기타 개인적 선호 · 특징 · 조건 · 지위 등을 이유로 차별을 하지 않는다.

라. 사회복지사는 다양한 문화의 강점을 인식하고 존중하며, 문화적 역량을 바탕으로 사회복지를 실천한다.

마. 사회복지사는 문화적으로 민감한 실천을 제공하기 위해, 사회복지 실천 과정에서 자신의 개인적·사회적·문화적·정치적·종교적 가치, 신념과 편견이 클라이언트와 동료 사회복지사에게 미칠 수 있는 영향을 고려하여 자기 인식을 증진하기 위해 힘쓴다.

2) 사회정의 실현

가. 사회복지사는 사회정의 실현과 클라이언트의 복지 증진에 헌신하며, 이를 위한 국가와 사회의 환경 변화를 위해 노력한다.

나. 사회복지사는 사회, 경제, 환경, 정치적 자원에 대한 평등한 접근과 공평한 분배가 이루어지도록 노력한다.

다. 사회복지사는 개인적·집단적·사회적·문화적·정치적·종교적 특성에 근거해 개인이나 집단을 차별·억압하는 것을 인식하고, 이를 해결 또는 예방하기 위해 노력해야 한다.

2. 전문성 개발을 위한 노력

1) 직무 능력 개발

가. 사회복지사는 클라이언트에게 최상의 서비스를 제공하기 위해, 지식과 기술을 개발하는 데 최선을 다하며 이를 활용하고 공유할 책임이 있다.

나. 사회복지사는 사회적 다양성의 특징(성, 연령, 정신·신체적 장애, 경제적 지위, 정치적 신념, 종교, 인종, 국적, 결혼 상태, 임신 또는 출산, 가족 형태 또는 가족 상황, 성적 지향, 젠더 정체성, 기타 개인적 선호·특징·조건·지위 등), 차별, 억압 등에 대해 교육을 받고 이에 대한 이해를 증진하기 위해 노력한다.

다. 사회복지사는 변화하는 사회복지 관련 쟁점에 대응할 수 있도록 실천 기술을 향상하고, 새로운 실천 기술이나 접근법을 적용하기 위해 적절한 교육, 훈련, 연수, 자문, 슈퍼비전 등을 받도록 노력한다.

라. 사회복지사는 사회복지 실천에 필요한 정보통신 관련 지식과 기술을 습득하기 위해 노력하며, 이를 사용하는 과정에서 발생할 수 있는 윤리적 문제를 인식하고 정보통신 관련 지식과 기술을 활용하도록 한다.

2) 지식기반의 실천 증진

가. 사회복지사는 사회복지 실천 과정에서 평가와 연구 조사를 함으로써, 사회복지 실천의 지식 기반 형성에 기여하고, 궁극적으로 사회복지 실천의 질적 향상을 위해 노력한다.

나. 사회복지사는 평가나 연구 조사를 할 때, 연구 참여자의 권리를 보장하기 위해, 연구 관련 사항을 충분히 안내하고 자발적인 동의를 얻어야 한다.

다. 사회복지사는 연구 과정에서 얻은 정보를 비밀 보장의 원칙에서 다루며, 비밀 보장의 한계, 비밀 보장을 위한 조치, 조사자료폐기 등을 연구 참여자에게 알려야 한다.

라. 사회복지사는 평가나 연구 조사를 할 때, 연구 참여자의 보호와 이익, 존엄성, 자기 결정권, 자발적 동의, 비밀 보장 등을 고려하며, 「생명윤리 및 안전에 관한 법률」 등 관련 법령과 규정에 따라 연구윤리를 준수한다.

3. 전문가로서의 실천

1) 품위와 자질 유지

가. 사회복지사는 전문가로서의 품위와 자질을 유지하고, 자신이 맡고 있는 업무에 대해 책임을 진다.

나. 사회복지사는 자신의 이익을 위해 사회복지 전문직의 가치와 권위를 훼손해서는 안 된다.

다. 사회복지사는 전문가로서 성실하고 공정하게 업무를 수행한다.

라. 사회복지사는 부정직한 행위, 범죄행위, 사기, 기만행위, 차별, 학대, 따돌림, 괴롭힘 등 불법적이고 부당한 일을 행하거나 묵인해서는 안 된다.
마. 사회복지사는 자신의 소속, 전문 자격이나 역량 등을 클라이언트에게 정직하고 정확하게 알려야 한다.
바. 사회복지사는 클라이언트, 학생, 훈련생, 실습생, 슈퍼바이지, 직장 내 위계적 권력 관계에 있는 동료와 성적 관계를 형성해서는 안 되며, 이들에게 성추행과 성희롱을 포함한 성폭력, 성적·인격적 수치심을 주는 행위를 해서는 안 된다.
사. 사회복지사는 한국사회복지사협회 등 전문가 단체의 활동에 적극적으로 참여하여, 사회정의 실현과 사회복지사의 권익 옹호를 위해 노력한다.

2) 자기 관리
가. 사회복지사는 정신적·신체적 건강 문제, 법적 문제 등이 사회복지 실천 과정에서의 전문적 판단이나 실천에 부정적 영향을 주거나 클라이언트의 이익을 저해하지 않도록, 동료, 기관과 함께 적절한 조치를 하도록 노력한다.
나. 사회복지사는 클라이언트에게 최상의 사회복지서비스를 제공하기 위해 사회복지사 자신의 정신적·신체적 건강, 안전을 유지·보호·관리하도록 노력한다.

3) 이해 충돌에 대한 대처
가. 사회복지사는 클라이언트의 이익을 우선으로 고려하고, 이해 충돌이 있을 때는 아동, 소수자 등 취약한 자의 이해와 권리를 우선시한다.
나. 사회복지사의 개인적 신념과 사회복지사로서 직업적 의무 사이에 이해 충돌이 발생할 때 동료, 슈퍼바이저와 논의하고, 부득이한 경우 클라이언트가 적절한 지원을 받을 수 있도록 클라이언트를 다른 사회복지사에게 의뢰하거나 다른 사회복지서비스로 연결한다.
다. 사회복지사는 전문적 가치와 판단에 따라 업무를 수행하는 과정에서, 기관 내외로부터 부당한 간섭이나 압력을 받아서는 안 된다.

4) 경제적 이득에 대한 실천
가. 사회복지사는 클라이언트의 지불 능력에 상관없이 복지 서비스를 제공해야 하며, 이를 이유로 차별해서는 안 된다.
나. 사회복지사는 필요한 경우에 제공된 서비스에 대해 공정하고 합리적으로 이용료를 책정할 수 있다.
다. 사회복지사는 업무와 관련해 정당하지 않은 방법으로 경제적 이득을 취해서는 안 된다.

Ⅱ. 클라이언트에 대한 윤리기준

1. 클라이언트의 권익옹호
사회복지사는 클라이언트의 이익을 최우선의 가치로 삼고 이를 실천하며, 클라이언트의 권리를 존중하고 옹호한다.

2. 클라이언트의 자기결정권 존중
1) 사회복지사는 사회복지 실천 과정에서 클라이언트의 자기 결정을 존중하고, 클라이언트를 사회복지 실천의 주체로 인식하여 클라이언트가 자기결정권을 최대한 행사할 수 있도록 돕는다.
2) 사회복지사는 의사결정이 어려운 클라이언트에 대해서는 클라이언트의 이익과 권리를 보장하기 위한 적절한 조치를 취해야 한다.

3. 클라이언트의 사생활 보호 및 비밀 보장
사회복지사는 클라이언트의 사생활을 존중하고 보호하며, 전문적 관계에서 얻은 클라이언트 관련 정보에 대해 비밀을 유지한다. 그러나 클라이언트 자신과 타인에게 해를 입히거나 범죄 행위와 관련된 경우에는 예외로 할 수 있다.

4. 정보에 입각한 동의

사회복지사는 클라이언트의 알 권리를 인정하고 동의를 얻어야 하며, 클라이언트가 받는 서비스의 목적과 내용, 범위, 합리적 대안, 위험, 서비스의 제한, 동의를 거절 또는 철회할 수 있는 클라이언트의 권리 등에 대해 정확하고 충분한 정보를 제공한다.

5. 기록・정보 관리

1) 클라이언트에 대한 사회복지 실천 기록은 사회복지사의 윤리적 실천의 근거이자 평가・점검의 도구이기 때문에 중립적이고 객관적으로 작성해야 한다.
2) 사회복지사는 클라이언트가 자신과 관련된 기록의 공개를 요구하면 정당한 비공개 사유가 없는 한 정보에 접근할 수 있도록 해야 한다.
3) 사회복지사는 클라이언트에 대한 문서 정보, 전자 정보, 기타 민감한 개인 정보를 보호해야 한다.
4) 사회복지사가 획득한 클라이언트 관련 정보나 기록을 법적 사유 또는 기타 사유로 제3자에게 공개할 때는 클라이언트에게 안내하고 동의를 얻어야 한다.

6. 직업적 경계 유지

1) 사회복지사는 클라이언트와의 전문적 관계를 자신의 개인적 이익을 위해 이용해서는 안 된다.
2) 사회복지사는 업무 외의 목적으로 정보통신기술을 사용해 클라이언트와 의사소통을 해서는 안 된다.
3) 사회복지사는 어떠한 상황에서도 클라이언트와 사적 금전 거래, 성적 관계 등 부적절한 행동을 해서는 안 된다.
4) 동료의 클라이언트를 의뢰받을 때는 기관 및 슈퍼바이저와 논의하는 과정을 거쳐야 하며, 클라이언트에게 설명하고 동의를 얻은 후 서비스를 제공한다.
5) 사회복지사는 정보처리기술을 이용하는 것이 클라이언트의 권리를 침해할 위험성이 있다는 사실을 인식하고 직업적 범위 안에서 활용한다.

7. 서비스의 종결

1) 사회복지사는 클라이언트에게 제공되는 서비스가 더 이상 클라이언트의 이해나 욕구에 부합하지 않으면 업무상 관계와 서비스를 종결한다.
2) 사회복지사는 개인적 또는 직업적 이유로 클라이언트와의 전문적 관계를 중단하거나 종결할 때 사전에 클라이언트에게 충분히 설명하고, 다른 기관 또는 다른 전문가에게 의뢰하는 등 필요한 조치를 취한다.
3) 사회복지사는 클라이언트의 고의적・악의적・상습적 민원 제기에 대해 소속 기관, 슈퍼바이저, 전문가 자문 등의 논의 과정을 거쳐 서비스를 중단하거나 거부권을 행사할 수 있다.

Ⅲ. 사회복지사의 동료에 대한 윤리기준

1. 동료

1) 사회복지사는 존중과 신뢰를 기반으로 동료를 대하며, 전문가로서의 지위와 인격을 훼손하는 언행을 하지 않는다.
2) 사회복지사는 사회복지 전문직의 권익 증진을 위해 동료와 다른 전문직 동료와도 협력하고 협업한다.
3) 사회복지사는 동료의 윤리적이고 전문적인 행위를 촉진해야 하며, 동료가 전문적인 판단과 실천이 미흡하여 문제를 발생시켰을 때 윤리강령과 제반 법령에 따라 대처한다.

4) 사회복지사는 다른 전문직의 동료가 행한 비윤리적 행위에 대한 윤리강령과 제반 법령에 따라 대처한다.
5) 사회복지사는 동료의 직무 가치와 내용을 인정하고 이해하며, 상호 간에 민주적인 직무 관계를 이루도록 노력해야 한다.
6) 사회복지사는 동료들에게 정보통신기술을 사용한 비윤리적 행위를 하지 않는다.
7) 사회복지사는 동료가 적법하게 업무를 수행하는 과정에서 부당한 조치를 당하면 동료를 변호하고 원조해 주어야 한다.
8) 사회복지사는 동료에게 행해지는 어떤 형태의 차별, 학대, 따돌림 또는 괴롭힘과 자신의 전문적 권위를 행사하는 다른 동료와의 부적절한 성적 행동에 가담하거나 이를 용인해서는 안 된다.
9) 사회복지사는 슈퍼바이지, 학생, 훈련생, 실습생, 자신의 전문적 권위를 행사하는 다른 동료와의 성적 행위나 성적 접촉과 성적 관계에 관여해서는 안 된다.

2. 슈퍼바이저

1) 슈퍼바이저는 슈퍼바이지가 전문적 업무 수행을 할 수 있도록 지원하고 슈퍼바이지는 슈퍼바이저의 전문적 지도와 조언을 존중해야 한다.
2) 슈퍼바이저는 전문적 기준에 따라 슈퍼비전을 수행하며, 공정하게 평가하고 평가 결과를 슈퍼바이지와 공유한다.
3) 슈퍼바이저는 개인적인 이익 추구를 위해 자신의 지위를 이용해서는 안 된다.
4) 슈퍼바이저는 사회복지사 수련생과 실습생에게 인격적·성적으로 수치심을 주는 행위를 해서는 안 된다.

Ⅳ. 기관에 대한 윤리기준

1) 사회복지사는 기관의 사명과 비전을 확인하고, 정책과 사업 목표를 달성하기 위해 노력해야 한다.
2) 사회복지사는 소속 기관의 활동에 적극적으로 참여함으로써 기관의 성장과 발전을 위해 노력해야 한다.
3) 사회복지사는 기관의 부당한 정책이나 요구에 대해 전문직의 가치와 지식을 근거로 대응하고, 제반 법령과 규정에 따라 해결하도록 노력해야 한다.

Ⅴ. 사회에 대한 윤리기준

1) 사회복지사는 자신이 일하는 지역사회를 이해하고, 클라이언트가 지역사회에서 서로 도우며 함께 살아가도록 지원해야 한다.
2) 사회복지사는 정치적 영역이 클라이언트의 권익과 사회복지 실천에 미치는 영향을 인식하여 사회정의 실현을 위한 사회정책의 수립과 법령 제·개정을 지원·옹호해야 한다.
3) 사회복지사는 사회재난과 국가 위급 상황에서 문제를 해결하기 위해 적극적으로 활동해야 한다.
4) 사회복지사는 지역사회, 국가, 나아가 전 세계와 그 구성원의 복지 증진, 삶의 질 향상을 위해 적극적으로 노력해야 한다.
5) 사회복지사는 인간과 자연이 서로 떨어져 살 수 없음을 깨닫고, 인간과 자연환경, 생명 등 생태에 미칠 영향을 생각하며 실천해야 한다.

5) 제6공화국의 사회복지행정

제6공화국은 6 · 29 민주화 선언, 88올림픽 개최, 노사관계 개선 등 다양한 정치적 변화와 함께 아동의 유기 및 학대를 포함한 가족해체, 청소년들의 폭력, 약물 사용, 실업자, 노숙자, 인구고령화 등 많은 사회문제가 발생하였다.

이러한 상황에서 국가가 사회복지사업을 책임지고 급여를 제공해야 하면서 중앙정부와 지방자치단체에 이를 전담하는 사회복지직 공무원이 필요하게 되어 1987년 최초로 사회복지사자격증을 소지한 자 중에서 47명의 별정직 7급 공무원을 채용하여 저소득층 밀집지역에 사회복지전문요원을 배치하게 되었다. 읍 · 면 · 동에 사회복지전문요원을 배치하게 된 것은 공공사회복지행정의 획기적인 발전의 전환점이 되었다. 그 후 사회복지 관련 공무원의 전문성을 위해 사회복지직렬을 5급까지 신설하고, 별정직에서 일반직으로 변경하여 오늘에까지 이르고 있다.

1990년 중반 지방자치제도의 전면실시는 공공과 민간 부문에 있어 사회복지 전달체계의 개편을 의미하였다. 사회복지서비스의 기획 · 전달 · 평가에 이르기까지 과거 중앙집권식의 하향식(top down)의 획일적 구조에서 다양한 정부 차원으로의 다원화된 구조로 전환되었다. 공공과 민간의 구분 약화 및 공공-민간 복합형태의 프로그램과 조직 등장으로 서비스 전달체계 관리에 고도의 지식과 기술을 필요로 하였다. 또한 1997년 사회복지사업법의 전면 개정으로 사회복지 환경은 급변하였고 이에 따라 사회복지행정의 중요성이 크게 확대되었다. 즉, 시설설치의 신고제 및 설치주체의 다양화, 평가제(3년마다)가 도입되었는데, 이는 민간의 사회복지기관의 양적 확대와 함께 확대된 민간기업들의 사업운영에 대한 감독, 평가 등은 공공복지행정의 책임성을 더욱 강조하는 결과를 가져왔기 때문이다.

또한 1980년대 말 이후 사회복지에 대한 투자 증대는 사회복지 인력에 대한 수요를 크게 증가시켜 전국적으로 사회복지학과 또는 사회사업학과가 집중적으로 대학에 설립되었고, 체계적인 사회복지행정의 발전을 도모하고자 1999

년 3월 한국사회복지행정학회를 창립하고 정기 학술지인 「한국사회복지행정학」을 발간하게 되었다. 이러한 현상들은 사회복지 욕구의 다양화와 사회복지에 대한 국민적 및 학문적 관심의 고조를 반영하는 일이라 할 수 있다(최성재 외, 2016 : 77).

1997년 외환위기로 인해 대량 실업발생, 경제 지표 악화로 빈곤율과 실업률 상승 등으로 중산층의 몰락, 가족해체 등의 사회문제가 발생하여 생활보호법을 폐지하고, 최저생계비 이하인 국민은 국가의 지원을 받을 수 있도록 1999년 국민기초생활보장법을 제정하여 사회복지행정의 기틀을 형성하였다.

6) 2000년대 이후의 사회복지행정

2000년대는 우리나라가 복지국가의 기본 틀을 갖추게 된 시기이며, 복지국가의 확대는 전문적인 사회복지행정이 하나의 전문분야로 일대 도약하는 계기가 되었지만 또한 그 어느 때보다도 중대한 도전에 직면하고 있는 시기이기도 하다(이봉주 외, 2012).

우선 저출산 · 고령화 문제는 지속 가능한 경제성장에 위협을 가하고 정부의 복지지출에 상당한 부담을 주게 되었다. 또한 여성의 사회참여 확대와 가족구조와 기능의 변화로 인한 아동 · 노인 · 장애인의 가족돌봄 기능도 위협을 받는 가운데 결혼이주여성과 탈북 및 다문화가정의 사회적응 문제와 더불어 사회양극화 문제도 그 심각성이 날로 심화되고 있다(황성철 외, 2014 : 54).

이러한 신사회 위험에 대처하는 정부의 사회복지정책의 기조는 서구의 신자유주의적 기조를 수용하는 양상을 보이고 있다. 또 복지의 확대로 선별주의 대 보편주의의 갈등으로 잠시 혼란이 있었으나, 복지의 확대가 우리 사회가 복지국가로 확장하는 데 대한 당위성은 충분할 것이다. 2000년 이후 우리나라 사회복지행정에서 두드러지게 나타나는 변화를 살펴보면 다음과 같다.

첫째, 사회서비스의 민영화를 들 수 있다. 서비스의 민영화로 인해 서비스 공급기관 간 경쟁이 심화되고 경영기술이 확산되었다. 사회복지시설 설치의 신고제로의 변경 이후 민영화는 2007년 사회서비스 바우처(voucher) 제도의 도입과 2008년 노인장기요양보험제도의 실시로 발전이 되었다고 할 수 있을 것이다. 정부는 기존의 사회복지서비스에 교육, 고용, 문화, 환경 등의 분야를 포괄하는 사회서비스 바우처 제도를 시작함으로써, 노인과 장애아동가족에 대한 돌봄서비스, 장애인지원서비스, 지역자율형 사회서비스 투자사업 등 다양한 프로그램을 개발하여 사회복지조직뿐만 아니라 민간 영리기업의 참여도 허용하였다(황성철 외, 2014 : 55). 서비스 공공기관으로 사회복지조직 외에 영리기업까지 참여하면서 경쟁은 더욱 치열해져서 사회복지조직도 민간기업의 효율적인 관리방식을 도입해야 할 필요성이 커졌다.

둘째, 사회복지행정에 또 다른 영향을 준 현상은 지방분권화이다. 지방의 자율성과 책임성을 강화하기 위해 2003년부터 138개 국고보조사업으로 운영되던 사회복지사업 중 67개 사업을 지방으로 이양하고, 국고보조사업 예산의 일부가 지방정부의 교부세로 전환되는 등 사회복지 재정분권이 시행된 이후로 지역사회복지가 강화되고 그 중요성이 커지게 되었다. 2003년 개정된 사회복지사업법에서 지방자치단체의 지역사회복지계획 수립과 지역사회복지협의체 설치의무화, 주민참여 강조, 지역사회 중심의 서비스 공급자 간 네트워크 체계 구축을 통한 서비스의 통합화를 시도하였다(김영종, 2010 : 114). 또한 사회복지전달체계가 중앙 및 지방자치단체별로 분절 운영됨에 따라 서비스의 효율적 연계가 어려워 사회보장 정보시스템을 통한 이들 간 정보를 연계하여 지역단위의 종합적 사회보장과 지역 간 균형발전을 실현하기 위해 2014년 「사회보장급여 이용·제공 및 수급권자 발굴에 관한 법률」을 제정 시행하였다. 이에 지역사회복지계획은 지역사회보장계획으로, 지역사회복지협의체는 지역사회보장협의체로 그 명칭이 변경되었다(최성재 외, 2016 : 80-81).

셋째, 복지 사각지대 발굴체계의 개편이다. 근로능력 없는 가구에게만 급여를 제공하던 기존의 생활보호제도의 한계를 보완하고 근로능력 있는 계층에 대해서도 한시적 생활보호를 위한 국민기초생활보장제도가 2000년 10월 시행되었다. 그러나 급여대상자의 근로유인을 강화하고 욕구별 지원대상을 확대하기 위해 2015년 7월부터 기존의 통합급여 방식에서 맞춤형 급여방식으로 바뀌었다. 이를 위해 기존의 최저생계비 대신 중위소득을 기준으로 생계급여(중위소득의 30% 미만), 의료급여(40% 미만), 주거급여(43% 미만), 교육급여(50% 미만)를 다층화하여 수급자가 소득이 증가하여 생계급여의 기준을 초과하더라도 가구여건에 맞게 필요한 다른 급여를 계속 지원받도록 하였다. 또한 복지 사각지대 발굴 및 복지수요자와 기부자의 연계 및 지원 등을 확대하기 위해 2014년 「사회보장급여 이용 · 제공 및 수급권자 발굴에 관한 법률」 제정을 시작으로 긴급복지지원제도(2006년 제정)의 소득기준 및 금융재산기준 완화, 근로장려세제(EITC) 도입(2008년 제정)을 통한 저소득 근로자 가구에 근로장려금 지급, 국민기초생활보장제도의 부양의무자 기준 완화, 읍 · 면 · 동 단위의 인적 안전망 및 돌봄 제공인력 77만 명, 시설종사자 50만 명, 의료인 · 구급대원 56만 명 등 보건복지 분야 인력 174만 명을 활용하고 있다(심상용, 2017 : 73-79). 특히 2015년 7월 출범시킨 사회보장정보원과 함께 사회복지정보시스템을 통하여 대상자를 발굴함으로써 더욱 촘촘하고 복지 사각지대 없는 사회보장망을 실천해 가고 있다.

넷째, 공공사회복지 전달체계의 개편이다. 보건복지사무소 시범사업(1995년 7월~1999년 12월), 사회복지사무소 시범사업(2004년 7월~2006년 6월), 주민생활지원서비스 전달체계(2006~2007년)를 구축하고 시행하였으나 지역주민의 접근성 부족, 담당 공무원의 이해 부족, 부처 간의 이해 상충 등으로 제도화되지 못했다. 이에 2012년 4월 지역단위 수요자 중심의 사회복지 전달체계의 일환으로 시 · 군 · 구에 희망복지지원단을 구성하고, 2014년 통합사례관리, 보건 · 복지 연계 등의 읍 · 면 · 동의 복지기능을 강화하였다. 2016년부터는 주민센터를 행정복지센터로 명칭을 변경하고 복지기능을 강화하기 위해 2018년까지 전국 읍 · 면 · 동을 복지허브화해 맞춤형 통합서비스 담당기관으로 재편하고 있다. 즉, 읍 · 면 · 동을 공공부조의 신청 · 처리 중심에서 다양한 서비스로 복지욕구를 해결하는 맞춤형 통합서비스 담당기관으로 재편하고, 충원되는 복지공무원뿐만 아니라 민간 순환 파견근무자를 활용해 읍 · 면 · 동에서 방문상담, 사례관리 등을 시행하고 있다.

다섯째, 2018년 7월부터 건강보험의 제한적 의료보장체계의 문제점을 해소하기 위해 건강보험이 보장하지 않는 범위에 대한 의료비를 지원하여 전 국민의 의료접근성을 강화하였다.

학습평가

01 미국 사회복지행정의 역사 중 기초정립기에 관한 설명으로 옳지 않은 것은? ( )

① 사회사업가들의 행정지식과 기술에 대한 관심과 노력
② 1940년대 대공황에 따른 실업과 빈곤문제 해결
③ 1934년 연방긴급구호청 설립
④ 1935년 사회보장법 제정

정답 ②

해설 1930년대 초 대공황에 따른 실업과 빈곤 문제 해결을 위해 정부에 의해 수립된 공공복지정책의 실현과 연계가 이루어짐

02 우리나라 사회복지행정의 역사 중 일제강점기와 미군정하의 사회복지행정에 관한 설명으로 옳지 않은 것은? ( )

① 1910년부터 시작된 일제강점기에는 기본의 구제사업은 자취를 감춤
② 임시구호적 · 응급적 차원에서 사회복지행정이 이루어짐
③ 1944년 조선구호령이 공포 · 시행
④ 일제강점기에 공적 사회복지조직의 완성

정답 ④

해설 광복이 되기까지 공적 조직의 사회복지 활동은 시혜적인 활동에 국한되어 공적인 사회복지조직이라고 보기는 어렵다.

03 우리나라 사회복지행정의 변화에 관한 설명으로 옳지 않은 것은? ( )

① 1987년 사회복지사업법의 전면 개정
② 2000년대 사회복지서비스 이용권(바우처) 사업 등장
③ 1987년 사회복지 전문요원 배치
④ 1995년 보건복지사무소 시범사업

정답 ①

해설 1997년 사회복지사업법의 전면 개정으로 사회복지 환경은 급변하였다.

04 2000년대 이후 우리나라 사회복지행정의 변화가 아닌 것은? ( )

① 사회서비스의 민영화
② 공급기관 간 경쟁의 약화 및 경영기술의 확산
③ 2007년 사회서비스 바우처 제도의 도입
④ 2008년 노인장기요양보험제도 실시

정답 ②

해설 서비스의 민영화로 인해 서비스 공급기관 간 경쟁이 심화되고 경영기술이 확산되었다.

05 우리나라 제3 · 4공화국의 사회복지행정에 대한 내용이 아닌 것은? ( )

① 경제개발을 최우선 목표로 설정
② 1961년 생활보호법 제정
③ 1970년 사회복지사업법 제정
④ 1970년대 대학에서 사회복지학과를 개설

정답 ④

해설 대학에서는 3개 대학이 신규로 사회사업학과를 개설하고, 1970년대 말에는 총 13개 대학의 사회사업학과에서 교육을 하였다. 그러나 사회복지학자들도 사회사업행정을 전공분야로 하거나 행정에 관한 논문을 발표한 적이 거의 없고 행정을 전공분야로 하는 학생들도 거의 없는 실정이었다.

03
CHAPTER

사회복지조직의 이론

1. 사회복지조직이론의 유형
2. 전통적 조직이론
3. 현대적 조직이론

03 CHAPTER

사회복지조직의 이론

1. 사회복지조직 이론의 유형

조직이론가들은 정확히 이론(theory)이라고 정의하지 않더라도 보통 어떤 형태가 되든 일정한 시각을 가지고 있다. 복잡다단한 조직을 이해하고 설명하기 위해서는 일정한 이론체계가 필요하기 때문이다. 이는 〈표 3-1〉과 같이 고전모형, 인간관계 모형, 구조주의 모형, 체계모형의 4개 모형과 7개의 이론으로 제시할 수 있다.

또한 기타 고전이론[과학적 관리론/ 공공행정이론 : 페이욜(Fayol), 귤릭(Gulick), 어윅(Urwick) 등/ 관료제 이론], 신고전이론(인간관계론), 현대이론(인간관계론 이후 이론)으로 구분하기도 한다.

〈표 3-1〉 사회복지조직 이론

모 형	이 론
고전모형	과학적 관리학파 공공행정학파 관료제 이론
인간관계 모형	메이요(Mayo)의 인간관계이론 맥그리거(McGregor)의 XY이론
구조주의 모형	사이몬(Simon)의 의사결정론
체계모형	체계이론

출처 : 최성재 · 남기민(2010).

이 장에서는 루이스 등(Lewis, et al., 2001)에 따라 사회복지조직 이론을 전통적 이론과 현대적 이론으로 구분하여 살펴본다.

2. 전통적 조직이론

1) 과학적 관리론

과학적 관리론은 테일러(F. Taylor)에 의해 체계화되어, 현대 경영조직 관리의 기초가 되었다. 또한 같은 시대 학자인 프랑스의 페이욜(Fayol)에 의해 행정관리론이 제시되어 관리원칙이 제시되고 조직관리이론이 나타나게 되었다. 이들의 특징은 조직을 폐쇄체계(closed system)로 보고 능률의 극대화를 조직 내부에서 해결하고자 하였다.

특히 테일러는 조직의 능률성과 생산성 향상을 위해 작업공정에 대한 과학적 분석이 미흡하다고 보고, 작업수행 방법에서 과학적 원리를 적용하였다. 테일러에 따르면, 과학적 원리가 다음 네 가지 영역에 있다고 보았다.

첫째, 직관적인 방법이 아닌 과학적 방법을 적용하여 작업의 핵심요소를 발견한다.

둘째, 근로자들에게 작업방법의 선택을 맡기는 대신 상층부의 기획기능을 통해 확인 · 결정한다.

셋째, 근로자의 과학적 선발과 교육훈련을 실시하며 개인적인 노력을 격려하는 대신 협동적인 노력을 발전시킨다.

넷째, 관리자와 근로자의 업무를 구분하여 관리자는 기획기능을, 근로자는 과업을 수행한다.

이처럼 테일러의 과학적 관리법은 조직능률 향상을 위해 시간 및 동작 연구를 실시하고, 작업공정의 합리화와 물리적 환경 개선, 과학적 방법을 동원하였다. 테일러의 과학적 관리론을 요약하면 〈표 3-2〉와 같다.

〈표 3-2〉 과학적 관리론의 4대 핵심원리

첫째, 시간연구 및 동작 연구(time and motion study)
관찰하고자 하는 과업에 숙련된 일급 노동자를 10~15명 정도 찾아서 이들의 작업시간과 동작을 스톱워치로 측정한다. 여기서 잘못된 동작, 느린 동작, 쓸모없는 동작을 모두 제거하고 가장 신속하고 가장 모범적인 작업방법을 찾아내어 이를 모델로 하여 표준적 시간과 표준적 동작을 정하고 근로자에게 준수시킨다.
둘째, 작업도구의 표준화(standardization of tools)
전통적인 주먹구구식으로 만들어진 작업도구들을 조사하고 이 도구들을 사용할 때 소요되는 속도에 대해서 시간연구를 행하여 그중 좋은 요소들만 발췌해서 표준적인 작업도구를 만든다. 이 작업도구를 사용하면 훨씬 빠르고 편안하게 일할 수 있다.
셋째, 과업관리법(task management)과 이원적인 성과급제도
과업이란 한 사람이 하루에 할 수 있는 표준 작업량을 말한다. 여기서 표준이란 시간연구와 동작연구를 통해서 각 노동자에 대해 매일의 과업을 계산해서 부여한다. 이때 표준을 넘는 노동자에게는 높은 임금을, 표준에 미치지 못한 노동자에게는 낮은 임금을 지급한다. 과업과 이원적 성과급제 임금을 결합시킨 것을 과업관리(task management)라고 부른다. 이처럼 이원적인 차별화된 성과급제도가 노동자들에게 신속한 동기부여를 한다고 보았다.
넷째, 지도카드(instruction card)와 기능적 직장제도(foreman system)
작업 표준대로 노동하기 위해 지도카드를 이용한다. 이는 오늘날 작업공정 도표와 유사하다. 공정별 작업내용, 사용 기계나 공구, 표준시간 등이 포함된다. 또한 근로자 교육 수단으로 기능적 직장제도가 있다. 이들 기능적 직장들은 숙련된 일급 노동자이므로 노동자들에게 감독하고, 작업 시범을 보임으로써 작업능률의 극대화가 가능하다고 보았다.

출처 : 신복기 외(2011), 박우순(2015) 재구성.

한편 과학적 관리론의 비판 또한 존재한다.

첫째, 조직의 능률성과 생산성을 지나치게 강조하여 인간적인 측면을 소홀히 하였으며 작업환경에 따른 감정적 요소들을 무시하고 인간을 기계처럼 대하여 생산수단의 부품으로 취급하고 있다. 즉, 노동자를 기계적 · 합리적 존재로 가정하여 경제적 이익만을 추구하는 합리적 인간으로 생각하여 인간의 비합리적 측면을 간과하였다.

둘째, 인간적인 측면을 과소평가하여 근로자의 개성이나 잠재력 등을 보지 못하고 인간의 감정적 · 정서적 · 사회심리적 측면에 대한 연구를 소홀히 하였다.

셋째, 인간의 사기 앙양, 갈등 등의 내면적인 요소를 간과하였다.

넷째, 조직에 영향을 주는 외적 요인이나 외부환경의 중요성을 무시하여, 인간을 단순 노동력으로만 파악하였다.

마지막으로, 노동자 간의 협동체계, 즉 노동조합 등과 같은 조직체 결성, 감정적 교류 등을 간과하였다. 이러한 한계점은 새로운 이론 연구의 필요성으로 연결되어 결국 하버드대학교 메이요(E. Mayo) 교수와 그의 동료들에 의한 미국 서부전기회사 호손 공장(Western electric company at Hawthorne factory in USA)의 실험을 통해 인간관계론이 나타난다.

2) 인간관계론

인간관계론은 인간을 합리성과 기계적인 도구로 보고 관리하려는 고전적인 과학적 관리방법에 대한 반발로서 나타나게 된다. 여기서는 인간을 감정, 정서, 사회성을 지닌 존재로 보고 조직관리에 있어서 인간주의를 실현할 것을 강조한다.

이처럼 인간에 대한 조직이론가들의 관심은 우연한 발견이라 볼 수 있는 호손 실험(Hawthorne experiment)에서 비롯된다. 이 실험에서 밝혀진 내용은 다음과 같다.

〈표 3-3〉 호손 실험(Hawthorne experiment)에서의 발견물

첫째, 근로자의 근무의욕은 생리적·경제적 요인에 의해서만 자극받는 것이 아니라, 사회적·심리적 요인에도 크게 동기가 부여된다. 둘째, 비경제적인 보상도 능률성 및 생산성을 향상시키는 데 크게 기여한다. 셋째, 조직 내 인간관계와 비공식적인 자생조직을 통한 소외감의 배제 또한 생산성을 향상시키는 데 기여한다. 넷째, 근로자의 사회심리적 욕구 충족을 통한 만족감이 생산성 향상에 중요 요소가 된다. 다섯째, 경쟁을 통한 생산보다는, 협동을 통한 생산 또한 중요하다.

출처 : 신복기 외(2011), 임창희(2016) 재구성.

사회복지조직에서 적용성이 높은 인간관계론은 조직에서 인간적 측면을 부각시켰다는 점에서 조직이론의 발전에 큰 기여점이 있다. 따라서 사회복지조직에서 지지와 선호를 받는다.

인간관계론이 조직이론 발전에 미친 영향은 다음과 같다.

첫째, 조직관의 변화이다. 종래에는 조직을 목표달성에 직접적으로 관계된 기계적이고 도식적인 공식조직으로만 파악하였으나 인간관계론이 대두되면서 공식조직 속의 비공식조직 · 집단 상호 간의 관계 속에서 이루어지는 사회체계로 인식하게 된다.

둘째, 인간관의 변화이다. 동기부여의 측면에서 종래의 X이론적 인간, 미성숙된 인간관으로부터 Y이론적 인간, 성숙된 인간관으로의 변화를 초래했다.

셋째, 인간의 가치에 대한 새로운 평가이다. 종래에는 개인을 경제적 존재로만 가정하였으나 인간관계론에서는 사회심리적인 욕구나 자아실현 욕구를 가진 인격적인 존재로 파악하고 있다.

마지막으로, 인간관리의 적극화 · 민주화이다. 인사행정에 있어서 인사상담제도 · 고충처리제도 · 제안제도의 적용, 조직관리에 있어서 비공식조직과 소집단 및 의사전달 · 리더십 등의 중요성을 강조함으로써 적극적 · 민주적인 행정관리를 확립시켰다. 또한 경쟁에 의한 생산보다는 협동과 인화 · 단결에 의한 생산성 향상을 강조하였다.

그러나 인간관계론의 비판 또한 존재한다. 이 이론은 인간을 비합리적이고, 정서적인 측면만을 강조하는 인간관을 견지하고 있다는 점이다. 나아가 인간관계론에서도 조직에 미치는 환경의 중요성을 간과하는 폐쇄체제(closed system)로 보고 있다. 조직에서 보다 더 중요할 수 있는 환경적 요구, 자원, 조직의 목표, 조직의 크기, 클라이언트의 욕구 및 속성, 서비스 기술, 직원 능력 등을 간과하고 있다. 결론적으로 과학적 관리론과 인간관계론을 비교하면 〈표 3-4〉와 같다.

〈표 3-4〉 과학적 관리론과 인간관계론의 특징 비교

비교기준	과학적 관리론	인간관계론
구조적 측면	공식적 구조	비공식적 구조
인간관	경제적 · 합리적 인간관	비합리적 · 사회적 인간관(참여 강조)
조직관	인간을 기계의 부속품으로 인식	인간을 감정적 존재로 인식
능률관	기계적 능률성	사회적 능률성
동기부여 방식	경제적 요인	사회심리적 요인 충족
조직관리 방식	지시적 · 권위적 관리	참여적 · 민주적 관리
생산성 향상	경쟁을 통해 생산성 향상	협동을 통해 생산성 향상

출처 : 신복기 외(2011), 오석홍(2010) 재구성.

3) 관료제 이론

제2차 세계대전 이후 조직이론가들에 의해 조명받기 시작한 베버(M. Weber)의 관료제 이론은 현대 조직이론에서도 여전히 중요성을 가지고 있다. 현대 조직에서 가장 일반적인 조직형태가 관료제이기 때문이다. 관료제라는 용어의 유래는 프랑스어 '뷰레(bure)', 즉 사무실 · 책상 · 책상보를 의미하는 단어와 통치를 의미하는 '크라시아(cracia)'의 합성어이다. 이 용어는 18세기 프랑스의 모 상업부장관이 처음 사용하였으며, 그 의미는 '움직이는 정부조직 전체'를 나타내는 용어였다.

베버는 조직에서 작동하는 권위(authority)의 유형을 다음과 같이 세 가지로 분류하였다.

첫째, 전통적 권위이다. 이는 근대 이전 시대의 부족장이나 군주에 대한 존경과 순종이 오랜 전통과 관습에 의해 전승되는 것처럼 복종의 근거가 전통이다.

둘째, 카리스마적 권위이다. 카리스마란 '신의 은총'이라는 뜻이다. 한 인간이 태어날 때 남들과 다른 비범한 자질, 특질을 가지고 있기 때문에 복종의 근거가 주어진다. 이는 영웅, 호걸에서 보는 것처럼 비범한 초인적 힘이 있다고 인정된 특정 인물의 권위를 수용하는 것이다.

셋째, 합법적 권위이다. 이는 복종의 근거가 전통 또는 관습도 아니고, 비범한 카리스마도 아닌 법과 규정에 의한 지배를 의미한다. 베버가 말하는 현대 관료제의 이념형(ideal type)은 이 합법적 권위를 말한다.

베버는 관료제를 구조적 측면에서 주목하고 '특정한 형태(대규모 계층제)의 조직'으로 재정의하였다. 다시 말해, 관료제란 업무를 법과 제도에 의해 비정의적으로 처리하기 위하여 만들어진 대규모의 분업체제를 말한다. 나아가 베버는 관료제가 합법적 · 합리적인 지배가 전형적으로 제도화되어 관리의 안정성 · 예측 가능성 · 규정의 엄격성 · 신뢰성 등을 확보할 수 있기 때문에 어떤 형태의 조직보다도 우월성을 가지며, 최고의 능률성을 올릴 수 있다고 보고 있다.

이 합법적 권위에 기초를 두고 있는 관료제의 특징은 다음과 같다.

〈표 3-5〉 현대 관료제의 특징 요약

첫째, 명확한 권한이다. 법령, 행정명령과 같은 규정에 의해 정의되는 명확한 권한이 존재한다. 관료제의 모든 직위에 대한 직무범위나 직무수행을 위한 명령권은 규정(rule)에 의하여 주어진다.

둘째, 규정의 존재이다. 조직의 기능은 규정에 의해 한정된다. 조직은 순응성과 조정을 확보하기 위해 공식적인 규칙체계를 가지고 있다. 규정에 의한 지배는 조직에서 업무수행의 예측성, 안정성을 부여한다.

셋째, 계층제적 조직구조이다. 조직은 계층제 원리에 따라 운영된다. 조직의 수직적 직위 간에는 명확한 지배-복종관계가 확립되어 있다. 따라서 하급자나 하위조직이 상급자나 상위조직의 통제와 감독을 받는 것은 당연하다.

넷째, 문서주의이다. 대규모 조직에서는 책임의 한계를 명백히 하기 위해 모든 직무는 문서에 의해 처리되고 그 문서는 원본의 형태로 보존되어야 한다.

다섯째, 비정의성(非情誼性)이다. 관료제의 구성원인 관료는 열정이나 증오 없이 형식주의적인 비정의성에 따라 업무를 처리하여야 한다. 다시 말해, 합리적인 의사결정을 위해서는 고객과 연고의 작용이나 감정적 교류를 해서는 아니 된다.

여섯째, 기술적 자격이다. 관료제의 구성원인 관료는 기술적 자격(예 시험)에 의해 충원이 이루어진다. 기술적 자격에 의해 충원된 관료는 신분을 보장받고 상사의 자의적 해고로부터 보호받으며, 연공서열이나 본인이 이룬 성과를 기준으로 승진이 이루어진다.

일곱째, 전문지식이다. 모든 업무수행은 직무에 맞는 전문지식을 필요로 하며, 이는 입직 시 시험을 통해 확보한다.

여덟째, 공무와 사무의 분리이다. 업무는 사적 영역으로부터 완전히 분리되며 몰인정적 · 비정의적 태도로서 수행한다. 따라서 정의성, 연고 등 비합리성이 지배하는 친족관계, 사적관계는 배제되어야 한다.

출처 : 신복기 외(2011), 민 진(2013) 재구성.

이처럼 베버는 형식적인 측면만을 강조하는 합리적 조직구조를 지나치게 치중하고 있다. 따라서 조직 내 비공식적인 인간관계적인 측면을 도외시하였기 때문에 관료제의 역기능적 측면을 보지 못하고 있다고 비판받는다. 관료제가 가진 긍정적 기능과 부정적 기능을 비교하면 다음 〈표 3-6〉과 같다.

〈표 3-6〉 관료제의 긍정적 기능 및 부정적 기능

긍정적 기능	부정적 기능
• 계층제에 따른 승진제도는 인간 본성인 상승욕구의 충족수단이 됨 • 정실주의가 배제됨 • 상하관계의 수직적 계층구조를 통해 업무수행이 용이함 • 계층을 통해 갈등의 제도적 조정 가능 • 합리주의와 업적·능력에 의한 충원제도 확립 가능 • 상사의 자의적 해고로부터 신분보장이 되어 고용의 안정성 확보	• 관료의 특권적 계급화와 군림 • 머턴(Merton)의 동조과잉 현상과 목표의 전도·대치 • 셀즈닉(Selznick)의 조직 내 파벌의식·할거주의 현상 초래 • 서면주의·형식주의, 신속한 결정의 지연 • 베니스와 블라우(Bennis & Blau)의 지적으로 변화에 대한 저항과 조직 운영의 비융통성 • 지나친 공무와 사무의 분리로 인간의 몰주관성·비인격성 • 라스키(Laski)의 지적으로 선례답습주의, 무사안일주의, 상급자의 권위에 맹목적 복종

출처 : 신복기 외(2011), 유종해(2012) 재구성.

한편 관료제는 순기능도 있지만 역기능으로 인해 합리성을 높이기는 고사하고 해악을 끼치는 부정적 기능 또한 있다고 비판받는다.

특히 사회복지조직과 관련해서는 규칙과 절차에 대해 지나친 의존이나 서비스 전달과정에서 클라이언트에 대한 몰인간화, 이들에 효과적인 서비스를 전달하는 데 요구되는 융통성의 결여, 직원들의 업적을 평가하는 데 기계적인 성과측정이 있을 수 있다는 비판을 받는다(Hasenfeld, 1992).

관료제의 역기능으로 지적되는 동조과잉, 문서의 과잉생산(red tape), 복지부동, 무사안일, 할거주의(sectionalism), 지나친 전문화로 인한 조정의 곤란 등으로 기대치 않았던 부작용이 나타나서 조직운영을 오히려 저해한다는 비판을 받는다.

앞서 관료제의 병리적 현상으로 인해 최근 조직이론가들에 의해 관료제에 대한 수정 논의가 이루어지고 있다. 1970년대 이후 조직이론가들은 막스 베버(Max Weber)의 관료제 이론을 수용하면서도 역기능을 보완하기 위한 대안을 제시하고 있는데, 이들 사조를 탈관료제이론, 반관료제이론이라고 한다. 이들 견해는 다음과 같이 요약된다(민 진, 2013).

첫째, 분업화 대신 통합 · 조정이다. 막스 베버의 이론은 분업화나 전문화를 강조하는 데 비하여 이들은 전체 조직을 중심으로 통합과 조정을 강조한다. 따라서 기획관리부서나 위원회의 운영 등이 강조되고 있다.

둘째, 복합조직 구조이다. 새로운 조직형태로서 사업구조와 기능구조를 결합시킨 혼합구조의 조직이 요구되고, 매트릭스 조직이 예가 된다.

셋째, 일시적 · 임시적 조직구조이다. 관료제처럼 고정된 조직구조가 아니라 새로는 과업이나 사건, 있을 때 별도의 조직을 만드는 데 T/F팀이나 프로젝트 팀이 예가 된다.

넷째, 고객중심 관료제이다. 이념형으로서 관료제는 조직의 최고관리계층만을 중시하여 그들의 의견을 강조하나 오늘날은 고객을 동료와 같이 다루고 고객중심이 되어야 한다.

마지막으로, 관료제와 관료의 융화이다. 관료제는 목표달성의 극대화를 강조하고 관료는 자기실현, 성장욕구의 추구를 강조하지만, 양자가 관료제 내에서 상호 조화를 이루어야 한다.

결국 탈관료제이론, 반관료제이론에서는, 조직 상층부로부터의 통제가 아니라 자기통제를 강조하며, 관료제에서 강조되는 높은 직위가 전문지식으로 대체되고 있다.

4) 체제이론

체제(system)란 '상호작용하는 요소들의 집합체(a set of element)'이다. 즉, 요소들 간에 일련의 관계를 맺고 있는 전체로 정의된다.

한편 사회복지는 인간과 환경 간의 상호작용을 강조하여 환경 속의 인간이라는 관점을 취해 왔다. 따라서 인간 개인에게만 초점을 맞추거나 혹은 사회환경의 영향만을 강조해서 접근하기보다는 양자 간의 상호의존성을 강조하는 체계이론에 의해 보다 잘 설명될 수 있다.

전통적인 고전이론들은 조직을 폐쇄체제로 보았으나, 사회학의 구조기능주의(structural functionalism)와 일반체제이론(general system theory)의 영향으로 개방체제로 인식되기 시작하였다.

구조기능주의란 파슨즈(T. Parsons)에 의해 주장된 이론으로 전체로서의 사회체제(사회) 내에는 하위체제(개인, 집단)가 있고, 이러한 하위체제가 사회의 생존과 안정에 어떻게 기여하는가를 연구하며, 사회체계는 유기체적 조직이라고 보고 있다.

일반체제이론은 독일학자 버탈란피(Bertalanffy)의 시스템이론(system theory)[1]과 카츠와 칸(Katz & Kanh, 1979)의 개방체제이론(open system theory) 등으로 발전하고 있다.

개방체제(open system)란 타 체제와 정보, 자원, 에너지 등을 상호 교류하는 체제이다. 다시 말해, 체제 내 요소들이 환경 또는 다른 체제들과 상호작용을 하는 경우를 의미한다.

폐쇄체제란 다른 외부체제들과 상호교류가 없거나 교류할 수 없는 체제를 의미한다. 따라서 이러한 체제모형에서는 조직을 생물학적 유기체(biological organism)로 보는 점에서 조직을 하나의 기계로 인식한 과학적 관리법이나 조직을 하나의 정의적 공동체로 보는 인간관계론과는 차이가 있다.

톰슨(Tompson, 1961)은 조직을 유기체로 보는 관점에서 ① 조직 내의 하부 부서 간의 상호 의존성, ② 조직의 독자적 욕구 존재, ③ 조직 환경의 중요성을 강조하고 있다(김형식 외, 2001).

첫째, 조직 내 하부조직 간의 상호 의존성이란 하부조직의 구성단위(개인) 간의 의존성을 말한다. 이는 사회복지조직에서 조직과 사회복지사 간 또는 사회복지사 간의 연대활동이 조직과 사회복지사 모두에게 이롭다는 것을 말한다.

1) 하나의 개체와 개체를 연결하는 부분, 그리고 개체와 부분의 상호 의존성을 강조한 이론

둘째, 조직의 독자적인 욕구 존재란 조직은 생명체가 아니지만 생명체(유기체)와 마찬가지로 그 자체로서 독자적으로 생존해야 하고, 환경 적응을 통해 계속적으로 성장해야 할 욕구를 가지고 있다. 이러한 욕구에는 내적 욕구와 외적 욕구가 있을 수 있다. 즉, 외적 욕구는 조직의 기능을 수행하고 지역사회의 역할에 부응하기 위한 자원(시설, 기금, 이용자)과 같은 것이 된다. 내적 욕구는 조직을 구성하는 요소들 간의 통합, 조직 성원들의 충성과 헌신, 자원을 동원하고 개발할 수 있는 기술적 · 정치적 능력과 같은 것이 된다.

사회복지행정에서 외적 욕구는 목표변화, 리더십과 슈퍼비전, 새로운 프로그램 개발과 평가가 되며, 내적 욕구는 프로포절 작성, 홍보, 기금모금, 자원봉사자 확보, 지속적인 후원자 관리가 그 예가 된다.

셋째, 조직환경의 중요성이다. 체제이론에서는 조직은 이들이 속한 환경 속에서 다양한 형태의 자원을 확보하고 형식적 또는 내면적 절차에 따라 자원을 여러 형태의 서비스로 전환시키는 등 타 조직과 교환관계를 형성하고 있는 것으로 본다.

노이그본(Neugeboren, 1985)의 체제모형에 따르면 조직은 다섯 가지 하위체제로 구성된다. 조직이 효과적으로 기능하기 위해서는 이들 하위체제가 제 기능을 발휘해야 한다(최성재 · 남기민, 2010).

첫째, 생산 하위체제이다. 사회복지조직에서 이 체제는 클라이언트에게 서비스를 제공하는 것이다. 이 체제는 모든 사회복지조직의 기본적인 역할과도 같다.

둘째, 유지 하위체계이다. 이것은 조직의 계속성을 확보하고, 조직을 안정상태로 유지하는 것이다. 이를 위해 조직활동의 공식화, 보상체계의 확립, 새로운 구성원을 충원, 교육/ 훈련 등이 포함된다.

셋째, 경계 하위체제이다. 사회복지조직의 외부환경에 대한 의존도를 고려하여, 사회복지조직의 생존과 발전을 위해 타 체제(조직)와 구별되는 독자성을 가지는 체제를 말한다. 특히 외부환경의 변화에 대한 적절한 대응을 통해 조직의 목표 달성과 조직의 유지가 가능해진다.

넷째, 적응 하위체계이다. 이 하위체제의 핵심은 변화하는 환경의 욕구에 대응하여 조직을 변화시킬 필요성을 인식하고 실제 조직 변화를 위한 최적의 대안을 찾기 위해 연구하고 평가하는 것이다. 이 점에서 사회복지조직에 대한 내 · 외부 평가는 조직의 적응능력을 강화시키는 역할을 수행한다.

마지막으로는, 관리 하위체계이다. 이 하위체계는 앞서 제시한 네 가지 하위체계를 조정하고 통합하는 체계이다. 따라서 조직 내 각종 갈등의 해결과 조정, 적절한 업무환경의 제공, 외부환경의 영향에 대한 조직의 대응노력 등이 해당된다.

3. 현대적 조직이론

1) 목표에 의한 관리(MBO : Management By Objectives)

1953년 드러커(Drucker)에 의해 처음 제창되었으며, MBO는 사기업에서의 조직경영 관리를 위한 경영관리 기법이었다. 공공기관에 공식적으로 도입된 것은 1973년 닉슨(Nixon) 대통령이 연방정부의 21개 주요 사업에 MBO를 실시하라고 지시함에 따라 공공부문에 채택된다.

목표관리란 "전 이해관계자의 광범위한 참여를 통하여 부서단위와 구성원들에게 측정 가능한 1년 미만의 비교적 단기적인 목표(objectives)를 명확하게 설정하고 이에 따라 생산활동을 수행하도록 하며 활동 결과가 평가, 환류되는 관리체계"이다.

이러한 목표관리의 의미는 다음과 같다.

첫째, 공식적 목표를 실체화하는 과정이다.

둘째, 명확한 목표설정과 책임한계를 부여한다.

셋째, 참여와 상호협조이다.

넷째, 환류를 통한 관리활동의 개선이다.

다섯째, 조직 구성원의 동기유발이다.

여섯째, 업적평가를 통한 업무과정의 개선이다.

마지막으로, 이를 통해 조직의 효율성을 도모하려는 경영관리 기법이다.

MBO의 장점은 첫째, 업무와 자원의 합리적 배분이다. 목표관리의 과정을 통해 관리자는 업무계획을 세워야 하므로 시간 및 자원 활용의 효율화를 도모할 수 있고 업무배분의 합리화를 추구할 수 있다.

둘째, Y이론에 근거한 참여에 의한 관리(조직운영의 민주화)와 동기유발, 즉 참여는 상사와 부하 간에 업무협의 촉진 및 의사소통의 활성화를 통해 조직 내적 민주화를 촉진한다. 나아가 목표 설정 과정에 구성원들의 참여를 촉진함으로써, Y이론 전략에 의한 구성원의 동기 유발과 조직에 대한 개인의 성취도를 확인할 수 있다.

셋째, 계층 간에 목표의 일관적 유지가 가능하다. 목표관리는 조직 내에서 추구하는 이질적 목표들이 상호 계층을 이루도록 유도하고 목표들 간에 연관성과 일관성을 유지시킨다. 이러한 목표 관리를 통해 단위부서는 조직 전체 목표 달성에 효율적으로 기여하게 한다.

넷째, 성취에 기초한 업적평가의 구현, 목표관리는 성취에 근거한 업적평가의 구현이 가능하도록 측정 가능한 업무기준을 제시하므로 전통적 평가방법의 결함을 교정할 수 있다.

다섯째, 조직 내 의도된 변화의 추구, 즉 목표관리는 목표 설정 기준과 실제 목표달성 정도를 비교하여 조직 내의 여러 가지 문제를 확인하는 것이 가능하기 때문에 조직 내 계획된 변화를 추구하기 쉽다.

한편 MBO의 단점은 첫째, 폐쇄체계를 가정하고 있으므로 여전히 환경적 요소를 경시한다. MBO는 조직 내·외적 상황이 안정적이고 예측 가능성이 높은 조직에서 성공할 가능성이 높다. 반면 조직환경이 불확실하고 돌발 업무의 비중이 높은 조직, 부서 간의 경쟁과 목표의 중복이 심한 조직에서는 적용성이 낮다.

둘째, 목표설정 및 목표측정의 어려움이다. 관리상황이 유동적이고 변화가 심한 조직에서 실현 가능한 적절한 목표를 설정한다는 것은 쉽지 않다. MBO는 목표달성의 정도(효율성)를 중시하므로 높은 수준의 목표설정을 꺼리게 한다.

셋째, 단기적 목표만을 집착하는 경향이다. 이때 단기목표가 장기목표에 기여하게 되어 있다면 문제가 없지만 이러한 연관성이 없는 경우 장기목표는 고려하지 않고 단기목표만을 강조한다면 조직 발전을 저해하는 요소가 된다.

MBO를 실시하는 과정과 절차에 대한 공식적 정형화된 절차는 없지만 마일스(Miles, 1980)는 5단계로 구분하고 있다.

첫째, 목표 발견 단계이다. 조직의 생존과 성장을 위해 조직 스스로가 바라는 이상적 상태 및 결과를 확인한다.

둘째, 목표 설정 단계이다. 조직이 실제로 성취하고자 하는 미래의 이상적 상태를 설정한다.

셋째, 목표 확인 단계이다. 설정된 목표는 다시 상사와 부하가 서로 확인하는 과정을 통해 기한 내에 목표가 달성될 수 있는지 실패의 위험성이 있는지 등을 검토하여 목표의 수준을 조정한다.

넷째, 목표 실행 단계이다. 설정된 목표는 실행계획 및 실행전략의 수립으로 구체화되면서 실제 행동으로 옮겨진다.

다섯째, 평가 단계이다. 목표가 계획대로 진행되었는지 여부를 측정, 평가, 환류하는 절차이다(김병섭 외, 2010). 루이스 등(Lewis, et al., 1991)은 사회복지조직에서 MBO의 적용절차로서 다음 7단계를 제시한다.

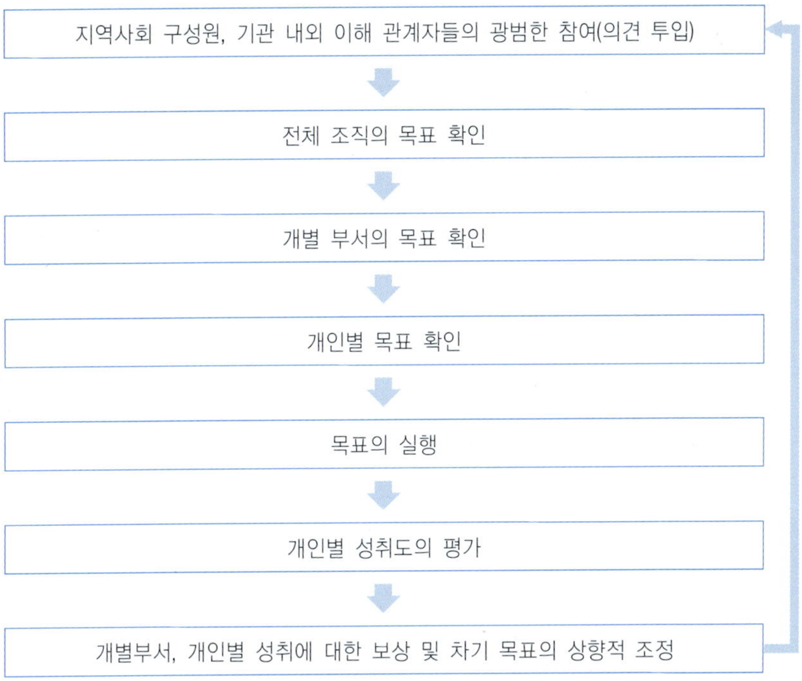

❙ 그림 3-1 ❙ 사회복지조직에서 MBO의 적용절차

출처 : 신복기 외(2011), 임창희(2016) 재구성.

MBO 이론은 사회복지사들이 목적과 목표를 성취하기 위해 함께 일하는 공동 작업을 구조화하고 실행하는 팀 개념을 가져다주었으며, 사회복지기관의 업무나 목적 달성을 위한 정확한 업무수행 평가를 통하여 그들의 업무에 대해 더욱 높은 책임감을 가지도록 하였다. 또한 목적과 목표 설정에 구성원들의 참여를 장려함으로써, 구성원들의 자발적인 동기를 증진시키고 조직에 대한 개인별 성과를 확인할 수 있게 하였다.

한편 사회복지조직에서 MBO 적용의 한계점으로서는 다음 네 가지를 들 수 있다. ① 목표와 성과의 측정이 어렵다. ② 단기적 목표와 계량적 측정이 쉬운 업무에만 주력하는 경향을 가져온다. ③ 목표관리를 도입하는 데 시간이 많이 걸리고 운영절차가 번잡하다. ④ 관리상황이 유동적이기 때문에 MBO가 성과를 거두기 어렵다.

2) 애드호크라시(임시적 조직)

애드호크라시(adhocracy)는 토플러(Toffler)가 저서 『미래의 충격(Future Shock)』에서 미래의 조직체를 설명하기 위해 만든 용어이다. 애드호크라시는 '당면 문제에 한정하여', '그때그때의', '임시적인', '특별한' 등의 의미를 지닌 단어 adhoc과 '지배, 주의'를 의미하는 cracy의 합성어이다.

애드호크라시란 옥스퍼드 사전에 의하면 첫째, 그때그때의 일이나 상황에 융통성 있게 대처하는 주의로서 1968년경부터 미국에서 사용된 신조어이다.

둘째, 변동이 많은 현대사회에서 명확한 선택지식을 가지고 문제를 해결하려는 주의이다.

셋째, 전통적인 관료제를 대체하여 특별위원회를 구성하고 각 소위원회마다 창조적으로 일을 해나가는 새로운 사회문제 해결 기구라고 하고 있다.

애드호크라시는 통상 '특별임시위원회', '비관료적 이해관계자 기구', '변증법적 조직'으로 변역되는 개념으로서 제2차 세계대전 중 군대의 특수임무를 수행했던 기동타격대(task force)에서 기원을 찾는다. 베니스(Bennis)는 애드호크라시를 '문제 해결을 위한 다양한 전문적 지식이나 기술을 가진 이질적 집단으로 조직의 변화가 심하고 적응력이 강한 임시적인 조직체계'라 정의한다.

애드호크라시 이론은 미국에서 항공우주, 전자, 용역산업, 연구기관, 광고회사 등 신성장 산업에 적합하여 급변하는 시장환경 변화에 신속히 대처할 수 있다. 또한 관료제에 생명력을 불어넣는 방안으로 활용될 수 있다. 이처럼 애드호크라시는 문제해결 및 조직혁신에 있어 적합한 조직이론이라고 할 수 있다. 그러나 모든 조직에 효율적으로 적용된다고는 볼 수 없다.

그러나 민츠버그(Mintzberg)는 첫째, 비일상적인 기술을 사용하는 조직에서, 둘째, 조직의 업무환경이 동태적이며 복잡할수록, 셋째, 신생 조직일수록, 넷째, 제품의 개발 경쟁이 치열할수록 애드호크라시가 더욱 효율성을 발한다. 애드호크라시 조직은 문제해결을 위하여 다양한 기술과 지식을 가지고 있는 비교적 이질적인 전문가 집단으로 구성된다. 이에 탄력적이고 적응적이며 임시적인 시스템으로서 매트릭스(matrix) 구조, 과업구조(task force)팀, 위원회구조, 대학구조 등이 예가 된다.

애드호크라시 이론의 특징은 다음과 같다.

첫째, 전통적 조직에 비해 수직적 계층분화가 낮고 복잡성과 공식화 정도가 낮다.

둘째, 융통성 있는 유기적 조직으로 신축성, 문제해결력 및 현장 적응력이 높다. 관료제 조직을 철골구조 건축물에 비유한다면 애드호크라시는 천막에 대비할 수 있다.

셋째, 기능별 구조와 목적별 구조가 병존한다. 조직 성원들은 각자 자기의 기능별 단위부서(자재팀, 영업팀, 생산팀 등)에 속해 있으면서 새로이 조직에 부과된 문제해결을 위해 목적별 단위 부서(T/F팀, 프로젝트팀 등)에 이중으로 소속된다.

넷째, 창의성이 높은 전문가들에 의존성이 높기 때문에 분권적인 결정구조를 가지고 구성원들에 대한 영향력의 원천은 직위, 권한보다 전문성과 지식에 있다.

한편 애드호크라시 이론의 문제점 또한 존재한다.

첫째, 엄격한 상하관계가 존재하지 않으며 책임과 권한이 분명히 구분되지 않음으로 조직 성원들의 업무혼선이 발생할 수 있다.

둘째, 이질적인 지식과 기술을 가진 전문가들이 모인 프로젝트팀 형태를 가지므로 조직 성원 간 갈등과 알력이 발생할 수 있다.

셋째, 관료제 조직과 비교하면, 효율성이 낮은 특성이 있기에 관료제 수준의 정확성과 엄격성은 확보하기 어려울 가능성이 높다.

〈표 3-7〉 관료제 조직과 애드호크라시 조직의 비교 요약

기 준		관료제 조직	애드호크라시 조직
조직구조의 3대 변수 측면	복잡화	높다	낮다
	공식화	높다	낮다
	집권화	높다	낮다
조직환경적 측면		확실, 안정적 상황	불확실, 동태적 상황
조직의 구사기술적 측면		일상화된 기술	비일상화된 기술
조직인에 대한 시각		경제적 인간관	복잡한 인간관
조직의 규모		대규모	소규모
조직의 생명력		장기 존속	단기 존속

출처 : 민 진(2013), 신복기 외(2011) 재구성.

한편 애드호크라시 이론은 일부 소수의 기업조직, 연구 등에서 활용되고 있으며 관료제 조직의 보완적 조직구조로 기능하고 있다. 이처럼 조직의 근간구조는 관료제 조직을 유지하면서 조직혁신이나 융통성을 기하기 위해서만 애드호크라시 조직을 활용하고 있다. 따라서 현대 조직에서는 관료제 조직과 애드호크라시 조직은 상호 보완적 기능을 수행하고 있다.

3) 상황(Contingency)이론

다수 조직이론 연구자들은 조직의 과업 수행을 위한 구사기술, 놓인 환경, 규모가 조직의 구조 결정에 영향을 미칠 수 있다고 주장한다. 조직이 처한 상황이 상이하면 상이한 조직구조가 요청될 것이다. 따라서 주어진 상황조건하에서 가장 효율성, 생산성이 높은 조직구조를 좌우하는 요인은 조직이 처한 상황과의 적합성이 된다(Lewis, et al., 2001).

관료제는 목적 적응적인 폐쇄적 · 기계적 모형을 강조하는 이론인 데 반해, 애드호크라시는 환경 적응적인 개방적 · 유기적 모형을 강조하는 이론이다. 이에 비해 상황적응이론은 개별 조직이 처한 여건(상황) 적응적인 모형을 강조하는 이론이다. 상황적응이론은 조직이 처한 상황이 기계적 모형에 유리하면

관료제 조직구조를, 상황이 유기적 모형에 유리하면 애드호크라시 조직구조를 설계하며, 또 경우에 따라서는 양자를 적절히 조화시킨 혼합 모형을 채택할 수도 있다. 이처럼 상황적응이론은 불변의 조직구조는 존재하지 않으며 그때그때 조직이 처한 상황에 맞는 조직구조가 최선의 조직구조라는 입장을 취한다.

지금까지 측적된 상황적응이론 연구는 조직기술, 조직환경, 조직규모가 조직구조 결정에 핵심적 영향을 미친다는 것을 밝혀주었다. 최근 연구는 사회, 경제, 기술적 상황 외에 인간적 상황까지도, 조직 외부요인 외에 조직 내부요인도 강조함으로써 조직을 '환경－조직－과업－인간'의 유기적 관계 속에서 파악하고자 하고 있다.

한편 상황적응이론은 상황변수의 설정, 측정방법에 이견이 있을 수 있다. 상황적응이론은 첫째, 부분적인 상황요인만 중시하고 전반적인 사회적 · 정치적 · 문화적 변수는 보지 못하며, 둘째, 조직구조 형성의 주체인 조직 구성원의 의사결정 행태, 가치관, 의도, 목적을 고려하지 못하고, 셋째, 사기업 조직을 대상으로 경험적(실증적) 연구만을 진행하고 있다는 비판을 받고 있다(최종태, 1998).

4) 총체적 품질관리

총체적 품질관리(TQM : Total Quality Management)는 1980년대 초반 미국 기업조직에서 처음 등장하였다. 국제적 시장경쟁에서 일본 기업에게 뒤처지던 미국 기업들이 일본 기업들이 가지는 경쟁력의 원인을 연구하는 과정에서 이 개념이 나타났다.

당시 일본 기업들은 최종 생산물을 중심으로 조직을 운영하기보다는, 산출물의 결함을 제거하는, 품질을 보다 중요시하는 기업경영을 하는 것을 발견하였다. 이러한 현상은 미국 기업에서는 발견하기 힘든 조직관리 기법이며, 이 일본식 품질관리의 중요성이 부각되어 미국 기업조직에서도 등장하기 시작한다(Martin, 1993).

총체적 품질관리는 조직관리, 제품, 서비스의 지속적이고 총체적인 개선을 통해 고품질과 경쟁력을 확보하기 위해 전 구성원의 총체적인 노력을 지칭한다. 총체적 품질관리는 단순히 제품의 기능상의 결함을 발견하고 이를 제거하는 것 이상의, 기업조직의 혁신을 위한 하나의 경영관리운동이다.

마틴(Martin, 1993)은 효과적인 품질관리를 행하고 있는 기업조직은 다음 여섯 가지의 기본 요소를 찾아볼 수 있다고 한다(박경일 외, 2002).

첫째, 품질은 조직의 제1차적인 목적이 된다.

둘째, 고객이란 품질이 무엇인가를 판단하는 사람이다.

셋째, 고객의 만족은 조직의 생사를 결정한다.

넷째, 조직운영 과정에서 나타나는 변이성(variation)의 원인을 알아야 하며 이는 감소시켜 나가야 한다.

다섯째, 조직에서 변화(change)는 지속적 · 의도적으로 추구되어야 하며 이는 팀과 팀워크에 의해 뒷받침되어야 한다.

마지막으로, 조직 내에 품질 중심의 조직문화를 주도하고, 구성원들을 동기부여하며, 장기적 조직성과를 높이기 위해서는 최고관리층(top management)의 절대적 관심과 지지가 필요하다.

군터와 호킨스(Gunther & Hawkins, 1999)는 마틴이 제시한 TQM의 여섯 가지 기본 요소 외에 품질향상을 위한 조직문화를 개발하기 위해 품질향상 교육과 훈련, 그리고 통계적 품질통제(statistical quality control)를 제안하고 있다.

〈표 3-8〉 마틴이 제시한 TQM의 여섯 가지 요소

첫째, 서비스의 질(service quality) 둘째, 고객(customers) 셋째, 고객만족(customers satisfaction) 넷째, 변이성(variation) 다섯째, 변화(change) 여섯째, 최고관리층의 절대적 관심과 지지(top management commitment and support)

출처 : 신복기 외(2011), 임창희(2016) 재구성.

사회복지조직에서 총체적 품질관리가 요구되는 이유는 사회복지조직의 생존은 조직이 제공하는 서비스의 질에 달려있으며, 서비스 질의 향상을 위해 물적 요인보다는 인적 요인(클라이언트의 만족도, 전문적 서비스를 제공할 수 있는 인력)이 보다 중요하기 때문이다(박경일, 2000).

한편 미노티(Minotti, 1999)는 사회복지조직이 총체적 품질관리를 도입하는 우선적 동기로 첫째, 조직의 생존, 둘째, 사회복지사의 현장실천의 중요성, 셋째, 사회복지사가 조직의 문제를 스스로 확인하고 해결, 넷째, 민주적 사회복지 업무 환경 조성, 다섯째, 고객과 클라이언트의 적극적 개입 등을 지적하고 있다.

5) 학습조직이론(Learning Organization Theory)

조직 구성원 단위에서라기보다는 전체 조직단위에서 이루어지는 학습을 학습조직이라 한다. 이 개념의 주창자인 센게(Senge, 1990)는 학습조직이란 "조직 구성원들이 진정으로 원하는 성과를 얻을 수 있도록 지속적으로 역량을 결집시키고, 창의적이고 융통성 있는 사고능력을 함양하며, 열정적으로 상호 학습방법을 공유하면서 상호 간에 지속적으로 배우는 조직"으로 정의하고 있다.

조직학습 행위의 일상화, 습관화로, 언제든지 환경이 변화되면 이에 적합한 조직 변신을 도모할 수 있는 조직을 '학습조직'이라고 보고 있다. 루이스 등(Lewis, et al., 2001)은 학습조직의 개념은 팀제나 대화방법이 많이 사용하는 휴먼서비스의 원칙과 대립하는 것처럼 보이지만 인간봉사조직의 성장을 위한 기회를 줄 수 있다고 보고 있다.

학습조직의 도입방법은 첫째, 고객으로부터 지속적으로 배우고, 둘째, 우수 경쟁 조직의 기술 또는 업무과정을 벤치마킹하고, 셋째, 조직 구성원들 상호 간에 학습하는 일이 일상화된 조직으로 만드는 것이다.

학습조직의 실행방안은 바로 학습행동의 실행이다. 이는 첫째, 조직의 중요 문제에 초점을 두고, 둘째, 학습자원들을 서로 공유하며, 셋째, 개발단계 전반에 걸쳐 다양한 질문을 제기하고 필요하다면 외부 인적자원에 지원을 요청한다. 넷째, 모든 조직 구성원은 기존의 선입견을 버리고 열린 생각을 하기 위해 스스로 노력하며(자기 주도), 조직의 시스템에 대한 완벽한 이해를 바탕으로(시스템적 사고), 누구나가 동의할 수 있는 비전을 이룩하기 위해(비전 공유) 함께 노력한다(팀학습)(Senge, 1990).

학습조직을 사회복지조직에 적용하면, 사회복지사가 전문직을 수행할 때 질 높은 서비스를 제공하기 위해 끊임없이 학습해야 한다. 이때 사회복지사들이 함께 배우며 지식을 공유함으로써 자기 성장은 물론 조직 전체의 발전을 이룰 수 있다. 예로서, 사회복지사들이 일주일에 2시간 정도 모여 새로운 이론을 학습하고, 새로운 서비스 기법이나 치료기술을 상호 발표하고 토론하는 방법이 있다.

6) 성과관리(Performance Management)

최근 공공부문의 성과문제가 큰 관심사로 대두되며, 이는 직접적으로는 신공공관리론(new public management)에 이론적 토대를 두고 있다. 1970년대 중반 복지국가의 강조에 따른 정부지출의 팽창, 정부규모의 확대, 재정적자 등 정부실패의 확산으로 신공공관리론이 인기를 얻고 있다. 이러한 신공공관리론에 토대를 둔 행정개혁의 핵심내용의 하나가 성과의 극대화이다. 정부활동을 성과 측정을 통해 평가하고, 이를 통해 한정된 물적·인적 자원의 생산성을 극대화하고자 하는 움직임이다.

전통적으로는 성과관리는 조직 구성원들이 상위목표에 관심을 갖고, 업무수행을 촉진하고, 잠재력을 발휘하게 하는 수단으로 시스템 지향적·전략적 계획과정보다는 인력자원 관리에 중점을 두어 왔다. 이에 반해 최근의 성과관리는 조직의 전략적 또는 운영적 목표에 관한 책임을 조직 구성원들에게 할당하고, 그 책임을 객관적으로 측정하는 수단으로 정의되고 있다. 그 결과 조직의 목표와 조직 구성원들의 요구에 관한 의사결정에 적절한 정보를 제공하는 기능을 수행한다(금창호 외, 2002).

이러한 성과를 체계적으로 관리할 수 있는 도구가 필요하게 됨에 따라 균형성과표(BSC : Balanced Score Card)라는 성과관리 기법이 도입되었다. 균형성과표는 로버트 캐플란과 데이빗 노튼(Robert Kaplan & David Norton)에 의해 1990년대 초반 개발되어, 많은 기업에서 조직, 인사, 종업원의 경쟁력 등 기업경영의 전반적 성과평가와 기업전략을 달성할 수 있도록 조직을 관리하기 위한 방법론으로 활용된다. 균형성과표는 재무적 측면, 고객적 측면, 내부 프로세스적 측면, 학습과 성장 측면의 4대 주요 영역을 설정하고 이에 대한 균형적·혁신적인 성과관리 기법이다.

성과주의 운동의 확산에 따른 연구 결과들을 종합하면, 성과주의의 확산이 우리나라 기업이나 공공조직에 긍정적인 영향과 부정적인 영향을 모두 끼치게 된다.

긍정적인 측면은 조직 구성원에게 가치 창출을 위한 강한 동기부여, 성과에 따른 차등보상을 통해 우수 인재의 확보와 유지에 기여하였다는 점 등이다.

이에 반해 부정적인 측면은 성과평가 시스템에 대한 평가의 객관성, 공정성 부족으로 인한 불신, 단기성과 중심의 조직경영, 부서 이기주의, 단위 조직 간 비협조 등이다.

사회복지 영역에서도 사회복지시설 증가로 인한 재정지출 증가, 사회복지서비스의 양적 증가에 따른 책임성 문제, 사회복지적 개입 처치의 효과성 검증, 제한된 자원난에 따른 생산성 제고, 사회복지시설 평가에 따른 자원의 효율적 배분과 활용 등이 국가적 관심사로 떠오르고 있다(최상미·최재성, 2007).

2000년 이후 비영리 민간단체에서 성과주의에 대한 관심이 증대되는 이유는 사회복지서비스의 지방화에 따른 정부예산의 상당 부분이 지방으로 이전되고 있기 때문이다. 이에 따라 지방정부가 대인서비스에 대한 예산 편성의 재량권을 가지면서 성과주의가 더욱 강조되고 있다.

예를 들면, 2008년 보건복지가족부(현 보건복지부)는 사회복지 평가를 통한 성과관리체계를 구축하기 위해 첫째, 시설평가를 위해 「서비스 품질 관리단」을 구성하고 국가서비스 품질기준을 마련하여 복지시설 인증제를 도입하였다. 둘째, 사업평가를 위해 사회복지사업의 성격 · 집행실적 · 성과 등을 평가하여 유사 · 중복사업의 조정 · 통합 및 집행방식을 개선하였다. 셋째, 지방자치단체 평가로서 지방자치단체의 주민복지에 대한 관심 · 복지수준 등을 종합평가하였다.

학습평가

01 **인간관계론에 기초하여 볼 때 조직관리자의 행동으로 볼 수 없는 것은?** ( )

① 관리자의 행동 목표는 생산성 향상에 있다.
② 사회기술(social skill)의 활용을 중요시한다.
③ 과학적인 업무분석과 이윤의 공유를 중요시한다.
④ 맥그리거의 Y이론에 가까운 이론이다.
⑤ 하급직원들과의 비공식적 방식을 통한 관계유지를 중요시한다.

정답 ③

해설 과학적 업무분석과 이윤 공유는 과학적 관리론의 주된 내용이다.

02 **다음 ( )에 들어갈 내용으로 옳은 것은?** ( )

> 테일러(F. W. Taylor)가 주창한 과학적 관리론은 (ㄱ)에게만 조직의 목표를 설정할 수 있는 (ㄴ)을 부여하기 때문에 (ㄷ)의 의사결정 (ㄹ)을(를) 지향하는 사회복지조직에 적용하는 데는 한계가 있다.

① ㄱ: 직원 ㄴ: 과업 ㄷ: 관리자 ㄹ: 참여
② ㄱ: 직원 ㄴ: 책임 ㄷ: 직원 ㄹ: 과업
③ ㄱ: 직원 ㄴ: 과업 ㄷ: 직원 ㄹ: 과업
④ ㄱ: 관리자 ㄴ: 책임 ㄷ: 직원 ㄹ: 참여
⑤ ㄱ: 관리자 ㄴ: 과업 ㄷ: 관리자 ㄹ: 참여

정답 ④

해설 과학적 관리론은 생산성 극대화와 분업의 효율성을 강조한다.

03 **총체적 품질관리(TQM)에 관한 설명으로 옳지 않은 것은?** ( )

① 조직구성원에 대한 훈련을 강조한다.
② 지속적인 품질개선을 강조하는 일련의 과정이다.
③ 집단의 노력보다는 개인의 노력이 품질 향상에 더욱 기여한다고 본다.
④ 자료와 사실에 기반한 의사결정을 강조한다.
⑤ 좋은 품질이 무엇인지는 고객이 결정한다.

정답 ③

해설 총체적 품질관리(TQM)는 품질을 전 부서에서 전 과정에 걸쳐 총체적으로 관리할 것을 강조하는 이론으로, 조직 구성원의 집단적인 협업을 강조한다.

04 **베버(M. Weber)의 관료제 이론에 관한 설명으로 옳은 것을 모두 고른다면?** ( )

ㄱ. 조직이 수행해야 할 과업이 일상적 · 일률적인 경우 효율적이다. ㄴ. 조직 운영의 권한양식이 합법성 · 합리성을 띠고 있다. ㄷ. 조직 외부의 정치적 상황에 주목한다. ㄹ. 조직 내 비공식집단의 중요성을 중시한다.

① ㄱ, ㄹ ② ㄴ, ㄹ ③ ㄱ, ㄴ, ㄹ
④ ㄴ, ㄷ, ㄹ ⑤ ㄱ, ㄴ

정답 ⑤

해설 조직 외부의 정치적 상황에 주목하는 것은 정치경제이론이다. 그리고 조직 내 비공식집단의 중요성을 중시하는 것은 인간관계론이다.

05 **특정 사회복지조직이 규칙과 규제에 지나치게 의존하여 서비스 전달과정에서 고객들을 비인격적으로 대한다는 민원이 접수되었다. 이와 관계있는 사회복지행정이론은 무엇인가?** ( )

① 상황이론 ② 정치경제이론 ③ 관료제 이론
④ 학습조직이론 ⑤ 과학적 관리론

정답 ③

해설 관료제 이론은 효율성을 극대화하기 위해서 공식적 지위에 기반을 두는 위계적 권위 구조를 기초로 합법적 규칙을 강조한다.

04
CHAPTER

사회복지조직의 구조와 유형

1. 사회복지조직의 관리원칙
2. 사회복지조직의 구조와 조직화
3. 사회복지조직의 유형

04 CHAPTER

사회복지조직의 구조와 유형

1. 사회복지조직의 관리원칙

조직의 (관리)원칙(principles of organization)이란 조직을 구조화하고 효율적으로 운영하기 위한 조직의 작동방법으로서 기능적 접근을 강조하는 과학적 관리론자들(Gulick & Urwick)에 의해 주창된 것이다. 이들 조직운영의 원리는 계층제의 원칙, 명령통일의 원칙, 통솔범위의 원칙, 분업(전문화)의 원칙, 조정의 원칙, 권한-책임 병존의 원칙으로 제시할 수 있다.

1) 계층제의 원칙

계층제(hierarchy)는 조직 구성원에게 권한과 책임을 할당하고, 지배-복종의 관계를 명백히 하는 것이다. 효과적인 계층제의 운영을 위해서는 조직환경에 대한 적응성과 신축성을 염두에 두어야 한다. 보통 계층의 수준이 높을수록 조직 외적 관계, 장기 기획, 정책 결정 등의 업무를 담당하고 계층의 수준이 낮을수록 구체적인 정책의 집행·실행 등을 담당한다.

계층제는 명령과 의사전달의 통로를 만들어 주어 조직 상층부와 하층부 간 의사소통을 원활히 할 수 있다. 나아가 권한위임의 통로가 되어 과업과 책임을 명백히 해주며 조직목표의 설정과 과업 배분의 통로를 형성하여 조직 내부에서 분쟁을 조정하고 해결하는 수단이 된다.

그러나 계층제가 지나치게 심화되면 의사소통의 경직성, 인간관계의 소원,

사기저하 등의 문제가 발생한다. 또한 지나친 수직적 상하관계는 조직의 경직성을 유발하고 동태적이고 융통성 있는 대인관계의 형성을 저해한다. 계층의 수가 지나치게 많으면 의사전달이 왜곡되고 변화하는 환경에 신축성 있게 적응하는 것을 방해한다. 그리고 조직 구성원의 창의성을 막고 조직 구성원을 기계적인 의사전달 도구로 만든다.

2) 명령통일의 원칙

명령통일의 원칙(unity of command)이란 한 사람의 부하는 그의 직속 상사로부터만 명령을 받아야 한다는 것이다. 이를 통해 업무수행의 혼선을 막는 데 목적이 있다. 하나의 부서에는 한 사람의 장(부-부장, 국-국장 등)이 있어야 한다는 것이다. 명령통일의 원칙은 의사전달의 혼선을 방지하고 책임소재를 명백히 해주는 장점이 있다. 하지만 지나치게 한 사람의 상사를 통해서만 명령 · 지휘를 받는 경우 업무의 능률이 저하되고 전문성의 발휘가 어려워진다.

3) 통솔범위의 원칙

통솔범위의 원칙(span of control)이란 한 사람의 상사는 소수의 부하를 거느려야 한다는 것이다. 즉, 감독자에게 있어 피감독자의 수 및 단의 조직의 수가 한정되어야 한다. 이는 인간 능력에 대한 한계 때문이다. 아무리 유능한 상사라 하더라도 무한정 많은 수의 부하를 거느릴 수는 없기 때문이다.

많은 조직 연구자들은 통솔범위를 일정한 수(보통 10명 내외)로 제한하려 했지만, 이는 실재하지 않는 마법의 수(magic number)라는 비판이 있다. 즉, 인간(상사)의 능력과 상황에 따라 달라질 수 있기 때문에 일정한 수로 고정할 수는 없다. 통솔범위는 감독하여야 할 업무의 속성과 감독자의 능력, 근무시간의 압박, 조직의 역사, 규모, 조직의 위치(대도시, 중소도시 등)와 같은 지리적 공간의 분산 정도, 구성원의 능력과 같은 인적자원의 상태, 관리층의 사회심리적 인식 등에 의해 영향을 받게 된다.

4) 분업(전문화)의 원칙

분업(전문화, division of work)의 원칙이란 조직 구성원 한 사람에게 한 가지 주된 업무 또는 소수의 업무를 분담시키는 것이다. 이러한 한 가지 업무 내지 소수업무의 처리는 결국 전문화를 가져오므로 분업=전문화라는 등식이 성립한다.

보통 조직이 대규모화될수록, 업무속성이 전문성을 요할수록 더욱 필요해지는 것이 원칙이다. 개인적 능력, 기술에 차이와 한계가 있기 때문에 분업을 통한 전문화가 필요하다. 나아가 업무능률을 향상시키고 조직 내 지식과 기술을 축적할 수 있다.

과업이 전문화되면서 구성원들이 보다 능률적으로 보다 신속하게 업무를 처리할 수 있는 방법을 찾기 위한 노력에서 이 원리가 도출된다. 그러나 분업은 조직 구성원의 업무에 대한 흥미를 상실하게 하며 단위부서 간 업무의 조정을 어렵게 한다.

5) 조정의 원칙

조정(co-ordination)의 원칙은 지나친 분업 내지 전문화의 역기능을 제어하기 위한 조직 운영 원칙이다. 이는 목표 달성에 필요한 행동으로 통일성을 확보하기 위한 원칙이라 할 수 있다.

조정의 방법으로는 계층제에 의한 방법과 리더십에 의한 방법이 있다. 조직에 의한 방법은 조직 내 별도의 구조적 장치의 설계를 통해 권한과 책임한계를 명백히 하는 것이다. 이에는 위원회제를 활용하여 조직 구성원의 의견을 수렴하고 구성원의 사기를 고양시키는 방법, 기획조정실과 같은 별도의 조정기구의 설치하는 방법이 있다.

리더십에 의한 방법은 조직 구성원에게 동기를 부여하고 아이디어를 제시하게 한다든지, 계획 실시 단계에서 조직의 이념과 정책을 제시하고 이해를 구함으로써 일체감, 동질성을 회복한다. 이를 통해 조직에 대한 애착심, 동료애, 우리 의식(we-feeling)을 확보할 수 있다.

6) 권한-책임(power-responsibility) 병존(竝存)의 원칙

권한 행사에는 반드시 책임이 따른다. 조직 내 상급자에게 권한이 부여되면 반드시 책임 또한 수반되어야 권한의 남용을 방지할 수 있다. 권한만 존재하고 책임은 지지 않을 경우 브레이크 없는 자동차가 되며 조직목표가 표류할 가능성이 있다. 반대로 권한은 없고 책임만 부과될 경우 부하는 무사안일에 빠지게 되고, 상급자는 통솔이 불가능하게 된다.

2. 사회복지조직의 구조와 조직화

1) 사회복지조직 구조의 개념

조직은 사명과 목적을 가지고 있으며 복수의 구성원들이 모여서 목표지향적 행동을 도모하기 위한 협동적 체계이다. 이를 달성하기 위해서 조직은 가시적인 일정한 수직적 위계질서와 수평적 분업체계를 지니게 된다. 이를 통해서 조직관리자는 조직의 이념이나 비전을 구성원들에게 주지시키고 의사전달, 역할과 책임의 분담, 적절한 인적자원 배치, 권한위임이 가능해진다.

조직구조는 구성요소들 간에 상호 의존 및 상호작용이 이루어지는 유형화된 객관적 실체이다. 그러나 조직구조는 주물제품의 형틀과는 달리 끊임없이 변화하는 속성을 지닌다. 조직구조는 조직을 구성하는 유형적 틀을 의미한다. 통상 조직구조는 수직적으로는 계층제를, 수평적으로는 통솔범위가 설정되어 있다(허만형, 2004).

수직적인 면에서 조직구조는 명령통일이 가능하도록, 수평적으로는 분업에 따라 나누어진다. 공식적 조직이 목표를 효과적으로 달성하기 위해 구조를 만들 때 분업의 정도, 위계질서, 통솔범위와 같은 조직의 구조적 요소를 고려하여 틀을 설계한다.

2) 사회복지조직 구조의 구성요소

조직의 구성요소란 조직의 구조적 특성에 영향을 미치는 요인을 말한다. 이에는 조직의 규모, 조직의 기술, 조직의 공식화, 집권화와 분권화가 포함된다. 혹자는 복잡성, 공식화, 집권화(분권화)를 들기도 한다. 복잡성은 조직의 목표 달성을 위한 분화의 정도를 말한다. 이에는 수직적 분화, 수평적 분화, 장소적 분화(분산)를 포함한다. 공식화란 조직에서 과업수행을 위한 규칙과 절차의 확립 정도를 말한다. 그리고 분권화란 의사결정 권한의 분산 정도를 말한다(김병섭 외, 2012; Daft, 2016).

(1) 조직의 규모

조직의 규모는 조직 구성원의 수, 수혜자의 수, 물적 자원 능력, 순자산, 매출액 등으로 측정된다. 조직의 규모가 커지면 상당 부분 복잡성이 증대하다가 어느 수준부터는 체감하게 된다. 또한 조직규모가 커지면 전문화가 지속되다가 일정한 수준에 도달하면 전문화의 진행 정도가 낮아진다.

조직규모가 커질수록 조직 구성원의 행동은 공식화되고 규모가 커지면 분권화가 촉진된다. 최근 사회복지조직도 팀 중심 조직으로 슬림화되고 있으며, 체인화 경향의 대규모 복지조직도 등장하고 있다.

(2) 조직의 기술

조직의 기술이란 조직이 과업을 수행하는 방법과 과업 수행 과정에서 구사하는 지식을 말한다. 또한 기술이란 조직이 목표 달성을 위해 투입물을 산출물로 전환시키는 데 이용하는 지식 · 도구 · 기법 · 활동의 총칭이다. 예컨대 톰슨(Thompson, 1967)은 조직의 기술유형을 기술 자체보다 단위작업 간의 상호 의존성의 형태에 따라 연속형 기술, 중개기술, 집약적 기술로 분류하였다.

첫째, 연속형 기술(long-linked technology)은 과업의 단계가 연속되어 있어서 어느 단계의 활동이 원활하게 이루어지려면 그 전 단계의 활동이 완료되어야 하며, 각 부서는 자원을 서로 교환하고 한 부서의 작업성과는 다른 부서의 작업성과에 의해 영향을 받는다. 이 기술은 대량생산에 쓰이는 일관작업체제(assembly line)를 의미하며, 투입 및 산출 분야에 통제를 가하여 불확실성을 줄이고자 한다.

둘째, 중개기술(mediating technology)은 시간적으로나 공간적으로 분산된 광범위한 고객을 대상으로 하는데, 자원봉사조직에서 자원봉사 연결 기능, 부동산 중개사무소에서 중개사가 매수인과 매도인을 연결하거나, 은행조직이 예금자와 대출자 사이에서 본연의 역할을 수행하는 것이 예가 된다. 중개기술을 활용하는 조직은 고객 의존적이므로 규정이나 절차를 활용해서 통제한다.

셋째, 집약적 기술(intensive technology)은 조직에서 다양한 기술이 복합되어 활용되는 맞춤기술 · 주문기술(custom technology)을 의미한다. 이 기술은 사회복지조직에서 클라이언트 개개인의 욕구에 맞추어 상담, 재활, 치료, 보건의료, 재가서비스 등을 전문가의 협력하에 제공하는 형태이다. 병원조직에서 수술과정에서의 협진(마취팀-수술팀-간호팀-회복실팀-재활팀)도 전형적 예가 된다.

(3) 조직의 공식화 정도

공식화란 조직 내의 과업이 표준화되어 있는 정도를 말한다. 조직 구성원들이 언제, 어디서, 무엇을, 어떻게 해야 하는가를 규정하고 명백히 한다.

공식화는 조직 참여자들(organizational participants)의 행위와 태도를 규정하므로 과업의 공식화 정도가 높다면 이는 직무담당자가 직무 수행 과정에서 정형화(programmed)된 규정(rule)에 따라 과업을 수행하는 것이 된다. 이때 재량권(discretion)이 매우 낮게 된다.

이에 반해 공식화 정도가 낮다면 사전에 규정된 절차나 규칙이 적기 때문에 구성원들은 상당한 재량권 행사가 가능해진다. 일반적으로 단순 반복적인 비숙련 과업일수록 공식화의 정도가 크며, 고도로 전문화된 과업일수록 공식화될 가능성이 낮다.

사회복지사와 같은 직종의 경우, 공식화 정도가 낮은 것은 이러한 전문성 때문이다. 한편 공인회계사나 경영 컨설턴트와 같은 전문직의 경우는 서비스에 대한 수수료를 소요시간에 따라 받음으로써 시간마다의 활동을 자세히 기록하여 청구하게 되므로 공식화 정도가 비교적 높다.

조직의 기술을 일상적인 것(routine)과 비일상적인 것(non-routine)으로 분류할 때, 일상적이고 단순하며 자동화된 기술을 사용하는 조직이 공식화가 높다. 그러나 지나친 공식화는 목표와 수단의 대치현상을 초래하고 관료제적 경직성을 불러오므로 높은 전문화의 수준은 갈등과 인간소외 현상을 심화시킨다.

(4) 집권과 · 분권화의 수준

집권화와 분권화는 연속선상에서 반대 개념이다. 이는 조직 내의 권력배분 양상과 권력이 위임되는 정도를 설명하려는 개념이다. 집권화와 분권화는 조직 내 의사결정권의 위임 정도로써 파악할 수 있다.

집권화와 분권화에 영향을 미치는 요인으로는 최고관리층의 인간관이나 관리철학, 노동조합의 힘, 조직 내 전문가의 비중 등이 될 수 있다. 또한 정보통신기술의 발달, 예산팽창, 행정수단의 결함의 노출, 행정비용의 팽창 등 행정활동의 통일성을 확보하려는 움직임, 최고관리층의 권력욕구 등은 집권화를 촉진시키는 요인이다.

반면 조직의 사기앙양, 조직규모의 확대, 기술수준의 고도화, 조직 구성원의 전문성과 능력, 고객에 대한 서비스 강조, 조직 내 민주성의 강조 등은 분권화를 촉진시키는 요인이다.

조직 구성원의 측면에서 볼 때 조직관리층이 강력한 리더십을 가지고 있거나 부하들의 능력, 자질이 부족할 때는 분권화보다는 집권화가 바람직하다. 또한 행정업무 내용의 측면에서 통일성이 요구되는 업무, 중요한 업무는 집권도가 높을 때 더욱 효과적이다. 그리고 조직 측면에서 조직의 규모가 작거나 조직의 역사가 짧으면 집권화가 효과적이다. 조직환경의 측면에서는 조직이 위기에 처하거나 환경변화가 심할 때 집권화가 바람직하다.

그러나 집권화는 조직을 관료적이고 권위주의적으로 인도하여 형식주의, 경직성, 창의성, 자발성을 저해하여 조직을 획일화시킨다. 이에 반해 분권화는 신속한 의사결정, 결재라인의 간소화, 업무경감, 자발적 협조 유도, 책임감 증대, 협조관계 용이 등 장점을 가진다. 이와 동시에 지도·감독, 통제 약화, 행정력 분산, 전문기술 활용 난이 등의 단점도 있다.

3) 사회복지조직의 조직화 방법

과업의 분업화가 심화되어 부서의 수가 늘어나면 부서 간, 구성원 간 상호작용의 빈도가 증가하고 갈등이 증가하므로 조직 내 조정비용도 늘어난다. 이때 조직 내 수평적 조정을 용이하게 하고 책임소재를 명확히 하며 타 부서에 의존하지 않고 독립적으로 조직운영이 가능한 몇 개의 대단위 조직으로 재편성(재조직)하게 된다. 이를 조직화라 한다.

부문화(부서화)란 구성원을 한 사람의 책임자 또는 부서에 소속시키는 방법을 말한다. 이는 목적 또는 기능, 목적 수행에 필요한 과정과 절차 및 수단, 행정활동의 수혜자나 다루어지는 취급물자, 지방청이나 지방사무소 조직과 같이 행정활동이 수행되는 지역이나 장소 등을 기준으로 편성할 수 있다.

그러나 이 외에는 여러 가지 비판도 제기되고 있다. 목적·과정, 수혜자·지역 등의 기준이 명확하지 않고, 각 기준이 경합할 때 어떤 기준을 따라야 하는지 분명하지 않다. 그리고 조직은 위에서 언급한 네 가지 기준 중 어느 한 가지만으로 편성되지 않는다는 지적도 제기된다.

부문화(부서화)를 위한 방법은 다음과 같이 제시할 수 있다(Weinbach, 1990).

첫째, 수 기준 부문화이다. 같은 역할을 하는 사람들을 한 슈퍼바이저 아래에 소속시키는 방법이다. 한 사람 밑에 사람의 수가 너무 많으면 둘 이상의 비슷한 단위를 만들 수 있다. 그러나 조직요원 개인의 능력 차이를 고려하지 못하는 것이 가장 큰 단점이다. 따라서 다른 방법과 같이 적용하는 것이 바람직하다.

둘째, 시간 기준 부문화이다. 업무시간을 2교대 또는 3교대로 하여 업무를 부문화하는 방법으로 24시간 서비스를 제공해야 하는 사회복지 생활시설이나 요양원, 의료 및 보건서비스 조직, 소방조직 등에서 유용하게 활용할 수 있는 방법이다. 그러나 야간·주말 근무를 원하는 능력 있는 구성원을 채용할 수 없는 경우가 많고, 서비스 질이 낮다고 인식되기 쉬우며, 업무연결이 되지 않아 조직의 기능이 단편화될 가능성이 있다.

셋째, 기능 기준 부문화이다. 영업, 재무, 총무, 인사 등과 같은 주요 기능에 따라 동질적 업무를 묶어서 조직하는 것이다. 이 방법은 조직 구성원의 능력, 선호, 관심 등에 따라 직무상 적성에 맞는 분야에 사람을 배치하는 부문화하는 방법이다. 사회복지조직에서 모금, 홍보, 기획, 프로그램 개발 업무 등에 배치하는 방식이다. 그러나 단위부서 간 경쟁심이 지나칠 경우, 협조 부족이나 자신이 속해 있는 단위부서를 지상의 것으로 여기는 할거주의가 발생할 수 있다.

넷째, 지리적 영역 기준 부문화이다. 지역(장소)을 중심으로 조직을 구성하고 자율적으로 운영하고 책임질 수 있도록 조직하는 것이다. 잠재적 고객(소비자) 또는 클라이언트의 거주지역에 따라 부문화하는 것이다. 이를 통해 지역 실정에 맞는 서비스로 서비스 효율성을 높이고 서비스 책임자를 분명히 할 수 있다. 그러나 장기적으로는 단위부서 간의 업무량의 격차가 생기고 특정 지역(벽지) 담당 부서의 사기가 떨어질 수 있으며 같은 지역이면서도 부서가 달라 서비스를 받지 못하는 사람이 나올 가능성이 있다.

다섯째, 서비스 기준 부문화이다. 이 방법은 개별사회사업, 집단사회사업, 지역사회조직사업 등 사회사업적 서비스의 방법에 따라 부문화하는 것이다. 서비스별로 전문화를 촉진할 수 있는 장점도 있지만, 고객의 문제가 복합적이고 동시에 여러 가지 서비스를 제공해야 할 경우 서비스를 통합할 수 없는 단점이 있다.

여섯째, 고객 기준 부문화이다. 고객 또는 수혜자 집단별로 부서를 나누고 자율적으로 운영하며 이에 대하여 책임질 수 있도록 조직하는 방법이다. 클라이언트를 아동, 노인, 부녀자 등으로 나누든지, 비행, 가족, 학업, 고용, 경제적 문제 등으로 나누어 부문화하는 것이다. 이 방법은 업무량을 관리 가능한 범위 내에서 유지하고, 한 개인의 문제라도 서로 연관되어 나타나기 때문에 한 사람의 서비스 제공자가 한 클라이언트를 선택할 수 있는 장점이 있다. 그러나 이 방법은 클라이언트가 다양한 문제를 안고 있는 경우 한 사람의 서비스 제공자의 한정된 지식과 기술로서는 처치할 수 없는 경우가 발생한다.

일곱째, 서비스 접근통로 부문화이다. 클라이언트가 어떤 서비스에 접근할 수 있는 통로별로 업무를 부문화하는 것이다. 사회복지조직의 서비스는 유료인 경우도 있지만 그렇지 않은 경우도 많다. 유료든 무료든 많은 사람에게 이용할 수 있도록 해야 한다. 그런데 사회복지서비스의 접근통로는 확실하지 못하고 제한되어 있는 경우가 많아서, 이 방법이 효과적이라 확언할 수 없지만, 다양한 서비스의 통로에 맞게 서비스를 제공해야 한다.

3. 사회복지조직의 유형

1) 공식적 조직과 비공식적 조직

공식적 조직은 조직의 목표 달성을 위해 법제, 규정 등으로 공식적으로 과업과 역할을 부과하고 권한과 책임을 부여받는 가시적 조직을 말한다. 이에 반해 비공식적 조직은 조직 구성원 서로 간 접촉이나 친소관계로 인해 형성된 조직으로서 구조가 불명확한 비가시적 조직이다.

공식적 조직은 인위적, 문서적, 목표지향, 능률지향, 표면적, 조직의 전체 질서를 강조한다. 비공식적 조직은 자연 발생적, 비문서적, 개인지향, 감정의 논리, 비가시적, 부분적 질서를 강조한다. 비공식적 조직은 현재의 직책, 과거의 관계, 그리고 개인적 특성이나 욕구가 변하면 이에 따라 조직도 자연적으로 형성되고 소멸된다. 또 비공식적 조직은 구성원들에게 심리적 소속감, 안정감, 보이지 않는 행동의 기준을 제공하고 계층제의 경직성을 완화할 수 있는 장점이 있다.

그러나 공식조직 이면에서 정실행위 등으로 조직의 전체적 질서를 해칠 수 있다. 이에 적절한 통제와 감독이 필요하다.

2) 집권적 조직과 분권적 조직

집권적 조직은 의사결정권이 조직의 상층부, 상급기관, 중앙기관에 보유되는 조직이며 분권적 조직은 하층부, 하급기관, 지방정부 등에 위임된 조직을 말한다. 그리고 독임제과 합의제 조직도 이에 포함시킬 수 있다.

조직의 중요 의사결정권이 고위 조직책임자 1인에게 있느냐 아니면 복수의 사람에게 분산되어 있느냐에 따라 구분된다. 많은 조직은 독임제 형태를 띠고 있고 각급 행정부처는 장관, 청장 등 최고 책임자 1인이 최종적인 의사결정권과 책임을 진다.

합의제 조직은 의사결정권이 여러 사람에게 분산되어 있는 행정청으로서의 위원회(예 소청심사위원회, 금융감독위원회 등)가 예가 된다.

3) 계층제적 조직

고전적인 조직구조의 대표는 계층제적 구조이다. 계층제 조직구조는 조직 내 상하급자 간 수직적 지배－복종관계를 가지며 피라미드 형태로 연결된 수직적 구조를 지닌다. 수직적 관계를 결정하는 층이 적고 통솔범위가 수평적으로 넓게 펼쳐지면(예 사회복지조직) 기능조직의 성격이 강하고, 수직적 관계를 결정하는 층이 많으면(예 경찰조직, 군대조직) 라인조직의 성격이 강하다.

(1) 기능조직

기능조직은 일선조직에서 적용되는 조직구조이다. 제품생산 공장에서 각자 부품을 조립하여 완성품을 만드는 것과 같이 한 관리자 아래에 각 업무단위를 병렬로 배열한 조직구조이다. 이러한 조직구조는 업무가 표준화되어 서비스되는 조직, 예컨대 주민센터 조직 또는 고용보험 등 사회보험 관련 조직 등이다.

그러나 많은 사회복지서비스는 생산 일선에서의 부품의 완성처럼 서비스의 결과에 대해 합의를 이루기 어렵다. 이러한 조직구조가 효과적이 되기 위해서는 서비스 검사, 진단, 평가도구의 표준화가 필요하다.

(2) 라인조직과 스태프조직

라인(line)은 수직조직을, 스태프(staff)는 수평조직을 의미한다. 라인조직은 상하 간 명령－복종관계를 가진 조직구조를 가진다. 예컨대 관장－국장－팀장－사회복지사 등으로 연결되는 구조이다. 이 구조는 최고관리자를 중심으로 수직적인 권한의 배치가 이루어지고 명령통일, 통솔범위 등 분업의 원리가 잘 작동한다.

한편 스태프조직은 수직조직이 목표를 원활히 달성할 수 있도록 지원, 촉진하는 역할을 한다. 스태프들은 자문, 권고, 조정, 정보수집, 기획, 통제, 인사, 회계, 업무, 홍보, 연구 등의 기능을 수행한다. 예컨대 비서실, 기획팀, 총무팀, 홍보팀 등이다. 가장 전형적인 스태프조직은 군대의 참모(작전, 정보, 인사, 군수참모 등)조직이다. 이에 반해 군대의 사단장－연대장－대대장－중대장－소대장－분대장 구조는 라인에 해당한다. 또 대학조직에서 스태프조직은 처장(기획처장, 교무처장, 학생처장, 입학처장)이고, 라인조직은 총장－학장－학과장이다.

라인구조는 업무수행이 능률적으로 이루어지고 의사결정이 신속하며, 통솔력이 강하고 조직의 안정성과 영속성이 강하다. 이에 반해 스태프구조는 조직의 최고책임자의 통솔범위를 넓혀주고 전문지식을 활용할 수 있도록 해준다. 나아가 합리적 의사결정을 가능하게 해준다.

그러나 만약 라인구조만 있다면 대규모 조직에서는 업무량이 과중되고 최고책임자의 독단적 결정을 초래하며 유능한 인재를 활용할 수 없다. 그러나 스태프구조 역시 조직 내 인사문제에 있어 라인구조와의 알력, 권한과 책임에 대한 라인과의 갈등, 행정의 지체, 의사결정 혼란 등의 문제가 있을 수 있다.

4) 위원회 조직

위원회 조직은 조직의 목표 달성, 특별과업이나 문제 해결을 위해 조직의 일상적 업무수행기구(보통 계층제)와는 별도로 설치한 조직으로, 조직 내외 전문가 또는 업무관계자 중심의 합의제 조직이다. 위원회는 두 유형으로 구분된다. 하나는 조직에서 발생하는 특별업무를 처리하기 위한 인사위원회나 예결위원회와 같은 상임위원회이고, 다른 하나는 특별한 업무를 처리하기 위해 한시적으로 설치하는 임시위원회이다. 보통 위원회는 실질적 의사결정과 집행은 수행하지 않고, 전문가의 의견 청취, 평가, 집단토의의 기회를 제공한다. 이에 집단지성의 활용이 가능해진다.

나아가 정책결정 과정에서 참여의 활성화를 통해 조직의 민주적 관리를 가능하게 하고 의사소통을 촉진한다. 반면 의사결정에 시간이 지체되고 비용이 많이 소요되며 영향력 있는 소수 위원의 의견이 다수 의사를 압도할 우려가 있다.

5) 사업부제 조직

지금까지 많은 조직은 통일적인 업무처리를 위해 분권화, 위원회제 등 다양화, 조직혁신 등에 주력해 왔다. 많은 대규모 조직에서 사업부 단위로 조직을 분화시키고 각 사업부 단위의 독자적 책임하에 생산, 마케팅, 관리 권한을 부여하고 있다.

이는 즉, 독립채산제의 도입이며, 사업부의 장은 소 대표이사에 해당하는 권한을 가진다. 그리고 심지어 제품별, 지역별, 시장별로 세분화하여 독립채산제를 실시하고, 각 사업부는 과업의 계획, 집행, 성과 분석에 이르기까지 개별 독립조직처럼 운영되기도 한다.

예컨대 사회복지조직 본부와 개별 사업팀이 계약관계를 맺고 사업팀장에게는 독립적인 책임이 부과된다. 사업부제 조직의 장점은 업무 수행 결과에 대한 통제와 평가가 용이하고, 동기부여와 관리자의 능력을 개발하는 데 유용하다는 것이다.

한편으로는 최고책임자의 업무량을 경감시켜 준다. 또 생산과 판매 능력을 증진시키고 혁신적인 문제해결에 도움을 준다. 그러나 조직의 전체적 조정과 통제의 문제, 교육훈련의 실시, 업무의 중복, 전문화의 제약 등에 문제를 남긴다.

6) 동태적 조직

전통적으로 계층제 조직은 환경변화에 대한 적응과정을 거치면서 사업부제 조직, 프로젝트 조직, 매트릭스 조직, 팀 조직 등과 같이 변화하고 있다. 특히 프로젝트 조직과 매트릭스 조직은 전통적 계층제 조직과 달리 다원적 조직구조를 가지고 있어 복합적 조직 형태를 띤다.

(1) 프로젝트 조직

프로젝트 조직은 특정한 과업 수행을 위해 주된 부서에서 프로젝트 수행 인력을 차출·파견하고 특정 과업인 프로젝트를 해결한 뒤 본래 자신의 부서로 회귀하는 조직형태이다. 계층제 조직에서는 이질적인 전문성을 가진 구성원들 간의 수평적 조정통합이 용이하지 않고 비효율적으로 되기 쉽다.

이때 프로젝트 팀을 활용하면 부서 간의 경계 없이 다양한 이질적 전문성을 가진 구성원을 하나의 수평적 팀으로 구성하여 프로젝트가 종결될 때까지 한시적으로 운영한다. 이때 조직 구성원의 관계는 수직적이기보다는 수평적인 관계이며, 만약 상급자 중 한 명이 팀을 주도하더라도 상하관계가 아니라 전문성을 가진 동료 팀원으로 역할한다. 여기서 상급자는 조정자, 수렴자일 뿐이다.

프로젝트 조직은 조직이 구성되어 있는 동안 대량의 자원과 재능을 가지고 문제에 집중할 수 있는 장점이 있지만, 임시적 조직이므로 제안된 정책이 집행되지 않거나 변질될 가능성도 있다.

(2) 매트릭스 조직

매트릭스(matrix)란 행렬(가로 줄을 행, 세로 줄을 열)을 의미한다. 매트릭스 조직이란 조직의 근간이 되는 고정적인 기능 조직과 임시적 프로젝트 조직이 결합된 구조이다. 이때 프로젝트 조직은 더 이상 임시조직이 아니라 공식조직으로 성격이 변모한다.

상하관계에 의해서 조직이 더 이상 구성되지 않고 전문성을 기초로 조직되어 민주적 의사결정을 가능하게 한다. 조직 구성원은 각자 본인의 기능부서에 소속하여 부서 상사에게 보고하는 동시에 소속 프로젝트 관리자에게도 보고하는 이중 구조를 이룬다.

❙그림 4-1❙과 같이 각 부에 소속된 구성원들은 공식조직으로 활동하고, 이 중 일부 구성원들은 재활서비스팀, 상담팀, 프로그램 개발팀에 소속되어 해당 서비스를 제공한다.

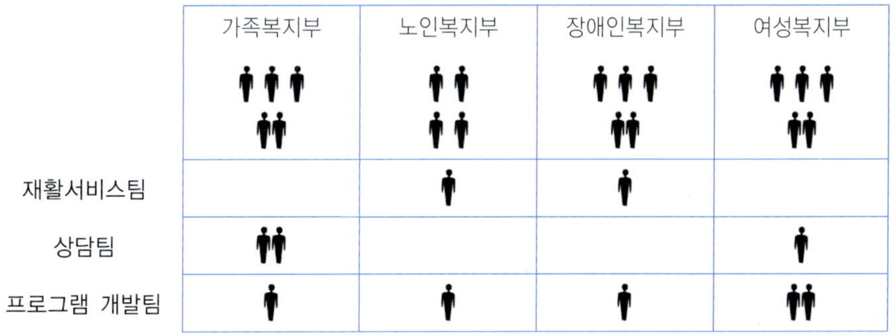

❙그림 4-1❙ 매트릭스 조직의 적용례

출처 : 신복기 외(2011) 재구성.

이는 1960년대 초반 미국의 항공산업 분야에서 시작하였으며 대학교 경영에도 적용되었다.

이 조직의 특징은 구성원의 능력과 지식을 최대한 이용할 수 있고, 필요시 팀 소속 구성원을 프로젝트 간에 이동시킬 수 있다. 또한 고객의 특별한 욕구의 변화, 급속한 환경 변화에 신속히 대처할 수 있다. 이에 반해 구성원의 이중 소속으로 인한 업무과중 및 시간배분, 성과측정 문제, 프로그램 관리자의 불만, 역할갈등 등이 문제가 된다.

〈표 4-1〉 매트릭스와 프로젝트 조직구조의 속성 비교

기준 / 형태	장 점	단 점
매트릭스 조직구조	첫째, 전문화 촉진 및 시장변화의 적응 용이 둘째, 유연한 인재의 활용과 이동 용이 셋째, 전문지식, 기술 축적과 개발 용이 넷째, 지식과 기술의 전체 조직에의 이전, 활용 용이	첫째, 명령계통 간의 알력 둘째, 조정의 곤란 및 의사결정 지연 셋째, 책임과 권한의 혼선 넷째, 스트레스 발생
프로젝트 조직구조	첫째, 특정 목적, 고객지향성 증대 둘째, 분권화와 신속성 증대 셋째, 능력자, 무능자의 구별 용이 넷째, 하급자의 능력 배양 용이	첫째, 인적·물적 자원의 중복 둘째, 파벌주의 심화 셋째, 단기적 성과 치중 넷째, 스트레스 발생

출처 : 신복기 외(2011), 임창희(2016) 재구성.

(3) 팀(team) 조직

전통적인 조직의 구조체계인 국(부), 과, 계를 업무재편을 통해 하나의 팀으로 재형성하여 팀장을 중심으로 업무가 이루어지도록 한 조직구조이다.

팀이란 구성원 개인이 책임질 수 있는 공동의 목적, 업무수행 방법에 따라 구성된 상호 보완적인 기술을 가진 작업집단이다. 예컨대 특정 과－계, 계－계의 통합 등 다양한 조합이 가능하다. 팀제의 필요성은 예산팽창 억제, 작은 조직 지향, 환경변화에 대한 대응성 증대, 조직 내 특수과업의 존재 등이다.

그러나 한국 정부조직에서의 팀제는 명칭만 팀이지, 과거의 과, 계의 다른 명칭에 불과해서 운용의 묘를 살리지 못하고 있다.

7) 권력형태에 따른 조직 구분

에치오니(A. Etzioni)는 권력의 원천에 따라 권력의 형태를 강압적 권력, 보상적 권력, 규범적 권력으로 나누고 있다. 그는 권력에 대한 관여의 형태를 소외적 관여, 타산적 관여, 도덕적 관여의 3형태로 하여 3×3=9가지의 조직형태를 제시하고 있다. 그러나 이 중 전형적인 조직형태는 세 가지이다.

(1) 권력의 원천

첫째, 강압적(coercive) 권력 : 위해, 신체적 억압에 기초한다.

둘째, 보상적(remunerative) 권력 : 금전 등 물질적 보상에 기초한다.

셋째, 규범적(normative) 권력 : 신념, 이념 등 심리적 동질성에 기초한다.

(2) 관여의 형태

조직 구성원은 조직 내 권력의 행사자에게 무관심하게 관여할 수도, 반응할 수도 있다. 여기서 관여의 형태는 소외적 관여, 타산적 관여, 도덕적 관여로 세 가지이다.

첫째, 소외적(alienative) 관여 : 권력행사자에 대해 강한 부정으로 강압적 권력이 동원된다.

둘째, 타산적(calculative) 관여 : 보상의 양과 질을 중시한다.

셋째, 도덕적(moral) 관여 : 권력행사자에 대한 심리적 동질성을 강조한다.

각각 세 가지 권력과 관여의 유형에 따라 아홉 가지의 조직유형이 가능하다. 그러나 이 중 세 가지가 가장 전형적인 조직형태가 되며 실제 조직에서 많이 볼 수 있다.

첫째, 강압적 권력과 소외적 관여(유형 1), 둘째, 보상적 권력과 타산적 관여(유형 5), 셋째, 규범적 권력과 도덕적 관여(유형 9)의 관계를 가진 조직이 가장 많이 발견된다.

조직은 이 세 가지 중 한 가지 형태를 가지는 것이 일반적이다(최성재 · 남기민,

2010). 강압적 조직을 대표하는 것으로는 강제수용소, 교도소, 과거 구금적 정신병원, 기숙사 등이 있고, 보상적 조직은 사기업조직을 들 수 있고, 규범적 조직은 이념정당, 환경 등 시민단체, 종교조직에서 건립한 병원, 학교 등이 있다.

〈표 4-2〉 권력의 유형

권력의 유형 \ 관여의 유형	소외적	타산적	도덕적
강압적	①	2	3
보상적	4	⑤	6
규범적	7	8	⑨

출처 : 신복기 외(2011), 박우순(2015) 재구성.

8) 수혜자에 따른 조직 구분

블라우와 스코트(Blau & Scott, 1970)는 조직에서 산출하는 서비스의 주된 수혜자가 누구냐를 기준으로 조직을 구분하고 있다. 그는 공동수혜조직, 사업조직, 서비스조직과 공공복리조직으로 분류하였다.

첫째, 공동수혜조직은 조직의 구성원들에게 서비스의 일차적 혜택이 돌아가는 조직으로 정당, 종교단체, 노동조합, 협동조합 등이 있다. 둘째, 사업조직은 조직의 소유주에게 일차적으로 혜택이 돌아가는 조직으로 주식회사가 있다. 셋째, 서비스조직은 고객에게 일차적인 혜택이 돌아가는 조직으로 사회복지조직, 병원이 있다. 넷째, 공공복리조직은 일반대중(국민)에게 혜택이 돌아가는 조직으로 정부조직, 군대 등이 있다.

9) 업무의 통제성에 따른 조직 구분

길버트 스미스(Gilbert Smith)는 조직을 관료조직, 일선조직, 전면 통제조직, 투과성 조직으로 분류하고 있다(최성재 · 남기민, 2010). 이를 구체적으로 살펴보면 다음과 같다.

(1) 관료조직

관료조직은 명문화된 규칙과 절차, 엄격한 위계질서, 전문화 및 분업의 원리, 문서주의, 기술적 자격(업적, 시험 강조)에 기초한 강한 신분보장 등을 특성으로 한다. 이는 합리적 통제원리를 가지고 계층제에 의존한다. 관료조직은 능률성 극대화가 장점이지만 민주성, 전문성이 취약하고 관료적 이기주의, 복지부동, 무사안일주의가 병폐로 나타난다.

(2) 일선조직

일선조직은 공식적 위계제도가 존재하지만, 실제 운영에서는 권력의 분산이 행해지고 고객과 근접해서 서비스를 전달하는 조직이다. 조직의 주도권이 일선업무를 취급하는 일선부서에 존재하고 각각의 일선조직은 상호 독립된 지위와 권한을 가지고 조직을 운영한다. 이는 지역실정에 적합한 업무수행이 가능하지만 전체 조직으로서 통제성과 조정이 취약하다. 예로서 행정복지센터조직, 보건지소 등이 있다.

(3) 전면 통제조직

전면 통제조직은 고객을 유지·관리하는 과정에서 엄격한 규칙에 의해 전면적인 통제를 가하는 조직이다. 이는 강제적 수용과 철저한 계획, 고객과 조직 구성원 간 근본적 입장 차이, 충격의 경험, 고객의 개조, 특수한 문화 형성 등이 특징이다. 예컨대 구금적 정신병원, 기숙사, 교도소, 군대 등이 있다.

(4) 투과성 조직

투과성 조직은 조직을 둘러싸고 있는 외적 사회환경체계가 특정 조직의 내부구조에 영향을 미치는 조직으로 자원봉사조직이 있다. 이는 조직에의 가입 탈퇴, 참여, 활동이 개인의 자유의사에 맡겨져 왔다.

투과성 조직의 특징은 자발적인 의사를 가진 조직 구성원, 조직생활과 개인

생활의 엄격한 구분이 가능하고, 조직경계의 모호, 역할구조의 비정형성, 개인의 자주성 강조, 업무수행의 개인화 등이 특징이다.

10) 조직기술과 수혜자의 상태에 따른 조직 구분

하센펠드(Hasenfeld)는 사회복지조직의 분류(Hasenfeld, 성규탁 역, 1985)를 수혜자의 상태와 조직기술에 따라 여섯 가지 유형으로 분류하고 있다. 고객은 정상기능(normal functioning)과 비정상기능(malfunctioning)으로 구분하였고, 사회복지조직에서 고객을 위하여 구사하는 기술은 인간유별기술, 인간유지기술, 인간변화기술로 구분하였다.

(1) 조직의 기술

첫째, 인간유별기술(people-processing technologies)이다. 개인의 속성을 변화시키지 않고, 다른 사회적 집단으로부터 바람직한 반응을 야기하는 사회적 라벨(label)과 공식적인 지위를 부여받아 고객의 변화를 유도한다. 예로서 정신질환자, 암환자, 지적장애아와 같은 클라이언트를 식별하는 분류 및 배치 체계이다.

둘째, 인간유지기술(people-sustaining technologies)이다. 개인의 상태 악화·약화·퇴보를 예방하고, 현재 상태로 유지하며 완화시키려는 기술이다. 중증장애인, 와병노인, 치매노인의 보호기술, 생활보호 프로그램(빈곤 악화 예방) 등이 예가 된다.

셋째, 인간변화기술(people-changing technologies)이다. 고객의 개인적 속성에 직접 변화를 주고자 하는 기술이다. 교육, 의학적 치료, 심리치료 등이 예가 된다.

(2) 고객의 상태

조직이 대상으로 하는 고객의 상태를 정상기능과 비정상기능으로 구분한다. 정상과 비정상의 기준은 조직을 둘러싼 사회의 기대와 평가에 근거한다. 따라서 비정상적인 기능을 수행하는 사람은 통제해야 할 고객과 문제가 완화되어야 할 고객, 치유되어야 할 고객으로 구분한다. 반면에 정상적인 사회적 기능을 수행하는 사람은 정상기능을 가진 고객으로 분류한다.

그러나 정상 · 비정상이라는 용어가 차별적인 성격이 있으므로 고객의 선택과 결정을 중시하는 최근의 사회복지조직의 보편적 형태를 설명하기에는 무리가 있다.

(3) 조직유형

〈표 4-3〉 수혜자의 상태와 조직기술에 따른 유형

고객의 상태	기술 유형		
	인간유별(식별)기술	인간유지기술	인간변화기술
정상기능	유형 1 (대학의 신입생 선발, 신용카드회사)	유형 3 (사회보장청, 휴양시설)	유형 5 (국 · 공립학교, YMCA 등)
비정상기능	유형 2 (법원 소년부, 진료소)	유형 4 (공적부조조직, 요양시설)	유형 6 (공공병원, 산재환자 전문병원 등)

출처 : Hasenfeld(1985), 신복기 외(2011) 재구성.

첫째, 유형 1 : 정상기능을 가진 고객에 대한 인간유별기술 조직

고객은 정상기능을 하며 사회복지조직은 이들의 상태를 일정한 기준에 따라 식별하여 관리하는 조직이다. 일정 기준에 의해 신입생을 선발하는 대학과 재정능력 및 재산상태에 따라 고객을 선정하는 신용카드회사가 예이다.

그러나 사회복지조직의 존재가치는 단순히 정상인을 식별하는 데에 있는 것이 아니기 때문에 정당화되기가 어렵다. 따라서 이 유형에 속하는 사회복지조직을 찾기란 어렵다.

둘째, 유형 2 : 비정상기능을 가진 고객에 대한 인간유별기술 조직

비정상적인 고객을 일정한 기준에 따라 식별하고 그들을 관리하는 조직이다. 소년법원과 진료소가 예가 된다. 여기서 소년법원과 진료소가 비행청소년의 의식과 행태의 악화 정도나 환자들의 질병상태를 단순히 구분하는 데 머물지 않고 심리사회적 재활이나 사회적응, 물리화학적 치료를 병행하게 된다면 유형 4에 속할 수도 있다.

셋째, 유형 3 : 정상기능을 가진 고객에 대한 인간유지기술 조직

정상기능을 가진 고객의 인간다운 생활조건을 유지하기 위해 활동하는 조직으로 국민연금공단이나 건강보험공단 등 사회보장조직이 이에 속한다. 그러나 사회보장조직이 직업훈련 및 개발, 고용촉진활동 등 인간능력을 개발시키는 적극적 역할까지 수행하는 경우 유형 5에 속할 수도 있다.

넷째, 유형 4 : 비정상기능을 가진 고객에 대한 인간유지기술 조직

비정상적인 고객에 대한 생활조건의 유지를 목적으로 하는 조직으로 사회경제적으로 소외되어 있는 장애인, 노인, 아동, 실직자 등에 대한 공적부조 제공 조직과 정신질환이나 치매환자 등을 위한 요양시설이 이에 속한다. 그러나 이들 조직들도 고객의 상태를 유지하는 것에서 나아가 기술교육이나 인력개발, 치료를 통한 재활기능까지 담당하게 되면 유형 6에 속할 수도 있다.

다섯째, 유형 5 : 정상기능을 가진 고객에 대한 인간변화기술 조직

정상기능을 가진 고객에 대하여 교육, 훈련 등을 통하여 능력이나 생활조건을 향상시키려는 조직으로서 국·공립학교와 YMCA 등 사회교육기관이 이에 속한다. 정부가 설립하고 전액 국고부담으로 운영하고 있는 한국폴리텍대학(고용노동부 소속) 등이 이에 해당한다.

여섯째, 유형 6 : 비정상기능을 가진 고객에 대한 인간변화기술 조직

비정상적인 고객의 능력이나 생활조건을 개선하고자 하는 조직이다. 정부에서 운영하는 공공병원과 산재장애인 등의 치료센터 등이 이에 속한다. 정부에서 운영하고 있는 산재환자 전문병원, 보훈병원, 직업병환자 전문병원 등이 이에 속한다.

학습평가

01 **조직의 구조에 관한 설명으로 옳지 않은 것은?** ( )

① 공식화는 구성원들의 업무 편차를 줄이는 데 효과적이다.
② 수평적 분화에서는 통제의 범위를, 수직적 분화에서는 조정과 의사소통의 수준을 고려해야 한다.
③ 정보가 과다하게 집중되어 있는 상황에서 의사결정의 집권화는 실패 가능성을 줄일 수 있다.
④ 업무의 표준화는 조직 운영의 경제성과 예측 가능성을 높일 수 있다.
⑤ 공식적 권한의 집중 및 분산은 조직관리의 효과성 및 효율성과 연관되어 있다.

정답 ③

해설 정보가 과다하게 집중되어 있는 상황에서 의사결정의 집권화는 실패 가능성을 높일 수 있다.

02 **매트릭스 조직(matrix organization)에 관한 설명으로 옳은 것은?** ( )

① 직무별 분업을 인정하면서 동시에 사업별 협력을 강조한다.
② 직무배치가 위계와 부서별 구분에 따라서 이루어지는 전형적 조직이다.
③ 합리성을 강조하기 때문에 조직 유연성을 저하시킨다.
④ 조직 운영을 지원하는 비공식적 조직을 의미한다.
⑤ 현실에서 작동하지 않는 가상의 사업조직을 말한다.

정답 ①

해설 매트릭스 조직은 구성원이 두 개 이상의 부서에 속하도록 배치한 것이다.

03 조직의 분화에 관한 설명으로 옳은 것은? ( )

① 조직이 분화될수록 클라이언트가 통합적 서비스를 제공받기 용이하다.
② 수평적 분화가 증가하면 조정의 필요성이 높아진다.
③ 사회복지기관이 설립된 직후 조직의 복잡성은 매우 높다.
④ 조직 활동의 효율성과 예측성을 높여준다.
⑤ 수직적 조직구조인 경우 상대적으로 관리자의 통제범위가 넓다.

정답 ②

해설 조직의 분화 정도가 높을수록 복잡성도 높아지므로 조정이 더욱 요구된다.

04 집권화와 분권화에 대한 설명으로 옳은 것은? ( )

① 집권화 : 환경에 대한 조직의 반응성이 높음
② 분권화 : 의사결정권이 상층부에 집중
③ 집권화 : 구성원의 동기부여에 관심을 가짐
④ 분권화 : 창의성을 저해할 수 있음
⑤ 분권화 : 의사결정권에 대한 통제력이 약함

정답 ⑤

해설 분권화된 조직은 의사결정 권한이 하위 계층에 위임되어 있기 때문에 신속한 변화 대응이 가능하다. 그러나 조직 전체에 대한 조정이 어렵고 통제력이 약하다.

05 사회복지조직의 구조에 관한 설명으로 옳은 것은? ( )

① 팀조직은 업무결과에 대해 팀장 개인이 책임을 지는 구조를 가진다.
② 매트릭스 조직은 기능조직과 프로젝트 조직이 혼합된 조직이다.
③ 사업부제 조직은 전문 능력을 가진 구성원을 각 부문에서 차출하여 조직을 편성한 후, 목표가 달성되면 해산되고 본래 부서로 돌아간다.
④ 프로젝트 조직은 관리자가 담당하는 일을 전문화하고 부문마다 다른 관리자를 두어 작업자를 전문적으로 지휘 및 감독하게 하는 조직이다.
⑤ 연계조직은 대규모 조직에서 사업부 단위로 조직을 편성하고 각 사업부는 독자적인 마케팅, 관리 권한을 갖는다.

정답 ②

해설 ① 팀조직은 팀 단위의 공동 책임조직, ③은 프로젝트 조직, ④는 기능조직, ⑤는 사업부제 조직에 대한 설명이다.

CHAPTER 05

사회복지조직의 환경과 조직문화

1. 사회복지조직의 환경
2. 사회복지조직의 환경분석
3. 사회복지조직의 문화

05
CHAPTER

사회복지조직의 환경과 조직문화

1. 사회복지조직의 환경

1) 사회복지조직의 환경

사회복지조직은 물론이고 모든 조직은 다른 환경과 끊임없이 상호작용하면서 존재한다. 조직환경의 중요성에 대한 이러한 이해 및 학문적 정리 작업은 1960년대에 와서야 비로소 본격화되기 시작했다. 조직연구의 초창기에는 조직을 폐쇄체계로 이해하고 주로 조직 내부의 문제에만 주목하여 조직환경에 대하여 소홀히 취급하는 경향이 높았다. 그러나 1960년대 이후 체계이론의 등장으로 개방체계의 관점을 갖는 것이 절대적으로 필요하다는 사실을 인식하고, 조직과 환경의 유기적 관계에 대한 관심이 고조되었다. 특히 공공이나 비영리 조직은 영리조직에 비해 환경으로부터 영향을 크게 받는데, 대표적 조직이 사회복지조직이다.

사회복지조직은 주로 사회로부터 공익을 위한 활동 목적으로 인가를 받아 사회복지실천 활동에 필요한 물질적 · 비물질적 자원을 제공받는다. 사회복지조직은 다른 종류의 조직보다 그 조직을 둘러싸고 있는 법 · 제도, 경제, 사회 · 문화 등 다양한 차원에서 외부환경으로부터 영향을 받게 된다. 이에 따라 사회복지행정가는 사회복지조직과 환경 간의 관계를 이해하고 사회환경 변화에 적절히 대처함으로써 사회복지조직의 유지와 발전을 도모하고, 사회복지서비스를 효과적 · 효율적으로 전달할 수 있도록 노력하여야 한다.

2) 사회복지조직의 일반환경

일반환경이란 사회복지조직이 자체적으로 변화시킬 수 없는 거시적 외부조건으로 조직이 속한 일반 사회의 경제적 · 인구사회학적 · 문화적 · 정치적 · 법적 · 기술적 상황을 말한다. 일반환경은 사회복지조직에 직접적인 영향을 주지 않지만 과업환경의 변화에 간접적 영향을 주고 있다.

첫째, 경제적 상황으로 사회복지조직의 재정적 기반 마련과 관련된다. 일반사회의 경기 호황이나 침체, 금융위기, 경제성장률, 실업률 등의 환경조건들은 사회복지조직의 전반적인 재정기반에 간접적이지만 막대한 영향을 미친다. 경제적 상황으로 인해 기업이나 정부, 가계 등의 투자와 지출이 달라지므로 사회복지조직의 정부보조금이나 후원금의 규모도 달라질 수 있다. 따라서 경제적 상황에 따른 사회복지조직의 적절한 대응전략이 필요하다. 예를 들어, 경제적 상황에 따라 대규모 실업사태가 발생된다면 고용, 보육, 가족, 정신건강 서비스 등에 대한 수요가 증대될 것이기 때문에 사회복지조직은 그에 따른 서비스를 확충해야 한다(김남수 외, 2019).

둘째, 인구의 사회적 구조나 성격의 변화는 사회복지조직 활동의 방향성이 다양하게 변화되어야 함을 나타내고 있다. 저출산과 고령화로 인한 급격한 인구변화, 1인 가구 증가, 노동력 감소로 인한 이주노동자의 증가, 결혼이주여성 등 다양한 가족형태 증가, 여성들의 사회진출로 인한 가족구조 변화 등 인구사회학적 상황들이 급변하고 있다. 이에 따라 사회복지조직은 인구사회학적 변화를 반영한 활동방향을 결정해야 한다.

셋째, 휴먼서비스를 제공하는 사회복지조직은 특히 문화적 상황에 따라 조직에서의 서비스형태, 클라이언트 서비스에의 접근, 문제의 규정 등이 영향을 받는다. 일반 사회 구성원들이 가지는 가치나 규범 등이 영향을 미칠 수 있는데, 가족주의 가치나 빈곤에 대한 사회적 인식의 변화, 노동윤리 인식 증가 등은 조직 내 프로그램의 기획을 변화시킬 수 있다. 우리나라의 경우 효를 중시하는 가족 가치관과 가족동거에 대한 강한 애착 등으로 노인들은 자녀에게 부양받기를 원하고 시설에 입소하는 것에 대해 부정적인 생각을 가지고 있어서 시설 입소를 부정적으로 바라봤던 인식이 있었다. 또한 알코올 중독자에 대한 정의에서 미국사회에서는 그 정의를 엄격히 하는 데 비하여 한국에서는 상대적으로 느슨하게 하고 있다.

넷째, 사회적 자원 흐름의 큰 틀을 형성하는 것으로 자원의 흐름을 통제하는 정치적 · 법적 상황이다. 정치적 상황은 사회복지조직의 활동에 대한 정치적 지지기반을 제공한다. 정부와 지방자치단체는 사회복지조직 활동에 각종 지원과 규제를 통해 통제력을 행사하고 있다. 그리고 법적 상황은 사회복지조직 활동의 기준이 되고 있다. 사회복지조직은 사회복지사업법과 사회복지 재무회계규칙, 각종 사회복지시설 운영 관련 업무처리 안내 등 법령과 규칙, 지침 등 법적 조건에 맞는 활동을 할 수밖에 없다. 따라서 사회복지조직은 법제처 국가법령정보센터에서 제공하고 있는 관련 법령 등을 파악하여 사회복지서비스의 신설 혹은 변경 등으로 인한 활동의 확대나 축소 등에 적절히 대응해야 한다(김남수 외, 2019).

마지막으로, 기술적 상황이다. 이는 사회복지조직 활동의 기술 내용과 수준을 규정한다. 최근 AI로 대표되는 4차 산업혁명이 전 세계적으로 진행됨에 따라 산업구조와 노동시장의 급격한 변화가 예상되고 있다. 특히 슘페터(J. A. Schumpeter)가 지적한 바처럼 노동시장에서 기존 직업군을 새로운 직업군으로 대체하는 창조적 파괴(creative destruction)가 산업구조의 변화 속에서 일어나면서 사회복지 영역에서도 이에 대한 준비를 해야 한다. 사회복지서비스 부문 종사자에게 있어 4차 산업혁명의 기술변화가 가져오는 기술 도입이 생산성 증가로 연계될 수 있는 복지시스템의 변화와 새로운 복지서비스의 제공이 동반되어야 할 것이다. 사물인터넷 및 인공지능 활용 커뮤니티케어 스마트홈 서비스, 재활로봇을 이용한 고령자 및 장애인 요양서비스의 고도화, 효율화, 안전화 등을 예로 들 수 있다.

〈표 5-1〉 사회복지조직에 영향을 미치는 일반환경 예시

경제적 조건	경기호황 또는 불황, 경제성장률, 실업률 등
사회인구 통계학적 조건	연령, 성별분포, 가족구성, 인종, 사회적 계급
문화적 조건	사회의 우세한 문화적 가치(노동윤리)
정치적 · 법적 조건	정부정책기조, 사회복지관계법 등
기술적 조건	의료, 정신건강, 교육, 사회계획 분야의 기술개발 정도

3) 사회복지조직의 과업환경

사회복지조직의 과업환경이란 사회복지조직이 자원과 서비스를 교환하고 조직과 특별한 상호작용을 하는 집단들을 의미하며, 사회복지조직의 목적달성에 직접적인 영향을 미치는 환경요인들로 자원의 제공기관, 의뢰기관, 보조적 서비스 제공기관 등을 포함한다.

첫째, 재정자원 제공자는 사회복지조직 활동의 재정적 자원을 공급하는 외부 환경이다. 재정자원 공급자로는 정부, 지방자치단체, 공단과 같은 공공조직, 사회복지공동모금회, 복지재단 등을 비롯한 민간단체, 기업, 단체 및 개인 후원자, 서비스 이용료 등이 있다.

둘째, 정당성과 권위제공자는 사회복지조직 활동을 인정받을 수 있는 권위를 제공하는 외부환경이다. 사회복지조직은 법률과 정부 및 지방자치단체의 인가에 의해 합법성을 부여받으며, 사회복지사업법에 근거한 시설 허가 및 평가, 인증 등을 통해 권위를 획득한다.

셋째, 클라이언트 제공자는 클라이언트를 사회복지조직에 의뢰하는 타 조직, 집단, 개인 등의 외부환경이다. 모든 사회복지조직은 조직의 고유목적을 달성하기 위해 특정한 문제를 가진 클라이언트를 대상으로 사회복지서비스를 전개하고 있다. 그에 따라 다양한 지역사회조직(학교, 경찰, 병원, 종교 등)들과 협력관계를 형성하고 긴밀하게 협조, 유지하고 있다. 따라서 사회복지조직은 지역의 모든 개인, 가족, 이웃, 조직이 다 클라이언트의 공급자가 될 수 있음을 명심해야 한다.

넷째, 보충적 서비스 제공자는 사회복지조직 활동의 동반자이다. 사회복지조직만으로 클라이언트의 모든 욕구를 충족하고 문제를 해결하는 데는 한계가 있기 때문에 다양한 보충적 서비스 제공자와 공식적 · 비공식적 협력관계를 통해 서비스의 효과성과 효율성을 높일 수 있다. 예를 들어, 알코올치료센터는 병원의 활동과 연계되고, 요양원, 노인복지시설 등은 촉탁의 제도를 통해 의료서비스를 제공하고 있다.

다섯째, 서비스 이용자는 사회복지조직 활동의 소비자다. 사회복지조직은 각종 자원을 투입하여 클라이언트의 욕구와 문제를 해결하기 위해서 노력한다. 이때 서비스를 직접 받는 소비자들뿐만 아니라 그로 인해 간접적으로 혜택을 받는 소비자들과 관계를 맺게 된다. 예를 들어, 노인장기요양보험제도의 도입으로 돌봄 서비스를 받는 노인들은 직접소비자, 이로 인해 부양 스트레스와 경제적 부담의 감소 혜택을 보는 보호자는 간접소비자라 할 수 있다. 따라서 사회복지조직은 서비스의 직접적인 소비자와 함께 간접혜택을 받는 소비자가 재정자원의 공급자 과업환경과 일치함을 인지하여 간접소비자와의 긴밀한 협조체계를 형성할 필요가 있다(김남수 외, 2019).

마지막으로, 경쟁적 서비스 조직은 클라이언트나 다른 자원들을 놓고 경쟁하며 따라서 자원에 대한 조직의 접근에 영향을 미치는 조직을 포함한다. 사회복지조직은 클라이언트의 확보, 모금기관에서 프로그램 선정, 위탁계약이나 보조금 지급 등에 있어서 다양한 경쟁이 이루어지고 있다. 특히 경쟁에 따른 서비스 중복이나 자원낭비 등의 문제가 나타날 수 있다. 따라서 사회복지조직은 사회복지조직 간의 네트워크 환경을 조성하여 그와 같은 문제점을 개선해야 한다.

〈표 5-2〉 사회복지조직과 상호작용하는 과업환경 예시

재정자원의 제공자	정부, 기업체, 공동모금, 개인후원, 유료 클라이언트
정당성과 권위의 제공자	보건복지부, 사회복지관련협의회, 의회, 시민단체 등
클라이언트 및 클라이언트 제공자	클라이언트를 사회복지조직에 의뢰하는 타 조직, 집단, 개인(학교, 경찰, 청소년단체, 교회, 사회복지관 등)
보충적 서비스 제공자	타 기관들과의 공식, 비공식적 협조체계

조직 산출물의 소비 · 인수자	클라이언트 자신과 클라이언트와 관계를 맺고 있는 자로 가족, 교정기관, 아동복지시설, 학교 등
경쟁조직 들	클라이언트나 다른 자원들을 놓고 경쟁, 접근에 영향

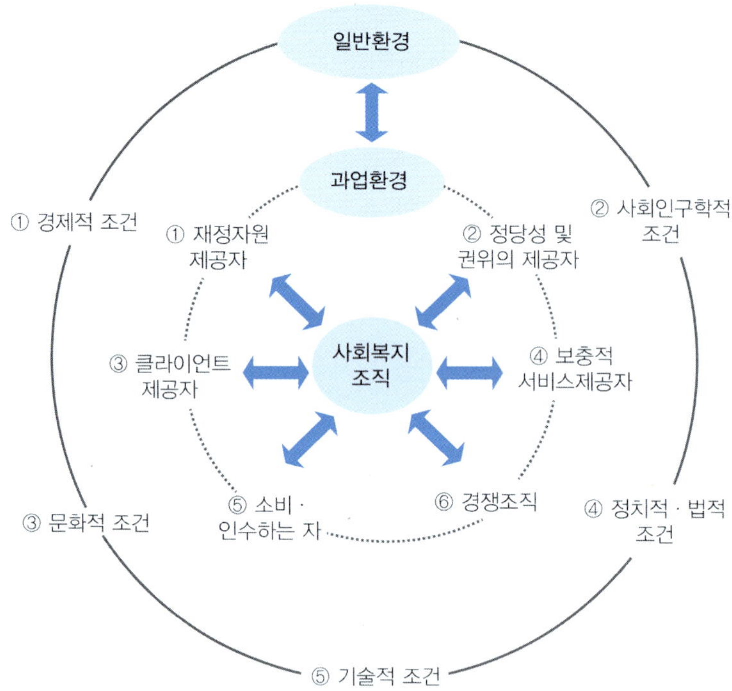

❙그림 5-1❙ 사회복지조직과 환경과의 관계 흐름

2. 사회복지조직의 환경분석

1) SWOT 분석의 개념과 활용

SWOT 분석은 경영기업의 하나로 조직 내의 경영능력과 환경변화를 동시에 고려하여 적절한 대응 전략을 구사하는 것으로, 기관이 가지고 있는 능력을 강점(Strength), 약점(Weakness), 기회(Opportunity), 위협(Threat) 요소의 규명을 통한 진단 방법이다. 이러한 분석의 목적은 강점과 기회는 무엇이고 어떻게 최대한 활용하고 있으며, 약점과 위협에 대해서는 어떻게 대응하고 있는가를 평가하는 것을 목적으로 한다.

(1) 강점(Strength)

기관의 내부에 초점을 맞추며 기관의 강점이 되는 요소, 활동 등으로서, 예를 들면 직원 간의 응집력, 직원들의 전문성, 안정적인 재정 등이다.

예 지역환경분석에 기반한 특화프로그램이 우수프로그램으로 지속적으로 잘 운영되고 있다.
직원들이 기관의 미션과 비전을 공유하고 있으며, 기관에 대한 자부심이 높다.
사회복지전공 대학생이 근로장학생으로 근무하면서 사회복지사의 단순 업무를 감소시켜 준다.

(2) 약점(Weakness)

기관 내의 업무를 제한하거나 방해하는 요소, 활동으로서 직원의 노령화, 고질화된 직원들의 사기 저하, 프로그램의 비전문성과 낙후성, 재원고갈, 승진기회의 부족, 부서 간의 조정기능 약화 등 모든 취약점을 예로 들 수 있다.

예 복지관에 대한 지역주민들의 인지도가 낮으며, 홍보 담당자가 없다.
직원 수에 비해 많은 프로그램을 운영하므로 직원들의 소진이 일어날 수 있다.
체계적이고 객관적인 평가의 부재로 프로그램의 운영실태를 제대로 파악하기 힘들며 주관적인 평가가 이루어질 수 있다.
형식적인 운영위원회와 자문위원회가 이루어지고 있어 독단적인 운영을 막을 수 없다.

(3) 기회(Opportunity)

하나의 기관이 외부와의 관계에 있어서 환경적 · 조직적 요인을 최대한 활용한다면 기관의 목적달성에 상당한 혜택을 줄 수 있는 요소와 활동이다. 지역사회 내에서의 지명도, 입지적 조건, 자원봉사자의 확보와 교육 등을 예로 들 수 있다.

예 새로운 도로, 지하철역 또는 버스정류장이 기관 바로 옆에 생기는 도시계획이 진행되고 있다.
해당 시도의 재정자립도가 높아 지자체의 복지에 대한 투자가 증가하고 있다.
대중매체, SNS를 통한 홍보가 이루어지고 있으므로 인지도와 후원의 증대가 기대된다.

(4) 위협(Threat)

외부로부터 기관에 가해질 수 있는 여건, 상황 요인으로서 실제로 발생한다면 기관에 상당한 피해를 줄 수 있는 여러 위협요소들을 말한다. 타 기관과의 경쟁적 요소, 모금활동의 부진, 경제 · 사회적인 여파로 인한 전반적인 지지기반의 약화, 상부기관과의 갈등 등을 예로 들 수 있다.

예 지역재개발 계획이 진행되면서 원주민들이 이주할 예정이다.
감사가 많아서 행정적인 잡무가 많다.
많은 일회성 외부행사로 인해 프로그램 운영이 지장을 받는다.

2) 사회복지기관 SWOT 분석 사례

경기복지재단에서 A노인복지관을 경영컨설팅한 내용을 사례로 제시하면 다음과 같다(경기복지재단, 2011).

① 외부환경분석을 위해 거시환경(PEST : Political, Economic, Social, Technological Trends)분석을 먼저 실시하였고, 주요 내용은 **|그림 5-2|**와 같다.

통제 불가능하며, 영향을 받게 됨 → 요인추출, 기회와 위협 분석, 대비함

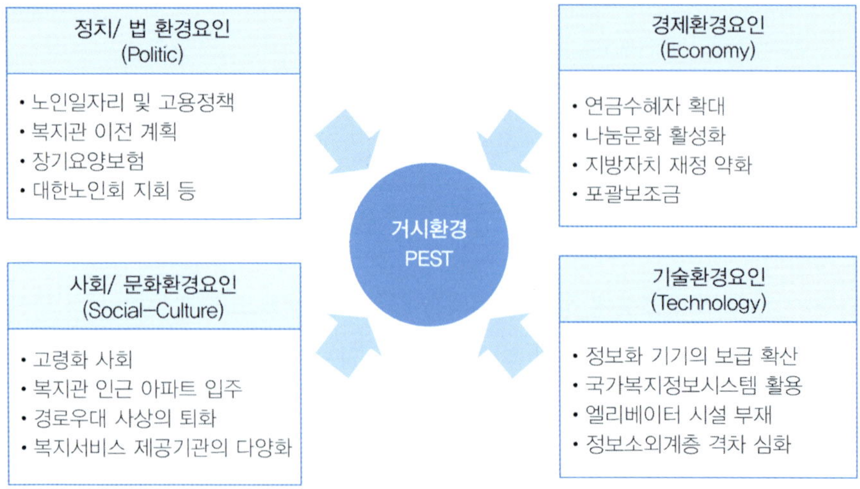

|그림 5-2| 거시환경(PEST) 분석의 특징과 내용

② 거시환경과 내부역량 양쪽에 직접적으로 영향을 끼치는 이해관계자 및 고객 분석을 실시하였다.

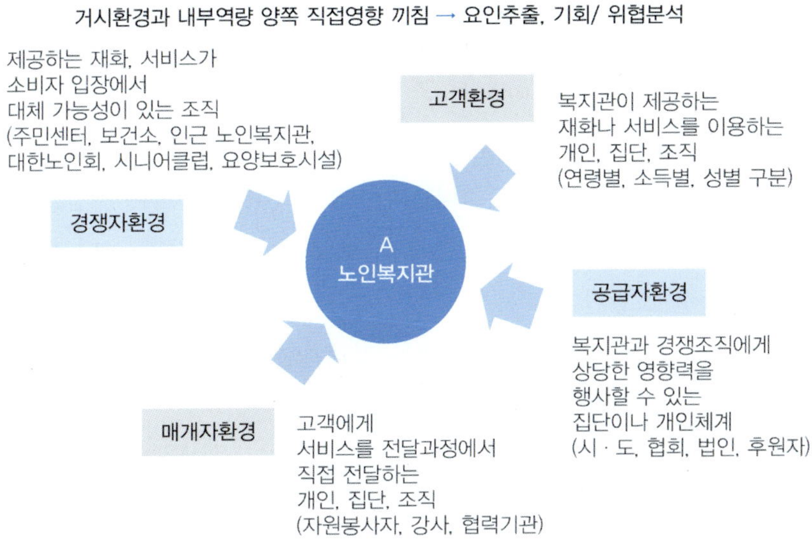

▎그림 5-3 ▎ 이해관계자 및 고객 분석의 특징과 내용

③ 기관의 강점, 약점, 위기, 기회를 분석하였으며, A기관의 SWOT 분석 주요 내용은 다음과 같다.

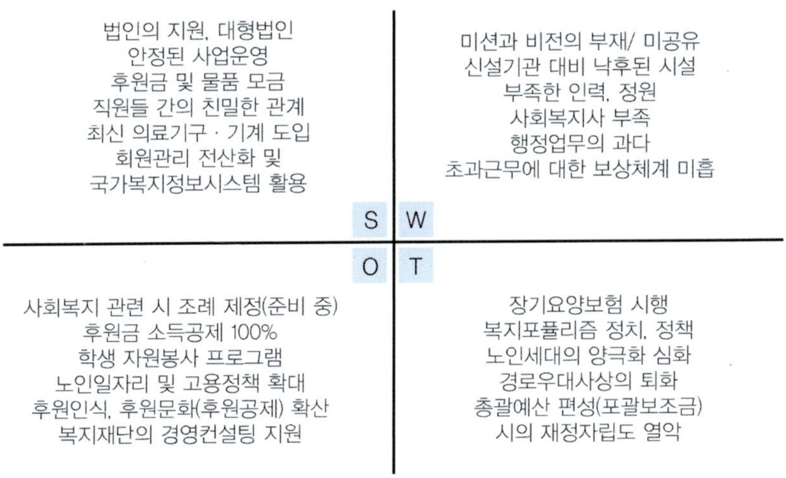

▎그림 5-4 ▎ SWOT 분석

3. 사회복지조직의 문화

1) 조직문화의 정의와 특징

조직문화(Organizational Culture)는 조직행동에서 주요하게 다루고 있는 개념으로 개인과 집단, 그리고 조직의 태도와 행동에 영향을 주는 공유된 가치와 규범을 의미한다(배종석, 2012). 조직문화는 조직 안에서 일하는 사람들이 어떻게 상호작용하고, 일에 어떻게 접근하며, 보상과 제재를 통해 어떤 행동이 인정받는지 등을 포함한다.

조직문화에 대한 전문가들의 정의를 정의하면 다음과 같다.

① 페티그루(Pettigrew, 1979)

조직문화는 언어, 이데올로기, 신념뿐만 아니라 지배적인 상징, 의식, 노동조직의 신화 등과 연관되어 있다. 또한 조직문화는 가치와 이해관계가 협상과 조정을 따르는 광범위한 정치적·문화적 체계의 일부이다. 이는 조직문화가 상급의 관리 층에 의해 구성되는 것도 아니고 동질적이지도 않다는 사실을 의미한다.

② 오우치(Ouchi, 1981)

조직문화란, 조직의 전통과 분위기로서 조직의 가치관, 신조 및 행동패턴을 규정하는 기준이며 직원과 고객에게 조직의 정책방향을 제시하는 하나의 철학이다.

③ 딜과 케네디(Deal & Kennedy, 1982)

강한 조직문화는 조직 구성원들의 비공식적인 행동규범이 되며 그들이 자부심을 가지고 열심히 일하도록 해주는 원동력이 되는 등 조직을 통합하고 응집시키는 역할을 한다. 즉, 조직문화는 조직 구성원에게 정체성과 동질성 및 행위지침을 제공하고 조직몰입의 촉진과 사회시스템의 안정성을 향상시키는 기능을 수행한다. 또한 강한 조직문화는 조직성과와 정의 관계를 가진다.

④ 셰인(Schein, 1985)

조직문화란 일정 패턴을 갖는 조직 활동의 기본 가정(또는 전제, 믿음)이다. 이것들은 특정 집단의 내외적 활동과정에서 발견 또는 개발된 것들이다. 이러한 가정들은 오랜 시간 조직 구성원들이 타당한 것으로 여겼기 때문에 당연한 것으로 받아들여지며, 새로운 구성원들에게도 조직의 문제를 해결하는 올바른 방법으로 학습된다.

⑤ 신유근(1993)

조직문화란 개인의 개성처럼 다른 조직과는 구별되는 개별조직 고유의 독특성이다. 이 독특성을 설명하는 가장 핵심적인 구성요소는 구성원들의 가치의식(선호하는 가치, 태도, 신념, 경영철학, 기업정신 등)과 행동방식(행동성향으로서 업무수행 방식, 대인관계 방식, 욕구표출 방식 등)으로 집약할 수 있다.

조직문화에 관한 여러 정의들을 종합적으로 고찰한 Schein(1985)은 조직문화를 다음과 같이 요약했다.

- 조직 내에서 자연발생적으로 생기는 규범이다.
- 사람들이 상호작용할 때 일상적으로 사용하는 언어, 존경과 복종을 표현하는 방식 등 행동규칙이다.
- 조직 구성원과 고객에 대한 정책을 수립하는 데 지침이 되는 철학이다.
- 직원이 고객이나 외부인사와 접촉하는 방식과 사무실의 물리적 배치 등과 같은 조직 내부에 흐르는 어떤 느낌이나 분위기다.
- 조직에 적응하는 데 필요한 게임의 규칙으로서 새로 조직에 들어온 사람이 그 조직의 구성원으로 인정받기 위해 배워야 하는 요령과 같은 것이다.

이처럼 조직문화는 실체가 없는 무형적인 관념체계이며, 외부환경과의 상호작용을 통하여 역사적으로 형성되고, 조직과 조직 구성원들에 의해 학습된다는 특징을 가지고 있다.

조직문화는 조직의 성격에 따라 다르기 때문에, 조직문화를 경쟁가치모형으로 설명해 보고자 한다.

경쟁가치모형(CVM : Competing Values Model)은 원래 조직 효과성 연구에 활용되는 틀이었다. 그러나 퀸(Quinn) 등에 의해 발전되고, 퀸, 맥그라스와 카메론(Quinn, McGrath, & Cameron)과 퀸(Quinn) 등에 제시되면서 조직문화를 연구하는 분석틀이자 조직문화를 진단하는 도구로 활용되기도 한다(안경섭, 2008).

경쟁가치모형은 '변화 대 안정'과 '조직 내부지향 대 외부지향' 두 가지 차원을 기준으로 하고 있다. 변화는 조직의 신축성과 유연성을, 안정은 통제와 질서 및 효율성을 강조하는 개념이다. 조직 내부지향은 기존의 조직을 유지하기 위해 조직 내부의 통합과 조정에 초점을 두는 성향이고, 외부지향은 조직 외부환경과의 상호작용 및 환경적응과 경쟁을 강조하는 성향이다. 이들의 조합에 따라 조직문화는 관계지향, 위계지향, 과업지향, 혁신지향 문화로 구분된다.

관계지향 문화(clan culture)는 조직구조의 유연성과 조직 내부에 대한 관심에 초점이 있다. 관계지향 문화의 조직은 구성원에 대한 배려와 관심도가 높고 팀워크를 중시하는 편이기 때문에 개인의 발전과 조직 구성원의 참여 등이 강조되고, 이러한 면에서 인적자원 개발과 조직몰입의 증진이 조직성과의 주된 기준으로 작용한다. 조직의 리더는 구성원에게 권한을 위임함과 동시에 그들의 참여와 헌신과 충성심을 촉진하는 역할을 한다. 따라서 조직 구성원은 충성심과 조직의 전통에 대한 인식을 바탕으로 조직에 몰입된다.

위계지향 문화(hierarchy culture)는 통제 위주의 조직구조를 지향하며 조직 내부 문제에 관심을 가진다. 또한 관료제의 규범이 반영되어 공식적 명령이나 규칙, 집권적 통제 등을 강조한다. 따라서 관료제의 핵심인 능률적 목적 달성을 중시하고, 안정적이고 예측 가능한 성과를 만드는 데 초점을 맞춘다.

과업지향 문화(market culture)에서는 안정적이고 통제 중심적인 조직구조를 지향하며 외부환경에 치중하는 모습이 나타난다. 과업지향 문화는 성과목표를 달성하는 것을 강조하기 때문에 과업수행에 있어 생산성을 중요하게 본다. 또한 시장 점유율을 높이고 다른 조직과의 경쟁에서 이기는 것에 가치를 두고, 조직의 생산성을 높이기 위해 구성원들에게 명확한 목표를 제시하고 구성원들의 경쟁을 독려한다. 외부환경에 대해서는 적대적인 자세를 취한다.

혁신지향 문화(adhocracy culture)는 조직구조의 유연성과 조직 외부에 대해 더 많은 관심을 가진다. 이 문화에서는 조직 구성원의 모험정신이나 창의성 및 기업가 정신에 가치를 두면서 조직의 적응과 성장을 지원할 수 있는 적절한 자원의 획득을 중시한다. 또한 외부적 환경을 주시하여 경쟁에서 이기는 것을 우선으로 여기되 위험을 감수하더라도 모험을 즐긴다. 혁신지향 문화는 변화에 있어 적응력이 높고, 혁신적이고 창의적으로 변화를 관리한다.

각 문화유형의 특성을 표로 정리하면 다음과 같다(김대건 · 허성욱, 2015).

〈표 5-3〉 경쟁가치모형에 따른 조직문화 종류와 그 특성

원칙	관계지향 문화	위계지향 문화	과업지향 문화	혁신지향 문화
목적 가치	사기(morale), 인적개발(people development)	효율성, 지속성(timeless)	수익추구, 조직의 성공	혁신, 첨단 서비스 개발 및 제공
수단 가치	화합, 참여, 의사소통	일관성, 업무 혹은 생산 과정 표준화	소비자 중심, 생산성 증대	적응력, 창조성, 민첩성
가정	소속감, 연대감	안정	과업달성	변화, 성장
믿음	조직 구성원은 조직 내에서 신뢰, 충성, 멤버십을 느낄 때 적절하게 행동	조직 구성원은 공식적이고 명확한 규율과 규칙에 따라 적절하게 행동	조직 구성원은 명확한 목적과 정확한 성과보상에 따라 적절하게 행동	조직 구성원은 자신의 업무의 중요성을 인지할 때 적절하게 행동

2) 사회복지조직의 조직문화

사회복지조직이라는 조직의 특수성으로 인해 사회복지기관의 조직문화는 여타 조직들의 조직문화와는 다른 특성을 가진다. 먼저, 휴먼서비스 제공이 주된 활동인 사회복지조직의 서비스 제공과정에서 서비스 대상자인 클라이언트에게 사용되는 서비스 기술은 그 사회의 지배적인 가치 및 조직문화의 제약을 받는다. 또한 사회복지조직의 규모는 주로 소규모인 경우가 대부분으로, 조직문화는 조직 구성원 및 서비스 대상자에게 상당한 영향을 미칠 수 있다. 그리고 사회복지조직은 사회복지 분야의 전문성을 가진 전문가로 구성되어 있어 서비스 제공과정에서 조직문화는 중요한 동력 및 기저가 될 수 있다(김영

미 · 조상미, 2011). 뿐만 아니라 외부환경에 대한 의존도가 높고 외부환경 변화에 민감한 사회복지기관의 특성상 외부환경에 적극 대응하는 조직문화를 형성하는 것이야말로 조직의 핵심 전략이자 필수 과제라고 할 수 있다(김년희 · 조성숙, 2018).

따라서 사회복지기관에 있어 조직문화는 다음과 같은 차원에서 매우 중요하다(신복기 · 박경일, 이명현, 2012 : 177-178). 첫째, 조직문화는 조직 전체 혹은 일부의 활동과 과정에 많은 영향을 미친다. 즉, 조직문화는 조직의 관행을 결정하고 관행에 의해 의사결정 및 의사전달에 영향을 미치게 된다. 둘째, 조직문화는 사회복지기관의 정책 전략과정에도 영향을 미친다. 즉, 조직의 정책과 전략을 설정하는 과정에서 조직문화는 정책담당자들과 저항세력 간의 관계에 작용하여 조직의 중요한 정책에도 영향을 미치게 된다. 셋째, 조직문화는 사회복지기관의 성과에도 영향을 미친다. 다시 말하면, 조직문화는 사회복지기관 업무 담당자들의 활동범위 및 활동과정에 영향을 미쳐 조직의 주요 과업달성 정도인 성과가 다르게 나타나게 된다. 따라서 사회복지조직은 어떤 조직문화를 형성하고 발전시키느냐에 따라 조직의 성패가 달려있다고 할 수 있다. 이를 위해 사회복지기관은 집단문화와 개발문화의 특성을 향상시킬 수 있는 인간중심적인 조직문화를 조성할 필요가 있으며, 사회복지사의 소진을 최소화하기 위해 사회복지사의 사기, 결속력 및 갈등 대처능력 향상 등 조직 내 갈등을 해소할 수 있는 다양한 방안을 모색하여야 한다.

특히 친화, 애착, 관심, 참여, 혁신을 강조하는 사회복지조직의 특성상 사회복지사의 자율성을 존중하는 조직문화 구축이 필요하다. 이를 위해 사회복지조직의 리더는 조직의 특수성을 살려 조직혁신을 높이고 사회복지사들의 사기를 진작하여 결속력을 높일 수 있는 조직문화를 형성하기 위해 다각적인 노력을 기울이고 역량을 발휘하여야 한다. 뿐만 아니라 주기적으로 실시되는 사회복지기관 평가인증제가 조직 운영의 획일화가 아닌, 각 사회복지기관의 자율적인 조직문화를 인정하고 유도할 수 있도록 새로운 평가방식의 도입 등 제도적 차원의 노력도 수반되어야 한다(김년희 · 조성숙, 2018).

학습평가

01 최근 사회복지조직의 환경변화로 옳은 것을 모두 고른 것은? ( )

> 가. 사회복지 공급주체의 다양화
> 나. 행정관리능력 향상으로 거주시설 대규모화
> 다. 성과에 대한 강조와 마케팅 활성화
> 라. 기업의 경영관리 기법 도입

① 가, 나 ② 가, 다 ③ 나, 라
④ 가, 다, 라 ⑤ 나, 다, 라

정답 ④

해설 대규모의 생활시설 대신 소규모의 공동생활가정(그룹홈) 등이 더 강조되고 있다. 특히 장애인 거주시설은 폐쇄적 운영 및 업소들에 대한 처우 문제 등으로 탈시설화를 추진하고 있다.

02 사회복지조직의 조직문화에 관한 설명으로 옳은 것을 모두 고른 것은? ( )

> 가. 사회복지서비스 체계의 규범과 가치로서 역할을 한다.
> 나. 사회복지서비스 제공자의 상황인식이 중요한 역할을 한다.
> 다. 조직 구성원의 형태와 인식 그리고 태도를 통해서 조직효과성과 연결되는 역할을 한다.

① 가 ② 다 ③ 가, 나
④ 나, 다 ⑤ 가, 나, 다

정답 ⑤

해설
- 조직문화란 조직 구성원들이 집단적으로 공유하는 조직행동의 기본전체이며, 조직의 가치와 신념, 규범, 관습 및 행동양식을 포함한다.
- 조직 내적으로는 의사소통, 의사결정, 과업수행 등에 영향을 미친다.
- 조직 외적으로는 환경과의 관계에 영향을 미치기도 한다.

03 조직 내 비공식 조직의 순기능으로 옳은 것은? ( )

① 조직의 응집력을 높인다.
② 공식 업무의 신뢰성과 일관성을 높인다.
③ 정형화된 구조로 조직의 안정성을 높인다.
④ 파벌이나 정실인사의 부작용이 나타난다.
⑤ 의사결정이 하층부에 위임되어 직원들의 참여의식을 높인다.

정답 ①

해설 비공식조직은 조직 내 구성원들 사이에 나타나는 동호회 성격의 소규모 모임을 말한다. 공식조직의 긴장감을 덜어주고 구성원 간 사적인 관계를 통해 응집력이 향상되는 순기능이 있다. 하지만 공식조직의 업무가 비공식조직을 통해 이루어져서는 안 되며, 비공식조직을 통해 파벌이 조성될 경우 공식조직의 분열을 초래할 수 있는 위험도 있다.

04 사회복지조직의 환경에 관한 설명으로 옳은 것을 모두 고른 것은? ( )

가. 인구사회학적 조건은 사회문제와 욕구를 가늠할 수 있게 한다.
나. 빈곤이나 실업에 대한 사람들의 태도는 정책 수립과 실행에 영향을 미친다.
다. 과학기술 발전 정도는 사회복지조직 운영에 영향을 미친다.
라. 조직에 미치는 영향에 따라 일반환경과 과업환경으로 구분할 수 있다.

① 다, 라　② 가, 나, 다　③ 가, 나, 라
④ 나, 다, 라　⑤ 가, 나, 다, 라

정답 ⑤

해설 모두 옳은 내용이다.

05 SWOT 분석에 대한 설명으로 옳지 않은 것은? ( )

① 경영기업의 하나로 조직 내의 경영능력과 환경변화를 동시에 고려하여 적절한 대응 전략을 구사하기 위한 방법이다.
② 강점은 기관의 내부에 초점을 맞추며 기관의 강점이 되는 요소, 활동 등으로서 예를 들면 직원 간의 응집력, 직원들의 전문성, 안정적인 재정 등이다.
③ 약점은 외부로부터 기관에 가해질 수 있는 여건, 상황 요인으로서 실제로 발생한다면 기관에 상당한 피해를 줄 수 있는 여러 위협요소들을 말한다.

④ 새로운 도로, 지하철역 또는 버스정류장이 기관 바로 옆에 생기는 도시계획이 진행되고 있다는 점은 기회요인으로 분석된다.
⑤ 직원 수에 비해 많은 프로그램을 운영하므로 직원들의 소진이 일어날 수 있다는 점은 약점요인으로 분석된다.

정답 ③

해설 위협은 외부로부터 기관에 가해질 수 있는 여건, 상황 요인으로서, 실제로 발생한다면 기관에 상당한 피해를 줄 수 있는 여러 위협요소들을 말한다. 기관과의 경쟁적 요소, 모금활동의 부진, 경제 · 사회적인 여파로 인한 전반적인 지지기반의 약화, 상부기관과의 갈등 등을 예로 들 수 있다.

06
CHAPTER

사회복지서비스 전달체계

1. 사회복지서비스 전달체계 개념과 구성요소
2. 사회복지서비스 전달체계 구분과 원칙
3. 공 · 사 사회복지서비스 전달체계 역할
4. 사회복지서비스 전달체계의 문제점과 개선방안
5. 우리나라 사회복지서비스 변천과정

06 CHAPTER

사회복지서비스 전달체계

1. 사회복지서비스 전달체계 개념과 구성요소

1) 사회복지서비스 전달체계의 개념

사회복지서비스 전달체계(delivery system)란 사회복지서비스의 공급자(제공자)와 수요자(클라이언트)를 연결시키기 위한 체계적이고, 조직적인 장치이다. 이는 사회복지서비스가 클라이언트에게 서비스를 얼마나 효율적으로 전달하느냐에 대한 문제를 다루고 있다. 서비스 전달체계는 협의로는 실제 서비스가 전달되는 사회복지사와 클라이언트 사이의 체계를 말하며, 광의로는 이러한 서비스의 전달을 지원하는 행정적 지원까지를 포괄하는 것이 일반적이다. 그러므로 사회복지행정에 있어 전달체계란 급여 또는 서비스를 효율적으로 클라이언트에게 전달하기 위하여 어떠한 조직을 통해서 실천할 것인가 그 전략을 선택하는 것이다(Gilbert & Specht, 1986). 사회복지서비스 전달체계는 다양한 재화나 서비스를 클라이언트에게 전달하는 방법으로, 전달체계의 중요성은 복지정책이 추구하는 가치나 목표의 성취가 전달체계에 따라 달라질 수 있음을 강조한다.

2) 사회복지서비스 전달체계의 구성요소(Gilbert & Specht)

사회복지서비스 전달체계 구성요소를 보면 길버트와 스펙트(Gilbert & Specht)

의 주장은 할당(배분)문제와 급여제공, 전달, 재정으로 나누어 볼 수 있다. 첫째, 급여의 할당(배분)은 '누구에게 급여를 제공할 것인가?'에 관한 문제로 이것은 서비스 대상자를 누구로 할 것인가의 문제이다. 둘째, 급여제공 문제는 클라이언트에게 무엇을 제공할 것인가에 대한 것으로 급여형태 문제이다. 예를 들면, 현물급여(in kind) 혹은 현금급여(in cash), 증서 등 급여제공에 대한 형태 문제가 전달체계에서 중요하다. 셋째, 전달(전달방식)문제로 누구에게 무엇을 제공할 것인가가 결정되면, 어떠한 방식으로 전달할 것인가에 관한 것이다. 전달방식을 결정할 때 고려사항으로는 권한의 소재, 업무 수행자와 그 자격, 조직의 유형과 규모 등이 관건이다. 전달체계에서 중요한 점은 수급자들의 접근 용이성, 조직의 통합성, 연속성, 책임성을 고려하여야 한다. 넷째, 재정문제로 서비스 공급에서 재원을 어떻게 조달할 것인가가 중요하다. 일반적으로 재원조달 방식으로는 일반조세와 목적세, 사회보험료 등이 있다.

3) 사회복지서비스 전달체계의 기능

사회복지서비스를 전달하는 체계를 보면 기본적으로 투입과 전환, 산출로 구분된다. 투입은 인적·물적 자원을 동원하는 것을 의미하고, 전환은 이러한 자원을 활용하여 서비스를 생성하는 것을 의미한다. 산출은 서비스를 전달하여 클라이언트에게 영향을 미치는 과정으로 설명할 수 있다.

투입	→	전환	→	산출
• 서비스를 제공하기 위해 외부환경으로부터 체계 내로 도입 • 투입요소 - 고객(클라이언트) - 자원(기술, 자금, 사회적 지지) - 전문요원(사회복지사 등)		• 서비스를 직접 전달하는 개입과정 • 서비스는 고객과 전달자와의 대면적 상호관계 속에서 전달되므로 고객과 전달자 간의 신뢰감 형성이 중요		• 사전에 계획하고 기대한 효과 발생, 서비스 전달체계의 목표 달성 • 산출은 개입의 결과를 나타내며, 이를 통해 전달체계를 평가 및 분석하게 됨

그림 6-1 사회복지서비스 전달체계의 기능

2. 사회복지서비스 전달체계 구분과 원칙

1) 서비스 전달체계의 구분

(1) 구조 · 기능적 구분

사회복지서비스 전달체계를 구조 · 기능적 측면에서 보면 행정체계와 집행체계로 나눌 수 있다. 행정체계는 서비스의 전달을 기획, 지원, 지시, 관리하는 체계로 서비스를 간접적으로 전달하며, 이는 주로 지원기능을 수행한다. 집행체계는 서비스 수혜자들과 직접적인 대면관계를 통해서 서비스를 전달하는 과정이다.

행정체계와 집행체계의 구분은 실제 서비스의 운영방식에 따라 다르게 구성한다. 공공부조의 경우 최종적인 집행이 읍 · 면 · 동 행정복지센터를 통해 이루어지므로 시 · 군 · 구까지가 행정체계, 읍 · 면 · 동이 집행체계가 된다. 사회복지서비스의 경우 시 · 군 · 구가 민간기관에 위탁하여 제공할 때는 시 · 군 · 구가 행정체계, 민간기관이 집행체계가 된다.

(2) 운영주체별 구분

사회복지서비스 전달체계에서 서비스를 운영하는 주체별로 구분하면 공공전달체계와 민간전달체계로 나눌 수 있다. 공공전달체계는 정부(중앙 및 지방)나 공공기관이 직접 관리 · 운영하는 것을 의미하고, 민간전달체계는 민간(또는 민간단체)이 직접 관리 · 운영하는 것이다.

운영주체별로 보면 서비스 전달체계를 담당하는 운영주체가 정부에 집중되지 않고 공급주체가 다원화되어 있다고 볼 수 있으며, 이러한 주체들이 유기적으로 연관되어 혼합된 복지형태를 띠고 있다.

〈표 6-1〉 운영주체별 전달체계의 특징

구 분	공공서비스 전달체계	민간서비스 전달체계
운영주체	정부(중앙정부 및 지방정부), 공공기관	민간, 민간단체
재정확보	안정적, 관료적, 복잡한 체계로서 외적 요인에 둔감함	재정은 취약하지만 융통성이 있고, 창의적이며, 유연하기 때문에 사회변화와 요구에 민감함
적용과정	보건복지부 → 특별시 · 광역시 · 도 → 시 · 군 · 구 → 읍 · 면 · 동 → 대상자	복지재단, 자원봉사단체, 사회복지시설, 개인 등이 중심

(3) 서비스 종류별 구분

사회복지서비스 전달체계는 서비스의 종류와 성격에 의해 구분할 수도 있다. 이것은 서비스의 수요에 따른 클라이언트의 특성에 따라서 제공되는 것으로 아동복지, 노인복지, 장애인복지, 정신질환 사회복지 등으로 분류할 수 있다. 앞에서 서술한 구조 · 기능적 분석과 운영주체별 분석은 서비스 제공자를 중심으로 한 분류이다. 그러나 서비스 제공자 중심의 논의는 서비스 이용자의 입장을 직접적으로 반영하지 못한다는 한계를 내포하고 있다. 사회복지서비스는 다음과 같은 클라이언트의 욕구를 중심으로 전달되어야 한다.

① 아동복지서비스 전달체계 : 사회복지전담공무원, 시 · 군 · 구 보육시설, 드림스타트, 지역아동센터, 가출청소년일시보호소, 청소년쉼터, 종합사회복지관, 소년원, 그룹홈 등을 통해서 사회복지서비스를 제공하고 있다.

② 노인복지서비스 전달체계 : 사회복지전담공무원, 시 · 군 · 구 노인주간보호센터, 치매단기보호센터, 요양시설, 노인종합복지관, 경로당 등을 중심으로 서비스를 제공하고 있다.

③ 정신건강서비스 전달체계 : 사회복지전담공무원, 시 · 군 · 구 정신병원, 종합병원, 정신건강증진센터, 사회복귀시설, 낮병원 등 시설에서 서비스를 제공하고 있다.

2) 서비스전달체계 원칙

(1) 전문성의 원칙

전문성은 사회복지서비스 관련 핵심업무는 반드시 전문가가 담당해야 한다는 원칙이다. 전문가는 자격시험 등에 의하여 자격요건을 객관적으로 인정받아야 함과 동시에 자신의 전문업무에 대한 권위와 자율적 책임성도 지녀야 한다. 일반적으로 사회복지 업무수행 과정에서 업무의 성격상 전문성을 덜 요하는 것은 준전문가가 담당하고, 비숙련 업무 및 일반행정 업무는 비전문가나 자원봉사자가 담당하도록 되어 있다.

(2) 적절성(충분성) 원칙

적절성은 클라이언트의 욕구충족이나 문제해결, 서비스의 목표달성을 위해서는 충분한 양과 질의 서비스가 제공되어야 한다는 원칙이다. 적절성을 갖추기 위해서는 지역사회의 재정자원과 인적자원이 충분해야 하는데, 지역사회가 관련 문제를 해결하기 위한 뚜렷한 의지를 가지고 있는 경우에는 일반적으로 적절성이 충족된다. 즉, 사회복지서비스는 클라이언트의 욕구 충족이나 문제해결 및 서비스 목표(재활 및 자활)를 달성하는 데 있어서 그 양과 질, 제공하는 기간이 충분하게 제공되어야 한다.

(3) 포괄성의 원칙

클라이언트의 다양한 욕구나 문제를 해결하기 위해서는 다양한 서비스를 종합적으로 지원해야 한다는 것이다. 즉, 사람들의 욕구는 다양하고 복합적이기 때문에 이를 해결하기 위해서는 동시에 혹은 순차적으로 다양한 서비스를 필요로 한다. 여기에 해당하는 접근방법으로는 첫째, 일반화 접근방법(generalist approach)으로 한 명의 전문가가 다양한 서비스를 제공한다. 둘째, 전문화 접근방법(specialistic approach)으로 다수의 전문가가 한 사람이 가지고 있는 다수의 문제 중 자신의 전문분야에 해당하는 문제를 담당한다. 셋째, 집단 접근방법

(team approach)으로 다수의 전문가가 팀을 구성하여 문제를 해결한다. 넷째, 사례관리(case management) 접근방법으로 한 개인의 복합적이고 다양한 문제를 해결하는 데 있어서 한 전문가가 책임을 지고 계속적으로 필요한 서비스를 연결시켜 주고 적절한 서비스를 받을 수 있도록 한다.

(4) 통합성의 원칙

통합성은 클라이언트 문제는 많은 경우에 복합적이고 상호 연관되어 있기 때문에 클라이언트의 문제해결을 위한 서비스 프로그램들은 서로 연관되어야 한다. 프로그램이 서비스를 이용하고자 하는 인구와 특정 지역으로 쪼개져 세분화되어 있을 경우, 지역사회 내 유사한 서비스 영역들 간에도 중복된 프로그램이 서로 연결되지 않은 채 전달체계에 존재할 수 있다. 또한 특정 문제나 욕구에 서비스가 치우치게 되면 어떤 문제에 대해서는 아예 서비스가 존재하지 않을 수도 있다. 이를 '파편성'이라고 한다. 따라서 서비스를 통합적으로 제공하기 위해서는 사례관리자와 같은 행정책임자가 필요하고, 서비스 제공 장소가 지리적으로 가깝고, 서비스 조직 간에 유기적인 협조체제를 갖추어야 한다.

(5) 지속성(연속성)의 원칙

연속성은 클라이언트가 필요로 하는 각종 서비스를 지속적으로 제공해야 한다는 원칙이다. 예를 들어, 직업훈련 프로그램이 취업알선 프로그램과 연계되어 있어야 클라이언트의 고용에 대한 욕구가 충족될 수 있다. 만약 프로그램이 서로 연계되어 있지 않으면 서비스 전달체계의 비연속성이 발생하는 것이다. 연속성의 원칙을 잘 적용하기 위해서는 같은 조직 내 서비스 프로그램 간 상호협력이 잘 이루어져야 할 뿐만 아니라, 지역사회 내 사회복지서비스 조직 간에도 유기적인 연계가 잘 이루어져야 한다.

(6) 평등성(형평성)의 원칙

사회복지서비스는 서비스를 제공받는 클라이언트의 연령, 성별, 소득, 지역, 종교나 지위에 관계없이 모두 평등하게 제공되어야 한다. 소득이나 연령 등에 따라 서비스 이용 자격을 제한하는 경우를 제외하고 국가는 모든 사람에게 사회복지서비스를 평등하게 제공해야 한다.

(7) 책임성의 원칙

책임성은 사회복지조직이 서비스 전달에 책임을 져야 한다는 원칙이다. 사회복지조직은 복지국가가 시민의 권리로 인정한 사회복지서비스를 전달하도록 위임받은 조직이므로 사회복지서비스의 전달에 대해 책임져야 한다. 책임져야 할 내용은 서비스가 클라이언트의 욕구에 적절히 대응하는지, 전달 절차는 적합한지, 또한 서비스가 효과적이고 효율적인지에 대한 것이다. 책임져야 할 대상은 클라이언트나 서비스 공급자이다. 이용자의 불만을 표시할 수 있는 장치를 통해 책임성을 강화할 수 있다.

(8) 접근성의 원칙

접근성은 사회복지서비스를 필요로 하는 클라이언트가 사회복지서비스를 이용하는 데 있어 지리적인 거리, 경제적인 이유, 개인적 동기와 인식 등 클라이언트의 사회복지조직이나 서비스에 대한 접근성이 높아야 한다. 즉, 클라이언트가 쉽게 서비스를 받을 수 있도록 아무런 장벽이 없어야 한다는 원칙이다. 클라이언트의 서비스에 대한 접근성을 떨어뜨리는 주요 요인으로는 서비스에 대한 정보 결여나 부족, 원거리 또는 교통의 불편, 자신의 문제 노출에 대한 두려움 · 수치심 같은 심리적 장벽, 수급요건의 까다로움 같은 이용절차의 어려움 등이 있다.

3. 공·사 사회복지서비스 전달체계 역할

1) 공공 사회복지서비스 전달체계

사회복지서비스 전달체계는 서비스 제공자와 수급자 사이, 또는 서비스 제공자들 사이를 연결해 주는 조직체계를 의미한다. 이러한 사회복지 전달체계의 주체는 정부(지방정부 포함)와 민간기관으로 크게 나눌 수 있다. 정부는 중앙정부와 지방정부로 구분되는데, 각 특징을 보면 다음과 같다.

(1) 중앙정부 서비스 전달체계

공공복지는 정부(중앙정부, 지방정부)가 주체가 되어 시행하는 각종 사회복지 정책들을 말하는데, 이는 소득보장, 보건의료복지, 주택복지, 교육복지 등을 포함한다. 우리나라의 사회보장은 소득보장(사회보험, 공공부조), 사회복지서비스로 이루어져 있다. 주로 중앙정부에서 서비스를 공급하는 것은 공공재적 성격이 강하거나 규모의 경제성을 갖는 서비스에 대해서 평등과 사회적 적절성을 달성하기 위해서 공급하는 경우가 있다. 중앙정부가 공급하는 서비스의 장점은 다양한 복지욕구에 대한 프로그램을 통합, 조정하거나 지속적이고 안정적으로 유지할 수 있다는 것이다.

중앙정부가 공급하는 서비스의 문제점은 첫째, 서비스에 관한 수급자의 선택이 반영되기 어려워 수급자들의 효용을 극대화하는 데 한계가 있으며, 자원의 비효율적인 배분문제가 발생한다. 둘째, 서비스 공급의 독점성으로 가격과 질에 있어 수급자에게 불리할 수 있고, 민간에 비해 수급자가 접근하기 어려울 수 있다. 셋째, 조직의 관료성으로 클라이언트 욕구의 대응이 느리고 지역의 특수적인 욕구에 유동적이지 못하다. 넷째, 관련 중앙부서의 조직이 각각 분리되어 운영하고 있어 통합성이 결여되어 있고, 업무내용이 중복되어 있어 책임소재가 불분명하다. 또한 상의하달식 수직적 전달체계의 특성으로 인해 업무의 자율성이 부족하며 전문인력이 부족하다.

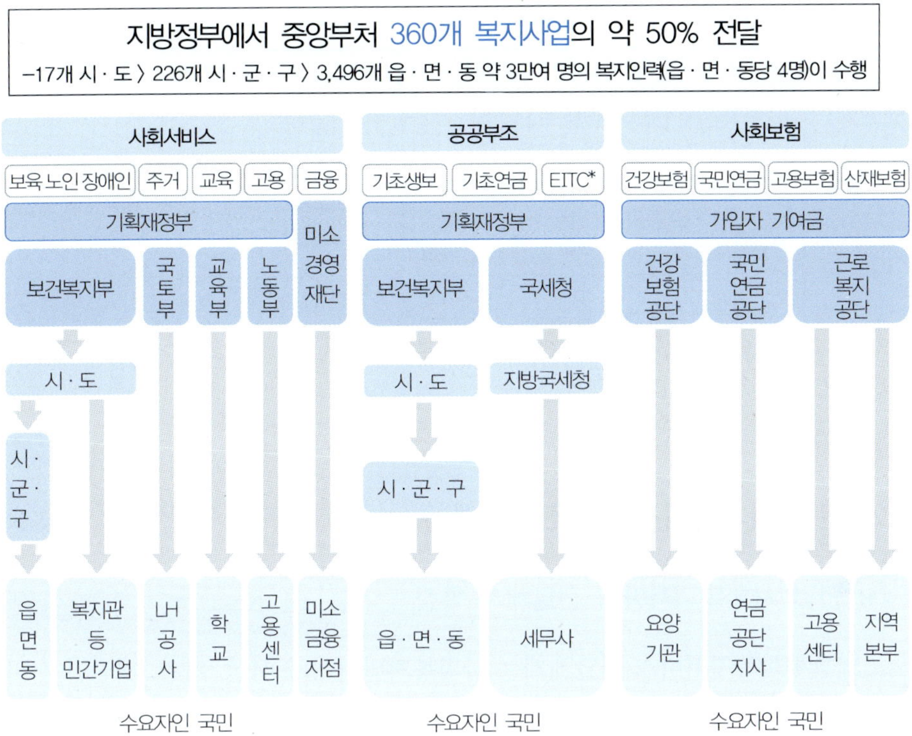

* 근로장려세제제도

| 그림 6-2 | 복지현황 : 서비스 전달

(2) 지방정부 서비스 전달체계

지방정부의 서비스 전달체계는 중앙정부에 비해서 유리한 면이 있다. 첫째, 지역주민의 욕구를 중앙정부보다 더 효율적으로 해결할 수 있으며(접근성이 유리) 지방정부 간의 경쟁논리에 의해 질 높은 서비스 개발이 용이하다. 둘째, 창의적이고 실험적인 서비스 개발이 용이하여, 수급자들의 변화되는 욕구에 적극적인 대처가 가능(재정자립도가 좋은 지방의 경우)하다. 셋째, 수급자들이 정책결정에 참여할 기회들이 많아져 수급자의 입장이 반영될 가능성이 높다.

지방정부의 서비스 전달체계의 문제점은 지역 간의 불평등을 야기하거나, 사회통합을 저해(지방마다 재정자립도의 차이가 큼)할 수 있다. 또한 재정부족으로 프로그램의 안정성과 지속성이 취약하다.

〈표 6-2〉 중앙정부와 지방정부의 서비스 전달체계 장단점 비교

구분	중앙정부	지방정부
장점	• 전 국민의 인간다운 삶 보장 • 사회적 재분배와 평등가치를 구현 • 다양한 프로그램의 통합 및 조정 • 전국적으로 통일성 있는 서비스 제공 • 사회통합과 같은 정책목표 달성에 유리	• 주민의 욕구에 빠르게 대응 가능 • 주민의 참여나 입장 반영이 쉬움 • 중앙정부에 비해 다양한 욕구에 부합하는 사회복지서비스 제공에 유리
단점	• 획일성과 낮은 탄력성 • 다양한 대상자들의 욕구에 대응하고, 욕구를 반영하는 데 한계	• 재정규모에 따라 지역 간 서비스의 불균형을 초래 • 중앙정부에 비해 프로그램의 안정성이 떨어짐

2) 민간 사회복지서비스 전달체계

(1) 민간 사회복지서비스 전달체계 특징

민간사회복지서비스 전달체계는 사회복지법인이나 시설, 기관, 개인이 서비스를 공급하는 것으로 다음과 같은 특징을 가진다. 첫째, 정부가 제공하는 서비스에서 배제되는 클라이언트에 대한 서비스 제공이 가능할 뿐 아니라 정부가 제공할 수 없는 서비스의 제공도 가능하다. 둘째, 다양한 제공 주체에 의한 동일한 종류의 서비스를 공급하여 클라이언트가 선택할 수 있는 기회를 제공함으로써 제공주체 간의 경쟁을 유발하여 서비스의 질을 높일 수 있다. 셋째, 민간에서 발생하는 사회복지적 참여욕구를 수렴할 수 있다(예 자원봉사 등). 넷째, 정부의 사회복지 활동에 대한 압력단체로서의 역할을 수행할 수 있으며, 마지막으로 국가의 사회복지 비용을 절감시킬 뿐만 아니라, 사회복지서비스의 선도적 개발 및 보급 역할을 담당할 수 있다.

우리나라는 사회복지 분야의 활성화에 많은 발전이 있었지만 민간사회복지서비스 전달체계에서 직면하는 공통적인 문제가 있다. 첫째, 사회복지 현장에 종사할 수 있는 전문가의 비율이 매우 낮다는 것이다. 빈약한 운영비 때문에 적합한 전문인력을 고용할 수 없거나 취업공고를 내도 근무여건의 열악성으로 인하여 전문사회복지사들이 취업을 기피하고 있어 전문적인 프로그램의

제공에 어려움이 있다.

둘째, 시설직원의 빈번한 교체로 서비스를 지속적으로 전달하는 데 문제가 발생한다. 민간 사회복지조직의 경우 직원의 인건비는 주로 정부의 보조에 의존하고 있기 때문에 다른 직종에 비해 급여가 낮다. 또한 장시간 근무 등 열악한 근무환경으로 말미암아 그들에게 전달체계의 원칙적인 전문성과 책임성을 추구하는 데 한계가 있다.

셋째, 서비스 간 연계가 부족하며, 통합적 서비스를 제공받기 어렵다. 또한 사회복지에 종사하는 직원의 수준이 높지 않아 협의조정 업무와 사회복지 전반에 대한 연구개발이 미흡하여 전문가의 책임성 인식도 낮은 편이다.

넷째, 지역사회복지협의회와 같은 지역의 사회복지를 대표하는 단체의 경우 사업내용과 활동이 지역사회복지적 욕구를 충분히 수렴하지 못하고 있다. 특히 농촌지역의 경우 수준 높은 질적 서비스를 제공하지 못하는 경우가 많고, 접근이 용이하지 않아 이용이 불편한 경우도 많이 있다.

(2) 사적 사회복지서비스 전달체계의 흐름

사적 사회복지서비스 전달체계는 개인이나 비영리단체, 사회복지법인 및 기업과 같은 민간부문이 주체가 되어 행하는 비정부 사회복지활동을 말한다. 신자유주의가 반영되기 전의 1980년대 이전에는, 대부분 사회복지정책들이 정부 주도로 운영되었으나 그 후에는 다양한 형태로 바뀌는 추세이다.

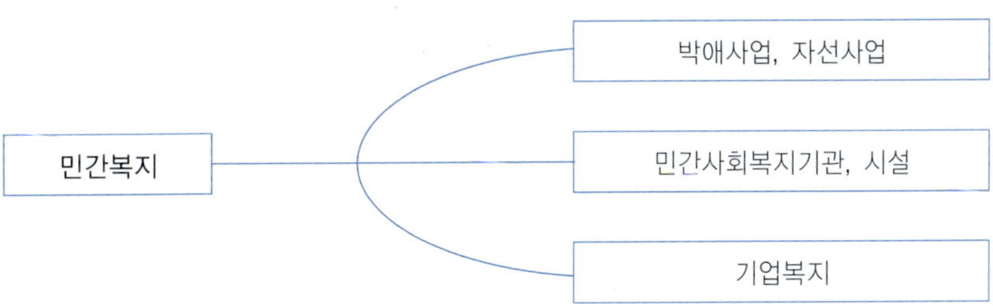

그림 6-3 민간복지의 체계

오늘날 사회복지서비스 전달체계의 흐름은 공공기관이 직영하던 사회복지서비스를 민간기관에 이양하는 것과 일정한 계약 아래 민간기관 및 비영리단체에게 운영을 위탁하는 것으로, 이를 민영화라고 한다. 민영화의 장점으로 경쟁적 시장은 비용-효과적 접근을 가능하게 하는 측면을 가지며, 효율성이 높으며, 관료제의 역기능을 줄일 수 있다. 또한 소비자 선택권(클라이언트 주권주의)의 자율성을 높일 수 있으며, 융통성, 창의성, 서비스 제공의 신속성 등의 장점을 가진다. 그러나 문제점으로 고비용의 문제, 위탁관리의 유착문제 등으로 인해 소비자 부담이 증가될 수 있고, 지역 간 차별, 불평등 문제가 발생할 수 있다.

최근 들어 사회복지기관의 전개는 영리기관의 참여가 늘어나면서 상업화 경향도 나타나고 있다. 사회복지사업이 상업화 경향을 띠면서 서비스 수준이 향상된 측면과 자원의 과도한 배분문제가 논의되기도 한다.

4. 사회복지서비스 전달체계의 문제점과 개선방안

1) 사회복지서비스 전달체계 문제점

(1) 공공 사회복지 전달체계의 문제점

우리나라 사회복지서비스 전달체계는 사회보험은 전문기관을 통해서 서비스를 공급하고 있어서 전달체계상의 문제점은 낮은 편이나 공공부조 및 사회복지서비스는 아직 별도의 전담기구가 설치되지 않고 있다. 현재 행정안전부와 지방행정 기관에서 담당하고 있는데, 효율성 있는 전달체계 구축의 필요성이 대두되고 있다. 현재 공공 전달체계의 문제점을 보면 다음과 같다.

① 일선 행정체계의 획일성으로 사회복지전담공무원이 전문성을 발휘하여 자율적으로 업무를 수행하기 어렵다.

② 지역사회보장협의체에서 공공과 민간 간의 연계를 강화하고 지역 밀착

형 사업을 기획하고자 노력하고 있으나, 여전히 상의하달식 수직적 체계로 지역 특성과 욕구를 반영한 복지서비스를 제공할 여건이 미흡하다.

③ 상담 등 전문적 대인서비스를 제공하기에는 사회복지전담공무원의 업무가 과중하며 여건이 미비하다.

④ 일반행정직 공무원이 사회복지 업무를 담당하고 있는 경우 사회복지 분야에 대한 이해가 부족하여 업무의 질적 향상을 기대하기 어렵다.

⑤ 복지제도의 전반적 발달이 미흡하며, 여러 가지 사회 · 문화적 요인이 전달체계의 발달을 지체시키고 있다.

⑥ 전달체계 내에 자문위원회, 심의위원회 등 다양한 위원회들이 존재하지만 형식적으로 운영되고 있어 서비스의 효과성, 효율성 향상에 도움이 되지 못하고 있다.

⑦ 국민기초생활보장법 실시 이후 자산조사 등 사회복지전담공무원의 업무가 더욱 과중되었고, 서비스 전달체계의 잦은 변화로 역할 과부하가 걸려 있으나 여전히 인력 부족 문제가 해결되지 못하고 있다. 전문인력의 부족은 결국 서비스의 질을 저하시키고 효과성을 약화시킬 수 있다는 점에서 인력문제는 조속히 해결방안을 찾아야 할 것이다.

(2) 민간 사회복지 전달체계의 현황과 문제점

민간사회복지 전달체계는 다양한 형태를 가지고 있지만 대표적인 민간 사회복지 전달체계인 종합사회복지관을 중심으로 보면, 정부의 재정지원을 받는 과정에서 민간기구로서의 독자성과 자율성을 확보하지 못하고 있다. 그에 따라 사회복지 전달체계에서 차지하는 위치와 성격이 불분명해지고 있다. 또한 지역사회조직화 기능보다 직접적인 서비스 제공기관으로서의 기능이 강조되고 있다. 기존의 공공 및 민간 전달체계의 역할분담과 조정 및 연계 등을 통한 효율화가 이루어지지 못하고 있다는 점도 지적되고 있다.

① **조직구조의 문제점** : 대부분의 민간기관이나 시설들이 운영에 필요한 자원의 대부분을 정부보조금에 의존함에 따라 그 운영에 있어서 정부의 지도 · 감독을 받게 된다. 이는 민간기관이나 시설이 정부의 정치적 흐름에 영향을 받게 되는 문제와도 연결된다. 또한 거주(생활)시설은 아직도 정부의 지원 수준이 낮고, 시설의 종별 · 지역별 분포가 불균형하며, 재정상태 및 전문인력 확보가 미비하다. 아울러 지역주민의 참여와 시설의 개방화 · 사회화가 충분하지 못하다.

② **관리운영의 문제점** : 사회복지협의기구들이 조정자로서의 역할과 기능을 충분히 수행하지 못하고 있다. 또한 생활시설의 재원이 빈약하여 클라이언트의 단순 수용보호에 맞추어져 있어 목표달성이 어렵다.

③ **전달인력의 문제점** : 사회복지조직 전문종사자의 처우가 열악하여 전문성과 책임성을 추구하는 데 한계가 있다. 이로 인한 직원의 빈번한 이직과 교체로 서비스의 지속성이 부족하다.

2) 사회복지서비스 전달체계 개선방안

(1) 서비스 전달체계의 효율성과 효과성 향상 전략

사회복지서비스 전달체계의 궁극적인 목적은 서비스를 효과적이고, 효율적으로 전달하는 것이다. 이를 위해서 구체적인 방안을 보면 다음과 같다.

① **의사결정의 권위와 통제의 재구조화** : 전달체계를 중앙집권화하거나 연합하여 전달체계를 통합적이고 포괄적인 것으로 발전시키는 전략이 필요하다. 사회복지 관련 업무를 하나의 통일된 전달체계로 통합하는 것으로 협조체제를 구축하여야 한다. 또한 의사결정의 권위를 전달체계 기관과 클라이언트에게 재배분하는 전략으로 시민참여제를 실시할 필요가 있다. 클라이언트와 비슷한 사람들이 서비스 전달에 영향을 미침으로써 클라이언트에게 접근 용이성과 서비스에 대한 책임성을 보장하고, 클라이언트의 욕구를 더욱 많이 반영하는 방안이 마련되어야 한다.

② **업무분담의 재조직화** : 서비스 대상자가 서비스 전달 전문가와 클라이언트를 중간에서 연결하여 중개해 줄 수 있는 사람에게 전문가의 역할 일부를 부여하는 전략이 필요하다. 또한 서비스 전달체계의 관료적 특성으로 인해 전문성 발휘가 어려운 경우, 전문가가 전문성과 자율성을 발휘할 수 있도록 조건을 만들어 주는 환경이 필요하다.

③ **전달체계의 구조 변경** : 클라이언트로 하여금 서비스에 쉽게 접근할 수 있도록 하는 전략으로 전달체계를 획기적으로 변경할 필요성이 있다.

④ **전달체계의 운영주체에 관한 전략** : 서비스 전달체계를 민간조직과 공공조직 중 누가 운영할 것인가에 관한 전략이 필요하다. 또한 서비스의 표준화 정도, 클라이언트 집단의 능력, 서비스의 강제성, 관련 규정 준수에 대한 감독 등을 고려해야 한다.

(2) 서비스 배분방법

① **공급억제 전략** : 클라이언트에 대한 제한 강화방안으로 수혜자격 요건을 강화하여 서비스 이용률을 저하시키는 방법과 서비스 희석화를 실시하여 클라이언트와의 접촉시간 단축, 사례의 조기 종결, 전문가를 자원봉사자로 대체하는 등 서비스 제공자의 질을 낮춤으로써 공급을 억제할 수 있다.

② **수요억제 전략** : 수요억제 전략은 서비스의 접근에 물리적, 시간적 및 사회적 장애를 제거하지 않는 방법이 있다. 예를 들면, 서비스 접근에 장애가 생성되게 하는 것인데, 대기자 명단제 도입과 교통이 불편한 장소와 시간의 배치 등의 방법이 있다.

(3) 사회복지서비스 전달체계의 통합

클라이언트의 욕구를 종합적으로 다루기 위해서는 둘 이상의 서비스 공급자들을 함께 묶는 것으로 전달체계를 통합할 수 있다.

① **종합서비스정보센터 설치** : 하나의 서비스 분야에 그와 관련된 여러 가지의 서비스들을 모두 한곳에 모아 제공될 수 있게 하는 것이다.

② **단일화된 인테이크**(intake)(접수창구) : 전달체계 내의 조직들이 접수를 전담하는 창구를 의미하며, 클라이언트의 다양한 욕구에 대해 종합적으로 평가하여 적절한 서비스 계획을 개발한다.

③ **종합적인 정보와 의뢰 시스템**(I & R : Information & Referral System) : 조직들 간 구조적인 통합은 시도하지 않고, 각각 조직의 독립성을 유지한 채로 클라이언트의 의뢰나 서비스 간 연결을 목적으로 종합적 정보와 시스템을 강화하는 방법이다.

④ **사례관리** : 개별사례들을 중심으로 서비스 간에 조정효과를 볼 수 있는 방법이며, 사례관리자를 중심으로 개별조직에 분산되어 있는 서비스들을 클라이언트의 욕구에 맞게 개별화하여 연결·조정하고 점검하는 활동이다.

⑤ **트래킹**(tracking) : 기존에 서로 다른 각각의 기관과 프로그램에서 다루었던 클라이언트에 대한 정보를 서로 공유하는 시스템으로, 클라이언트가 받은 서비스의 경로를 추적해서 정보를 알도록 하는 방법이다.

5. 우리나라 사회복지서비스 변천과정

사회복지서비스 전달체계는 그동안 복지계에서 많은 개편논의가 진행되어 왔다. 서비스의 공급 측면에서 수요자 중심으로 개편 논의가 진행되고 있는 추세에 있지만 아직도 많은 논쟁이 이루어지고 있다. 주요 추진과정을 보면 다음과 같다.

〈표 6-3〉 사회복지서비스 전달체계 변화

전달체계	시 기	특 징
보건복지사무소	1995. 5.~2000. 7.	- 사회복지전문요원 배치, 5개 시범사업 실시
지역사회복지협의체	2001. 10.~2015. 6.	- 복지계획 수립, 평가/ 복지 및 보건 연계
사회복지사무소	2004. 1.~2006. 6.	- 대상별 접근에서 통합적 접근으로 개편
주민생활지원서비스	2006. 7.~2008. 12.	- 수요자 중심 복지통합전달체계 - 지방정부 중심 민관협력 거버넌스 - 8대 서비스 영역 개편 - 읍·면·동 원스톱서비스
지역사회복지협의체와 주민생활지원서비스 통합	2009. 1.~	- 수요자 중심의 복지통합전달체계 - 지방행정을 복지중심으로 민관 협치 - 8대 서비스 영역 확대
희망복지지원단	2012~	- 사례관리 공공전달체계 시스템 구축
지역사회보장협의체	2015~	- 사회보장 관련 심의 자문, 연계기능
사회서비스원	2019~	- 사회서비스의 공공성 및 투명성 향상

2014년 이후 사회복지 환경은 급속도로 변화하여 2016년부터 읍·면·동 복지허브화 사업의 실시로 서비스의 중복과 누락을 방지하는 맞춤형 복지제도가 추진되고 있다. 자세한 내용은 |그림 6-4|에 제시되어 있다.

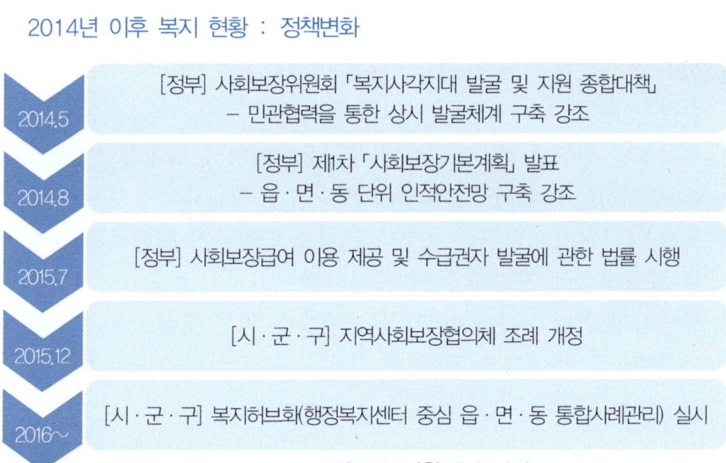

|그림 6-4| 최근 복지환경의 변화

학습평가

01 사회복지서비스 전달체계의 구성요소에 해당하는 것을 모두 고른 것은? ( )

ㄱ. 급여의 할당	ㄴ. 급여제공
ㄷ. 전달문제	ㄹ. 재정문제

① ㄱ ② ㄴ, ㄷ ③ ㄱ, ㄴ, ㄷ
④ ㄱ, ㄴ ⑤ ㄱ, ㄴ, ㄷ, ㄹ

정답 ⑤

해설 사회복지서비스 전달체계는 급여의 할당, 급여제공, 전달문제, 재정문제 등 모두 4가지이다.

02 사회복지전달체계의 원칙 설명으로 옳지 않은 것은? ( )

① 접근성의 원칙 : 클라이언트가 사회복지서비스를 이용하는 데 있어 지리적인 거리, 경제적인 이유, 개인적 동기와 인식 등 사회복지조직이나 서비스에 대한 접근성이 낮아야 한다는 원칙
② 전문성의 원칙 : 사회복지스 관련 핵심업무는 반드시 전문가가 담당해야 한다는 원칙
③ 적절성의 원칙 : 클라이언트의 욕구충족이나 문제해결, 서비스 목표달성을 위해서는 충분한 양과 질의 서비스가 제공되어야 한다는 원칙
④ 포괄성의 원칙 : 다양한 욕구나 문제를 해결하기 위해서는 다양한 서비스를 종합적으로 지원해야 한다는 원칙
⑤ 통합성의 원칙 : 클라이언트 문제해결을 위한 서비스 프로그램들은 서로 연관되어야 한다는 원칙

정답 ①

해설 접근성의 원칙은 클라이언트가 사회복지서비스를 이용하는 데 있어 지리적인 거리, 경제적인 이유, 개인적 동기와 인식 등 클라이언트의 사회복지조직이나 서비스에 대한 접근성이 높아야 한다는 원칙이다.

03 중앙정부 서비스 전달체계의 문제점으로 옳지 않은 것은? ( )

① 수급자들의 효용을 극대화하는 데 한계
② 서비스 공급의 독점성으로 가격과 질에 있어 수급자에게 불리
③ 사회통합을 저해할 수 있음
④ 지역의 특수적인 욕구에 융통적이지 못함
⑤ 조직의 관료성으로 클라이언트 욕구에 대응이 느림

정답 ③

해설 지방정부 서비스 전달체계의 문제점으로 지역 간의 불평등을 야기하거나, 사회통합을 저해할 수 있다.

04 민간사회복지서비스 전달체계의 공통적인 문제점이 아닌 것은? ( )

① 사회복지현장에 종사할 수 있는 전문가의 비율이 매우 낮음
② 시설직원의 빈번한 교체로 서비스를 지속적으로 전달하는 데 문제가 발생
③ 서비스 간 연계 부족, 통합적 서비스 받기 어려움
④ 민간에서 발생하는 사회복지적 참여욕구를 수렴하지 못함
⑤ 지역의 사회복지를 대표하는 단체의 경우 지역사회 복지욕구를 충분히 수렴하지 못함

정답 ④

해설 민간사회복지서비스는 자원봉사 등을 통하여 민간사회복지 참여욕구를 수렴한다.

05 사회복지서비스 전달체계의 통합 설명으로 옳지 않은 것은? ( )

① 종합서비스정보센터 설치
② 인테이크의 분리화
③ 종합적인 정보와 의뢰시스템
④ 사례관리
⑤ 트래킹

정답 ②

해설 사회복지서비스 전달체계 통합으로 단일화된 인테이크를 하여 전달체계 내의 조직들이 접수를 전담하는 창구를 만들고, 클라이언트의 다양한 욕구에 대해 종합적으로 평가하여 적절한 서비스를 계획한다.

07
CHAPTER

리더십과 동기부여

1. 리더십의 개념과 요소
2. 리더십의 이론과 유형
3. 리더십과 집단역학
4. 동기부여 이론

07 CHAPTER

리더십과 동기부여

1. 리더십의 개념과 요소

1) 리더십의 개념

리더십(leadership)에 관한 연구는 조직을 연구하는 학자들 사이에는 매우 흥미롭고 중요한 관심대상이자 주제이다. 리더십이 어떻게 작동하느냐에 따라 조직을 구성하고 있는 집단 구성원들에게 조직의 결과물 내지 성과에 직접 혹은 간접적으로 영향을 미치게 된다. 리더십은 리더가 조직목표를 달성하기 위하여 추종자에게 영향력을 행사하는 과정으로 조직 내 공동의 목적을 달성하기 위하여 특정 개인이 다양한 구성원들의 지지와 도움을 얻는 사회적 영향의 과정이며, 조직의 목적을 달성하기 위해 구성원들을 일정한 방향으로 이끌어 성과를 창출해 내는 능력이다. 말하자면 조직성과에 영향을 미치는 중요한 요인이면서 조직 책임자에게는 조직의 목표를 달성하게 유도하는 활동의 핵심역할을 하게 한다.

리더십은 학자들 간에 다양하게 정의를 내리고 있다. 스토그딜(Stogdil, 1974 : 7-10)은 리더십을 복합적인 관점에서 11가지를 제시하고 있는데, 집단과정의 초점, 퍼스낼리티와 그 효과, 복종을 유도하는 기술, 영향력 행사, 활동 또는 행동, 설득의 형태, 권력관계, 목표 달성의 수단, 상호작용 효과, 분화된 역할, 조직구조의 주도와 유지 등으로 리더십을 목표의 설정과 달성을 위한 집단행동에 영향을 미치는 과정으로 보고 있다.

쇼텔과 칼루츠니(Shortell & Kaluzny)는 리더십의 특성을 다음과 같이 제시하고 있다. 첫째, 리더십의 활동 중심은 개인으로서 사람에 의해서 만들어지는 활동이다. 둘째, 리더십은 리더와 추종자 간에 만들어지는 역동적인 행위과정이다. 셋째, 리더십은 다양한 개인이나 집단들에게 영향을 주는 활동이다. 넷째, 리더십의 목표는 목적 달성이며 의도적인 것이다(Shortell & Kaluzny, 1994).

초기 리더십 연구는 집단 또는 조직의 목표 달성 여부를 결정짓는 리더의 중심역할을 강조하였으나 현대에 이르면서 리더십에 대한 연구가 리더와 추종자 간 상호 교환적이고 역동적인 관계를 중시하는 리더십 형태로 다양하게 진행되고 있다. 오늘날 리더십은 주어진 상황에서 조직 구성원들에게 여러 가지 요인들을 제공하여 동기 부여를 시킴으로써 조직목표를 달성하는 기능과 조직의 구성원들로 하여금 동기를 부여하고 조직목표 달성에 자발적으로 협조하도록 하는 리더십이 강조되고 있다.

리더십은 과학적 관리론의 입장에서는 크게 중요하지 않았지만, 1930년대 인간관계론에서 제기되기 시작하여 1960년대 발전행정에서 목표의 효율적 달성을 위해 강조하게 되었다.

사회복지조직에서 리더십이 중요한 이유는 다음과 같다(Neugeborn, 1985). 첫째, 사회복지조직에 관심을 두고 있는 전문가들은 자율성을 추구하는 욕구와 목표달성을 위하여 조직 구성원의 활동을 통제하려는 욕구 간에 긴장이 생기게 된다. 따라서 조직 구성원들에게 조직의 규칙과 규정을 준수하면서 조직의 목표를 자발적으로 달성하도록 동기부여를 위해 리더십이 요구된다. 둘째, 사회복지서비스 분야에는 환경적인 압력이 증가하는데, 이러한 환경변화에 적절하게 대응하기 위해서는 조직의 구성원이 조직의 목표를 자발적으로 달성하고 적절히 대응할 리더십이 요구된다. 셋째, 사회복지서비스 분야에서는 새로운 지식이나 기술, 기법을 도입하고 내부적인 변화에 능동적으로 대응하며 통합할 수 있는 리더십이 요구된다. 넷째, 사회복지조직은 조직의 일반적 목표와 구성원들의 전문적 목표가 충돌하여 불일치가 발생할 경우에 이를 조정할 수 있는 리더십이 요구된다.

2) 리더십 요소

리더십은 조직의 목표 달성을 위해 조직의 구성원들의 조직과 관련된 행동에 자발적으로 종사할 수 있게 어떤 주어진 상황에서 공식적 직위에 있는 사람이 영향력을 행사하는 과정으로, 리더, 구성원, 상황적 요소에 의해 결정된다. 따라서 리더십을 행사하기 위해 몇 가지 전제조건이 있어야 한다(성규탁, 1993 : 322). 첫째, 조직의 리더는 구성원 각자에 대해 적절한 시기와 상황에 맞게 지도력을 행사해야 한다. 둘째, 조직의 리더는 조직 구성원들에게 업무수행에 필요한 동기를 유발하도록 분위기를 조성해야 한다. 셋째, 조직의 리더는 자신의 고유한 특징과 분위기에 적합한 리더십 유형을 개발해야 한다. 이러한 전제조건을 충족하고 난 후 리더십을 행사하기 위하여 갖추어야 할 리더십 요소들이 필요한데, 이는 지속성(끈기), 시간관리, 타협, 관대함(유연성), 창의성 등이다.

① **지속성** : 유능한 리더는 조직 내 전반적이고 적절한 계획을 수립하여 실행하고, 조직 구성원들에게 용기, 신념, 자신감을 갖도록 하며, 비록 프로그램이 실패하거나 수정이 필요한 경우에도 다시 계획하고 행동 및 실천할 수 있는 지속성이 있어야 한다.

② **시간관리** : 유능한 리더는 조직에 대한 최선의 서비스를 제공하기 위하여 구성원의 시간을 효과적으로 활용할 수 있도록 조직을 운영하며, 리더 자신의 시간관리도 철저하게 한다.

③ **타협** : 유능한 리더는 자신이 모든 해결책을 가지고 있지 않다는 것을 인정하고, 열린 자세로 조직 구성원들의 의견을 경청할 수 있어야 한다. 또한 자신의 의견만이 최선이 아니라는 것을 고려하여 구성원들과의 원만한 관계를 유지하여 조직목표에 기여해야 한다.

④ **관대함** : 유능한 리더는 조직의 목표나 정책 범위 내에서 가능한 한 많은 자유를 허용한다. 아울러 조직 구성원들과의 소모적인 논쟁을 피하고 다양한 기회를 제공하여 조직의 목표 달성에 앞장서야 한다.

⑤ **창의성** : 유능한 리더는 조직 구성원들이 자유롭게 각자 자기 위치에서 새로운 아이디어 개발과 창의적인 생각을 발휘하고 새로운 서비스나 서비스 향상 기법을 창출할 수 있도록 시간과 기회를 부여해 준다.

2. 리더십의 이론과 유형

1) 리더십의 이론

리더십 이론은 1900년대 초부터 활발하게 이루어지며 오늘날까지 다양하게 연구가 진행되고 있다. 초창기의 리더십 이론들은 조직 내 리더십의 효과에 영향을 주는 요인에 주로 초점을 맞추어 연구를 해왔지만, 최근에는 급격한 조직환경 변화와 기술발전에 맞추어 다양한 리더십이 요구되면서 시대에 걸맞은 새로운 리더십 이론들이 등장하고 있다.

풀머(Fulmer, 1978 : 312)는 리더십 이론들을 세 개의 주요한 범주들, 즉 특성이론(trait theory), 행동이론(behavioral theory), 상황이론(situation theory)으로 나누고 있다. 최근에는 카리스마(charisma) 리더십 이론, 변혁적(transformation) 리더십 이론, 가치경쟁적(competing values) 리더십 이론, 임파워먼트(empowerment) 리더십 이론 등이 제시되고 있다.

(1) 특성이론

특성이론은 1940~1950년대에 주장된 이론으로 리더십과 관련하여 개인의 성격적 특성을 강조하여 성공적인 리더가 되기 위하여는 개인의 자질과 능력이 갖추어야만 효과적인 리더가 될 수 있다는 이론이다. 기본적으로 개인 리더의 용모와 같은 신체적인 특성과 판단력, 언어능력, 지능, 성격, 학력과 경력 등이 리더십을 결정하게 된다. 특성이론의 대표적인 학자인 스토그딜(Stogdill, 1974 : 74-75)은 효과적인 리더의 특성으로 신체적 특성, 성격, 사회적 배경, 지능, 퍼스낼리티, 과업과 관련된 특성, 사회적 특성 등을 제시하고 있다. 버나드(Barnard)는 활력과 인내성, 설득력, 결단력, 책임성, 지적 능력 등을 특성이론의 요소로 들고 있다.

특성이론은 초창기에는 누구나 일정한 특성을 가지고 있으면 어떤 상황에서도 리더십을 발휘할 수 있다고 주장하였지만, 개인의 특성은 고정된 것이 아니라 처해있는 환경에 따라 변하고 수정되었다(장천식, 2006 : 146).

특성이론에 대하여 사람들은 다음과 같이 이유로 비판하고 있다(배은영 외, 2010). 첫째, 지도자가 반드시 갖추어야 할 보편적인 특성은 없다. 둘째, 리더십의 자질은 지도자가 아닌 사람에게도 있다. 또한 지도자 모두가 동일한 자질을 가지고 있는 것도 아니다. 셋째, 열거된 특성 중 몇 가지는 서로 배타적이지 않고 중복된다. 넷째, 열거된 특성 간의 중요도가 뚜렷한 차이가 나지 않는다. 다섯째, 집단의 특성, 조직목표, 상황이 다르면 리더십의 특성도 전혀 다를 수 있다. 여섯째, 특성에 관한 연구는 일반적으로 리더십의 장악을 촉진시키는 특성과 장악한 리더십을 계속 유지할 수 있는 특성을 구별하지 않는다.

(2) 행동이론

행동이론은 특성이론의 한계를 극복하기 위하여 1950~1960년대에 행동과학자들에 의해서 주장되어 왔던 이론이다. 리더의 행동과 행태를 연구하여 유사한 성향을 띤 행동들을 몇 개의 리더십 유형으로 분류하고 어떤 유형의 리더십이 효과성을 높일 수 있는가에 초점을 두고 있다. 즉, 행동이론은 리더의 행동에 관심을 둔 이론으로 성공적인 리더와 비성공적인 리더의 차이점은 리더십의 행동 유형에 따라 구별된다는 것이다. 따라서 효과적인 리더는 자신의 독특한 리더십 행동 유형이 있어 비효과적인 리더와 구별된다고 주장한다.

행동이론에는 아이오와(Iowa) 대학 연구, 오하이오 주립대학 연구(Ohio State University), 미시간 대학교 연구(University of Michigan), 블레이크와 모튼(Blake & Mouton)의 관리격자 이론(managerial grid) 등이 있다.

① 아이오와(Iowa) 연구

행동주의적 접근을 처음으로 시도한 연구로서 아이오와 대학에서 레윈 등(Lewin, et al., 1939)이 세 가지의 리더십 유형을 구분하고 각각의 유형이 추종자에 미치는 영향을 규명하였다(김형식 외, 2007 : 333). 세 가지 유형은 첫째, 조직 구성원에 대한 지시형이 중심인 독재형, 둘째, 조직 구성원의 참여를 촉진하는 행위 중심인 민주형, 셋째, 지시, 촉진행위 모두를 사용하지 않는 자유방임형 등이다.

② 오하이오(Ohio) 연구

오하이오 주립대학교(Ohio State University) 연구는 리더 행동기술 질문지(LBDQ : Leader Behavior Description Questionnaire)를 작성하여 자료를 수집하고, 리더의 행동을 구조주도 행동(initiating structure behavior)과 배려 행동(consideration behavior)으로 구분하였고, 두 가지 행동의 높음과 낮음에 따라 네 가지 지도자 형태를 제시하였다. 먼저 구조주도 행동이란 리더가 과업을 조직화하고 정의하며, 업무를 할당하고 의사전달의 통로를 확립하여 업무집단의 성과를 평가하는 행동이다. 배려 행동이란 조직 구성원에 대한 관심과 우호, 신뢰, 지지 등 구성원의 복지에 관심을 나타내는 행동이다.

따라서 이 두 가지 행동을 조합하여 리더십 행동 유형을 다음과 같이 분류하였다. 오하이오 연구는 구조주도 행동과 배려 행동을 조합하여 리더십의 행동 유형을 조사·연구한 결과 구조주도 행동과 배려 행동에서 높은 리더가 구주주도 행동이나 배려 행동 중 어느 한쪽이 낮거나 또는 둘 다 낮은 리더보다 조직 구성원들의 만족과 업무성과를 높일 수 있는 이상적인 리더십으로 규정되었다(Robins, 1984).

그러나 이 이론에 대한 검증을 시도한 후속 연구에서는 각각의 리더십 유형과 집단 구성원의 만족감의 관계 및 집단의 과업성과에 대한 명확한 상관관계가 밝혀지지 않음으로써 각각의 리더십 유형의 효과성을 보여주는 것에는 한계를 보였다(Korman, 1966).

배려 행동 (높음 ↑ ↓ 낮음)	낮음 ← 구조주도 행동	→ 높음
높음	낮은 구조주도 행동 높은 배려 행동	높은 구조주도 행동 높은 배려 행동
낮음	낮은 구조주도 행동 낮은 배려 행동	높은 구조주도 행동 낮은 배려 행동

낮음 ← 구조주도 행동 → 높음

| 그림 7-1 | 리더십 행동 유형

출처 : 우종모 외(2004), p. 188.

③ 미시간(Michigan) 연구

미시간 연구는 오하이오 연구와 비슷한 시기에 미시간 대학교에서 이루어졌으며, 연구의 목적은 어떤 유형의 리더 행동이 업무집단의 성과와 조직 구성원의 만족을 가져오는가를 찾는 것이었다.

리더의 유형은 크게 두 가지로 직무 중심적 리더십 유형(job-centered leadership style)과 직원 중심적 리더십 유형(employee-centered leadership style)이다. 직무 중심적 리더십 유형은 세밀하고 합법적이고 강제적인 권력을 활용하며, 업무계획표에 따라 이를 실천하고 성과를 평가하는 데 중점을 두고 있으며, 직원 중심적 리더십 유형은 인간지향적이며 책임의 위임과 직원의 복지, 욕구, 승진, 개인적인 성장에 관심을 두고 있다. 결론적으로 직원 중심적인 리더십 유형이 보다 높은 생산성과 직무만족도를 나타내는 반면, 직무 중심적 리더십 유형은 상대적으로 낮은 집단 생산성과 낮은 직무만족도를 나타내었다.

④ 관리격자 이론(Managerial Grid Theory)

관리격자 이론은 블레이크와 모튼(Blake & Muton)에 의해 오하이오 연구와 미시간 연구의 리더십 행동연구에 기초를 두고 인간과 산출에 대한 관심이 리더십과 어떻게 관련되는가를 밝혀주는 연구이다. 이 이론은 관리격자(바둑판 모양)를 활용하여 두 가지(사람, 생산) 차원에 기초하여 리더십 이론을 전개하였다. 격자망은 횡축(생산)과 종축(사람)을 따라 각각 9

개의 위치가 설정되고 81종류의 리더십 유형이 나오게 된다. 각 축은 9점으로 나누어 1점은 최소한의 관심을 보여준다. 리더가 이 두 가지 관심을 함께 연결하는 방식에 따라 어떻게 계층제를 사용할 것인가를 결정해 준다.

관리격자망에는 다섯 가지의 리더십 유형이 나타나는데, 첫째, 무기력(무관심)형 리더십(1.1)은 인간과 생산 모두에 낮은 관심을 보이는 유형이다. 둘째, 컨트리 클럽형 리더십(1.9)은 생산에 대해서는 낮은 관심을, 인간에 대해서는 높은 관심을 보이는 유형이다. 셋째, 과업형 리더십(9.1)은 생산에 높은 관심과 인간에 낮은 관심을 나타내는 생산성 중심의 유형이다. 넷째, 중도형 리더십(5.5)은 인간과 생산에 대하여 보통 수준의 관심을 보이는 유형이다. 다섯째, 팀지향형 리더십(9.9)은 생산과 인간에 대한 높은 관심으로 상호문제를 해결하는 목표를 설정하고 함께 일해 나가는 팀 지향적 유형이다. 따라서 최적의 리더십은 생산과 인간에 대한 높은 관심을 나타내는 팀 지향적 리더십(9.9)이라 주장한다.

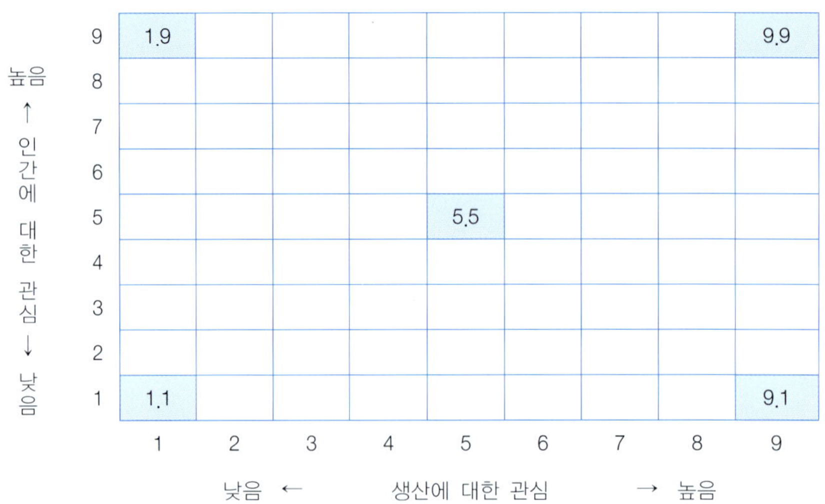

그림 7-2 관리격자 이론

(3) 상황이론

상황이론은 1960년대 말~1970년대에 영향을 준 이론으로서 리더의 효과성은 리더 자신의 행동유형에 의해 결정될 뿐만 아니라 리더십의 환경을 둘러싸고 있는 상황에 의해 결정되는 이론이다. 상황이란 리더가 처해있는 조직의 목표와 성격, 규모, 역사, 유형, 발전의 정도, 구성원의 자질과 행동, 기대와 욕구 등으로 주어진 상황에 따라 리더의 능력이나 가치가 다르게 평가되는 동시에 요구되는 리더의 형태와 자질이 달라진다는 것이다.

상황이론에는 피들러(Fiedler)의 상황적합이론(contingency theory), 하우스(House)의 경로－목표이론(path-goal theory), 허쉬와 블랜차드(Hersey & Blanchard)의 상황적 리더십 이론(contingency leadership theory) 등이 있다.

① 상황적합이론(Fiedler, 1967)

상황적합이론(contingency theory)은 피들러(Fiedler)와 그의 동료들에 의해 개발되었는데, 상황적 요소와 리더유형을 결합시키려는 이론이다. 리더유형를 구성원과의 관계에 중심을 두는 관계지향적 리더와 과업수행을 중시하는 과업지향적 리더로 분류하였다. 리더십 상황적 요소는 첫째, 리더－구성원 관계(구성원들이 리더에 대하여 가지고 있는 신뢰, 믿음, 존경의 정도), 둘째, 과업구조(직무의 절차화된 정도), 셋째, 리더 영향력(리더가 채용, 해고, 징계, 승진 및 임금인상 등과 같은 권력변수들에 대하여 행사하고 있는 영향력의 정도) 등이다. 이 세 가지 요소의 상호작용으로 리더는 때로는 호의적이거나 또는 비호의적인 상황을 맞게 되는 과업지향적 리더 유형이 상대적으로 효과적일 수 있다고 주장한다. 반면 호의적이거나 비우호적인 상황이 아닌 중도적인 상황일 경우에는 관계지향적 리더 유형이 더 높은 성과를 나타내는 경향이 있다.

하지만 상황적합이론에 대한 문제점 및 비판으로 상황변수들이 복잡하고 측정하기가 어렵다는 점, 하위자의 특성에는 별로 관심을 두지 않는다는 점, 리더나 하위자의 기술적 능력의 변화에 관심을 두지 않는 점,

상황요소와 리더유형의 상관관계를 명확히 규명하지 못한 점과 리더유형을 분류하는 측정도구가 불명확하다는 점, 리더십과 상황적 요소가 서로 독립적이 아닐 수도 있다는 점 등을 들고 있다(김수신 · 조홍식, 2006).

② 경로－목표이론(House, 1971)

경로－목표이론(path-goal thoery)은 하우스(House)가 1970년대에 오하이오 연구와 상황이론과 동기부여의 기대이론을 결합하여 리더의 특성보다는 상황과 리더의 행태에 초점을 맞춘 이론이다. 이 이론은 상황변수인 부하의 특성(부하의 능력, 성격, 동기 등)과 근무환경적 특성(과업구조)을 고려하면서 효과적인 리더의 행동을 개발하고 있다. 따라서 상황적 특성에 따라 추종자의 동기를 높이기 위해 필요한 리더십 형태를 지시적 리더십, 지지적 리더십, 참여적 리더십, 성취지향적 리더십의 네 가지 형태로 구분하고 있다. 첫째, 지시적 리더십 유형은 과업이 비구조화되어 있어 복잡하며 과업의 공식화가 미비하며 또 추종자가 과업수행에 있어 자신의 역할을 제대로 파악하기 어려운 상황에서 요구되는 유형이다. 둘째, 지지적 리더십 유형은 과업이 구조화되어 있으나 과업 스트레스가 심하고 지루하며 또 추종자가 과업수행에 대한 자신감을 갖지 못하는 상황에서 요구되는 유형이다. 셋째, 참여적 리더십 유형은 과업이 구조화되어 있으며 추종자의 업무 성취의 욕구가 강하며 또 자율성의 욕구가 강한 상황에서 요구되는 유형이다. 넷째, 성취지향적 리더십 유형은 과제가 비구조화되어 있으나 추종자에게 도전해 볼 만한 목표를 갖게 해주는 상황에서 요구되는 유형이다. 결과적으로 지시적 리더십 유형이 구조화된 과업에 종사하는 직원들에게 더 효과적이고, 지지적 리더십 유형이 구조화된 일상적 과업을 수행하는 직원들에게 더 효과적이라는 것이다.

경로－목표이론의 장점은 제시된 리더십 유형들이 배타적이지 않다는 것이다. 즉, 동일한 지도자라도 상황에 따라 서로 다른 유형의 리더십을 발휘할 수 있으며 이를 통해 조직 구성원들에게 동기를 부여하고 만족도를 높여 조직목표 달성을 효과적으로 할 수 있다는 것이다. 반면 단점으로는 리더의 행동범주가 너무 포괄적일 뿐만 아니라 복잡하고 난해하며, 다른 상황변수들에 대한 고려가 없다는 점과 동기부여에 초점을 맞춘 나머지 다른 방법들을 소홀히 하고 있다는 점이다.

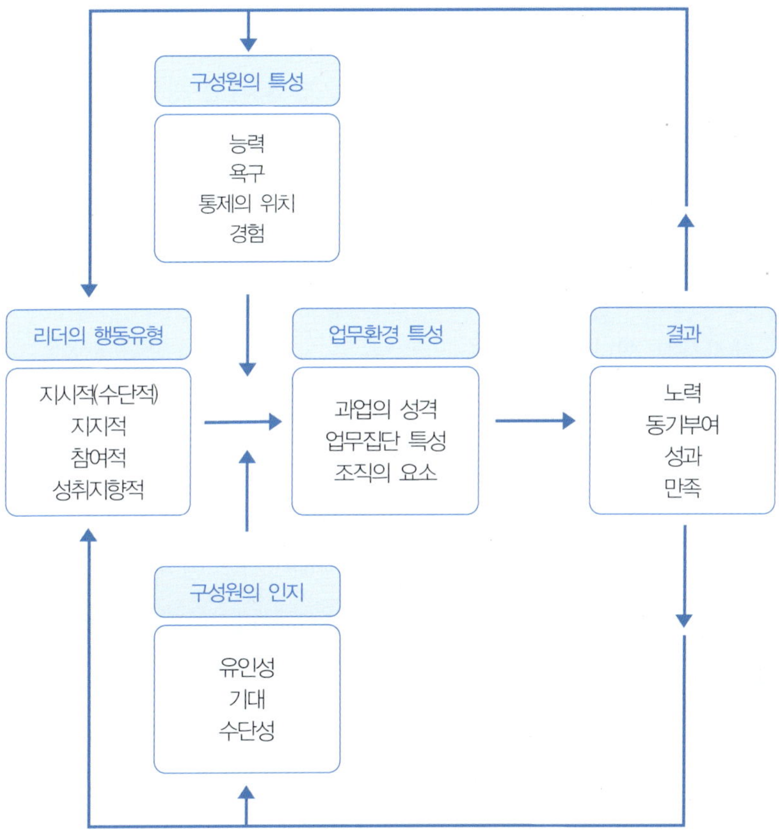

| 그림 7-3 | 경로-목표이론

출처 : 강용규 외(2008). 사회복지행정론, p. 91.

③ 상황적 리더십 이론(김형식 외, 2007)

상황적 리더십 이론(contingency leadership theory)은 허쉬와 블랜차드(Hersey & Blanchard)에 의해 개발된 이론으로서 오하이오 대학의 리더십 연구에서 규정된 과업 중심 및 관계 중심과 유사한 형태로 네 가지 리더십 유형(높은 과업-낮은 관계 중심 유형, 높은 과업-높은 관계 중심 유형, 낮은 과업-높은 관계 중심 유형, 낮은 과업-낮은 관계 중심 유형)을 규정하고, 효과적인 리더십에 가장 큰 영향력을 미치는 상황적 요인을 추종자의 과업과 관련된 성숙도(maturity)로 규정하였다(Hersey & Blanchard, 1977). 성숙도는 과업수행을 위한 추종자의 동기, 책임감 및 능력이다. 따라서 과업 관련 성숙도가 낮다는 것은 과업 수행 동기와 책임감이 약하고, 과업수행에 대한 업무능력이 부족하다는 것이다. 반면 과업 관련 성숙도가 높다는 것은 과업수행 동기와 책임감이 강하며 과업수행에 대한 업무능력이 높다는 것이다. 그런데 이 이론에 의하면 리더십에 가장 중요한 영향력을 미치는 상황변인인 추종자의 성숙도에 따라 필요한 리더십을 비교적 단순한 형태로 규정하면서 과업 관련 성숙도는 상황에 따라 다르다는 것을 제시하고 있다.

(4) 카리스마 리더십 이론

카리스마(charisma) 리더십 이론은 막스 베버(Max Weber)가 제시한 이론으로서 1920년대에 조직 내에서 권위에 의한 지배방식을 크게 전통적인 지배, 합법적 지배, 카리스마 지배로 구분하여 리더의 카리스마적인 개념을 처음으로 제시하면서 리더십 이론으로 각광을 받았고, 오늘날에도 정치학, 사회학, 심리학, 역사학 등 다양한 학문분야에서 연구를 하고 있는 이론이다. 카리스마(charisma)란 사람이 태어나면서부터 천부적으로 부여된 개인의 특별한 자질이라 할 수 있다. 카리스마 리더는 추종자들에게 영웅적이고 비범한 리더십을 통하여 조직을 통제하게 된다. 카리스마 리더십은 리더의 특성, 부하의 특성, 상황의 특성에 의해 규정되고 있다(정수진, 1994).

① 리더의 특성으로는 첫째, 추종자에게 비전을 제시할 수 있어야 한다. 둘째, 비전을 전달할 수 있는 능력을 가지고 있어야 한다. 셋째, 추종자들로부터 신뢰를 얻어야 한다.

② 부하의 특성으로는 첫째, 리더에 대한 강한 애정을 가져야 하고, 리더의

신념을 자신의 것으로 받아들여야 한다. 둘째, 리더의 권위에 순종하여야 한다. 셋째, 리더의 비전을 따르면 자신들이 원하는 것을 얻을 수 있다는 높은 기대감을 보여주어야 한다. 넷째, 리더의 개인적인 매력에 정신적으로 몰입해야 한다(신복기 외, 2009).

③ 상황의 특성으로는 첫째, 위기의 상황에서 사람들은 리더를 찾게 되고, 이러한 상황에서 리더가 나타날 가능성이 높다. 둘째, 소속 집단 구성원 간의 상호 의존도가 높을 경우 강력한 카리스마 리더가 등장할 가능성이 높다.

(5) 변혁적 리더십 이론

변혁적(transformation) 리더십 이론은 번(Burn, 1978)이 개발한 이론으로서 1980년대에 기업 간 경쟁에서 살아남기 위해서 조직을 새롭게 변화시켜야 한다는 인식에서 출발하였다. 변혁적 리더십은 개인적 관심보다는 좀 더 차원이 높은 도덕적인 가치와 이상에 호소하여 추종자의 의식을 변화시키는 리더십 유형이다. 변혁적 리더는 부하 직원 스스로 업무에 대한 확신감을 가질 수 있도록 동기부여하고 업무결과에 대한 부하 직원의 욕구를 자극하여 부하 직원 스스로 추가적인 노력을 통해 기대 이상의 성과를 가져오게 한다(Bass, 1985). 변혁적 리더십은 부하들의 신념, 가치, 욕구의 변화를 도모하여 환경의 변화에 대응하여 새로운 비전, 조직문화, 규범을 창출하고, 그것이 새로운 현실이 되도록 적절한 지지를 확보하는 등 조직의 변화를 주도하는 리더의 활동을 강조한다. 결국 변혁적 리더는 조직 구성원들이 리더에 대해 신뢰를 갖도록 하는 카리스마를 지니고 있어야 하며, 조직변화의 필요성을 감지하고 새로운 변화를 끌어낼 수 있는 새로운 비전을 제지하는 능력을 갖추어야 한다.

(6) 가치경쟁적 리더십 이론

가치경쟁적(competing values) 리더십 이론은 퀸(Quinn)에 의해 개발된 이론으로 이전 연구에서의 리더십의 단순화 내지는 이분화의 경향을 벗어나 통합적 관점을 유지하는 리더십 이론이다. 가치경쟁적 리더십 이론에 의하면 사회집단이나 조직 리더의 다양한 역할을 규정하기 위해 리더십의 초점을 외부지향적-내부지향적으로 구분하여 한 축을 형성하고 통제 위주-유연성 위주를 구분하여 하나의 축을 만들어 이를 조합한 네 가지의 영역을 제시하고 있다. 이 이론에서 리더십의 가치경쟁적이라는 개념은 '환경적응, 목적달성, 통합, 형태유지 등의 네 가지 활동이 서로 상반된 가치를 추구'한다는 것이다(남일재 외, 2006). 이는 파슨즈(Parsons)의 AGIL 모델을 기초로 사회체계의 유지에 필수적으로 요구되는 네 가지 기능을 의미하고 있다. A는 적응(Adaptation), G는 목적달성(Goal attainment), I는 통합(Integration), L은 형태유지(Latent pattern maintenance)를 나타내고 있다. 리더는 이 네 가지 기능을 수행하기 위해 리더십을 발휘하는데, 네 가지 유형의 리더를 첫째, 환경적응에는 비전제시가(vision setter), 둘째, 목적달성에는 목표달성가(task master), 셋째, 통합에는 동기부여가(motivator), 넷째, 형태유지에는 분석가(analyzer)로 구분하고 있다(장동일, 2006). 말하자면 비전제시형의 리더십은 외부지향적이고 개방적이며 조직활동의 유연성을 추구하고, 목표달성형 리더십은 조직생산성을 최대화하기 위한 통제와 규율 위주의 공식적 리더십을 지향한다. 동기부여형 리더십은 조직 구성원 간의 인간관계 향상에 가치를 둠으로써 유연성과 비집권적인 특성을 가지고 있고, 분석형 리더십은 내부지향적이며 구조화된 통제 위주의 상반된 가치를 요구한다.

이 이론은 일반적으로 사회복지조직의 리더가 외부지향적이고 탈중심적이며 유연성이 요구된다는 점에서 사회복지조직 리더의 효과성에 활용 가능한 이론으로 평가되고 있다. 사회복지 조직에서의 리더 역할을 이 이론에 기초하여 다음과 같이 사회복지조직 리더의 역할을 제시하고 있다(김형식 외, 2007).

〈표 7-1〉 퀸(Quinn)의 리더십 이론을 기초로 한 사회복지조직 리더의 역할

리더십 유형	리더십 목표	구체적 역할
비전제시가	기관의 변화/ 적응	• 기관운영과 관련된 외부환경 변화 주시 • 클라이언트/ 지역사회의 욕구 변화 주시 • 기관운영의 새로운 방향 모색/ 혁신적 변화 주도 • 재원, 인력 확보/ 기관합법성 유지 • 클라이언트 옹호/ 정책개발 참여
목표달성가	기관생산력 극대화	• 기관활동의 목표 달성 및 결과 중시 • 목표달성을 위한 우선순위 제시 • 클라이언트/ 지역사회의 욕구 변화에 대처하기 위한 기관 활동 • 중앙집권적 관리를 통한 생산력 극대화
동기부여가	기관 구성원 관계 강화	• 구성원 협동심 및 팀워크 강조/ 고양 • 구성원, 일선 워커의 자율권 극대화 • 구성원, 일선 워커의 동기 고양 • 전문직 간의 의견조정/ 팀워크 고양 • 기관인력(자원봉사자 포함)의 효율적 관리
분석가	기관 활동 지속성 향상	• 기관서비스/ 프로그램 실행에 대한 이론적 · 기술적 지식 확보 • 기관서비스/ 프로그램 진행상황에 대한 면밀한 분석 • 기관활동의 내부규정 강조 • 기관활동을 위한 효율적 전문인력의 배치

출처 : 김형식 외(2007), p. 344.

(7) 임파워먼트 리더십 이론

임파워먼트(empowerment) 리더십 이론은 1980년대 중반부터 경영학 분야에 도입되기 시작한 이론으로 개인과 조직의 발전을 동시에 추구하는 리더십 이론이다. 조직 내 개인은 스스로 자신의 능력(정신적 · 신체적 · 사회적)을 증진시켜 스스로를 성과지향적인 인재로 육성한다는 이론이다. 여기서 임파워먼트란 부하에게 권한공유와 격려를 통해 동기를 부여한 결과 나타나는 마음의 상태로, 조직 구성원들에게 자신의 가치에 대한 의미를 부여하고 구성원 자신의 직무능력 향상에 의한 자신감, 조직과 자신이 하나라는 공동체의식, 구성원이 자신의 일을 스스로 수행함으로써 느끼는 즐거움 등 복합된 태도라 할 수 있다. 임파워먼트 리더십은 조직 구성원에게 업무와 관련된 자율권을 보장하며 구성원의 잠재력을 극대화시키는 리더십으로, 즉 권한의 공유(power sharing)와

혁신을 강조한다. 그러므로 임파워먼트 리더는 부하들에게 직무 권한을 공유함으로써 부하 직원들 자신의 자율적 의사결정으로 업무상의 혁신을 이루도록 촉진하게 한다.

임파워먼트를 시행하는 데는 세 가지 접근법이 있을 수 있다. 첫째, 전통적인 위계조직 내에서의 권한위임 방법으로 상의하달의 의사결정 구조에서 부하에 대한 결정 권한을 위임하는 것이다. 둘째, 공동체 조성 방법으로 조직 구성원들이 공통의 목표 아래 동일한 자격으로 자유로이 자발적으로 참여하게 함으로써 공동체를 조성한다. 셋째, 조직 전반에 리더의 정신을 전파하여 구성원들이 상위조직의 목표에 기여할 수 있도록 간접적으로 동기부여시키는 방법이다.

2) 리더십의 유형

리더십의 유형에는 여러 가지 유형들이 있다. 일반적으로 리더가 조직 내 의사결정을 함에 있어 조직 구성원들에 대한 권위와 참여 정도에 따른 리더십과 조직 내 상하 수직적 계층에 따른 리더십이 있다. 따라서 칼라일(Carlisle, 1987)이 제시하고 있고 있는 조직 내 의사결정 과정에서 권위에 따른 리더십 유형의 세 가지 지시형 리더십, 참여형 리더십, 자율(위임)형 리더십 유형과 조직 계층 수준에 따른 리더십 유형에 대하여 살펴본다.

(1) 권위에 따른 유형(Calisle, 1987)

① 지시형 리더십

지시형 리더십은 권위적 리더십으로서 명령과 복종을 강조하며, 리더는 독선적이고 조직 구성원들을 보상-처벌의 연속선에서 통제하고 관리하게 된다. 즉, 리더는 의사결정 과정에서 조직 구성원의 의사와 관계없이 일방적으로 소수의 정책결정그룹을 중심으로 처리하며 명령한다.

따라서 지시형 리더십 유형은 통제와 조정이 쉽고, 신속한 의사결정이 가능하여 위급한 상황에서 보다 효과적이라는 장점이 있지만, 조직 구성원들 입장에서는 통제를 받기 싫어하며, 구성원들 간 사기 저하 및 갈등, 적대감과 소외감을 조장할 수 있다는 단점이 있다.

② 참여형 리더십

참여형 리더십은 민주적 리더십으로서 조직 구성원의 자발적 참여와 민주적인 의사결정을 하게 함으로써 일에 대한 동기와 사명감을 증진시키고, 의사소통의 경로가 개방됨으로써 새로운 정보의 교환이 활발하게 이루어질 수 있다.

따라서 참여형 리더십 유형은 동기유발적이며 개인의 지식과 기술의 활용, 개인의 가치와 신뢰 및 개방성 추구, 개방적 의사소통으로 인해 조직에의 참여가 활발하게 이루어져 조직발전과 활동에 헌신적으로 기여하게 되는 장점이 있지만, 긴급한 결정의 어려움, 참여에 따른 시간 소모, 타협에 의한 어중간한 결정 등의 단점이 있다.

③ 자율(위임)형 리더십

자율형 리더십은 방임적 리더십으로서 대부분의 의사결정권을 부하 직원들에게 위임하여 리더는 극히 소극적으로 조직활동에 참여하고, 부하 직원들은 스스로 프로그램의 목표와 계획을 수립하게 된다.

따라서 자율형 리더십은 조직 구성원들에게 조직의 규칙이나 정책을 위반하지 않는 범위 내에서 자유재량권을 행사할 수 있다는 장점이 있지만, 리더가 자문기관으로서의 역할을 하며, 부하들에게 지시, 감독 등 절차적인 일의 처리에 필요한 정보제공 및 명확한 설명을 해주지 못하고, 내부에서 발생하는 의사소통상의 갈등과 분쟁을 쉽게 조정하지 못하는 단점이 있다.

〈표 7-2〉 리더십 간 차이

구 분	지시형 리더십	참여형 리더십	위임형 리더십
초 점	리더-중심	집단-중심	개인-중심
결 정	리더가 대부분 결정	하급자가 결정에 참여	하급자가 결정
의사소통	일방적	양방향	자유, 개방
지 향	과업 중심	사람 및 집단 중심	개인적 성취 중심
리더의 역할	지시적	집단 참여적	지지 자원 제공

(2) 조직계층 수준에 따른 유형

① 최고관리층의 리더십

최고관리층의 리더십은 조직 내 전반적인 책임을 지고 있는 최고책임자(예 회장, 사장, 대표이사, 관장 등)가 가져야 하는 리더십으로서 조직 외부의 다양한 이익집단과 지역사회와의 상호 연계를 이루며, 조직 내외 환경 변화와의 적극적인 대응과 조직의 미래 비전과 목표를 수립하며 조직을 이끌어 나가야 한다. 그러므로 조직 내 최고관리층은 다음과 같은 기능 등을 수행하게 된다. 첫째, 조직의 기본적 임무의 결정, 둘째, 조직목표의 설정과 정책결정, 셋째, 목표 달성을 위한 인적·물적 자원의 동원 및 관리, 넷째, 조직의 통제, 조정능력 강화, 다섯째, 조직 변화의 주도적 역할 등이다.

② 중간관리층의 리더십

중간관리층의 리더십은 조직의 중간단계 위치에서 조직의 한 부서를 책임지고 있는 중간관리자가 가져야 하는 리더십으로서 하위관리자와 최고관리층 사이의 수직적 연결과 같은 수준의 타 부서와의 수평적 연결 역할을 하게 된다. 따라서 조직 내 중간관리층은 다음과 같은 기능 등을 수행하게 된다. 첫째, 전문가적 입장에서 최고관리층의 정책결정에의 조언과 보좌, 최고관리층이 설정해 놓은 정책을 효율적으로 집행한다. 둘째, 조직목표의 달성을 위하여 하위층에 대한 감독 및 통제기능을 수행한다. 셋째, 중간관리층의 상호 간 수평적 협조 및 조정능력을 증진시킨다.

③ 하위관리층의 리더십

하위관리층의 리더십은 조직 내 최일선에서 일반 직원들을 교육, 감독하는 슈퍼바이저(예 계장, 대리, 팀장 등)가 가져야 하는 리더십으로서 프로그램을 감독하고, 일선 직원들에게 업무를 위임 또는 분담시키며 일선직원에 대한 상담 및 감독 등 팀 리더의 역할을 수행한다.

3. 리더십과 집단역학

리더십은 지금까지 살펴본 바와 같이 순순히 개인적인 차원에서뿐만 아니라 조직 및 집단 내에서 어떠한 역학관계에 있느냐에 따라 달라질 수 있을 것이다. 말하자면 리더십의 발휘는 개인 스스로의 특출한 특성 및 능력보다는 조직 및 집단 내에서 어떻게 상호 이해관계를 맺느냐에 크게 달라질 수 있다는 것이다.

일반적으로 집단역학이라는 개념은 집단역동성 또는 집단역동으로 표현할 수 있다. 그러므로 집단역학은 '집단의 역동성을 연구하는 분야'로 쓰이기도 하며, 집단역동성은 집단 성원의 상호작용에 의한 효과와 힘에 역점을 두는 것이다. 따라서 집단역학의 구성요소에는 의사소통, 집단의 목적, 대인관계, 지위와 역할, 가치와 규범, 긴장과 갈등, 집단응집력 그리고 하위집단 등이 있다.

결국 이러한 집단역학적인 관계를 통하여 사회복지조직을 이끌어 가는 과정에서 사회복지조직이 추구하는 궁극적인 목표 및 목적을 달성하게 되는 것이다. 먼저 사회복지조직에서는 리더십 기본 요건으로 다음 몇 가지를 제시한다. 첫째, 목표달성을 위한 기술활동과 직원의 능력 개발이 요구되며, 둘째, 직원의 정책과 의사결정의 참여 확대와 긍정적이고 발전적인 방향 설정으로 만족감을 높이고, 셋째, 조직의 리더가 솔선수범하며 방향을 제시하고 먼저 실천함으로써 목표 정당화, 후원자와 정부로부터 협력을 얻을 수 있으며, 넷째, 리더는 문제해결 능력이 있어야 하며, 다섯째, 리더는 각종 위기로부터 조직의 안전을 보호하기 위한 위기예측과 분석능력이 있어야 한다. 종합적으로 사회복지조직의 리더는 목표달성 기술과 조직원 능력 계발이 요구되며 조직원의 참여와 리더의 솔선수범이 요구된다.

그리고 사회복지조직이 성공적으로 목표달성을 이끌기 위해서는 첫째, 목표와 달성 계획이 명백하여야 하며, 둘째, 조직원의 목표 달성 의욕이 강하고 달성방법의 합의가 이루어져야 하며, 셋째, 조직원 상호 간 신뢰하고 커뮤니케이션이 원활하며, 넷째, 목표달성을 위한 자원 확보와 활용이 용이하고, 다섯째, 부서별 역할분담의 만족도와 인재배치에 적재적소 원칙이 이루어져야 하며, 여섯째, 조직원의 자긍심 · 사명감 · 책임감이 요구되고, 일곱째, 적절한 지도자와 조직원의 자율적 · 적극적 참여가 요구된다. 따라서 최종적으로 사회복지조직이 응집력을 보다 더 향상시키기 위하여 첫째, 조직원 상호 행위가 중재되어야 하며, 둘째, 조직원 서로 직접적 접촉이 이루어지고 질적 향상이 이루어져야 하며, 셋째, 조직원 간의 의견의 일치성과 공통성, 결정과정에 참여율이 높아야 하고, 넷째, 조직원에게 성공체험 기회를 제공하고 희망을 갖게 하며, 다섯째, 조직원의 안정성과 긍정적 · 정서적 결합이 향상되어야 한다.

오늘날 우리 사회는 복지사회로 나가기 위하여 많은 노력을 하고 있다. 이러한 노력은 사회복지조직별 집단성을 갖추어 각각의 독특한 문화를 형성하고자 하는 노력이며, 구체적인 내용은 다음과 같다.

첫째, 사회복지조직별 클라이언트의 자격을 구체적으로 하여 그 참여율을 높이고 클라이언트가 사회복지시설과 서비스를 지속적으로 활용하여 그 질을 높여야 한다. 둘째, 사회복지조직의 개방성과 유연성을 갖게 하며 클라이언트에게 상호작용이 이루어져 자주적이고 독립적인 삶을 영위하는 데 전문적 · 지시적 · 재정적 지원이 함께 있어야 한다. 셋째, 사회복지조직의 지위와 역할분담을 명확하게 하여 조직의 규범을 만들고 조직원과 클라이언트가 함께 어우러지는 동료의식과 응집력을 높인다. 넷째, 사회복지조직의 계층적 특징을 파악하여 그에 상응하는 사회복지 프로그램 개발과 적용으로 계층별 복지수준을 높여야 한다.

4. 동기부여 이론

1) 동기부여의 개념

동기부여(motivation)는 개인이 구체적인 목표를 지향하도록 행동을 유발하는 심리적 과정이다. 조직의 입장에서는 동기부여라 하고, 조직 구성원의 입장에서는 동기유발이라 할 수 있기 때문에 조직 구성원이 자발적으로 자신의 과업을 이행하도록 의욕을 불러일으키는 과정이라 할 수 있다. 어쨌든 개인은 조직활동을 통해서 자신의 욕구나 목적을 성취하게 되고, 조직은 개인의 자발적인 노력을 통하여 조직의 목표를 달성하게 된다.

스콧과 미첼(Scott & Mitchell, 1976)은 동기부여를 일반적 의미와 관리자들이 이해하는 의미로 구분하여 정의하고 있다. 일반적인 의미에서 동기부여란 개인적인 동기에 의해 바라는 행동이나 자발적인 행동이라 할 수 있으며, 관리자들이 이해하는 의미에서 동기부여란 조직목표를 달성하도록 개인에게 자극하는 과정이라 할 수 있다. 즉, 동기부여는 개인이 어떤 조직목표를 달성하기 위해 행동하게 하고, 행동을 유지하고 정지하게 하는 내적 심리상태라고 할 수 있는데, 이러한 동기부여가 발동함으로써 업무에 대한 근무의욕을 북돋고, 사기를 진작시켜 조직업무의 생산성을 향상시키는 데 중요한 동인이 된다고 할 수 있다.

2) 동기부여의 과정

듀네트와 커쉬너(Dunnette & Kirchner, 1965)는 동기부여의 과정에 대한 모형을

❙그림 7-4❙와 같이 제시하고 있다. 인간의 행동은 내적인 불균형상태(복잡한 욕구, 욕망, 기대)로부터 균형상태라는 목표를 추구하기 위해서 이루어진다는 것이다. 구체적으로 동기부여의 과정을 살펴보면 다음과 같다. 첫째, 개인의 욕구, 욕망 또는 기대 등에 의해 내적 불균형상태를 조성하게 된다. 둘째, 개인은 이러한 불균형상태를 줄이기 위한 행동을 유발하게 되어 목적지향적인 동기를 추구하게 된다. 셋째, 목표달성과 관련된 행동을 통해서 불균형상태였던 내적 상태가 균형을 이루게 된다. 넷째, 개인은 목표달성의 성패에 따라 원인분석을 하게 되고, 새로운 목표추구 및 달성을 위해 다시 반복적으로 행동을 하게 된다.

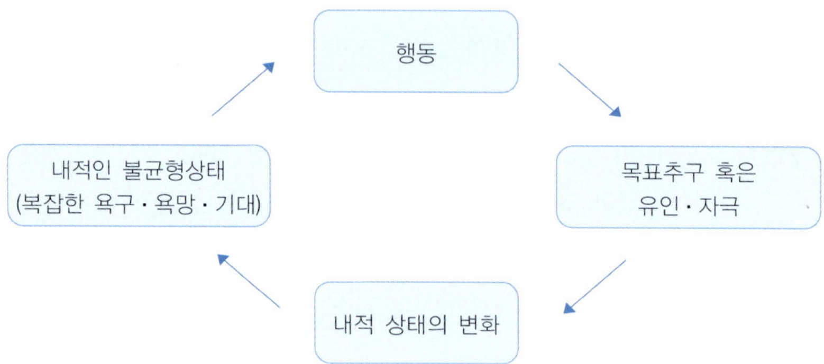

❙그림 7-4❙ 동기부여의 과정

3) 동기부여의 이론

동기부여의 이론은 내용(욕구)이론과 과정이론으로 구분하여 제시되고 있다. 내용이론은 조직업무나 환경요인보다는 개인적인 욕구에 중점을 둔다는 점에서 욕구이론이라 할 수 있다. 그러므로 내용이론은 어떤 욕구를 충족시키면 동기가 유발될 것인가에 관심을 두는 이론으로 동기화된 행동을 유발 또는 촉진시키는 여러 가지 요인에 관심을 둔다. 내용이론은 무엇이 행동에 대한 동기를 유발하는가에 관심을 둔 이론으로, 개인은 내적 욕구를 충족하기 위하여 동기유발이 된다는 가정을 전제로 한다. 대표적인 내용이론에는 매슬로우(Maslow, A. H.)의 욕구 5단계 이론, 허즈버그(Herzberg, F.)의 2요인 이론, 맥클리랜드(McClelland, D. C.)의 성취동기이론, 알더퍼(Alderfer, C. P.)의 E · R · G 이론, 맥그리거(McGregor, D.)의 XY 이론, 아지리스(Argyris, C.)의 미성숙-성숙이론 등이 있다.

반면 과정이론은 개인차가 있는 성과의 가치, 일정한 목표의 달성 가능성, 그리고 목표달성에 의해서 성과를 얻을 가능성 등에 의해 개인의 동기수준이 결정되며, 아울러 개인적 특성뿐만 아니라 업무요인의 영향, 보상체계 등 실무적 요인, 대인관계 요인 등을 포함하고 있다(유종해, 1995). 대표적인 과정이론에는 애덤스(Adams, J. S.)의 형평성 이론, 브룸(Vroom, V.)의 기대이론과 목표설정이론 등이 있다.

(1) 내용(욕구)이론

① 매슬로우의 욕구 5단계 이론(Maslow, 1954; 1968)

매슬로우(Maslow, A. H.)의 욕구 5단계 이론은 가장 고전적인 욕구 유형으로 인간의 행동은 욕구에 의하여 동기가 유발하며, 인간의 욕구는 일련의 단계 내지 계층에 의해 최하위 단계에서 최상의 단계로 상승한다는 것이다. 이러한 인간의 욕구에는 생리적 욕구, 안전 욕구, 사회적 욕구 또는 소속 욕구, 자아존중 욕구, 자아실현 욕구가 있다. 첫째, 생리적 욕구는 인간의 가장 근본적인 하위 욕구로서 인간의 생명유지를 위한 의 · 식 · 주 등에 필요한 원초적인 욕구이다. 둘째, 안전 욕구는 생리적 욕구가 충족된 이후에 나타나는 정신적 · 육체적 안전을 얻고 싶어 하는 욕구이다. 즉, 외부의 위험으로부터의 보호, 경제적 안정, 질서 있는 환경 유지 등을 지키고자 하는 욕구이다. 셋째, 사회적 욕구 또는 소속 욕구는 인간의 사회적 동물로서의 소외감이나 고독을 극복하고 집단에 소속되고자 하는 욕구이다. 즉, 동료집단에 소속되고, 동료들과 우정과 애정을 나누고자 하는 욕구이다. 넷째, 자아존중 욕구는 다른 사람들로부터 높은 평가와 존중을 받고자 하는 요구이다. 즉, 자기존중뿐만 아니라 타인으로부터 인정을 받고자 하는 욕구이다. 다섯째, 자아실현 욕구는 욕구

단계의 최상위에 위치하는 욕구로서 자신의 잠재력을 최대한 발휘하여 자기발전과 창조적인 생활을 영위하려는 욕구이다. 즉, 자아성취감과 자기만족을 부여하는 욕구이다.

5단계 욕구 : 자아실현 욕구

↑

4단계 욕구 : 자아존중 욕구

↑

3단계 욕구 : 사회적 욕구 또는 소속 욕구

↑

2단계 욕구 : 안전 욕구

↑

1단계 욕구 : 생리적 욕구

| 그림 7-5 | 매슬로우의 욕구 5단계

② 허즈버그의 2요인 이론(Herzberg, et al., 1959; Herzberg, 1966)

허즈버그(Herzberg, F.)의 2요인 이론은 1950년대 기술자 및 회계사를 대상으로 연구한 결과로서 인간은 두 가지 욕구, 즉 만족 요인과 불만족 요인을 가진다는 것이다. 만족 요인은 동기 요인으로 직무상의 성취감, 직무성취에 대한 도전감 및 인정감, 보람 있는 직무(직무내용), 책임감, 개인적 성장 및 발전 등이며, 이러한 동기요인이 충족되면 개인의 만족감을 갖게 되고 동기부여되어 적극적인 태도를 유발하여 조직의 생산성이 증대된다는 것이다. 반면 불만족 요인은 위생 요인으로 조직의 정책, 관리 · 감독, 보수, 대인관계, 작업조건 등이며, 직무수행상의 작업환경 및 작업조건에 관계되는 요인이다. 이러한 위생 요인은 생산능력을 증대시킬 수 있는 것은 아니며, 단지 작업제약 요인에 의한 작업수행상의 손실을 막을 수 있을 뿐으로 위생 요인이 충족되지 못하면 불만이 생긴다는 것이다. 따라서 위생 요인 또는 불만 요인을 충족시켜 줌으로써 불만을 해소하고, 동기 요인 또는 만족 요인을 충족시켜 줌으로써 만족감을 부여하며, 구성원들의 사기를 높여 조직의 생산성을 높일 수 있다는 것이다.

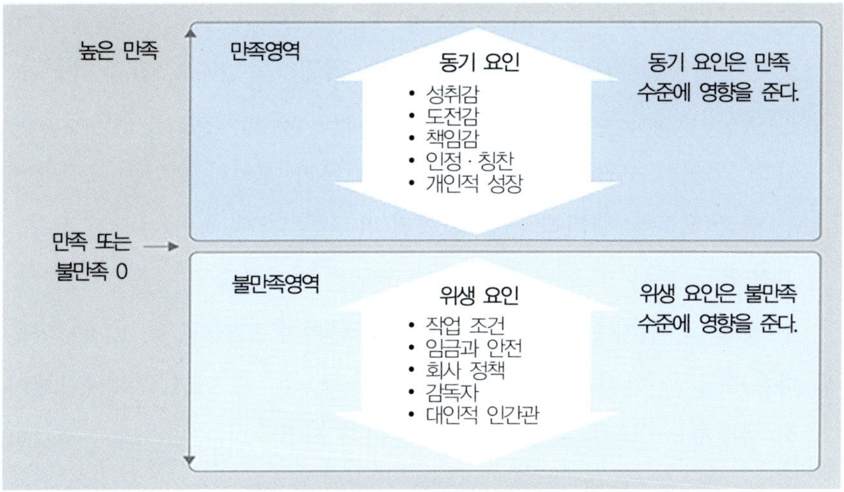

| 그림 7-6 | 허즈버그의 2요인 이론

③ 맥클리랜드의 성취동기이론(McClelland, 1961; 1962; 1965a; 1965b; 1971)

맥클리랜드(McClelland, D. C.)의 성취동기이론은 개인이 사회문화적인 환경에서 학습을 통해 습득되는 개인 욕구로서 사회에서 경험하며 살아가는 과정에서 다양한 사건에 의해 사회로부터 욕구가 발생하고 자발적으로 동기가 유발된다는 이론이다. 기본적으로 개인은 세 가지 욕구, 즉 성취 욕구(need for achievement), 관계 욕구(need for affiliation), 권력 욕구(need for power) 등을 가진다는 것이다. 첫째, 성취 욕구는 해결하기 어려운 도전적인 일을 성취하려는 욕구, 물자와 인간, 그리고 사상을 지배하고 관리하려는 요구, 모든 장애요인을 스스로 극복함으로써 높은 수준을 달성하려는 욕구, 능력을 개발하고 발휘함으로써 자신을 탁월한 존재로 만들고 싶은 욕구를 말한다(유종해, 1995). 둘째, 관계 욕구는 다른 사람들과 사회적으로 친근하고 밀접한 관계를 맺고자 하는 욕구로서 사회적 관계가 업무의 성취보다 우선한다는 것이다. 셋째, 권력 욕구는 타인에게 영향력과 통제력을 행사하고자 하는 욕구를 말한다.

④ 알더퍼의 E · R · G 이론(Alderfer, 1972)

알더퍼(Alderfer, C. P.)의 E · R · G 이론은 매슬로우의 욕구 5단계 욕구수준을 3단계 욕구수준으로 축소 · 수정한 이론으로 각각의 3단계 욕구의 첫머리 글자를 따서 E · R · G 이론이라 명명하고 있다. 3단계 욕구는 생존 욕구(Existence need), 관계 욕구(Relatedness need), 성장 욕구(Growth need)이다. 이러한 3단계 욕구는 기존 매슬로우가 제시하고 있는 욕구단계에서 생존 욕구는 생리적 욕구와 안전 욕구를, 관계 욕구는 안전 욕구, 사회적 욕구 또는 소속 욕구를, 성장 욕구는 자아존중 욕구와 자아실현 욕구 등을 묶어 새롭게 세 가지 욕구로 제시하고 있다. E · R · G 이론은 다음과 같은 특징을 지니고 있다. 첫째, E · R · G 이론은 욕구단계이론이 설명하는 만족-진보과정에 덧붙여서 좌절-퇴보과정 역시 존재한다고 한 것이다. 둘째, E · R · G 이론은 기존 욕구단계 이론과는 달리 다음 단계의 욕구가 동기적인 행동을 일으키기 위해서 그 이전 단계의 욕구가 반드시 완전하게 충족되어야 한다고 보지는 않는다. 말하자면 E · R · G 이론에서는 개인의 한 시점에서 한 가지 이상의 욕구가 동시에 발생할 수도 있다는 것이다.

〈표 7-3〉 알더퍼의 E·R·G 이론

생존 욕구(Existence need)	매슬로우의 생리적 욕구와 일부 안전의 욕구에 해당
관계 욕구(Relatedness need)	매슬로우의 사회적 욕구에 해당
성장 욕구(Growth need)	매슬로우의 자아존중 욕구와 자아실현 욕구에 해당

⑤ 맥그리거의 XY 이론(McGregor, 1960)

맥그리거(McGregor, D.)의 XY 이론은 매슬로우의 욕구단계 이론에 근거하여 X 이론과 Y 이론을 제시한 이론으로, 인간의 유형을 크게 X 이론형과 Y 이론형으로 구분하고 있다. X 이론형에 의하면, 인간은 원래 게으른 존재로 일을 하기 싫어하며, 야망이 없고 책임지기를 싫어하고 지휘받기를 좋아한다는 것이다. 즉, 대부분의 사람들은 수직적 관계에서 엄격하게 통제 · 지시와 감독을 받게 된다는 것이다. Y 이론형은 인간을 일을 놀이와 같이 자연스러운 것으로 생각하고, 적극적이고 솔선수범하여 목표달성을 위해 자기통제가 가능하며 책임감과 창의력을 지닌다는 것이다. 따라서 맥그리거는 사회가 변화, 발전함에 따라 인간의 욕구도 생리적 욕구나 안전의 욕구에서 사회적 욕구나 자아존중 욕구 및 자아실현의 욕구가 강하게 요청되면서 조직 구성원을 X 이론에 의해 관리하게 되면 피동성, 저항성, 무책임성만 나타나게 되어 전통적인 관점에 바탕을 둔 X 이론은 새 시대의 요청에 부적합하여 Y 이론에 따라야 한다고 하고 있다.

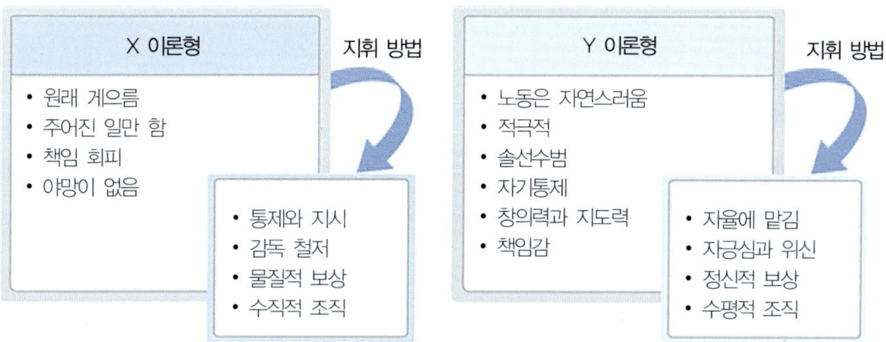

| 그림 7-7 | 맥그리거의 XY 이론

⑥ 아지리스의 미성숙-성숙이론(Argyris, 1962)

아지리스(Argyris, C.)의 미성숙-성숙이론은 조직의 체계를 관료적 · 권위적 가치체계와 인간중심적 · 민주적 조직문화로 구분하여 제시된 이론이다. 미성숙이론은 조직 구성원을 X 이론형 관점에서 미성숙한 존재로 보고 구성원들에게 의존적이며 종속적인 행동을 강요하는 이론이다. 따라서 미성숙이론에 의하면, 인간은 수동적 행위, 의타적 상태, 단순하고 한정된 행위, 단기적 관점, 종속적 지위, 자기실현의 결여 등의 특징을 지닌다는 것이다. 성숙이론은 조직 구성원을 Y 이론형 관점에서 조직 구성원에게 성숙할 수 있는 기회를 제공하여 개인의 자질 향상과 자기실현을 할 수 있도록 성숙을 촉진하는 이론이다. 따라서 성숙이론에 의하면 인간은 능동적 행위, 독립심, 복잡하고 다양한 행위, 장기적 관심, 대등한 또는 우월한 지위, 자아의식과 자기통제 등의 특징을 지닌다.

〈표 7-4〉 아지리스의 미성숙-성숙이론

미성숙이론	성숙이론
1. 수동적 행위	1. 능동적 행위
2. 의타적 상태	2. 독립심
3. 단순하고 한정된 행위	3. 복잡하고 다양한 행위
4. 단기적 관점	4. 장기적 관점
5. 종속적 지위	5. 대등한 또는 우월한 지위
6. 자기실현 결여	6. 자아의식과 자기통제

(2) 과정이론

① 애덤스의 공정성 이론(Adams, 1963)

애덤스(Adams, J. S.)의 공정성 이론은 개인이 수행하고 있는 직무에 대한 동기유발이 자신이 받는 보상을 같은 상황에 있는 다른 사람과 비교하여 공정한지에 달려 있다는 이론으로, 공정성에는 〈표 7-5〉와 같이 세 가지 유형, 첫째, 배분적 공정성, 둘째, 과정적 공정성, 셋째, 상호적 공정성으로 구분하여 설명하고 있다. 일반적으로 직원은 조직에 시간, 노력, 기업에 대한 충성심 등을 투입하고, 그 결과 월급, 승진, 성취감, 인정 등을 얻게 되는데, 작업상의 투입과 결과물 사이의 비율을 다른 사람과 비교하여 공정한 대우를 받고 있는지를 판단하게 된다. 따라서 개인은 조직에서 다음과 같이 느끼는 정도에 따라 공정성에 대한 행위가 달라지게 된다. 첫째, 개인은 자신과 다른 사람의 보상비율과 같다고 느낄 때는 공정한 상태로 인식하여 현재 상태를 유지하려 한다. 둘째, 다른 사람보다 보상을 더 적게 받는다고 느낄 때는 부정적인 불공정성을 인식하고 노력의 수준을 낮추거나 이직을 계획한다. 셋째, 다른 사람보다 보상을 더 많이 받는다고 느낄 때는 긍정적인 불공정성을 인식하고 더욱 노력하여 직무를 열심히 수행하게 된다. 이처럼 개인은 공정성 유지 여부에 따라 개인의 심리적 상태에 다양한 변화가 나타나게 되는데, 계속 근무를 한다든지 아니면 결근, 이직, 부정적 행위 등이 발생하게 된다. 결국 조직 내에서 직원의 노력이나 성과에 공정하게 보상을 하여야 동기유발이 이루어지게 된다.

〈표 7-5〉 애덤스의 공정성 이론

구 분	내 용
배분적 공정성	조직의 자원을 조직 구성원들에게 공정하게 분배
과정적 공정성	조직 구성원들에게 나눌 분배량을 결정하는 과정의 공정성
상호적 공정성	자원뿐만 아니라 조직 구성원들의 인간관계의 공정한 관계 유지

② 브룸의 기대이론(Vroom, 1965)

브룸(Vroom. V.)의 기대이론은 자신의 노력이 어떤 성과를 가져오리라는 '기대감'과 성과가 달성되었을 때 보상을 받을 것이라는 '수단성'에 대한 기대감에 의해 결정된다는 이론이다. 개인은 어떤 일과 관련하여 다양한 차원의 인지를 하게 되는데, 일의 결과가 자신에게 가져다줄 이익 등에 대한 기대에 근거하여 행동하고, 이러한 기대가 개인의 동기에 영향을 미친다는 것이다. 즉, 개인은 자신의 노력이 목표를 성취하는 데 실질적으로 도움을 줄 것이라는 확신을 갖게 되면 더욱 큰 동기유발을 일으켜 일을 하게 된다는 것이다. 브룸의 기대이론에 의하면, 개인이 행동하는 방향과 강도는 그 행동이 일정한 성과로 이어질 것이라는 기대의 강도와 실제로 나타나는 결과에 대해 인지하는 가치부여(valence)에 달려 있다는 것이다. 이 이론은 내용이 무엇인지 또는 개인 차이가 무엇인지를 밝히지는 않지만, 모든 개인은 세 가지 인지요소, 즉 기대(expectancy)와 수단(instrumentality)과 가치부여(valence)의 결합에 의해 개인의 동기가 발생하여 행동을 한다는 것이다. 첫째, 기대는 특정한 행동이나 노력, 특정한 결과를 이끌어 낼 수 있는 가능성으로 특정 행동과 노력이 자기 자신에게 가져올 결과에 대한 기대감이다. 이때 가능성은 0에서 1까지로 나타난다. 둘째, 수단은 1차적 결과(예 업적)와 2차적 결과(예 승진)의 관계에 대한 개인의 지각으로, 어떤 행동의 결과로 특정한 성과를 달성하면 바람직한 보상이 주어질 것이라고 믿는 정도를 말한다. 말하자면 개인은 승진되고 싶은 열망에 의해 더 우수한 업적을 향하여 동기부여를 할 것이며, 더 우수한 업적(1차적 결과)은 승진(2차적 결과)을 얻는 수단이 된다는 것이다. 셋째, 가치부여는 어떤 일을 수행함으로써 나타나는 결과에 대해 개인이 원하는 결과에 대한 강도(예 좋음 혹은 싫음)로 개인의 욕구를 반영시키는 것이다. 즉, 여기에는 보상, 승진, 성취감과 같은 긍정적 가치부여와 과정에서의 압력과 벌 등의 부정적 가치부여가 있다. 따라서 개인은 자신이 바라는 목표에 도달할 수 있다고 믿을 때 비로소 성과지향적 행동을 하며, 가치부여나 기대에 충분히 만족하지 않을 때는 동기유발이 일어나지 않는다. 그러므로 조직의 경영자 입장에서는 조직 구성원이 성과에 대한 결과를 기대할 수 있도록 동기를 부여해야 하며, 조직 구성원이 원하는 보상의 종류와 중요성을 이해하여야 효과적인 동기유발을 할 수 있다.

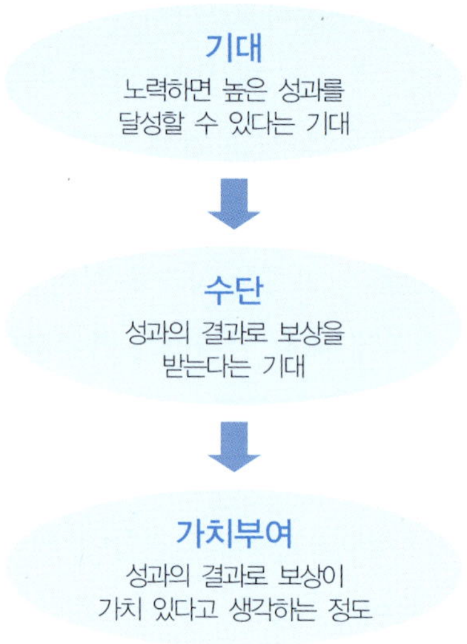

그림 7-8 브룸의 기대이론

③ 목표설정이론

로크(Locke)의 목표설정이론은 개인의 성과는 개인의 성격과 목표에 의해 결정된다는 동기부여 이론이다(Locke, 1990). 따라서 목표설정이론은 다음과 같은 일련의 과정을 통하여 이루어지게 된다. 첫째, '현존하는 상황'으로 인센티브 제도 혹은 과거의 성과 등을 고려해 반영해야 할 조건들을 검토해야 한다. 둘째, '인지 평가 과정'으로, 자신의 가치관에 대비하여 현 상황과 지향점에 대한 자기평가를 해야 한다. 셋째, '감정적 반응'으로, 현재와 미래에 대한 만족 또는 불만족을 검토해야 한다. 넷째, '목표 설정'으로, 바람직한 미래를 향해 현상 개선이나 현상 유지 등의 목표를 결정해야 한다. 다섯째, '행동'으로, 목표 달성을 위한 실행을 추구하게 된다. 여기에서 목표 설정을 통하여 성과를 높이려 할 경우 고려할 상황요인으로서, 첫째, 목표를 추진해 가는 과정에서의 피드백, 목표를 달성했을 때의 보상조건, 경쟁요소의 도입, 개인 간 능력의 고려 등이 중요하다. 따라서 목표와 상황요인이 모두 제시되었을 때 성과와 목표에 대한 집착이 높아지면서 바람직한 결과를 낳을 수 있다.

결국 목표설정이론에 의하면 도전적이고 구체적인 목표를 수립하는 것이 중요하다. 구체적인 목표는 인간에게 노력의 방향을 제시해 주어 심리적 불확실성은 제거해 주며, 목표의 난이도는 노력의 강도를 높이게 작용한다.

4) 사회복지조직에서의 동기부여

사회복지조직에서 동기부여는 크게 업무상의 동기부여, 과업환경상의 동기부여, 인사관리상의 동기부여, 개인적 특성상의 동기부여로 구분하여 살펴본다(신복기 외, 2009).

첫째, 업무상의 동기부여로서 기술의 다양성과 전문성을 발휘할 수 있는 기회를 제공하고, 과업이 전체 업무처리 과정의 일부분(part)에 해당하는 것이 아니라 전체(whole)를 수행할 기회를 부여함으로써 일을 완성하고 거기에서 성취감을 느끼게 하며, 과업의 의미, 공헌, 중요성을 인식시켜 주어야 하고 과업의 자율성이 보장될 수 있어야 한다.

둘째, 과업환경상의 동기부여로서 물리적 환경인 작업환경을 개선하며, 사회적 환경인 직장 내 인간관계, 즉 수직적 · 수평적 인간관계의 원만한 소통이 이루어져야 하며, 아울러 문화적 환경이라 할 수 있는 조직 내 형식주의나 권위주의 등의 요소들을 고려해야 한다.

셋째, 인사관리상의 동기부여로서 개인에 대한 신분보장이 이루어지며, 보수의 형평성을 고려한 적절하고 안정적인 보수체계가 마련되어야 하고, 적재적소의 인력배치가 필요하다.

넷째, 개인적 특성상의 동기부여로서 개인의 가정환경을 고려하며, 개인의 취미생활이나 여가활동을 보장해 주어야 한다. 아울러 개인의 지적 수준과 개인의 능력, 그리고 개인의 성격 유형 등을 고려하여 업무를 분장해 주는 것이 중요하다.

학습평가

01 리더십을 행사하기 위해 필요한 리더십 요소로서 옳지 않은 것은? ( )

① 지속성 ② 시간관리 ③ 비타협
④ 관대함 ⑤ 창의성

정답 ③

해설 리더십을 행사하기 위해 필요한 요소로는 지속성, 시간관리, 타협, 관대함, 창의성이다.

02 리더십 이론을 설명한 것 중에서 올바른 리더십 이론은? ( )

> 1940~1950년대에 주장된 이론으로 개인의 성격적 특성을 강조하여 개인이 자질과 능력을 갖추어야만 효과적인 리더가 될 수 있다는 이론

① 상황이론 ② 특성이론 ③ 카리스마 리더십 이론
④ 변혁적 리더십 이론 ⑤ 가치경쟁적 리더십 이론

정답 ②

해설 특성이론은 개인의 성격적 특성을 강조하여 개인의 자질과 능력이 갖추어야만 효과적인 리더가 될 수 있다는 이론이다.

03 매슬로우의 욕구 5단계 이론으로 순서가 올바른 것은? ( )

① 생리적 욕구 → 안전 욕구 → 자아존중 욕구 → 사회적 욕구 → 자아실현 욕구
② 생리적 욕구 → 사회적 욕구 → 안전 욕구 → 자아존중 욕구 → 자아실현 욕구
③ 생리적 욕구 → 안전 욕구 → 사회적 욕구 → 자아실현 욕구 → 자아존중 욕구
④ 생리적 욕구 → 안전 욕구 → 사회적 욕구 → 자아존중 욕구 → 자아실현 욕구
⑤ 생리적 욕구 → 안전 욕구 → 자아실현 욕구 → 사회적 욕구 → 자아존중 욕구

정답 ④

해설 매슬로우의 욕구 5단계는 생리적 욕구 → 안전 욕구 → 사회적 욕구 → 자아존중 욕구 → 자아실현 욕구이다.

04 허즈버그의 2요인 이론은 동기요인과 위생요인이다. 보기 중에서 동기 요인이 아닌 것은? (   )

ㄱ. 성취감	ㄴ. 임금과 안전	ㄷ. 도전감
ㄹ. 인정과 칭찬	ㅁ. 개인적 성장	

① ㄱ ② ㄴ ③ ㄷ
④ ㄹ ⑤ ㅁ

정답 ②

해설 허즈버그의 동기요인은 성취감, 도전감, 책임감, 인정과 칭찬, 개인적 성장이고, 위생요인은 작업조건, 임금과 안전, 회사 정책, 감독자, 대인적 인간관이다.

05 맥그리거의 XY 이론에서 X 이론에 속하는 특성이 아닌 것은? (   )

ㄱ. 원래 게으름	ㄴ. 주어진 일만 함	ㄷ. 솔선수범
ㄹ. 책임 회피	ㅁ. 야망이 없음	

① ㄱ ② ㄴ ③ ㄷ
④ ㄹ ⑤ ㅁ

정답 ③

해설 맥그리거의 XY 이론에서 X 이론은 인간은 원래 게으른 존재로 일을 하기 싫어하며, 야망이 없고 책임지기를 싫어하며 주어진 일만 하기를 좋아한다.

08
CHAPTER

인적자원관리

1. 사회복지조직의 인적자원관리
2. 직원능력개발의 목적과 방법
3. 슈퍼비전

08 CHAPTER

인적자원관리

1. 사회복지조직의 인적자원관리

1) 사회복지조직의 인적자원관리의 개념

인사관리란 사회복지조직의 목적과 프로그램 목표를 효과적 · 효율적으로 달성하기 위하여 사회복지조직의 구성원인 직원의 능력을 최대한 활용하기 위한 조직의 총체적 활동이라 할 수 있다(장동일, 2010).

사회복지조직의 인적자원은 다음과 같은 현저한 특징을 가지고 있다. 그 첫 번째, 특징은 인적자원관리의 대상이 인간이라고 하는 사실에 근거를 두고 있다. 물적자원관리에 있어서는 그 합리화를 진행하면 할수록 사람에 의한 처리를 기계에 의한 처리로 전환하는 것이 가능하게 된다. 그러나 인간이라는 존재는 극히 복잡한 존재이고 예측 가능성이 결여되어 있다. 즉, 인간은 전인격적으로 결합된 존재이고, 자신의 의사에 기초해서 행동하기 때문이다. 이러한 의미에서 사회복지조직의 인적자원관리에 있어서는 인간의 판단에 의해 장래를 예측하지 않으면 안 되는 상황이 지속되는 것이다.

두 번째, 특징은 사회복지조직의 운영에 있어서 성과는 모든 사회복지조직 구성원의 활동을 통해서 달성된다는 점이다. 사회복지조직의 인적자원관리는 조직관리, 재정관리 등의 모든 활동을 담당하고 있는 인간을 대상으로 한다는 점에서 관리기능의 기저를 이루고 있다고 해도 과언이 아니다. 사회복지조직 구성원들의 직무를 합리적으로 배분하고 업무의 흐름을 합리화하려고 해도 그것이 만족스러운 업무가 되기 위해서는 각각의 직무를 담당하는 구성원의 업무활동에 합목적적이 되어야 한다. 그와 같은 업무활동을 유도하는 것은 당연히 인적자원관리 이외에는 없다.

사회복지조직의 인사관리는 직원을 채용하고 능력을 개발하며 근무의욕을 가지고 조직에 헌신할 수 있도록 동기부여하는 관리활동으로서 일반적으로 직원의 채용, 직원의 개발, 슈퍼비전, 직무만족과 소진 등으로 구분하여 다루어진다.

2) 사회복지조직의 인사관리의 구성요소

① 인적자원수급 기획, 채용, 배치 등
② 업무활동의 분석과 활동의 결과에 대한 평가
③ 인적자원의 개발(훈련 및 경력관리)
④ 인적자원에 대한 보상관리(임금, 승진 등)

3) 사회복지조직의 인사관리의 중요성

사회복지조직은 전문적인 지식과 기술을 구비한 인력이 필요하고 인간관계를 강조하는 조직이기 때문에 사회복지조직의 구성원인 사회복지사와 사회복지조직의 관리 책임을 맡고 있는 사회복지조직의 최고책임자인 복지행정가의 역할은 매우 중요하다. 사회복지조직에서는 그 구성원들, 즉 최고관리자, 중간관리자, 일선사회복지사를 통해서 조직이 자원을 확보하고, 클라이언트에 대한 개입의 효율성과 효과성을 제고할 수 있기 때문이다. 사회복지조직의 인사관리에 있어서 일차적 관심은 직원의 능력 향상에 있다. 휴먼서비스 기관은 노동 집약도가 높고, 예산의 상당 부분이 인적자원의 개발과 유지 비용에 소용된다. 그로 인해 사회복지조직관리에서 인적자원을 활용하고 강화하는 방식이 중요하게 간주된다(김영종, 2010). 수평적이고 비공식적인 성격이 강한 사회복지조직에서는 여타 조직의 인사관리와는 다른 사회복지행정이 이루어져야 한다. 이러한 사회복지조직의 인사관리는 몇 가지 과업들로 과정을 구분하는데, 사회복지조직의 인적자원 관리의 과정, 직원능력개발의 목적과 방법 등이 포함된다.

4) 사회복지조직의 인적자원 관리의 과정

① 충원

충원은 어떤 부서에 어떤 직무능력을 가진 사람을 채용할지 결정하는 것을 의미한다. 직원을 모집하기 위해서는 단기, 중기, 장기 충원 계획 수립이 필요하다.

② 모집

모집은 선발을 전제로 입사희망자에게 채용에 대한 정보를 제공하여 자격 있는 지원자를 유치하는 과정이다. 모집을 통해 전문적이고 유능하며 클라이언트 및 다른 직원과 원만한 대인관계를 맺을 수 있는 능력이 있는 직원을 채용한다. 모집을 위해서는 직무분석을 실시하고, 이를 토대로 직무기술서와 직무명세서를 작성한다.

- 직무기술서와 직무명세서
  - 직무기술서(job description)는 직무의 성격, 내용, 수행 방법, 직무에서 기대되는 결과 등을 기술한 것이다. 직무기술서에는 다음과 같은 내용이 포함되어야 한다.
    - 직무 명칭 : 소속부서, 직무번호, 직속상관, 작성자 작성일자 등 특별한 직무를 타인과 구별하는 내용이다.
    - 직무 개요 : 직무의 목적과 직무에서 기대되는 결과를 간략히 나타낸 것이다.
    - 장비 : 직무를 효과적으로 수행하는 데 필요한 도구, 장비, 정보 등을 명시한 것이다.

- **환경** : 작업 조건, 직무 수행 장소, 위험 요인과 소음 등 직접적인 환경적 특성이다.
- **작업 활동** : 직무에 포함되어 있는 임무, 책임, 행동 등과 아울러 직무에 요구되는 사회적 측면(작업집단의 규모나 작업의 상호 의존도 등)을 기술해 놓은 것이다.

- 직무명세서(job specification)는 특정 직무 수행에 필요한 수행자의 지식, 기능, 능력 등 이른바 자격 요건(스펙)을 기술한 것이다. 다음과 같은 요건이 여기에 해당한다.
  - 사회복지사 1급 자격증 소지자
  - 운전면허 1종 보통 소지자
  - 컴퓨터활용능력 2급 이상 소지자 우대
  - 사회조사분석사 2급 이상 소지자 우대

③ 선발

선발은 조직의 요구와 기대에 부응하며 조직문화에 적합한 사람을 뽑는 과정이다. 선발은 서류심사, 필기시험, 실기시험, 면접시험 등으로 이루어진다.

④ 임용

임용은 선발된 사람을 고용하겠다는 공식적 계약 과정이다. 임용 과정에서는 기관의 목적과 해당 부서의 목표를 알려주어야 한다. 아울러 보수, 근무조건, 근무시간, 휴가, 복무규정 등도 알려주어야 한다.

⑤ 오리엔테이션

오리엔테이션은 기관과 서비스 지역사회를 새로운 직원에게 소개하는 과정이다. 기관의 역사, 사명, 규정, 조직 구조, 조직문화, 기본 정책 같은 정보를 알려준다.

⑥ 평가

평가는 다양한 양식을 통해 직원의 고과를 평정하는 것이다. 업무수행평가를 통해 급여 인상과 경력개발훈련 여부를 결정하고, 승진 후보자를 확인하거나 업무수행의 장벽을 파악한다.

⑦ 승진

승진은 직원이 수행한 직무의 결과를 평가하고 그에 상응하여 임금이나 직위를 올려주는 과정이다. 근무연한, 업무수행능력, 학력, 시험 성적, 교육훈련 및 상벌사항 등을 기준으로 승진을 결정한다.

⑧ 해임

해임은 맡은 업무를 그만두게 하는 것을 뜻한다. 해임에는 정년퇴임도 있지만 강제로 퇴직시키는 중징계처분도 있다. 해임은 민감한 사안이므로 되도록 짧은 시간에 공정하게 이루어져야 한다.

⑨ 퇴직 및 이직

여러 가지 이유로 기관인력이 기관을 떠나는 것을 의미한다. 이직에는 전직과 같은 자발적인 이직과 해고, 휴직 그리고 정년퇴직과 같은 비자발적인 이직 두 가지가 있다.

2. 직원능력개발의 목적과 방법

1) 직원능력개발의 목적

직원개발은 사회복지조직에서 활동하는 직원의 소양과 능력을 개발하고, 직무 수행에 필요한 지식과 기술을 향상시키며, 가치관과 태도를 바람직한 방향으로 변화시키기 위한 교육 및 훈련활동이라 할 수 있다(성규탁, 1993 : 303).

직원개발의 1차적인 목적은 직원으로 하여금 새로운 지식과 기술 및 전문적 태도를 향상시켜 조직이 제공하는 서비스의 효과성을 높이려는 데 있다. 2차적인 목적으로는 함께 토론하고, 감정을 공유하고, 함께 활동하는 것과 같은 직원 간의 상호작용을 통해서 서로 더 잘 이해하고 연대감을 높임으로써 직·간접적으로 조직의 효과성을 높이려는 것이다.

직원능력개발의 목적을 구체적으로 살펴보면 다음과 같다(성규탁, 1993 : 305-306).

첫째, 능률성 향상이다. 사회복지조직의 운영·관리를 원활하게 할 수 있고 궁극적으로는 기관이 제공하는 서비스의 효과성을 높인다.

둘째, 사기를 북돋는다. 의사소통의 개선 및 업무의 결속력을 높이기 위한 수단이다.

셋째, 조직의 발전이다. 조직의 침체를 방지하고 개혁을 불러일으키는 수단이 된다.

넷째, 안정성과 융통성의 향상이다. 교육·훈련을 받은 직원이 확보된다면 어느 정도 조직체의 안정성과 융통성을 확보될 수 있다. 즉, 개인으로 하여금 일을 보다 잘 수행하도록 변화시키는 것뿐만 아니라 하급자나 상급자 모두 함께 배우고 서로 문제를 잘 해결해 나가기 위해서이다.

2) 직원능력개발의 방법

① 강의

강의는 정해진 장소에 직원들을 모이게 한 후 상급자나 전문 외부 강사를 초빙하여 지식이나 기술을 체계적으로 설명하여 가르치는 것이다. 짧은 시간에 많은 사람을 대상으로 가르치기 때문에 경비를 절약할 수 있다는 장점이 있다. 하지만 강사가 유능하지 못하거나 직원이 무성의할 경우에는 효과를 거둘 수 없다.

② 포럼

포럼(forum)은 특정 주제에 관하여 새로운 자료를 제공하여 관심을 높인 후 각자 의견을 표명하도록 촉진하는 토론회이다. 직원 모두가 발언할 기회를 공정하게 부여해야 한다.

③ 패널토의

패널토의(panel discussion)는 특정 주제에 상반된 견해를 대표하는 사람들이 청중 앞에서 자유롭게 토론하고 청중들은 이를 청취하는 형식의 토론이다. 참가자 대표는 3~5명 정도이며 사회자의 진행에 따라 특정 문제를 중심으로 좌담회 형식으로 토론이 이루어진다.

④ 분임토의

분임토의(syndicate)는 10명 내외의 분반으로 나누고 분반별로 동일한 문제를 토의해 해결방안을 도출한 후 다시 전체가 모여 분반별 해결방안을 발표하고 토론하여 최종안을 확정하는 것이다.

⑤ 보수교육

사회복지 조직 구성원의 전문성을 유지하고 향상시키기 위해서 필요에 맞게 계속적으로 교육하는 것이다.

⑥ 슈퍼비전

직원이 실제 직위에 앉아 일을 하면서 윗사람으로부터 직무에 관한 지도와 감독을 받는 것을 말한다. 사회복지조직에서 활동하고 있는 직원들이 전문성과 능력을 최대한 발휘할 수 있도록 교육 · 지도 · 원조하는 일이다. 정신건강사회복지나 의료사회복지 영역에서 활발히 이루어지는 직원능력개발 방법이다.

⑦ 계속교육

계속교육(continuing education)은 학교교육이 끝난 사회복지조직의 직원들을 대상으로 그들의 전문성을 유지하고 향상시키기 위해 계속적으로 필요에 맞게 교육하는 것을 의미한다(성규탁, 1993). 학교교육이 정형적인데 비해 계속교육은 사회복지현장에서 직원들이 욕구에 따라 융통성 있게 실시할 수 있다는 장점이 있으나 이 방법은 철저한 계획이 마련되어 있지 않다면 일시적일 가능성이 많고, 교육기관과 일선 사회복지조직 간에 협조가 이루어지지 않는다면 큰 실효를 거두기 힘들다는 단점이 있다. 그리고 계속교육의 제공자에 따라 교육의 효과는 다르게 나타난다. 〈표 8-1〉을 보면 계속교육 제공의 주체에 따른 장 · 단점을 알 수 있다.

〈표 8-1〉 계속교육 제공 주체에 따른 장·단점

주 체	장 점	단 점
기관 내 직원	• 비용 저렴 • 기관에 대한 교육 용이 • 교육성과에 대한 강한 책임성 • 교육내용에 대한 강한 통제	• 집중교육의 어려움 • 전문영역 기술에 대한 교육의 어려움
사설교육 기관	• 교육경험 풍부 • 집중교육 가능 • 계약을 통해 교육내용에 대한 통제 • 신뢰할 수 있는 전문가에 의한 교육	• 비용 과다 • 기관과의 협력, 조정의 어려움, 적은 인원에 대한 교육계약의 체결 어려움
사회복지 대학	• 적은 인원에 대한 교육 가능 • 실천 가치와 방법에 대한 교육	• 특정 역할에 대한 교육 부족 • 교육자가 실천 경험이 없는 경우 교육의 질 저하 가능
사회복지 외 대학	• 타 분야에 대한 심도 있는 지식 습득	• 사회복지기관에 대한 지식 부족 • 사회복지실천 가치와 방법에 대한 지식 부족
전문가 단체	• 전문 실천 영역에 대한 지식 풍부 • 신뢰할 수 있는 전문가에 의한 교육	• 비용 과다

출처 : 김형식 외(2013), p. 228.

⑧ 역할연기

여러 직원 앞에서 2인 또는 그 이상의 직원이 해당 사례를 연기한 후 다른 직원들이 그 사례 내용을 평가·토론하는 일이다. 사회복지실천 기술을 향상시키기 위한 훈련이나 인간관계훈련에 효과적이다.

⑨ 사내훈련

훈련(OJT : On the Job Training)은 직장 내 직무를 수행하는 현장에서 상사에게 개별적으로 대면 훈련을 받는 것이다. 일상업무를 수행하면서 선임자가 후임자에게 업무수행의 지식·기술을 학습 훈련하게 하는 것이다. 다른 말로 직장훈련, 현장훈련, 현장실무교육이라고도 한다.

⑩ 순환보직

순환보직(rotation)은 직장 내 다양한 업무를 수행할 수 있는 능력 개발을 위해 다른 부서로 발령을 내는 것이다. 여러 보직을 맡으면서 시야와 경험을 넓힐 수 있다는 장점이 있으나, 업무수행의 전문성을 저하시키고 행정의 일관성을 해칠 우려가 있다.

⑪ 임시대역

임시대역(understudy)은 연극과 같은 공연에서 주연 배역을 대신 연기하는 것에서 유래된 용어로, 상사의 부재를 대비하여 하급자가 상급자의 직무를 대신 수행하도록 하는 것이다.

3. 슈퍼비전

직원의 교육훈련과 관련해서 지속적인 훈련과 개발에 핵심적인 기여를 할 뿐만 아니라 사회복지현장에서 근무하는 사회복지사의 발전과 향상에 있어 가장 중요한 역할을 하는 것이 슈퍼비전이다. 여기서 사회복지사의 양성과 이용자의 처우 향상을 목적으로 하는 슈퍼비전의 업무를 담당하는 특정한 사람을 슈퍼바이저라고 하고 슈퍼비전을 받고 있는 사람을 슈퍼바이지라 일컫는다. 슈퍼바이저와 슈퍼바이지의 관계는 세 가지 요소로 구성된다. ① 라포 형성(사이좋게 지내는 일반적인 능력), ② 신뢰(슈퍼바이저에게 숨기지 않고, 성공뿐만 아니라 실수와 실패도 공유할 수 있는 슈퍼바이지의 능력), ③ 관심(클라이언트뿐만 아니라 슈퍼바이지의 관심에 대해 슈퍼바이저의 의사소통) 등이다.

1) 슈퍼비전의 정의

슈퍼비전은 사회복지기관의 종사자가 업무를 수행하는 데에 지식과 기능을 최대로 활용하고 그 능력을 향상시켜 효과를 높이기 위하여 원조와 지도를 행하는 일이며 최소 2인 이상의 관계에서 이루어지는 것이다. 슈퍼비전(supervision)이라는 말은 라틴어의 'super'(over, 위에서)와 'videre'(watch, 지켜보다)의 합성어에서 유래하였다. 따라서 글자 그대로 정의하면, 다른 사람이 하는 일에 대해 책임을 가지고 지켜보는 감독자(overseer)의 일이라는 의미이다(Kadushin, 1992, 김융일 · 양옥경, 2004 : 13 재인용).

2) 슈퍼비전의 목표

슈퍼비전은 효과적이고 효율적인 서비스 제공을 위한 슈퍼바이지, 즉 사회복지사의 변화와 성장을 위해 작업배경 제공, 업무만족감 제공, 각종 교육과 훈련을 실시하여 대인서비스 제공에서의 학습문화 정립을 목표로 한다. 궁극적으로 클라이언트에게 최상의 서비스를 제공하기 위해 직원의 전문성을 향상시키고 기관의 책무성을 실현하기 위한 것이다.

3) 슈퍼비전의 원칙

슈퍼비전에 대한 학문적 정립은 미흡하지만, 슈퍼비전에는 몇 가지 기본 원칙들이 있다(문인숙 · 김미혜, 1995).

첫째, 슈퍼바이저는 그들이 속해 있는 조직과 서비스에 대한 정확한 지식과 원칙 및 기술을 가르치고 목표와 목적을 선택할 수 있도록 해야 한다.

둘째, 슈퍼바이저는 정규적으로 교육과 습득의 경험을 제공하고 사회복지사의 도움이 필요할 때 도움을 줄 수 있는 기회를 마련해야 한다.

셋째, 평가와 책임의 원칙으로 슈퍼비전에 대한 객관적인 평가와 그에 따른 책임성이 요구된다.

넷째, 슈퍼바이저에게는 그 분야의 실천기술이 요구되며, 업무의 공개성과 개방적 태도, 인정과 칭찬 등이 있어야 한다.

한편 카두신(Kadushin, 1992)과 먼슨(Munson, 1979)은 다음과 같이 슈퍼비전의 8대 원칙을 제시하고 있다.

① **공식화** : 기관 전체 직원이 공식적으로 이해하고 있어야 한다.

② **구조화** : 언제, 어디서, 무엇을, 어떻게 할 것인가 구조화되어 있어야 한다.

③ 정규화 : 슈퍼비전을 정규적 정식 업무로 인정해야 한다.
④ 개별화 : 슈퍼바이지 개인의 학습욕구 및 성향에 따라 실시되어야 한다.
⑤ 맥락화 : 사례를 중심으로 구체적으로, 일관성 있게 진행되어야 한다.
⑥ 성장 중심화 : 긍정적 평가를 통해 칭찬, 격려, 지적 등이 이루어져야 한다.
⑦ 욕구 중심화 : 슈퍼바이지의 욕구에 맞추어 이루어져야 한다.
⑧ 상호교류 중심화 : 양방향으로 투명하게 실시하며 언어적 표현을 주로 사용한다.

4) 슈퍼비전의 기능

카두신(Kadushin, 1992)은 사회복지조직에서 슈퍼바이저의 역할을 세 가지 영역으로 정의한다. 첫째, 행정적인 상급자로서의 역할 수행이다. 하급자가 기관의 정책이나 과정, 규정 등을 잘 지키고 있는지를 감독하는 역할로 업무를 처리하고 조직의 통제와 책임성을 유지하는 행정적 과정을 강조한다. 둘째, 교육자로서의 역할이다. 직접 서비스를 제공하는 일선 사회복지사에게 전문적인 지식과 기술을 증진시키는 역할로 전통적인 교육 기능을 강조한다. 셋째, 상담자로서의 역할이다. 클라이언트의 문제로 인해 감정적으로 소진된 사회복지사에게 사회적 지지를 제공하는 역할이다. 사기를 진작시키고, 좌절과 불만에 대해 도움을 제공하며, 전문가로서 가치를 느끼고, 기관에 대한 소속감과 직무수행에 있어 안정감을 갖도록 하는 것이다.

이를 기반으로 슈퍼비전의 기능은 행정적(administrative), 교육적(educational), 지지적(supportive) 기능으로 나누어지는데, 각각의 특성은 다음과 같다.

(1) 행정적 기능

행정적 슈퍼비전은 작업배경을 제공하는 목표를 가지고 조직의 구조와 사회복지사의 업무를 도울 수 있는 기관자원에 접근하는 방법을 제공하며, 사회복지사의 지시, 지도, 행정적 업무를 돕는다. 직원의 채용과 선발, 사회복지사의 임명과 배치, 업무의 계획 수립 및 위임, 업무에 대한 모니터링, 의사소통의 촉진, 변화의 매개자, 행정적 최고책임자 역할을 수행한다.

(2) 교육적 기능

사회복지사의 업무능력 개선에 목표를 두고 업무에 필요한 지식과 기술을 제공한다. 더불어 학습의 촉진, 훈련 및 교육, 경험과 지식의 공유, 정보제공, 안내, 명확화, 문제해결에 대한 원조, 조언 및 제안 등이 이루어진다.

(3) 지지적 기능

일선 사회복지사가 스스로 업무를 진행할 수 있도록 용기를 북돋워 주고 지지해 준다. 업무만족감 고취를 목표로 하여 효과적 업무수행을 위한 심리적 자원을 제공하는 것이다. 스트레스 유발 상황 방지 및 해소, 사회복지사의 신뢰 형성, 관점의 공유, 결정에 대한 책임 공유, 성공을 위한 기회 제공, 심리적 지지, 긴장의 완화 등의 방법이 있다.

〈표 8-2〉 슈퍼비전의 기능별 비교

구 분	행정적 슈퍼비전	교육적 슈퍼비전	지지적 슈퍼비전
목 표	작업배경 제공	업무능력 개선	업무만족감 지원
장애물	비합리적 조직	무지와 낮은 인지능력	정서 불안정
내 용	조직의 구조와 사회복지사의 업무를 도울 수 있는 기관자원의 접근법 제공	업무에 필요한 지식과 기술 제공	효과적으로 업무를 수행할 수 있도록 심리적 자원 제공
관심 영역	효율적인 조직에 사회복지사를 연결시켜 조직의 구조와 자원을 효율적으로 이용할 수 있도록 하는 것	지식과 기술의 향상을 통해 사회복지사의 효율성을 증대하는 것	업무수행을 방해하는 스트레스를 감소시키고 사기를 증진시켜 사회복지사의 효율성을 증대하는 것
사회복지사 모델	효율적으로 과제를 수행하는 사회복지사	자질 있고 능력 있는 사회복지사	공감적이고 이해심 많은 사회복지사

과 제	① 직원의 채용과 선발 ② 직원의 임명과 배치 ③ 업무계획 ④ 업무할당 ⑤ 업무위임 ⑥ 업무모니터링(검토/ 평가) ⑦ 업무조정 ⑧ 의사소통 촉진 ⑨ 행정적 완충 ⑩ 변화 대행	① 가르침 ② 학습촉진 ③ 훈련 ④ 경험과 지식 공유 ⑤ 정보 제공 ⑥ 명확화 ⑦ 가이드 제공 ⑧ 사회복지사 원조 ⑨ 전문적 성장 제고 ⑩ 조언, 제안, 문제해결 원조	① 스트레스 유발상황 방지 ② 스트레스 해소 ③ 스트레스 대처 원조 ④ 신뢰 형성 ⑤ 관점 공유 ⑥ 결정에 대한 책임 공유 ⑦ 성공을 위한 기회 제공 ⑧ 동료를 통한 지지 제공 ⑨ 업무 관련 긴장 완화

출처 : 김융일 외(2001).

(4) 슈퍼바이저의 자질

① 풍부한 지식

슈퍼바이저는 전문직에 대한 지식과 기관에 대한 종합적인 지식(지식, 태도, 실천, 기술)을 갖추어야 한다.

② 실천기술의 경험 구비

슈퍼바이저는 자신이 클라이언트에 대한 문제를 해결해 본 실천 경험과 기술을 갖추어야 한다. 즉, 사회복지의 일반적 실천에 대한 능력과 특별한 실천 방법에 대한 능력을 갖추고 있어야 한다.

③ 접근의 용이성

위기 상황 및 필요시에 하급자가 쉽게 접근하여 질문하고 그에 관한 지도를 받을 수 있도록 기회를 마련해야 한다.

④ 헌신적 사명감

슈퍼바이저가 하급자에게 진정성 있는 슈퍼비전을 제공해 주고 지속적인 관심을 가져야 한다. 이는 하급자에게 신뢰감을 준다.

⑤ 솔직한 태도

하급자가 제기한 질문이나 문제에 해답을 제시할 수 없을 때에는 자신의 입장을 밝히고, 실수를 할때도 솔직히 인정할 수 있어야 한다.

⑥ 긍정적 보상(칭찬과 인정)

사람은 인정받고 칭찬받기를 갈망하기 때문에 가능하면 감사와 칭찬의 태도를 가지고 하급자에게 동기를 부여한다. 만일 하급자에게 고마워하는 태도를 보이는 데 인색하면 슈퍼비전의 효과가 줄어들 수 있고 하급자의 능력을 떨어뜨릴 수 있으므로 유의해야 한다.

(5) 슈퍼바이저의 조건

슈퍼바이저가 갖추어야 할 조건으로 의사소통, 솔직함, 칭찬과 인정을 통한 긍정적 보상 등이 중요하게 여겨지고 있다. 〈표 8-3〉을 보면 효과적인 슈퍼바이저의 유형을 알 수 있다.

〈표 8-3〉 효과적인 슈퍼바이저의 유형

효과적인 슈퍼바이저	비효과적인 슈퍼바이저
• 구조화된 슈퍼비전 • 상담 역할 활용 • 슈퍼바이지에게 적합한 상담 방법 활용 • 훌륭한 교사 • 융통성 있는 역할 선택 • 명확한 계약 • 합의된 기준에 의한 공정한 평가 • 슈퍼바이지의 개별화 • 슈퍼바이저 훈련 받음 • 다양한 슈퍼비전 개입방법 활용 • 명확하고 직접적이고 건설적인 피드백	• 비구조화된 슈퍼비전 • 상담과 슈퍼비전 구분 불가능 • 오직 하나의 상담 방법을 고수 • 부적절한 교사 • 특정 역할에 매임 • 부적절한 협상 • 평가에 대한 명료한 기준 미흡 • 동일한 방법으로 모든 슈퍼바이지에게 슈퍼비전 제공 • 슈퍼바이저 훈련이 필요한 이유 모름 • 제한적인 슈퍼비전 개입방법 • 피드백이 없거나 모호하거나 처벌적

(6) 바람직한 슈퍼비전

사회복지조직에서 슈퍼바이저가 자기지식을 개발하고 발전시키는 것과 개발된 자아를 수용하는 것은 평생이 걸리는 일이다. 사회복지실천의 주요 도구인 자아를 능숙하게 충분히, 그리고 최대의 결과를 가져오도록 사용할 수 있게 누군가가 도움을 줄 수 있다면 그것이 슈퍼바이저의 역할이다.

스키드모어(Skidmore, 1990)에 의하면 바람직한 슈퍼비전이 이루어지려면, 조직이 슈퍼비전을 제공할 수 있는 시간을 확보할 수 있어야 하고, 각 직원에 대한 직무분석, 직무기술 등이 구비되어 있어야 하며, 각 직원이 달성해야 할 목표와 우선순위 체계가 마련되어 있고, 기관의 목표가 무엇인지에 대해 직원들이 공유할 수 있는 조직 분위기가 형성되어야 한다.

5) 슈퍼비전의 모델

사회복지조직에서 적정한 슈퍼비전이 이루어지기 위해서는 각 조직의 특성에 따른 모델을 개발하고 적용할 필요가 있다.

① 개인교습 모델 : 슈퍼바이저와 하급자가 마치 개인교사와 학생의 관계처럼 일대일 관계를 통해 슈퍼비전을 주고받는다.

② 케이스 상담 : 업무자와 상담인의 체계로서 형성되며, 케이스에 대해 일대일의 관계 혹은 여러 사람들을 포함시켜서 상담을 해주는 것이다.

③ 슈퍼비전 집단 : 한 명의 슈퍼바이저와 한 집단의 하급자들로 구성된다. 개인 교습 모델의 확대된 형태이다.

④ 동료집단 슈퍼비전 : 특정한 슈퍼바이저가 지정되지 않으며, 모든 집단 구성원이 동등한 자격으로 참여한다.

⑤ 직렬 슈퍼비전 : 일종의 동료집단 슈퍼비전으로, 두 명의 업무자가 동등한 자격으로 서로에게 슈퍼비전을 제공한다.

⑥ 팀 : 가능한 한 다양한 성격을 가진 구성원들로 팀을 이루도록 의도하며, 구성원들에 의해서 어젠다(agenda)가 사전에 제안되고, 한 케이스에 대한 결정은 동료 상호작용을 통해서 도달된다(김영종, 2010).

6) 직무만족과 소진

(1) 직무만족

직무만족은 직무수행 과정에서 경험하거나 직무수행 결과로 얻게 되는 성취감 등 한 개인이 자신의 직무에 대해 가지고 있는 일련의 태도로서, 긍정적인 정서 상태를 의미한다. 직무의 난이도, 도전감, 중요성, 다양성, 책임 등은 내적 만족에 해당하며, 보상, 작업환경, 승진 등은 외적 만족에 해당한다.

사회복지서비스를 포함하는 휴먼서비스에서는 효과적인 직무수행을 위해 직무만족도가 필수적인 선행조건이라는 것이 상식처럼 인식되고 있다. 즉, 직장에서의 높은 사기가 서비스의 질이나 효율성 등과 같은 업무수행력의 향상에 기여한다는 것이다. 그러나 이러한 두 변수들 간의 관계가 구체적으로 성립되지 않음을 보여주는 연구들도 있다. 적어도 직무에 대한 만족도와 직무수행성과의 관계가 이전에 생각했던 것보다는 훨씬 더 복잡하게 나타난다고 본다(김영종, 2010). 사회복지조직 자체와 직무수행자인 사회복지조직 구성원의 내적 · 외적인 특성과 상황에 따라 직무만족의 결정요인이 다르게 나타나기 때문에 직무만족에 영향을 미치는 요소들을 찾아내어 설명하기는 어려운 일이다.

(2) 소진(burnout)

헌신적이었던 전문직업인이 직업에서 경험하는 스트레스와 고통 등에 대한 반응으로서 직무에서 멀어져 가는 과정으로, 직업에 대한 이상, 열정, 목적의식이나 관심을 점차적으로 상실해 가는 과정을 소진이라 한다. 소진은 다음과 같은 일정 단계를 거친다.

① **열성의 단계** : 희망과 정열을 가지고 많은 시간과 노력을 투자하는 단계이다.

② **침체의 단계** : 일 자체보다는 보수, 근무시간과 근무환경에 신경을 쓰고 개인적 욕구 충족을 중요시하는 단계이다.

③ **좌절의 단계** : 자신의 직무수행능력과 직무 자체의 가치에 회의가 생기는 단계이다. 이 단계에서는 클라이언트를 비롯한 대인관계를 기피하고, 피로, 복통 등의 신체 증세가 나타난다.

④ **무관심의 단계** : 정신적, 신체적으로 고갈되고 업무나 클라이언트에게 무관심해지거나 직업을 떠나는 단계이다.

소진 예방을 위해서는 개인 차원에서 환경적 스트레스 요인을 적절히 통제해야 한다. 사회적 지지 집단을 활용하거나 워크숍, 유연근무제, 휴가, 임금 인상, 역할 교대 등이 대안이 될 수 있다. 또한 환경적 요인에 대해서 변화를 꾀할 수 없을 때는 중재, 긴장 완화, 운동, 여가활동 등으로 혼란을 경감시키기 위한 활동을 하는 것이 좋다. 조직 차원에서는 조직의 사명, 목적, 목표를 분명히 하고 이를 구성원들과 공유하는 것이 중요하다.

(3) 조직 차원의 소진방지 전략

① 사회복지조직의 서비스 실천 장소의 물리적 환경을 서비스 업무에 맞게 배치하고 상담실 등을 설치한다.

② 사회복지조직의 서비스 담당자의 업무량을 줄여주고 서비스 대상자 수나 담당 집단 수를 줄여준다.

③ 사회복지조직의 서비스 담당자의 심리적 · 신체적 휴식을 제공하여 삶의 질을 높여준다.

④ 사회복지조직의 서비스 실천 현장의 주요 의사결정 과정에 서비스 담당자를 참여시켜 의사소통의 기회를 확대한다.

⑤ 슈퍼바이저가 정서적 지지를 강화해 나간다.

⑥ 업무처리에 필요한 교육 · 훈련을 정기적으로 실시하여 자기계발의 기회를 확대한다.

⑦ 사회복지조직의 서비스 실천 현장의 조직문화를 긍정적으로 조성한다.

⑧ 사회복지조직의 서비스를 진행하는 데 불필요한 비효율적인 서류 업무 및 부수적 업무를 줄여준다.

학습평가

01 사회복지조직의 인사관리에 관한 설명으로 옳지 않은 것을 모두 고른 것은? ( )

> ㄱ. 직원을 모집하기 위해서는 단기, 중기, 장기의 충원계획 수립이 필요하다.
> ㄴ. 직무기술서는 직무 명칭과 개요 등 직무 자체에 관한 내용이다.
> ㄷ. 선발시험 방법은 크게 필기시험, 실기시험, 면접시험 등으로 구분된다.
> ㄹ. 직무명세서를 작성한 후 해당 직무에 대한 직무분석이 이루어져야 한다.

① ㄱ, ㄴ, ㄷ ② ㄱ, ㄷ ③ ㄴ, ㄹ
④ ㄹ ⑤ ㄱ, ㄴ, ㄷ, ㄹ

정답 ④

해설 먼저 직무분석을 하고 나서 그 직무분석을 토대로 직무명세서를 작성한다.

02 슈퍼바이저에게 필요한 자질에 해당하는 것을 모두 고른 것은? ( )

> ㄱ. 풍부한 지식 ㄴ. 칭찬과 인정
> ㄷ. 개방적 접근이 용이성 ㄹ. 실천기술과 경험

① ㄱ, ㄴ, ㄷ ② ㄱ, ㄷ ③ ㄴ, ㄹ
④ ㄹ ⑤ ㄱ, ㄴ, ㄷ, ㄹ

정답 ⑤

해설 슈퍼바이저는 교육자, 지지자, 행정가의 역할을 수행할 수 있는 지식, 기술, 태도를 모두 갖추어야 한다. 따라서 풍부한 지식, 긍정적인 보상(칭찬과 인정), 개방적 접근의 용이성, 실천기술과 경험, 솔직성 등 다양한 자질을 갖추고 있어야 한다.

03 소진의 단계를 순서대로 제시한 것은? ( )

① 좌절－침체－무관심－열성
② 열성－침체－좌절－무관심
③ 열성－좌절－침체－무관심
④ 침체－좌절－열성－무관심
⑤ 열성－무관심－좌절－침체

정답 ②

해설 소진(번아웃) : 어떤 일에 지나치게 집중하다 보면 어느 시점에서 갑자기 모두 불타버린 연료와 같이 무기력해지면서 업무에 집중하지 못하게 되는데, 일이 실현되지 않을 때나 육체적 피로와 정신적 피로가 극도로 쌓였을 때 나타난다.

04 휴먼서비스 인력의 소진(burnout) 현상을 최소화하기 위한 조직 차원의 대응으로 적절하지 않은 것은? ( )

① 업무생활의 질을 높이는 운동을 도입한다
② 직원 참여와 자기계발 기회를 확대하는 직무 환경을 조성한다.
③ 슈퍼바이저의 감정적, 정서적 측면의 지지 역할을 강화시킨다.
④ 조직의 사명이나 대의에 직원들이 공감하는 문화를 개발한다.
⑤ 개인별 성과평가에 기초한 연봉제 임금 방식을 도입한다.

정답 ⑤

해설 성과평가는 구성원들 사이에 불필요한 경쟁을 유발하여 오히려 소진의 원인으로 작용한다.

05 카두신이 제시한 슈퍼비전의 3대 기능 중 교육적 기능에 해당하는 것은? ( )

ㄱ. 교육자	ㄴ. 감독자
ㄷ. 상담자	ㄹ. 소비자

① ㄷ, ㄹ
② ㄱ, ㄴ
③ ㄴ, ㄹ
④ ㄱ, ㄹ
⑤ ㄱ, ㄴ, ㄷ

정답 ②

해설 사회복지행정가는 교육적, 행정적, 지지적 슈퍼바이저의 역할을 수행한다.

CHAPTER 09

재정관리

1. 재정관리의 개념
2. 예산체계와 과정
3. 예산수립
4. 예산집행 및 결산
5. 회계관리 및 회계감사

CHAPTER 09

재정관리

1. 재정관리의 개념

사회복지조직은 어떻게 부족한 재원을 통하여 얼마나 효율적으로 사업을 집행하며 재정을 사용할 것인지가 매우 중요하다. 그러한 점에서 재정의 관리와 통제는 사회복지 관리의 가장 중요한 부분이라 할 수 있다.

일반적으로 재정관리란 국가 또는 지방자치단체를 비롯하여 사회복지기관, 기타 공공기관에서 운영에 필요한 재원을 합리적이고 계획적으로 동원 · 배분하고 이를 효율적으로 사용 · 관리하는 과정이라 할 수 있다. 이러한 점에서 사회복지조직에 있어서 재정관리는 필요한 재원을 합리적이고 계획적으로 동원 · 배분하고 이를 효율적으로 사용, 관리하는 과정으로 사회복지서비스를 실시함에 있어 그 양과 질의 향상을 좌우하는 중요한 의의를 가진다. 따라서 재정관리에는 재정획득, 예산수립, 예산집행, 회계(수입, 지출 정리), 재정평가 과정을 포함하고 있다.

우리나라는 보건복지부의 「사회복지법인 및 사회복지시설 재무 · 회계규칙」의 규정에 따라 사회복지법인 및 사회복지시설 재무 · 회계의 명확성과 공정성을 기하기 위해서 사회복지사업법 제23조 제4항에 따라 사회복지법인의 재무회계에 관한 사항을 예산, 결산, 회계, 감사의 영역으로 재정관리의 범위를 지정하고 있다.

재정관리는 조직체의 목적 성취를 위하여 계획된 방법으로 자금과 기타 자원을 관리하고 사용하는 것이다. 따라서 사회복지재정은 하나의 목적체계로서 예산작성의 관리, 보조금 신청, 급료지출, 세금지출, 금전장부의 항목 설정 등과 관련된 기술적인 작업이다(김병식 · 박용순 · 변보기 · 윤도현, 2003).

사회복지조직에서의 재정관리는 조직의 목표달성을 촉진하고 법률, 전문직의 윤리 및 지역사회의 수준과 일치하는 방향에서 재원과 다른 부족한 자원을 통제하고 계획적으로 사용하는 것이다(신복기 · 박경일 · 장중탁 · 이명현, 2005). 아울러 사회복지재정은 사회복지활동을 위하여 필요한 제 경비의 획득, 지출, 관리의 계획적 · 조직적 행위로서 본래는 국가 또는 지방자치단체가 행하는 재정행위를 말하며, 민간 사회복지시설의 경영에 관해서도 확대하여 사용하는 경우도 있다(장인협 · 이정호, 2007). 특히 사회복지법인은 경영의 주체로서 재정관리에 관하여 상당한 관심을 가지고 있다.

1) 재정관리의 중요성

재정관리는 사회복지기관 · 시설의 관리과정을 구성하고 있는 가장 중요한 요소 중 하나이다. 사회복지행정에서 부족한 자원을 확보하고 분배하고 조정하는 업무는 필수적이다. 사회복지기관은 클라이언트에게 서비스를 제공하기 위하여 재원을 필요로 한다. 따라서 기관을 운영할 책임을 가지고 있는 관리자는 재원의 확보와 재정을 관리할 책임을 지게 된다.

사회복지기관의 재정에는 다음과 같은 중요한 요소들이 내포되어 있다. 첫째, 자금과 예산에 대한 관리자의 태도이다. 능력 있는 관리자는 재원을 획득하고 사용함에 있어 현실적인 태도를 인식하고 유지해야 한다. 관리자와 직원은 할당된 자금을 평가하거나 비판적인 태도를 가질 수 있다. 기관의 모든 직원들은 기관을 위하여 자원을 개발하는 일을 돕고, 예산에 관하여 제안을 하며, 재정계획의 시행에 있어 효과성과 효율성을 유지하도록 도움을 줄 필요가 있다. 둘째, 기관이 이용할 수 있는 자금의 양이 중요하다. 셋째, 가용한 자금의 효과적인 사용이다.

로만(R. Lohmann, 1977)은 재정관리의 중요성에 대하여 다음과 같이 제시하고 있다. 첫째, 재정관리가 기관의 생존과 직결된다. 둘째, 재정제공자인 국가·지방자치단체가 사회복지조직의 투명한 재정운영 여부에 관심을 기울인 결과로 재정운영의 중요성이 부각되었다. 셋째, 재정운영에 따라 조직의 기획과 평가 과정이 큰 영향을 받는다.

사회복지기관에 있어서 재정관리의 과정에 대한 주요 활동은 다음과 같다(장인협·이정호, 2007). 첫째, 재정계획이다. 프로그램 계획의 재정적 의미를 결정하고 여러 상황하에 예상되는 수입을 검토하여 기대되는 수입과 지출을 맞추어 나가는 데 관계한다. 둘째, 기금조성이다. 기부 캠페인, 모금운동, 교부금 신청, 수수료 징수 및 기타 다른 수단을 통해서 수입원을 찾아내어 기금을 확보한다. 셋째, 할당이다. 의사결정을 하고, 이용 가능한 자원을 나누어서 그것을 여러 가지 용도로 할당한다. 넷째, 지도감독, 회계기록 및 다른 관리과정을 통한 적절한 지출조정이다. 다섯째, 재정적 책임에 따른 평가이다. 사회복지 활동의 가치성 여부를 사정하는 것이다.

2) 사회복지조직의 재정관리 특성

사회복지조직은 자원에 대한 의존성이 강하다고 할 수 있다. 특히 자원 중에서도 재원에 대한 의존성이 높은 편이어서 사회복지조직은 편성되는 예산에 따라 사업을 진행하게 됨으로써 안정적인 재원확보가 매우 중요하다. 따라서 하센펠드(Hasenfeld, 1992)는 사회복지조직의 재정관리에 대하여 다음과 같은 특징을 제시하고 있다. 첫째, 일반적으로 사회복지조직은 재정자원의 지속적인 조달을 직접적으로 통제할 수 없으며 통제하려고 하지도 않는다. 즉, 사회복지조직은 합법적으로 위임된 서비스라 할지라도 재정할당 정도를 스스로 정할 수 없고, 입법기관에서 정해주어야 한다. 둘째, 사회복지조직은 매우 다양한 재정자원을 가지고 있다. 즉, 정부보조금, 재단지원금, 협찬후원금, 기부금, 서비스 요금, 대여, 상품판매 등의 수익사업에 의한 수입 등 다양하다.

셋째, 사회복지조직은 다양한 재정자원을 확보하기 위해 다양한 업무, 즉 재단에 사업제안서를 제출하거나, 정부와 계약관계를 맺거나, 기부자에게 후원금을 요청하거나, 사회복지서비스 대상자들에게 이용료를 지불하게 하거나, 기부금품을 모집하거나 특별행사를 조직하는 등을 추진해야 한다.

이처럼 사회복지조직의 재원과 관련된 업무는 특성에 따라 다양하다. 따라서 사회복지조직의 운영자들은 조직의 기능을 잘 유지하기 위해서 조직들 간에 어떻게 결합되고 상호작용하는지에 대한 이해를 가지고 전략적으로 관리할 수 있어야 한다.

3) 사회복지재정의 구성

사회복지재정은 크게 다음과 같이 사회복지 부문의 정부예산, 정부 차원의 복지기금 그리고 민간자원으로 구성된다(장인협 · 이정호, 2007). 첫째, 사회복지 부문의 정부예산이다. 사회복지 부문의 정부예산은 국가 또는 지방자치단체가 책임을 지고 추진해야 할 사회복지 분야에 필요한 경비로 지출되는 것으로 공적부조, 사회보험, 사회복지서비스 부문의 예산이 편성되고 있다. 특히 사회복지서비스 부문의 예산은 국가 또는 지방자치단체가 직접 실시하는 사업비용보다 사회복지법인 등의 민간사회복지사업 경영자에게 업무를 위탁함에 따라서 주어지는 보조금이 많은 비중을 차지한다. 둘째, 정부 차원의 복지기금이다. 정부예산과 더불어 사회복지 부문의 공비로 운영되는 기금은 그간 사회복지공동모금회법 규정에 의해 정부의 출연금, 정부 이외의 자가 기부하는 현금 · 현물 · 기타 재산, 기금의 운용에 의하여 생기는 수익금과 기타의 수익금으로 하여 기금을 조성하는 사회복지사업기금이 있다. 동 기금은 사회복지사업법에 의한 사회복지사업에 필요한 비용, 사회복지시설의 확충에 필요한 비용, 노인복지법 · 장애인복지법에 의한 각종 복지사업 및 노인복지시설 · 장애인복지시설의 설치 · 운영, 생활보호법에 의한 보호대상자 외의 자로서 생활보호가 필요하다고 인정되는 자에 대한 보호사업, 기금의 조성 및 그 관리 ·

운용에 필요한 비용 등으로 사용되어 왔다. 셋째, 민간자원이다. 민간자원은 일반적인 기부금, 법인설립 기부금, 그리고 조직적인 기부금으로서의 공동모금 등의 기부금과 사회복지법인이 운영하는 수익사업의 수익금, 회원단체의 원조금, 민간단체의 지원금, 불우이웃돕기 성금, 후원금 등이 있다.

2. 예산체계와 과정

1) 예산체계

(1) 예산의 개념 및 기능

예산은 한정된 자원을 배분하고자 하는 정책의사결정 과정이며 조직의 목표 달성을 위한 계획을 화폐단위로 표시하며, 조직의 업무를 효과적이고 효율적으로 수행하는 데 필요한 자금을 조달하고 사용하는 것에 대한 의사결정 과정이며 미래에 대한 청사진이다(윤성식, 2003). 말하자면 예산은 일정 기간(회계연도)에 있어서 수입과 지출의 예정액을 계수화한 한시적 재정계획을 말하며, 그것은 단순한 예정액이 아니다. 즉, 수입 · 지출의 종류 및 금액을 계통적 · 조직적으로 편성한 예정적 계산이며, 또한 사업계획의 내용과 방향을 계수적으로 표시한 것으로서 재정의 규모, 내용 및 방향을 알 수 있고 크게는 재무의 지침이 된다(장인협 · 이정호, 2007).

일반적으로 예산은 정책 또는 사업이라 할 수 있고, 예산내용에 가치판단과 사실판단이 동시에 포함되게 된다. 그러므로 정책 · 사업으로서 예산에 대한 결정은 두 가지 차원에서 이루어지게 된다. 첫째, 정책 또는 사업에 대한 결정으로 정책목표 또는 사업목표를 달성하기 위한 대안을 선택하는 것이고, 둘째, 금액에 대한 결정으로 선택된 정책대안 또는 사업대안에 소요되는 비용을 계산해 화폐적 수치를 부여하는 것이다(윤영진, 2008).

예산은 다음과 같은 기능을 수행하게 된다. 첫째, 정치적 기능이다. 예산은 다양한 이익을 추구하는 집단의 자원 확보의 장소이며 토론과 갈등의 장소이다. 둘째, 경제적 기능이다. 예산은 자원배분, 재원조달, 소득재분배, 경기조절, 경제성장, 경제안정, 경제계획과 경제발전 기능을 수행한다. 사회복지예산 같은 항목은 소득재분배 기능을 담당하는데 정부지출을 통해 불평등한 소득격차를 해소하여 형평성을 달성한다. 셋째, 통제기능이다. 예산은 부정, 오류, 낭비의 방지와 규정, 법규, 절차의 준수를 확인하는 기능을 가진다. 예산은 사업의 집행을 감독하며 지출의 상한선을 준수하는지 감시한다. 넷째, 관리기능이다. 예산은 효과성과 효율성의 달성에 대한 책임추궁의 수단이며 목표달성, 즉 정책목표 달성의 도구이다. 다섯째, 커뮤니케이션 기능이다. 예산은 정부가 어떤 정책과 사업을 추구하는가를 알 수 있는 정치적 문서이다. 예산만큼 정부의 미래 행위를 객관적으로 정확하게 전달하는 매개수단은 없다.

(2) 예산의 종류

예산은 정부가 수행하는 사업의 성질에 따라 일반회계와 특별회계로 구분할 수 있는데, 사회복지조직에서는 구체적인 구별이 없고 일반적으로 일반회계에 따라 구분된다. 일반회계는 사회복지조직의 건전 운영을 목적으로 대상자 및 직원의 복지 증진을 위하여 운영되는 회계라 할 수 있다. 예산의 종류를 살펴보면 다음과 같다.

① 본예산

일반적으로 국가인 행정부는 새 회계연도의 예산을 편성해서 입법부에 제출하여 입법부의 승인을 받아야 한다. 이때 행정부가 제출하는 최초의 예산안을 본예산이라 한다. 따라서 사회복지법인의 입장에서 살펴보면, 사회복지법인의 대표이사는 법인회계에 속하는 예산을 편성하여 매 회계연도 개시 30일 전까지 이사회의 의결을 거쳐 확정하고 지체 없이 시설회계에 관계되는 예산내역을 당해 시설의 장에게 통지하여야 한다. 통지를 받은 시설의 장은 시설회계의 예산을 편성하여 매 회계연도 개시

20일 전까지 이를 당해 법인 대표이사에게 제출하고 대표이사는 회계연도 개시 10일 전까지 이사회의 의결을 거쳐 확정하여야 하는데 이렇게 편성된 예산을 본예산이라고 한다(사회복지법인 및 사회복지시설 재무 · 회계 규칙 제10조).

② 수정예산

일반적으로 국가인 행정부는 국회에서 예산안이 심의되고 있는 중에 예산안의 일부를 수정하고자 할 경우가 있는데, 국가재정법 제35조에 따르면 예산안을 국회에 제출한 후 부득이한 사유로 인하여 수정예산안을 국회에 제출하고자 할 때에는 국무회의의 심의를 거쳐 대통령의 승인을 얻도록 하고 있다.

사회복지법인에서 국가나 시 · 도의 보조금도 다음 회계연도 기간 동안에 주어지게 되므로 수정예산의 편성은 반드시 필요하다. 따라서 이미 시설에서 작성되어 법인이사회에 제출된 예산에 대한 수정이 필요한데 그 가운데 일부가 수정된 예산을 수정예산이라 한다.

③ 추가경정예산

일반적으로 국가인 행정부는 이미 국회에 의하여 확정된 예산에 변경을 가할 필요가 있을 때 추가경정예산을 이용하게 된다. 사회복지법인에서도 시설의 예산이 성립되고 회계연도가 개시된 후에 새로이 발생한 사유로 이미 성립된 예산에 변경을 가할 필요가 있을 때 시설장은 법인이사회에 추가로 예산을 편성하여 제출하는데 이를 추가경정예산이라 한다(사회복지법인 및 사회복지시설 재무 · 회계 규칙 제13조).

본예산과 추가경정예산은 별개로 성립되나 일단 성립되면 시설예산의 총규모를 파악하기 위해서 하나로 통합되어 운영된다. 대표이사 또는 시설장은 추가경정예산이 확정된 날로부터 7일 이내에 이를 시장 · 군수 · 구청장에게 제출하여야 한다.

④ 준예산

일반적으로 헌법 제54조 제3항에 따르면, 첫째, 헌법이나 법률에 의하여 설치된 기관 또는 시설의 유지 운영, 둘째, 법률상 지출 의무의 이행, 셋째, 이미 예산으로 승인된 사업의 계속을 위한 경비에 한하여 전년도 예산에 준하여 지출할 수 있다는 근거를 두고 있다.

이처럼 사회복지법인 및 사회복지시설 재무·회계 규칙 제12조(준예산)의 규정에 따라 회계연도 개시 전까지 법인의 예산이 성립되지 아니한 때에는 법인 대표이사나 시설의 장은 시장·군수·구청장에게 그 사유를 보고하고 예산이 성립될 때까지 임직원의 보수, 법인 및 시설운영에 직접 사용되는 필수적인 경비, 법령상 지급의무가 있는 경비를 전년도 예산에 준하여 집행할 수 있다.

(3) 예산체계의 유형

예산체계의 유형은 주로 미국의 예산제도의 변천에 따라 발전되어 왔다. 여기에서는 품목별 예산(LBS), 성과주의 예산(PBS), 계획예산(PPBS), 영기준 예산(ZBB)에 관하여 살펴보고자 한다(윤영진, 2008).

① **품목별 예산**(LBS : Line-Item Budgeting System)

품목별 예산은 예산을 지출 대상(품목)별로 분류해 편성하는 예산제도이다. 지출 대상(품목)이란 예산과목의 '목(目)'에 해당하는 것으로서 인건비, 물건비 등의 투입요소를 말한다. 예를 들어, 봉급·수당·일급(일당)은 '급료' 항목이며, 의약품·식품·음료·사무용품은 '소모품' 항목 등이다. 품목별 예산은 예산액을 지출 대상별로 한계를 명확히 정해 배정함으로써 관료의 권한과 재량을 제한하는 통제지향적 예산이다.

품목별 예산의 기원은 1688년 영국의 명예혁명 때부터 국왕의 재정권을 통제하려는 노력에서 연유한 것으로 보며, 미국에서 행정의 절약과 능률을 증진시키기 위하여 1907년 뉴욕시 보건국 예산을 품목별로 편성함으로써 시작되었다(신무섭, 2001). 뉴욕시는 1906년 뉴욕시정 연구국을 설립해 예산낭비와 부패를 방지하고 예산에 대한 통제를 확보하는 방안으로서 이 제도의 도입을 건의하였다. 그 후 1912년 미국 연방정부가 '능률과 절약을 위한 대통령위원회(일명 태프트위원회)'를 설치하여 품목별 예산의 도입을 권장하고 1920년대에는 대부분의 연방 부처들이 도입하게 되었다.

품목별 예산의 예산편성 기본 단위는 품목(object)이다. 현재 우리나라는 예산과목 체계인 (소관) 장 · 관 · 항 · 세항 · 목에서 목이 품목별 예산의 기본 단위이다. 목은 예산과목의 최종 단위로서 투입요소에 해당한다. 품목별 예산은 투입 측면에만 초점을 맞추어 편성되므로 정부가 투입을 통해 달성하고자 하는 사업의 지출에 따른 성과나 효과에 대해서는 파악할 수 없다.

품목별 예산의 장점과 단점에 대하여 살펴보면 다음과 같다. 품목별 예산의 장점으로 첫째, 회계책임과 예산통제를 쉽게 할 수 있다. 예산과목의 최종 단위인 목을 중심으로 예산액이 배분되어 있기 때문에 회계책임을 분명히 할 수 있으며 통제가 쉽다. 정부의 지출 대상이나 지출 금액이 명확하게 표현되어 있으므로 관료의 재량의 여지를 줄이게 되며, 예산의 남용을 방지할 수 있다. 둘째, 지출 대상별로 세부적으로 분류되어 있기 때문에 급여와 재화 및 서비스의 구매에 효과적이다. 또한 다음 연도 예산편성에 유용한 자료를 제공해 준다. 셋째, 예산편성 및 심의 과정에서 예산 삭감이 이루어질 때 이익집단의 저항을 덜 받는다. 반면 단점으로는 첫째, 지출 대상별로 분류되기 때문에 정부가 무엇을 구매하는지는 밝혀지지만 왜 구매하는지는 밝혀지지 않는다. 즉, 정부가 예산항목의 지출을 통해 어떤 사업을 추진하는지 파악할 수 없다. 둘째, 지출 대상 및 지출 금액에 대한 한계가 명확하게 설정되어 있기 때문에 예산집행 과정에서 신축성이 부족하다. 셋째, 각 부처의 입장에서 예산 확보를 위해 예산항목에만 관심을 갖기 때문에 정책 및 사업의 우선순위를 소홀히 할 수 있다.

② 성과주의 예산(PBS : Performance Budgeting System)

성과주의 예산은 기능주의 예산 또는 프로그램 예산으로서 예산을 사업별·활동별로 분류해 편성하되, 업무단위의 원가와 양을 계산해 편성하는 것이다. 성과주의 예산은 사업을 중심으로 편성함으로써 예산액의 절약과 능률보다 사업 또는 정책의 성과에 더 관심을 가진다. 또한 업무단위의 비용과 업무량을 측정함으로써 정보의 계량화를 시도하여 관리의 능률성을 높일 수 있게 한다.

성과주의 예산의 기원은 1913년 뉴욕시 리치먼드구(區)에서 원가예산제(cost data budget)를 시도하여(유 훈, 2003) 구의 예산을 먼저 업무 기능별로 분류하고 업무의 원가를 계산해 예산에 적용하는 방식을 채택하였다. 그 후 1934년에 연방정부의 농무부에서, 1946년 해군부에서 부분별로 사업예산을 편성하였다. 본격적으로 성과주의 예산은 제1차 후버위원회의 건의에 따라 도입이 이루어졌다. 1950년 연방의회가 '예산회계법'을 개정해 성과주의 예산의 적용을 규정함으로써 연방정부를 비롯해 주 및 지방 정부에 확산되었다. 우리나라도 1962년과 1963년에 일부 부처의 일부 사업에 성과주의 예산을 적용한 적이 있다.

성과주의 예산은 사업 및 활동을 중심으로 예산을 편성하며, 사업의 비용과 규모를 과학적으로 계산한다. 즉, 업무단위를 개발하고 단위 원가를 계산하고 여기에 업무량을 곱하여 예산액을 산정하게 된다.

성과주의 예산은 각 업무의 성과를 측정할 수 있는 업무단위를 개발하는 것이 중요한데, 업무단위의 선정기준은 다음과 같다(유 훈, 2003). 첫째, 동질성이 있어야 한다. 둘째, 계산 가능성이 있어야 하며, 완결된 업무를 표시해야 한다. 셋째, 영속성이 있어야 한다. 넷째, 한 사업의 업무단위는 가능한 한 단수(單數)여야 한다. 업무단위는 쉽게 이해할 수 있어야 한다. 단위 원가는 업무단위 1단위를 산출 또는 수행하는 데 소요되는 경비를 말하는데, 인건비, 재료비, 기타 경비 등으로 세분할 수 있다. 업무량은 업무단위로 측정한 단위를 말한다.

단위 원가 × 업무량 = 예산액

성과주의 예산의 장점과 단점에 대하여 살펴보면 다음과 같다. 성과주의 예산의 장점으로 첫째, 업무단위의 선정과 단위 원가의 과학적 계산에 의해 합리적이고 효율적인 자원배분을 할 수 있다. 둘째, 계량화된 정보를 통해 합리적 의사결정과 관리 개선에 도움을 받을 수 있다. 셋째, 사업 또는 활동별로 예산이 편성되기 때문에 정부가 어떤 사업을 추진하는지 국민들이 쉽게 이해할 수 있다. 반면 단점으로는 첫째, 업무단위의 선정이 쉽지 않다. 둘째, 단위 원가의 계산이 어렵다. 단위 원가를 계산하기 위하여 원가회계 등의 회계학적 지식이 필요하다. 발생주의 회계에 근거해 감가상각 등이 적용되는 회계정보가 창출되고 축적되어야 한다. 셋째, 성과지표로서의 업무단위가 실질적으로는 중간 산출물인 경우가 대부분이다.

③ **계획예산**(PPBS : Planning Programming Budgeting System)

계획예산은 장기적인 기획(planning)과 단기적인 예산편성을 유기적으로 연결시킴으로써 합리적인 자원배분을 이룩하는 것이다. 계획예산은 기본적으로 전제요건이 있다. 첫째, 장기적 계획의 사업목표가 명확하게 제시되어야 한다. 둘째, 조직의 목표를 달성하는 데 있어 가장 능률적인 대안을 선택해야 한다. 셋째, 장기적인 계획을 뒷받침할 수 있는 사업예산이 계획되어야 한다. 계획예산은 계획지향적이며, 금액에 대한 결정보다는 사업에 대한 결정에 더 초점이 맞추어진다. 즉, 투입요소 대신에 정부의 목적, 최종 산물, 사업 등과 같은 산출영역에 관심을 집중하여 예산상의 결정이 이루어진다.

계획예산은 1950년대 미국의 랜드연구소가 국방성의 예산을 이해할 수 있도록 개발하였다. 그 후 1963년 케네디 행정부의 맥나마라(McNamara) 국방장관에 의해 미 국방부에 도입되었고, 1965년에 모든 연방정부에 전면적으로 도입되었다가, 1971년 닉슨 행정부 때 중지되었다. 우리나라도

1971년 국방부와 체신부에서 도입을 시도하였지만, 도입을 결정하지는 않았다. 그러다가 1983년 예산개혁 작업이 추진되면서 제도적으로 도입하기 시작하였다.

계획예산은 첫째, 구조적인 측면에서 '기획－사업계획－예산배정'의 주기를 확립하는 것이다. 가장 핵심적인 작업은 사업구조(program structure)를 만드는 것이다. 즉, 목표를 구체화하는 작업이며, 목표를 달성하기 위한 대안을 체계적으로 검토해 사업계획을 확정하는 작업이다. 사업구조는 각 조직체의 소관 사업을 여러 가지 종류와 수준별로 분류해서 작성한다. 일반적으로 조직체의 목적을 달성할 수 있는 사업 또는 활동의 집합체가 정해지면 이를 1차 분류(대분류)로 조직체의 목표 달성을 위한 사업의 집합체를 최상위 수준에서 분류하고, 2차 분류(중분류)로 사업범주를 더 세분한 사업군으로 분류하여, 유사한 사업요소를 묶는다. 그리고 마지막으로 3차 분류(소분류)로 사업요소는 사업구조의 기본 단위이며, 최종 산물을 산출하는 조직체의 활동 등으로 계층화한다. 둘째, 분석적인 측면에서 체제분석 또는 비용－편익(효용)분석 기법을 활용하여 목표달성을 위한 사업계획을 마련할 때 여러 대안을 체계적으로 분석 검토하는 작업을 거친다. 체제분석은 가능한 사업 대안 중에서 최적의 사업을 선택하는 복잡한 문제를 좀 더 정확하게 정의하고, 관련된 대안을 개발해 그 비용과 효과를 추정하며, 대안을 비교 · 평가함으로써 의사결정자가 최선의 대안을 선택할 수 있도록 도움을 주는 접근법이다. 따라서 체제분석의 기본적인 요소로서 목적의 설정, 대안의 개발, 비용 · 효과, 모형의 작성, 평가기준 등이 있는데, 이 중에서도 대안적 사업계획의 비용과 효과를 비교해 바람직한 사업을 선택하는 비용－효과 분석이 중심을 이룬다. 셋째, 정보적 측면에서 어떤 문서를 만들고 어떻게 보고 체계를 확립하느냐이다.

계획예산의 장점과 단점을 살펴보면 다음과 같다. 계획예산의 장점으로는 첫째, 목표 · 사업 · 대안 · 비용 · 효과 등을 고려하고, 분석적 기법을 이용하며, 장기적 시계를 고려하고 있다는 점에서 자원배분을 합리화하는 데 유용하다. 둘째, 사업계획의 목표 · 대안 · 비용과 효과 등이 서로 연계되어 있으며, 기획 · 사업분석 · 예산편성이 단일의 의사결정으로 통합되어 있다. 반면 단점으로는 첫째, 정보와 의사결정 권한이 과도하게 중앙집권화되는 경향이 있다. 둘째, 목표의 정의에서부터 사업범주 · 하위사업 · 사업요소 순으로 정해져 있는 사업 구조를 작성하는 것이 어렵다. 셋째, 사업요소들 계량화하는 것이 쉽지 않고, 사업구조와 예산과목구조 간의 환산 작업이 어렵다. 넷째, 여러 사업 대안의 비교 검토, 비용 · 효과 분석 등에 많은 정보가 필요하고, 과다한 시간 · 비용 · 노력 등이 요구된다.

④ **영기준 예산**(ZBB : Zero Base Budgeting System)

영기준 예산은 과거의 관행을 전혀 참조하지 않고 목적, 방법, 자원에 대한 근본적인 재평가를 바탕으로 해서 예산을 편성하는 것이다. 영기준 예산은 모든 사업부서와 프로그램들이 매년 예산수립 과정에서 영(zero)의 상태에서 예산을 할당하는 것이다. 영기준 예산의 기본 전제는 모든 사업계획에 대해 적어도 한 번은 광범위하게 검토해야 한다는 것이다. 영기준 예산은 피어(Peter A. Pyhrr)에 의해 1969년 미국 민간기업 Texas Instruments에서 처음 도입되었다. 그 후 1973년에 조지아 주지사인 카터에 의해 조지아주에 도입하였다. 1977년 카터 행정부 때 연방정부에 도입되었다가, 1981년 레이건 행정부 때 공식적으로 폐기되었다. 우리나라는 1981년에 '예산개혁추진위원회'를 구성하여, 1982년 예산집행 때부터 부분적으로 도입되다가 1983년에 공식적으로 도입하였다.

영기준 예산의 기본 단계는 다음과 같다. 첫째, 의사결정 단위의 확인이다. 의사결정 단위는 조직의 관리자가 독자적인 업무 수행의 범위 및 예산편성의 결정권을 갖는 사업단위 또는 조직단위이다. 의사결정 단위가 조직의 어느 계층을 중심으로 결정되어야 하는 것은 다음 네 가지 점이 고려되어야 한다. ① 업무의 구조, ② 사업대안, ③ 중요한 결정이 행해지는 조직계층, ④ 시간적 제약 등이다. 둘째, 의사결정 패키지의 작성이다. 의사결정 패키지란 의사결정 단위에 대한 분석 및 평가 결과를 명시해 놓은 표이다. 의사결정 패키지에 포함되는 의사결정 단위에 대한 정보는 ① 목적 또는 목표, ② 사업 또는 활동의 내용, ③ 비용과 편익, ④ 업무량과 성과 측정, ⑤ 목표 달성을 위한 대안, ⑥ 투입될 노력의 수준 등이 있다.

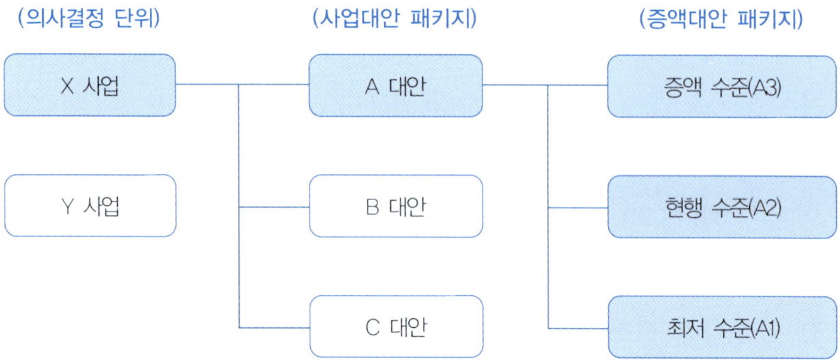

| 그림 9-1 | 의사결정 패키지

셋째, 우선순위의 결정이다. 우선순위의 결정은 관리자에게 '얼마를 어디에 지출해야 하는가?'의 문제에 관심을 집중하도록 함으로써 한정된 재원을 배분하는 기술이다. 우선순위 결정의 대상은 증액대안 패키지이다. 순위 결정의 대안이 사업대안이 아니라 선정된 사업대안의 증액대안들이다. 즉, 순위 결정 과정은 각 사업 대안의 점증적 수준 간에 우선순위를 정해주게 된다. 넷째, 실행예산의 편성이다. 각 사업의 증액 대안의 우선순위와 가용 예산 규모가 정해지면 이를 토대로 실행예산이 편성된다. 즉, 채택된 각 사업의 증액 대안에 의거해 각 사업의 수준 및 규모가 결정된다.

〈표 9-1〉 의사결정 패키지의 우선순위

(단위 : 억 원)

순 위	의사결정 패키지	예산액	예산 누계액
1	A-1	70	70
2	B-1	130	200
3	C-1	100	300
4	D-1	150	450
5	B-2	50	500
6	C-2	50	550
7	A-2	20	570
8	C-3	30	600
9	D-2	40	640
10	B-3	30	670
11	A-3	20	690
12	D-3	50	740

〈표 9-2〉 채택된 각 사업의 수준 및 규모

(단위 : 억 원)

사 업	순 위	의사결정 패키지	예산 증액	예산 총액
A	1	A-1	70	90
	7	A-2	20	
B	2	B-1	130	180
	5	B-2	50	
C	3	C-1	100	180
	6	C-2	50	
	8	C-3	30	
D	4	D-1	150	150
예산 총액				600

영기준 예산의 장점과 단점에 대하여 살펴보면 다음과 같다(김병식 · 박용순 · 변보기 · 윤도현, 2003). 영기준 예산의 장점으로는 첫째, 사업부서들 간에 프로그램 목표운영의 능력에 대해 토의와 논쟁을 하도록 유도함으로

써 예산에 대한 책임성을 증가시킨다. 둘째, 각 프로그램의 성격에 따라 우선순위에 대한 합의를 이룸으로써 시급한 사업목표를 우선적으로 달성한다. 셋째, 각 프로그램들을 계속 평가함으로써 프로그램이 공식목표를 달성하는가를 점검하며, 공식목표의 달성을 위해서 필요한 새로운 프로그램들이 마련되도록 유도한다. 반면 단점으로는 첫째, 매년 각 프로그램에 필요한 자금을 배당하는 데 반드시 합의가 이루어진다는 보장이 없다. 둘째, 의사결정 과정에서 능력요소나 가치요소보다는 정치적 요소가 개입될 여지가 더 많다. 셋째, 장기적 프로그램을 운영하는 데 매년 새로운 예산근거를 정당화하기 위해 인력과 시간이 소비된다. 넷째, 할당받지 못한 프로그램이 소멸될 경우 그대로 사회복지기관에 도입하여 사용하기에는 현실적으로 어렵다. 이상과 같이 예산체계의 유형을 정리하면 〈표 9-3〉과 같다.

〈표 9-3〉 예산체계의 유형

유형 특성	품목별 예산	성과주의 예산	계획예산	영기준 예산
개념	구입하고자 하는 물품, 서비스별로 편성하는 예산(투입중심 예산)	활동을 기능별 또는 사업별로 구분한 후에 이를 다시 세부사업으로 나누고 각 사업의 단위원가와 업무량을 계산하여 편성하는 예산(과정중심 예산)	목표 달성을 위한 장기적 기본계획을 수립하고 기본계획을 연차적으로 실행하기 위하여 사업별로 편성하는 예산(산출중심 예산)	전년도 예산을 전혀 고려하지 않고 계속 사업, 신규사업의 정당성을 매년 새로이 마련하고 우선순위를 정하여 편성하는 예산
특징	• 전년도 예산이 주요 근거가 됨 • 회계계정별로 구입 품목별로 편성 • 통제적 기능이 강함 • 회계자에 유리한 예산임	• 단위원가×업무량=예산 • 장기적 계획을 고려하지 않음 • 관리기능이 강함 • 관리자에 유리한 예산임	• 장기적 계획과 단기적 예산편성을 구체적인 사업실행계획을 통하여 유기적으로 연결 • 장기적 계획을 전제로 함 • 목표를 분명히 하고 달성을 강조함 • 계획기능이 강함 • 계획자에 유리한 예산임	• 매년 사업목표와 수행능력을 새로 고려 • 목표 달성을 위한 다양한 사업 고려 • 사업의 비교평가에 기초 • 의사결정 기능이 강함 • 소비자에게 유리한 예산임

장점	• 지출근거를 명확히 하므로 예산 통제에 효과적임 • 회계에 용이함	• 목표와 사업을 분명히 이해할 수 있음 • 자금분배를 합리적으로 할 수 있음 • 사업별 통제가 가능함 • 사업의 효율성을 기할 수 있음	• 목표와 사업을 분명히 이해 • 자금분배를 합리적으로 함 • 장기적 사업계획을 신뢰할 수 있음 • 사업계획과 예산수립의 괴리를 막음 • 사업의 효과성을 높일 수 있음	• 예산절약과 사업의 쇄신에 기여 • 관리에 참여를 확대 • 재정운영과 자금배분의 탄력성을 기대할 수 있음 • 자금의 배분을 합리화할 수 있음 • 사업의 효율성과 효과성을 기할 수 있음
단점	• 예산의 신축성을 저해할 우려 • 예산 증대의 정당성 부여의 근거 희박 • 결과나 목표 달성에 대한 고려 부족 • 사업내용을 알기 어려움 • 효율성을 무시함	• 예산통제가 어려움 • 비용산출의 단위 실정과 비용책정이 어려움 • 효과성이 무시됨	• 목표 설정이 어려움 • 결과에만 치중, 과정 무시 • 권력과 의사결정이 중앙집중화될 경향이 있음	• 효과적인 의사소통, 의사결정, 사업평가에 대한 관리자의 훈련이 필요 • 정치적 · 심리적 요인 무시 • 장기계획에 의한 사업수행이 곤란

출처 : 신복기 · 박경일 · 장중탁 · 이명현(2005). 사회복지행정론, p. 300.

(4) 예산확보 전략

① 의의

대부분 사회복지기관은 사회복지 관련 사업 및 활동을 펼쳐 나감에 있어 예산이 부족하여 상당히 어려움을 겪고 있는 경우가 많다. 따라서 자체적으로 예산을 얼마나 어떻게 확보하느냐가 무엇보다도 중요하다. 여기에서 예산의 확보 전략으로 첫째, 유형별 재원 확보 방법으로 보조금, 기부금(후원금), 수수료, 둘째, 표적시장별 모금 방법으로 일반대중, 다른 조직의 회원과 지인, 부유층 대상 모금, 셋째, 기타 방법 등을 제시한다(우종모 · 김재호 · 조당호, 2004).

② 유형별 예산확보 방법

㉠ 보조금

보조금은 어떤 한 기관에서 다른 기관으로 일방적으로 자금이 이전하는 것을 말한다. 자금의 이전은 공공분야 내에서뿐만 아니라 정부수준 간 또는 공공분야와 사회의 다른 수준 간에 이루어지며, 자금의 이전에는 공적부조비 및 다른 형태의 보조금 등이 있다(김종희, 1993). 보조금은 사회복지조직 재정에서 매우 큰 비중을 차지하는 중요한 예산 확보수단이다. 이에는 정부보조금과 민간재단이나 기금으로부터의 보조금 등이 있다. 정부보조금은 사회복지기관에서 재정부문 중 가장 비중을 많이 차지하는 부분으로 국가 또는 지방자치단체가 사회복지시설의 설치 또는 운영에 필요한 비용 중 일부를 매년 예산의 범위 안에서 보조해 주는 금액이다. 정부보조금은 어떤 사회복지조직이 타 조직에 비해 혁신적인 프로그램이나 탁월한 서비스를 제공할 수 있는 경우에 지급받을 가능성이 많다. 정부보조금은 정부의 과제를 민간 사회복지관을 통해 수행함으로써 민간의 융통성과 전문성을 활용하고자 하는 목적에서 배분되므로 이용료나 기타 재원과 비교하여 상당한 외적 통제가 주어진다. 정부의 보조금은 공공기금의 지속적이고 안정적인 공급을 받을 수 있고 예측 가능하지만, 자칫 사회복지기관의 고유활동을 제한한다는 점에서 사회복지기관들은 공공기금의 활용에 대해 회의적인 태도를 갖는 경우가 있다. 민간재단(민간기금) 보조금은 민간재단과 목표가 일치할수록 또는 지역사회의 특정화된 관심을 해결할 수 있는 프로그램일수록 자금을 지원받을 가능성이 높다.

㉡ 기부금(후원금)

기부금이란 사회복지법인·시설이 단체, 기업체, 개인들로부터 아무런 대가 없이 무상으로 증여받는 금품, 기타 자산을 말한다. 대부분의 사회복지기관은 정부보조금, 기부금, 클라이언트의 수수료, 재산수입 및 사업수입 등이 혼합된 재원에 의해 운영되고 있다. 특히 기부금은 민간기관에서 의존하는 경향이 강하다.

기부금은 프로그램 예산의 부족한 부분을 보충할 수 있는 중요한 재원이다. 기부금은 주로 개인기부금, 유산, 지정기탁, 재단, 법인 등에서 공급받게 되는데, 대부분의 기부금은 사회복지기관에게 유동적인 기부금이다. 따라서 사회복지기관들은 기부금, 특히 고정적인 기부금을 만들기 위해 다양한 전략을 추구하게 된다. 그리고 확실한 기부자에게 접근하기 위해 특별한 마케팅 전략을 수립하고 목표를 정하여 체계적으로 접근해야 한다. 우리나라는 아직 기부(후원)활동의 의미와 가치가 사회적으로 확산되지 않아 기부문화가 성숙되었다고 볼 수 없기 때문에 기관의 충분한 재원으로 기부금에 의존할 수는 없으나 최근 사회복지관에서 활발한 기부자(후원자) 개발로 그 가능성이 확대되고 있다. 어쨌든 기부금은 대다수 비영리조직인 대학과 교회, 사회복지기관 등에서 조직의 발전과 활동을 위한 가장 활용 가능성이 높은 재원으로 활발한 사회마케팅의 표적이 되고 있다는 점에서 사회복지기관의 마케팅에서도 가장 중요한 재원으로 간주되고 있다.

기부금에는 다음과 같은 것들이 있다(김종희, 1993). 첫째, 국내 민간단체로부터 받는 민간단체 보조금, 둘째, 외국 민간원조단체로부터 받는 외원단체 보조금, 셋째, 아동 · 노동 등 시설입소자에 대한 결연 후원금, 넷째, 법인의 경우 법인 임원으로부터 받는 기부금 및 찬조금, 다섯째, 지역사회로부터 받는 기부금 및 위문금, 여섯째, 법인 및 시설의 후원회로부터 얻어지는 자선모금 등이 있다. 특히 기부금은 사회복지조직에서 자금을 조달하기 위하여 활용하는 경향이 많다.

ⓒ 수수료

수수료는 서비스의 대가로서 클라이언트와 그 부양의무자나 제3자로부터 받는 것으로 클라이언트 부담금이라 할 수 있다. 아울러 클라이언트와 제3자 기금 수입원, 즉 공공복지기관, 사회보장, 민간 및 그룹보험회사로부터 거두어진 지불된 돈이라 할 수 있다. 사회복지기관의 재정 충원에서 민간부문에서 생겨난 기금조성 방법으로 수수료와 클라이언트에게 비용을 부가하는 방법이 있다. 수수료의 장점으로는 첫째, 서비스에 대한 수수료의 조정이 용이하다. 대체로 수수료는 당사자 간에 자율적으로 계약하는 경우가 많기 때문에 예산할당보다 훨씬 간단하고 단순하다. 둘째, 클라이언트, 기관, 제3자 간 비용을 공정하게 할당한다. 셋째, 수수료를 지불하는 클라이언트는 기관을 선택하고 기관의 업적이나 공적 이미지와 다른 요소들에 대해 기관들에게 피드백을 줄 수 있다. 넷째, 수수료를 지불한 수혜자는 더욱 동기부여가 되고 협조적이며 목적지향적일 수 있다. 반면 단점은 첫째, 사회복지서비스에 대한 대가로서의 수수료에는 시장원리를 적용하기가 어렵다. 특히 공적 서비스의 경우는 더욱 그러하다. 둘째, 사회복지기관의 비용징수는 저항이 클 수 있다. 셋째, 클라이언트의 위기상황에서 비용을 징수하는 것은 비현실적이다.

수수료에는 다음과 같은 것들이 있다. 첫째, 참여 수수료이다. 클라이언트가 서비스 활동에 적극 참여하겠다는 의지를 보일 때 부과되는 수수료로서 이용자 수수료라 할 수 있다. 둘째, 고정 수수료이다. 수수료가 주어진 서비스 전체에 의해 고정된 것이다. 수수료 계산은 서비스 횟수별로 결정하기도 하고 또는 서비스에 소요된 시간에 의해 정하기도 한다. 고정 수수료는 수수료 징수의 가장 보편적인 수단의 하나로 누구에게나 평등하게 적용된다는 것이 특징이다. 셋째, 종가식 수수료이다. 클라이언트의 지불능력을 고려해서 그 액수를 변화시키는 수수료이다. 종가식 수수료는 클라이언트를 분별 · 판단하는 과정이 개입되기 때문에 수수료를 비공식적 · 비사무적으로 악용할 가능성이 있다. 그러므로 종가식 수수료제를 채택하는 기관에서는 클라이언트에게 공정하고 공평하게 실시되도록 필요한 조치를 취해야 한다. 넷째, 공정부담 수수료이다. 서비스에 드는 전체 비용을 참여자 수로 나누어서 그들 각각에게 적절한 비용을 분담시키는 수수료이다.

③ 표적시장별 모금방법

표적시장별 모금방법은 표적시장에 따라 일반대중, 다른 조직의 회원과 지인, 부유층 등을 대상으로 모금활동을 벌이는 것이다(장천식, 2006). 첫째, 일반대중을 대상으로 한 모금활동 행위로는 자선모금통, 직접우편, 개별방문으로 권유, 마라톤 중계, 중고품 할인상점, 복권판매, 잡화소품 판매, 스포츠 이벤트, 순회, 걷기 · 독서 · 자전거 · 댄스 · 조깅 · 수영대회, 연보발행, 현금접시 등이 있다. 둘째, 다른 조직의 회원과 지인들을 대상으로 한 모금활동 행위로는 기념일 축하의식, 예술 전시회, 경매, 자선공연(영화, 스포츠 행사), 빙고게임, 도서 판매, 케이크 판매, 무도회, 만찬 · 저녁식사 · 오찬 · 조찬, 박람회, 패션쇼, 이색파티, 자선모금을 위한 장시간 방송 등이 있다. 셋째, 부유층을 대상으로 한 모금활동 행위로는 집회, 초청 · 감사만찬, 상류층에 대한 개별서신, 응접실 미팅, 상류층에 대한 개별전화, 유산기부, 명사추대, 개인가정 · 사무실로의 위원방문, 기념행사, 개인을 위한 감사만찬, 부유층 인사의 다른 가정이나 클럽초대 등이 있다.

④ 기타

이 외에도 DM, ARS, 이벤트, 인터넷 활용, CRM, 대중매체(TV, 신문, 라디오, 잡지 등)를 통한 모금활동 등이 있다.

㉠ DM

DM은 사회복지기관에서 후원자 개발 및 모금활동을 하기 위한 가장 전통적인 모금 방법이다. 사회복지기관에서 사용하기 위한 일반적인 형태로서 DM은 발송대상자(이름, 주소) 목록, 겉봉투, 기타 내용물(호소서신, 사진, 뉴스보도물, 반송엽서, 지로 등)의 준비물이 필요하다. DM 대상자 목록은 불특정 다수에게보다는 기관들이 관계를 맺고 있는 각종 분야의 사람들과 단체들을 통해 DM 목록을 확보하는 것이 더 정확하고, 확보한 목록을 지역, 나이, 사회적 지위, 소득 등으로 구분해서 체계적으로 관리해야 시간낭비를 줄이고 모금계획을 보다 정확히 세울 수 있다. 그런 후 DM 발송을 함에 있어 겉봉투의 디자인과 형식에 세심한 고려를 할 필요가 있다. 호소서신에는 후원자 개발의 목적과 내용이 뚜렷하게 나타나야 한다.

㉡ ARS

ARS는 전화를 통하여 한 통화당 일정 금액의 후원금이 자동으로 전화요금에 부과되어 전화요금 납부와 함께 기부금을 제공하도록 하는 방식이다. 이 방식은 방송 프로그램뿐만 아니라 비영리기관의 일상적인 모금 프로그램으로 자리잡고 있다. ARS 모금 프로그램은 내용과 목적이 다양하여 불우이웃 돕기, 수재의연금, 유망 중소기업 돕기, 북한동포 돕기 등 폭넓게 이용되고 있다.

㉢ 이벤트

사회복지기관에서 모금을 위한 이벤트는 주로 자선음악회, 모금만찬회, 전시회, 걷기대회, 바자회 등이 행해지고 있다. 이벤트 행사를 위하여 많은 자원봉사자, 창의적인 아이디어, 치밀한 계획과 충분한 시간이 필요하다. 또한 이벤트를 계획하는 데에는 상당히 많은 시간이 소요되며, 행사내용, 계절, 날짜, 요일, 시간 등에 대한 지역사회의 선호도를 사전에 면밀하게 파악해야 한다. 따라서 이벤트를 통해서 대중의 공감대를 형성하고, 잠재적 후원자와의 관계를 형성하며, 사회복지에 대한 대중교육의 효과를 얻을 수 있는 장점을 충분히 활용하여야 한다.

㉣ 인터넷을 활용한 모금활동

인터넷 사용자가 급증하면서 인터넷을 활용한 모금활동이 점차 확대되고 있다. 각 사회복지기관이 개설한 홈페이지를 통하여 여러 가지 정보를 제공하면서 활발한 모금활동을 전개하고 있다. 시대의 흐름에 맞는 모금전략이라 할 수 있다. 인터넷을 활용한 모금방법은 다양하다. 홈페이지를 통해 고객들이 쉽게 접근할 수 있게 하고 유익한 정보를 제공하며 국내 유명 포털사이트와 협력하여 공동으로 캠페인을 전개하거나 배너광고를 실시하여 후원자를 개발한다. 그리고 이메일을 통해 후원자들을 관리하고 이벤트나 특별모금에 활용할 수 있으며, 대규모 회사의 인터넷 게시판을 통해 모금 홍보활동을 전개할 수 있고, 후원자들의 특성에 맞는 인터넷 방송국을 운영하여 사이버 공간에서 잠재적 후원자의 개발과 기존 후원자와의 연대를 강화할 수 있어 인터넷에서의 모금활동은 더 확대되고 계속 새로운 방법으로 모색되어야 한다.

㉤ CRM(기업연계마케팅)

기업이 자선 모금활동에 참여함으로써 기업의 이미지 고양은 물론 상품의 판매촉진을 유발하는 모금방법이다. 기업이 사회복지 활동에 참여하기 위해 기부행위를 하는 방법은 크게 두 가지가 있다. 우선 기업이 사회복지 대상자를 직접 선정하거나 기존의 사회복지 시설 또는 단체에 직접 기부하는 방법이다. 이러한 모금사업은 미국의 American Express Card에서 처음 사용되었다. 우리나라에서는 삼성전자가 소비자에게 판매한 금액의 일정 비율을 사회복지기관에 기부하기로 한 것에서 시작되어 많은 비영리기관들이 기업의 협찬을 받아 기금 확보를 하고 있다.

사회복지기관은 CRM을 통해 기업으로부터 판매한 금액의 일정 비율을 이윤으로 받고, 기업이 생산한 물건을 기증받고, 후원자 모집과 이벤트 행사 등에 기업의 후원을 받아 모금활동에 더욱 활성화를 기할 수 있다. 이 방법은 대상자에게 직접 지원함으로써 서비스의 효율을 높일 수는 있으나, 기업 경영과 사회복지 활동 수행에 관한 의사결정이 동일한 기업조직 내에서 이루어지므로 사회복지 활동 이념에 기업의 논리가 개입될 가능성이 높고, 서비스 전달이 용이한 대상에게만 지원이 집중될 가능성이 많다.

둘째, 사회복지사업을 실시 또는 지원하고 있는 비영리기관에 기부하는 방법이다. 이 방법은 사회복지 활동에 기업의 논리를 상당히 배제할 수 있다는 장점이 있지만, 서비스 전달상의 비용이 증가하여 효율성이 저하될 우려가 있다(우종모 · 김재호 · 조당호, 2004).

ⓗ **대중매체(TV, 신문, 라디오, 잡지 등)를 통한 모금활동**

대중매체를 활용한 후원자의 개발방법에는 TV, 신문, 라디오, 잡지 등을 활용하는 방법이 있다. 일반적으로 TV는 시각과 청각 모두에 호소 가능한 종합매체로서 지역적 · 계층적 범위가 넓으며 막대한 영향력을 발휘할 수 있다. 그리고 신문은 사회적으로 시급하거나 크게 이슈화를 요하는 기삿거리를 제공하여, 사람들의 감성이나 감각에 호소하기보다 논리적인 이성에 호소할 수 있는 합리적인 매체수단이다. 라디오는 풍부한 상상력의 매체로서 불특정 다수의 대중에게 다량의 메시지를 전파할 수 있다. 잡지 등은 구독대상층에 맞는 홍보활동을 통하여 차별화된 모금활동을 할 수 있는 방법이다.

(5) 정부의 예산지원체계

① 비용의 보조

국가나 지방자치단체는 사회복지시설의 설치 또는 운영에 필요한 비용 중 일부를 매년 예산의 범위 안에서 보조한다. 이 경우 사회복지시설의 운영에 필요한 비용의 보조비율은 「보조금 관리에 관한 법률」에 정하는 바에 의한다(법 제9조).[1] 국가나 지방자치단체가 사회복지시설의 운영에 소요되는 비용을 보조하는 때에는 시설평가(사회복지사업법 제43조의2)의 결과 등 당해 사회복지시설의 운영실적을 고려하여 차등하여 보조할 수 있다(법 제10조).

② 보조금의 지급대상

국가나 지방자치단체는 사회복지사업을 수행하는 자 중 대통령령이 정하는 자에게 운영비 등 필요한 비용의 전부 또는 일부를 보조할 수 있다(사회복지사업법 제42조). 대통령령이 정하는 자는 첫째, 사회복지법인, 둘째, 사회복지사업을 수행하는 비영리법인, 셋째, 사회복지시설 보호대상

1) 보조금 관련 법률로는 국가재정법, 「보조금 관리에 관한 법률」, 사회복지사업법, 사회복지법인 및 사회복지시설 재무 · 회계 규칙, 각종 사회복지사업안내지침 등이 있다.

자를 수용하거나 보육 · 상담 및 자립 지원을 하기 위하여 사회복지시설을 설치 · 운영하는 개인을 말한다(사회복지사업법 시행령 제20조).

③ 보조금 관리에 관한 법률 시행령

「보조금 관리에 관한 법률 시행령」 제4조(보조금 지급대상 사업의 범위와 기준보조율)는 「보조금 관리에 관한 법률」 제9조에 의하여 보조금의 지급대상이 되는 지방자치단체의 사업 및 기준보조율을 규정하고 있다. 기준보조율은 당해 해당연도의 국고보조금, 지방비부담액, 국가의 재정융자금으로 조달된 금액 및 수익자가 부담하는 금액 기타 기획재정부장관이 정하는 금액을 모두 합한 금액 중 국고보조금이 차지하는 비율로 한다. 또한 「보조금 관리에 관한 법률」 시행령 제5조(차등보조율의 적용기준 등)는 보조금관리법 제10조에 의하여 기준보조율에 일정률을 가산하는 차등보조율을 규정하고 있다. 차등보조율은 기준보조율에 20%, 15%, 10%를 각각 가산하여 적용하고, 기준보조율에 일정률을 차감하는 차등보조율은 기준보조율에 20%, 15%, 10%를 각각 차감하여 적용한다. 첫째, 제1항의 규정에 의한 인상보조율은 개인 사정이 특히 어려운 지방자치단체에 한하여 적용한다. 둘째, 기획재정부장관은 제2항의 규정에 의한 인상보조율의 적용을 요구한 지방자치단체에 대하여 보조금을 교부하는 경우에는 당해 지방자치단체의 재정운영에 대하여 필요한 권고를 할 수 있다.

④ 보조금의 목적 외 사용 금지

사회복지사업법 제42조 제2항에는 보조금은 그 목적 외 용도에는 사용하지 못한다고 규정하고 있다. 그리고 사회복지법인 및 사회복지시설 재무 · 회계 규칙 제15조에 의해 법인회계 및 시설회계의 예산은 세출예산이 정하는 목적 외에 이를 사용하지 못하도록 규정하고 있다. 그러나 예산집행에 탄력성을 부여함으로써 사업계획이나 여건변동에 따른 집행의 효율화를 기하기 위하여 예산의 목간전용과 세출예산의 이월이라는 제도를 인정한다.

⑤ 보조금의 성격

사회복지의 증진에 대한 국가의 책임이 현실적으로는 대부분 민간법인에 의한 시설보호사업으로 이루어지고 있다. 따라서 국가의 책임은 이러한 민간법인에 대한 보조금의 형태로 이루어진다. 현재 「보조금 관리에 관한 법률」 제2조에 의하면 보조금이란 국가 외의 자가 수행하는 사무 또는 사업에 대하여 국가가 이를 조성하거나 재정상의 원조를 하기 위하여 교부하는 보조금, 부담금, 기타 반대급부를 받지 않고 교부하는 급부금을 말한다. 그리고 보조금은 지방자치단체에 교부하는 것과 기타 법인 또는 개인의 시설자금이나 운용자금으로 교부하는 것에 한한다고 규정하고 있다.

⑥ 예산의 전용

사회복지법인 및 사회복지시설 재무 · 회계 규칙 제16조 제1항, 제2항에 의하면, 법인의 대표이사는 관 · 항 · 목 간의 예산을 전용할 수 있다. 다만, 관 간의 전용은 이사회의 의결을 거쳐 관할 시장, 군수, 구청장의 승인을 얻어야 하고, 동일 관내의 항 간의 전용은 이사회의 의결을 거쳐야 하며, 예산총칙에서 전용을 제한하고 있거나 예산성립 과정에서 이사회에서 삭감한 관 · 항 · 목으로 전용하지 못한다. 그리고 대표이사는 예산을 전용할 때 관할 시장, 군수, 구청장에게 즉시 신고해야 한다.

⑦ 세출예산의 이월

사회복지법인 및 사회복지시설 재무 · 회계 규칙 제17조에 의하면, 법인회계와 시설회계의 세출예산 중 경비의 성질상 당해 회계연도 안에 지출을 마치지 못할 것으로 예측되는 경비와 연도 내에 지출원인 행위를 하고 불가피한 사유로 인하여 연도 내에 지출하지 못한 경비는 이사회의 의결을 거쳐 다음 연도에 이월하여 사용할 수 있다.

⑧ 특정목적사업 예산

사회복지법인 및 사회복지시설 재무 · 회계 규칙 제18조에 의하면, 완성에 수년을 요하는 공사나 제조 그 밖의 특수한 사업을 위하여 2회계연도 이상에 걸쳐서 그 재원을 조달할 필요가 있을 때에는 회계연도마다 일정액을 계상하여 특정목적사업을 위한 적립금으로 적립할 수 있다.

⑨ 보조금의 환수

국가나 지방자치단체는 이미 교부한 보조금이라도 다음의 경우에 해당할 경우에는 그 전부 또는 일부의 반환을 명할 수 있다(사회복지사업법 제42조 제3항, 「보조금 관리에 관한 법률」 제3조 제1항). 즉, 첫째, 거짓이나 그 밖의 부정한 방법으로 보조금 또는 간접보조금을 지급받은 경우, 둘째, 보조금 또는 간접보조금의 지급 목적과 다른 용도에 사용한 경우, 셋째, 보조금 또는 간접보조금을 지급받기 위한 요건을 갖추지 못한 경우 등이다.

2) 재정관리(예산)의 과정

일반적으로 우리나라 예산은 국가인 행정부에 의하여 편성되며, 입법부에 의하여 심의되고, 다시 행정부에 의하여 집행되며, 마지막으로 입법부와 회계감사기관에 의하여 결산 및 회계검사가 이루어지게 된다. 즉, 국가의 예산과정은 예산의 편성, 심의, 집행, 결산 및 회계감사 등의 4단계로 이루어진다. 이러한 일반적인 일련의 예산과정에 의거하여 사회복지조직의 재정관리도 이루어지게 되는데, 사회복지조직에 있어 재정관리는 재정자원을 동원하고, 예산을 수립하여 효율적으로 집행하는 과정으로 조직의 운영목표 달성을 위하여 필요로 하는 재화와 용역을 조달하고 관리 · 운용하는 제반 경제활동, 즉 재정활동이라 할 수 있다. 재정활동에는 예산뿐만 아니라 수입과 관련된 각종 경제활동과 결산 및 재산의 관리, 세입 · 세출의 현금출납 업무까지 포괄하지만 이러한 활동은 주로 예산이라는 계획하에 진행하게 된다. 일반적으로 재정관리(예산)의 과정은 예산수립, 예산집행, 결산, 회계관리 및 회계검사 등을 중심으로 이루어지게 된다(그림 9-2).

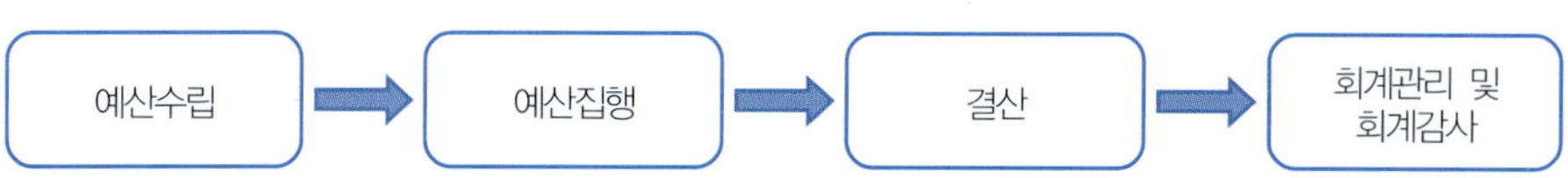

| 그림 9-2 | 재정관리(예산)의 과정

3. 예산수립

사회복지기관은 재원을 충당하기 위하여 다양한 모금전략을 수립하게 되는데, 예산수립에 있어서 우선적으로 이루어져야 할 것은 재정계획이다(김병식·박용순·변보기·윤도현, 2003).

사회복지기관의 재정관리는, 공공 사회복지조직인 경우는 국가재정법의 적용을 받고, 민간 사회복지조직인 경우는 사회복지법인 및 사회복지시설 재무·회계 규칙을 적용받게 된다.

예산은 사회복지법인 및 사회복지시설 재무·회계 규칙과 보건복지부 업무지침을 적용하여 수립하게 된다. 예산은 예산총계주의 원칙에 따라 회계연도의 모든 수입은 세입으로 하고, 모든 지출은 세출로 하되 법인과 시설에서 발생하거나 발생하리라 예상되는 모든 세입과 세출은 법인회계 및 시설회계 예산에 계상해야 한다(장천식, 2006). 회계는 보통 법인 전반에 관한 회계(법인회계), 법인이 설치·운영하는 시설의 회계(시설회계), 법인의 수익사업에 관한 회계(수익사업회계)로 되어 있고, 회계연도는 정부회계연도와 동일한 1년(1. 1.~12. 31)이다.

사회복지기관의 예산수립 절차를 살펴보면 다음과 같다. 첫째, 시·군·구청장은 회계연도 2개월 전까지 필요하다고 인정하는 사항에 관해 예산편성을 법인에 통보하고, 둘째, 통보를 받은 후 회계연도 1개월 전까지 법인 및 시설의 예산편성 요령을 작성하게 된다. 셋째, 법인 대표이사는 회계별(법인, 시설회계, 수익사업회계)로 예산을 편성하고, 넷째, 법인 이사회는 예산안에 대하여 의결한다. 다섯째, 법인 대표이사는 회계연도 개시 5일 전까지 의결된 예산안을 시·군·구청장에게 제출하고, 여섯째, 법인 이사회는 법인과 시설의 회계별 세입·세출 예산 개요를 시·군·구, 법인, 시설의 게시판에 20일 이상 공고한다.

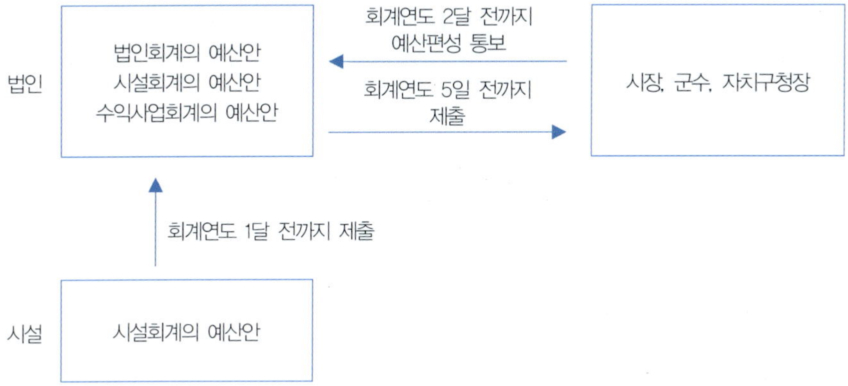

| 그림 9-3 | 회계별 예산수립 과정

예산수립을 하는 경우 회계별 작성방법과 첨부서류는 〈표 9-4〉와 같다.

〈표 9-4〉 법인회계과 시설회계의 차이점

법인회계의 예산	시설회계의 예산
1. 작성방법 : 세입예산과목(재산수입, 사업수익 등)과 세출예산과목(사무비, 재산조성비)으로 구분 작성(사회복지법인 및 사회복지시설 재무·회계 규칙 제10조)	1. 작성방법 : 세입예산과목(입소자부담금수입, 사업수입 등)과 세출예산과목(사무비, 재산조성비)으로 구분 작성(사회복지법인 및 사회복지시설 재무·회계 규칙 제10조)
2. 복식부기(사회복지법인 및 사회복지시설 재무·회계 규칙 제11조)	2. 단식부기(사회복지법인 및 사회복지시설 재무·회계 규칙 제11조)
3. 첨부서류(사회복지법인 및 사회복지시설 재무·회계 규칙 제11조) ① 예산총칙 ② 세입·세출명세서(별지) ③ 추정대차대조표(별지) ④ 추정수지계산서(별지) ⑤ 임직원보수 일람표(별지) ⑥ 당해 예산을 의결한 이사회 회의록 사본	3. 첨부서류(사회복지법인 및 사회복지시설 재무·회계 규칙 제11조) ① 예산총칙 ② 세입·세출명세서(별지) ⑤ 임직원보수 일람표(별지) ⑥ 당해 예산을 의결한 이사회 회의록 사본 - 주의사항 : ③과 ④는 제출하지 아니함

일반적으로 사회복지기관의 예산과목은 관·항·목으로 구분된다. 관은 기능별로 나누고 관은 다시 항으로, 항은 다시 목으로 구분된다. 성립된 관·항·목 간의 예산 전용을 엄격하게 통제하고 있는데, 관 간 전용은 법인 이사

회 의결을 거쳐 관할 시·군·구청장의 승인을 받아야 하며, 동일 관 내 항 간 전용은 법인 이사회의 의결이 필요하다. 또한 동일 항 내 목 간 전용은 법인 대표이사나 시설장이 전용하되 시·군·구청장에게 보고해야 한다. 그러나 예산 총칙에서 전용을 제한하고 있거나 예산 성립 과정에서 이사회에서 삭감한 관·항·목으로는 전용을 제한하고 있다.

4. 예산집행 및 결산

1) 예산집행

(1) 예산집행의 개념 및 목표

예산안이 법인 이사회에서 통과되면 조직의 목표를 달성하기 위한 업무 진행을 지원하는 수단이 된다. 아울러 확정된 예산은 조직의 업무수행을 통제하는 도구이자 기준이 되며 책임성을 판단하는 근거가 된다.

예산의 집행은 국가의 중요한 정책목표를 수행하기 위한 모든 활동(프로그램)에 대한 수입과 지출을 실행하는 행위로서 확정된 예산에 따라 수입을 조달하고 공공경비를 지출하는 모든 재정활동을 의미한다(윤영진, 2008). 예산의 집행은 조직목표의 효율적·효과적 달성과 조직의 존속에 영향을 미친다. 또한 수입·지출에 관한 관리나 통제뿐만 아니라 회계통계, 산출통계, 관리행위 통제의 의미가 있다(신섭중·부성래, 1989).

아울러 일반적인 의미에서 예산집행의 목표는 두 가지 측면을 가지고 있다. 첫째, 예산통제를 통해 입법부의 의도의 구현과 재정 한계를 엄수하는 것이고, 둘째, 예산 성립 후의 여건변화에 적응하기 위해 신축성을 유지하는 것이다(유훈, 2003).

(2) 예산집행의 원칙과 통제방법

사회복지기관의 예산이 적절하게 편성되더라도 효율적이고 적절하게 예산을 집행하지 않는다면 예산수립의 의미가 크게 사라지게 된다. 그러므로 조직의 목표를 효율적으로 달성하기 위하여 예산집행에 대한 관리가 필요하다. 사회복지기관에서 예산집행의 원칙과 통제방법에 대하여 제시하면 다음과 같다.

① 예산집행의 원칙

첫째, 개별화의 원칙이다. 재정통제체계는 조직 자체의 제약 조건, 요구사항 및 기대사항에 맞게 이루어져야 한다.

둘째, 강제의 원칙이다. 재정통제체계는 명시적으로 강제성을 띠는 규정이 있어야 한다. 강제성이 없는 규칙은 효과성이 없다. 때로는 개별성을 무시할 수 있으나 규칙의 동일한 적용을 통하여 공평성과 활동을 공식화할 수 있는 것이다.

셋째, 예외의 원칙이다. 규정은 반드시 예외사항을 고려하여야 하고 그러한 상황에 적용되는 다른 규칙도 명시되어야 한다.

넷째, 보고의 원칙이다. 예산 집행에 있어서 보고의 규정이 없으면 재정 관련 행위를 공식적으로 감시하고 통제할 수 없다.

다섯째, 개정의 원칙이다. 제정된 규정과 원칙도 일정 기간이 경과하면 규칙을 개정할 수 있어야 한다.

여섯째, 효율성의 원칙이다. 통제하는 경우라도 비용과 노력을 최소화하여 효율성을 향상시켜야 한다.

일곱째, 의미의 원칙이다. 제정통제를 위해서는 모든 사람이 의미 있게 잘 이해하도록 규칙과 기준, 계약 등이 명확하고 쉽게 전달되어야 한다.

여덟째, 환류의 원칙이다. 예산 집행 과정에서 나타나는 문제점이나 장·단점을 관련자로부터 듣고 개정과 개선의 기초가 되어야 한다.

아홉째, 생산성의 원칙이다. 재정통제는 서비스가 효과적이고 효율적으로 전달되도록 하기 위한 수단이므로 이로 인하여 서비스 전달이라는 생산성에 장애와 갈등이 발생하지 않도록 유의하여야 한다.

② 예산집행의 통제방법

사회복지기관은 예산을 집행함에 있어 일정 시기에 자금운영에 문제가 발생할 수 있으므로 사전에 예산을 통제할 필요가 있게 된다. 예산집행을 통제하는 방법은 다음과 같다.

㉠ 분기별 할당방법

예산집행은 계획된 수입과 비용의 지출에 근거를 두고 있다. 그러나 예상되는 수입과 비용의 지출이 월별로 또는 분기별로 동일하지 않고 어떤 시기에 집중되는 경우가 있으며, 한편으로는 예산을 집중하여 지출하면 예산을 더욱 절약할 수 있는 경우도 있다. 이러한 경우 예산의 수입과 지출을 분기별로 조정하여 상호 간 균형을 유지할 필요가 있다. 행정책임자는 예산집행의 사정을 하부책임자에게 이해시키고 상의하여 예산할당의 효과가 나타나도록 해야 한다.

㉡ 지출의 사전승인 방법

기관에서 일정액 이상의 지출을 할 경우 행정책임자의 사전승인을 받도록 하거나, 지출액수에 따라 중간책임자의 사전승인을 받도록 하는 것이 일반적이다. 이와 같은 사전승인은 수입과 지출의 균형을 유지하는 데 도움이 되며, 승인을 의도적으로 연기하여 지출을 억제할 수도 있다.

㉢ 자금지출의 취소

예산의 원칙으로부터 수입이 인가되지 않거나 또는 삭감정책에 의하여 예상되는 수입액이 입금되지 않을 경우는 자금지출을 잠정적으로 취소하거나 또는 최종적으로 취소할 수밖에 없다.

㉣ 재정현황의 정기적 보고

행정책임자는 월별, 분기별로 예산현황을 보고받아 검토해야 한다. 예산보고서의 내용은 수입지출의 현황, 변제비용, 인원당 비용, 기능별 비용, 서비스단위당 비용 등이 포함되어 있다.

㉤ 대체(전용)

회계연도에서 사업계정별로 과다지출되었거나 또는 과소지출된 경우에는 과소지출분에서 과다지출분을 충당하기 위하여 대체할 필요가 있다. 이러한 예산대체는 조직의 구조와 액수에 따라 중간책임자의 승인을 받아야 한다.

㉥ 지불연기

기관의 내외로부터 예산지불의 요청에 대해 의도적으로 적당한 방법을 통해 연기를 함으로써 벌금이 없는 경우는 요청자의 양해를 얻어 최대한으로 지불연기를 할 수 있다.

㉦ 예산의 차용

예산의 차용은 은행이나 특별단체, 협회, 연합회, 정부기관 등으로부터 자금을 차입하는 것을 말한다. 일반적으로 수입예산이 계획대로 확보되지 않을 경우, 불가피한 지출을 위해서는 은행, 사회복지 관련 단체, 정부 등의 기금으로부터 장기적으로 또는 단기적인 대부를 받을 필요가 있다.

(3) 사회복지기관의 예산집행

사회복지기관의 예산집행은 회계절차 행위로서 수입사무 행위와 지출사무 행위에 의해 회계처리를 행하게 된다(장인협 · 이정호, 2007). 수입사무 행위는 청구사무 행위와 수납사무 행위로 구분되며, 지출사무 행위는 지출결정사무 행위와 지불사무 행위로 구분된다.

① 수입사무 행위

사회복지기관의 수입에 관한 권리는 기관을 한 당사자로 보는 계약 및 법인에 대한 행정기관의 행정행위 등에 의해 발생한다.

㉠ 청구사무 행위

사회복지기관이 채권자로서 청구권을 행사하고자 할 때에는 그 수입에 관한 기관의 내부적 의사결정이 있어야 한다. 즉, 수입의 내용으로 채무자, 수입발생 원인, 수입해야 할 금액 등에 관해 필요한 조사를 행하고 채무자, 청구금액, 수납의 시기, 수입과목 등을 결정하기 위한 품의서 및 수입결의서를 작성하여 결재를 얻어야 한다. 그 후 채무자에 대하여 당해 채권이행의 청구를 서면으로 행하는데, 이 서면이 청구서이다. 일반적으로 청구행위는 다음과 같은 행위로 이루어진다. 첫째, 수입의 권리발생 원인, 둘째, 채무자의 확인과 결정, 셋째, 수입금액의 확인과 결정, 넷째, 납입시기 등의 확인, 다섯째, 수입과목의 결정, 여섯째, 청구서의 작성 등이다.

ⓛ 수납사무 행위

채무자로부터 수입금을 현금으로 영수하는 사무를 말하며, 그 절차는 첫째, 수납하는 금액의 확인, 둘째, 영수증의 발행(수령금액, 수령내용, 수령연월일, 수령자의 주소, 성명 등), 셋째, 수납한 금전의 취급(금융기관 예치 등) 순으로 한다.

② 지출사무 행위

지출사무는 지출행위의 실행에 따른 경리사무이며, 기관의 지출을 위해서는 지출결정 행위 및 지불행위에 따른 여러 가지 절차를 밟게 된다. 시설의 지출의무는 지출의 원인으로 되는 계약, 기타의 결과에 따라 발생하며, 그 의무는 채무내용에 기초하여 이행된다.

㉠ 지출결정사무 행위

사회복지기관이 채권자에게 채무에 관한 지출행위를 행하고자 할 때에는 기관의 내부적 의지결정을 하여야 한다. 즉, 지출내용을 나타낸 서류에 기초하여 채무내용을 조사하여 지출과목과 지출금액을 확정하고, 채권자에 대하여 그 금액을 지불할 의지를 결정하는 지출결의서를 작성하여 결재를 받아야 한다. 지출의 원인행위가 되는 증빙서류 및 관계서류는 채무의 내용에 따라 다르다. 지출경비별로 다음과 같다. 우선 청구서 및 계약서가 필요하지 않은 경우에는 급여지급명세서, 출근부, 차입서류사본, 이자계산조서, 지급조서 등이, 둘째, 청구서만이 필요하고 계약서는 필요 없는 경우에는 여비, 광열비, 의료비, 교육비, 보험료 등이, 셋째, 청구서 및 계약서 등 관계서류를 필요로 하는 경우에는 청구서·계약서 또는 견적서 또는 수령증·보관증·수량조서·납품서류, 검수조서, 공사견적서, 설계서, 준공검사필증 등이 필요하다. 이처럼 증빙서류 등이 갖추어지면 채무발생을 확인해야 한다. 즉, 채무발생의 확인방법은 지출의무의 유무, 채권자의 확인, 지출할 금액의 확인, 지출할 시기, 예산과의 관계 확인 등이다.

㉡ 지불사무 행위

지출결의서에 의하여 지출결정 행위가 끝나면 지출결정에 기초하여 지불행위를 한다. 지불행위는 금전지불과 동시에 영수증을 받고 경리장부의 정리를 해야 한다. 금전의 지불방법은 소액은 연금지불로 하고 고액은 당좌수표 구좌를 개설하여 수표를 지불하거나 정기지불일을 설정하여 지불하는 방법이 있다.

2) 결 산

결산은 한 회계연도 내에 발생한 모든 수입과 지출을 최종적으로 확정적인 계수로 표시하는 절차이다. 매 회계연도마다 책정된 예산을 집행하고 그 집행과정의 사실을 장부에 기입하여 회계연도가 종료된 후에는 결산보고서를 작성하여 이사회의 결의를 얻어야 한다. 또한 예산결산서는 관할 행정기관에 보고하여야 한다.

결산은 세입·세출을 예산의 과목별로 세분하여 실시하며, 연말 결산은 법인회계와 시설회계별로 보고서를 작성하여 이사회의 의결을 거친 후 다음 연도 3월 31일까지 시장·군수·구청장에게 제출하여야 한다. 시장·군수·구청장은 결산보고서를 제출받은 때에는 20일 이내에 법인과 시설의 세입·세출 결산개요, 후원금품의 수입 및 사용내역 개요를 시·군·구의 게시판에 20

일 이상 공고하고, 법인의 대표이사로 하여금 당해 법인과 시설의 게시판에 20일 이상 공고하도록 하거나 일간 신문 또는 정기간행물에 게재하여야 한다. 결산보고서 작성 시 세입·세출 과목은 예산서의 항목과 동일하게 작성하고, 결산금액 단위는 원 단위로 하며, 산출기초는 구체적으로 상세하게 기재하여야 한다. 그리고 결산보고서에는 사회복지법인 및 사회복지시설 재무·회계 규칙 제20조 제1항 각 호의 서류를 첨부하여야 한다. 결산보고의 절차를 정리하면 ❙그림 9-4❙와 같다.

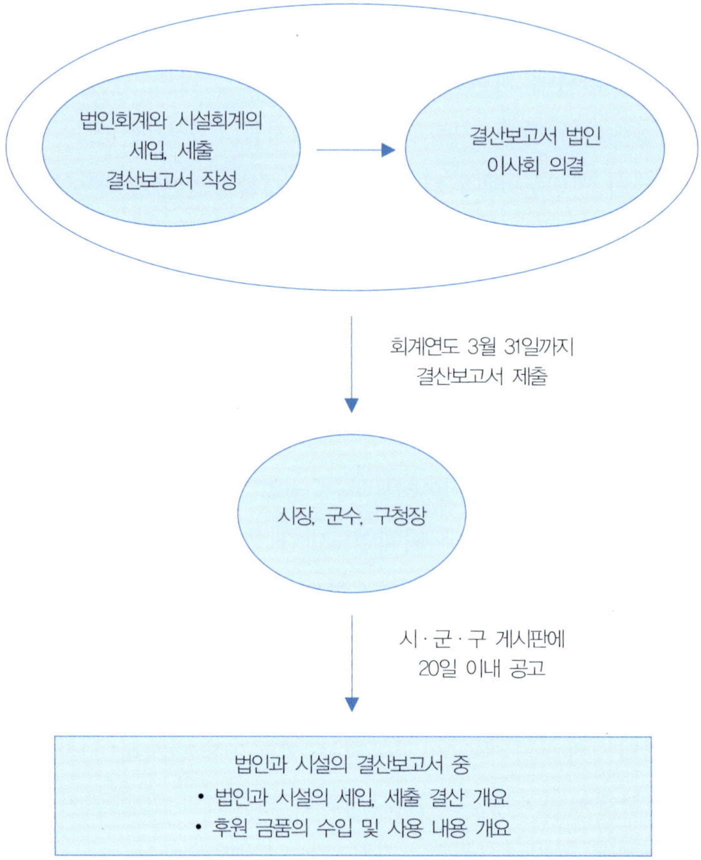

❙그림 9-4❙ 결산보고의 절차

5. 회계관리 및 회계감사

1) 회계관리

(1) 회계의 개념

회계(accounting)는 재정적 거래를 분류, 기록, 요약하고 그 결과를 해석하는 표준화된 기술이라 할 수 있다. 회계의 목적에 따라 재무회계(financial accounting)와 관리회계(management accounting)로 구분한다. 첫째, 재무회계는 내부 및 외부의 정보이용자가 경제적 의사결정에 유용하도록 일정 기간 동안의 수입과 지출 사항을 측정 · 보고하는 것으로 거래자료 기록, 시산표의 작성, 분개작성, 결산 등이 포함된다. 둘째, 관리회계는 행정책임자가 행정적 의사결정을 하는 데 필요하도록 재정관계의 자료를 정리하는 것으로 예산단위의 비용을 계산하여 예산의 실행결과를 분석하는 것이다.

(2) 회계관리

국가 사회복지기관에서는 예산회계법에 의하여 회계운용을 하고 있으며, 민간 사회복지기관에서는 사회복지법인 및 사회복지시설 재무 · 회계 규칙에 의하여 회계운용을 한다(장인협 · 이정호, 2007). 사회복지기관의 회계운용에 필요한 경리사무는 예산 및 결산에 관한 사항, 회계장부의 기록 · 정리 및 보관에 관한 사항, 계약에 관한 사항, 금전의 수지와 병행한 자금의 조달 · 운용에 관한 사항, 채권 · 채무의 관리에 관한 사항, 기본 재산의 경리에 관한 사항, 내부 경리감사에 관한 사항 등이다. 일반적으로 회계관리 업무에는 기록업무, 정리업무, 재정보고서의 작성 등이 있다(김병식 · 박용순 · 변보기 · 윤도현, 2003).

① 기록업무

기록업무는 예산의 수입과 지출에 관한 기록장부를 마련하고 회계원칙에 따라 장부에 기록하는 것이다. 회계는 다양한 분개장에 업무들을 기록하는 데서 시작된다. 회계에 사용되는 많은 분개장들은 부분적으로 기관의 규모와 업무의 유형들을 나타낸다. 많은 전문화된 업무를 하는 기관들은 여러 개의 전문적인 분개장을 가지고 있다. 따라서 인사비용(급여, 유동성 급여 등)에 대한 업무를 우선적으로 하는 조직체들은 대개 분리된 급료지불분개장과 출장분개장을 가진다(성규택, 2003).

사회복지기관은 사회복지법인과 관련하여 회계업무를 하게 된다. 사회복지법인 및 사회복지시설 재무 · 회계 규칙에 의하면 법인회계와 수익사업회계는 복식부기에 의하며, 시설회계는 단식부기에 의하도록 하고 있다. 사회복지기관의 재정관리자는 기록의 정확성보다 기록되는 작업에 대한 감독에 더 관심을 갖는 경향이 있다. 그러나 재정관리자는 각 업무들이 원래의 분개장 내에 기록되고 있는가, 항목설정은 제대로 이루어지고 있는가, 기록보관은 제대로 이루어지고 있는가에 대해 주의를 기울여야 한다. 분개장의 기록이 제대로 이루어져야 원장과 시산표 작성이 용이해지며 이렇게 될 때 기말결산이나 회계감사 등이 쉽게 이루어질 수 있다.

② 정리업무

모든 회계는 주기적으로 종결이라는 절차를 밟게 된다. 이 절차에서 계속적으로 하는 분개장 업무가 종결이 되고 통합이 된다. 그래서 이렇게 통합된 항목은 원장에 기록된다. 따라서 회계장부에 기록된 회계사항을 주기적으로 종결하여 업무를 정리하는 것이다. 즉, 주기적으로 재정상태를 파악하기 위한 재정보고서의 작성을 위해서 반드시 필요한 절차이다. 사회복지기관들은 이러한 결산작업을 업무의 수와 재정명세서를 필요로 하는 빈도에 따라 대개 1개월을 기준으로 실행할 수 있다. 일반적으로 원장 및 분개장, 시산표는 균형을 이루도록 되어 있어 이월항목으로 들어가는 과정은 업무의 정확성을 검증하는 수단이 된다. 이러한 3중 균형에 대한 행정적 검토는 주로 기록이 정확하게 되어 있는가 그리고 수입과 지출은 당초 계획과 같이 집행되었는가를 알아보기 위한 것이다(성규택, 2003).

③ 재정보고서의 작성

회계활동에서 마지막으로 이루어져야 하는 것이 보고서를 작성하는 일이다. 보고서는 기관의 재정위원회나 지역사회 그리고 기관에 자금을 기부하는 사람들에게 배포된다. 특히 책임성을 진다는 뜻에서 지역사회와 기부자들에게 기관활동과 수입 및 지출의 내역을 알려준다는 것은 매우 중요하다. 이러한 활동을 통해서 앞으로도 계속 지원을 받을 가능성을 높일 수가 있기 때문이다. 보고서의 형식은 이를 요구하는 곳에 따라 달라질 수 있다. 그러나 보고서의 3중 균형은 그 양식이 어떠하든 간에 반드시 갖추어져야 한다. 따라서 기관이 표준화된 보고서 양식을 갖는 것이 바람직하다. 그리고 보고서는 누가 보아도 분명하게 이해할 수 있도록 기록되어야 한다.

사회복지기관의 재정상태를 정기적으로 파악하기 위하여 월별, 분기별의 재정보고서를 작성하여 이사회 등에 보고한다. 회계연도 말에 당해 연도의 수입지출 현황을 알 수 있는 적절한 양식의 보고서를 작성하여 정부기관 및 이사회에 반드시 보고해야 한다. 그리고 재정원천이 되는 단체나 개인에게도 보고하거나 공개하여 제공된 재정이 어떻게 사용되었는지를 알려주어야 한다.

(3) 회계감사

회계감사는 결산과 함께 예산과정 중의 마지막으로 예산을 정확하고 효율적으로 집행하기 위해서 필요하다. 따라서 회계감사는 조직의 예산 편성 및 지출 상황, 결산 등을 증빙자료로 확인하는 것으로, 사회복지기관에 할당된 재정들이 효율적으로 집행이 이루어진 후 성실하고 합리적으로 집행이 이루어졌는지를 확인하는 절차라 할 수 있다.

회계감사는 주체에 따라 조직 내부에서 실시하는 감사와 조직 외부, 즉 회계법인, 정부, 지방자치단체 등에서 실시하는 감사, 감사 대상 조직에 따라 법인에 대한 감사와 법인이 운영하는 조직인 시설감사 등이 있는데, 일반적으로 회계감사는 어느 조직이든 재정감사와 운영감사가 이루어진다(김병식 · 박용순 · 변보기 · 윤도현, 2003).

재정감사는 보통 품목별 예산에서 주로 이루어지게 된다. 즉, 규정된 항목들에 따라 해당 자금들이 바람직하게 사용되었는지를 감사하게 된다. 또한 기관의 프로그램이 입법의도와 일치하여 운영되었는지, 경제적 · 효율적으로 집행되었는지 등 예산집행의 기본적인 준수 여부에 대한 감사를 하게 된다. 그리고 규칙과 규제에 대한 순응 여부를 감독함으로써 프로그램이 효율적으로 운영되는지를 모니터링하게 된다.

운영감사는 주로 기능별 예산이나 프로그램 예산 등에 대하여 목표 자체가 달성되었는지, 얼마만큼의 산출물이 예정했던 비용과 연계해서 발생하였는지 등을 감사하게 된다.

사회복지법인과 시설에 대한 감사는 사회복지법인 및 사회복지시설 재무 · 회계 규칙 제42조 제1 · 2항 규정에 의해 매년 1회 이상 감사를 실시하며, 법인의 대표이사는 시설의 장과 수입원 및 지출원이 사망하거나 경질되는 경우에는 그 관장에 속하는 수입, 지출, 재산, 물품 및 현금 등의 관리사항을 감사로 하여금 감사해야 한다. 이때 전임자가 입회해야 하며, 전임자가 입회할 수 없을 경우에는 법인의 대표이사가 직원 중에서 입회인을 지정해야 한다. 감사는 감사 보고서를 작성해 법인 이사회에 보고해야 하며, 부정 또는 불비한 점이 발견되는 사항에 대하여 시장, 군수, 구청장에게 보고해야 한다.

2) 사회복지법인 및 사회복지시설 재무 · 회계 규칙

사회복지법인 및 사회복지시설 재무 · 회계 규칙은 사회복지사업법 제23조 제4항, 제45조 제2항 및 제51조 제2항에 따라 사회복지법인 및 사회복지시설의 재무 · 회계, 후원금관리 및 회계감사에 관한 사항을 규정하여 재무 · 회계, 후원금관리 및 회계감사의 명확성 · 공정성 · 투명성을 기함으로써 사회복지법인 및 사회복지시설의 합리적인 운영에 기여함을 목적으로 하고 있다.

사회복지법인 및 사회복지시설의 회계연도는 정부의 회계연도를 따르며, 법인의 수입 및 지출의 발생과 자산 및 부채의 증감·변동에 관하여는 그 원인이 되는 사실이 발생한 날을 기준으로 하여 연도소속을 구분한다. 다만 그 사실이 발생한 날로 정할 수 없는 경우에는 그 사실을 확인한 날을 기준으로 하여 연도소속을 구분한다. 회계는 법인의 업무 전반에 관한 회계인 법인회계, 시설의 운영에 관한 회계인 시설회계 및 법인이 수행하는 수익사업에 관한 회계인 수익사업회계가 있다.

학습평가

01 다음에서 설명한 예산으로 올바른 것은? (　　)

> 예산이 성립되고 회계연도가 개신된 후에 새로이 발생한 사유로 이미 성립된 예산에 변경을 가할 필요가 있을 때 추가로 예산을 편성한 예산

① 본예산　② 추가경정예산　③ 수정예산
④ 준예산　⑤ 일반예산

정답 ②

해설 추가경정예산은 예산이 성립되고 회계연도가 개신된 후에 새로이 발생한 사유로 이미 성립된 예산에 변경을 가할 필요가 있을 때 추가로 예산을 편성한 예산이다.

02 예산체계의 유형을 설명한 것으로 올바른 것은? (　　)

> 예산을 사업별, 활동별로 분류해 편성하되, 업무단위의 원가와 양을 계산해 편성한 예산으로 기능주의 예산 또는 프로그램 예산이라 한다.

① 품목별 예산　② 수정 예산　③ 성과주의 예산
④ 계획 예산　⑤ 영기준 예산

정답 ③

해설 성과주의 예산은 예산을 사업별, 활동별로 분류해 편성하되, 업무단위의 원가와 양을 계산해 편성한 예산이다.

03 예산확보 전략을 설명한 것으로 올바른 것은? (　　)

> 사회복지법인, 시설이 단체, 기업체, 개인들로부터 아무런 대가 없이 무상으로 증여받는 금품, 기타 자산이다.

① 보조금　② DM　③ 수수료
④ 기부금　⑤ CRM

정답 ④

해설 기부금은 사회복지법인, 시설이 단체, 기업체, 개인들로부터 아무런 대가 없이 무상으로 증여받는 금품, 기타 자산이다.

04 시설회계의 첨부서류가 아닌 것은? ( )

① 예산총칙
② 세입, 세출명세서(별지)
③ 임직원보수 일람표(별지)
④ 당해 예산을 의결한 이사회 회의록 사본
⑤ 추정대차대조표(별지)

정답 ⑤

해설 추정대차대조표(별지)는 법인회계의 첨부서류이다.

05 예산집행의 원칙에 대한 설명 중 잘못된 것은? ( )

ㄱ. 개별화의 원칙은 재정통제체계는 조직 자체의 계약조건, 요구사항 및 기대사항에 맞게 이루어져야 한다.
ㄴ. 강제의 원칙은 규정에는 반드시 예외사항을 고려하고, 상황에 적용되는 다른 규정도 명시되어야 한다.
ㄷ. 보고의 원칙은 예산집행에 있어서 보고의 규정이 없으면 재정 관련행위를 공식적으로 감시하고 통제할 수 없다.
ㄹ. 효율성의 원칙은 통제하는 경우라도 비용과 노력을 최소화하여 효율성을 향상시켜야 한다.
ㅁ. 환류의 원칙은 예산집행 과정에서 나타나는 문제점이나 장단점을 관련자로부터 듣고 개정과 개선의 기초가 되어야 한다.

① ㄱ
② ㄴ
③ ㄷ
④ ㄹ
⑤ ㅁ

정답 ②

해설 예외의 원칙은 규정에는 반드시 예외사항을 고려하고, 상황에 적용되는 다른 규정도 명시되어야 한다.

10
CHAPTER

사회복지서비스 질 관리와 위험관리

1. 사회복지서비스 질의 개념과 특성
2. 사회복지서비스 질 구성요소와 관리방안
3. 서비스 질 평가 및 사회복지기관에서 TQM 도입요소
4. 사회복지서비스 질에 대한 과제
5. 위험관리의 개념과 방법

10 CHAPTER

사회복지서비스 질 관리와 위험관리

1. 사회복지서비스 질의 개념과 특성

1) 사회복지서비스 질 개념

사회복지 분야는 유형의 재화를 공급하는 경우도 있지만 주로 무형의 서비스를 공급하는 조직으로 되어 있다. 서비스(용역)에 대한 사전적 정의는 재화를 생산하지는 않으나 그것을 운반, 배급, 판매하거나 생산과 소비에 필요한 노무를 제공하는 일로 정의된다(다음 백과사전). 사회복지서비스에 대한 개념은 학자의 관점에 따라 상이하기 때문에 일반적으로 규정하는 것은 무리가 있다. 그러나 서비스를 공급자나 수요자의 입장에서는 서비스에 대한 특징적인 요소를 규정하는 것이 필요하다. 사회복지서비스는 타 분야보다 서비스의 품질에 대한 문제에 많은 관심을 가지고 있으며, 최근에는 경영학에서 사용하는 방법론을 도입하여 품질관리를 추진하고 있다.

일반적으로 제공되는 재(財)를 구분하면 판매를 위해 제공되거나 제품판매와 수반하여 제공되는 활동, 편익, 만족으로 정의하는데, 사회복지서비스는 물질적 서비스와 비물질적 서비스로 나뉜다. 물질적 서비스는 돈(급여), 생계비, 주거비, 교통비, 장애인 수당, 연금급여, 의료서비스 등을 의미하고, 비물질적 서비스는 상담(개별, 집단), 지역사회 상담, 교육(금연, 약물), 재가서비스, 정서서비스 등을 말한다.

사회복지서비스는 크게 나누면 공공기관이 공급하는 서비스로 사회보험과 공공부조제도와 민간 사회복지기관 및 시설들이 클라이언트에게 공급하는 서비스로 나눌 수 있다. 일반적으로 사회복지서비스의 질을 판단하는 기준은 공급자 입장에서는 서비스의 내용이 얼마나 충실하게 구성되어 있느냐에 비중을 두고, 서비스 이용자 입장에서는 욕구를 얼마나 충족하느냐에 달려 있다. 따라서 서비스의 질은 제공자뿐만 아니라 서비스 이용자의 만족도 측정에 의해서 규정될 수 있으며, 그 가치가 평가되는 척도에 따라서 규정될 수 있다. 즉, 서비스 이용자의 욕구, 보호자의 욕구, 사회복지시설이나 기관의 다양한 욕구를 적절한 수준에 맞게 충족시켜 주는 것이 필요하다.

사회복지서비스는 사회복지조직, 사회복지 프로그램, 사회복지기관 및 시설을 관리하고, 그들이 제공하고 있는 서비스 관리를 하는 방법으로 SQM(Service Quality Management : 서비스 질 관리)이라는 용어를 사용하고 있다. 이 SQM이 추구하는 목적은 서비스 창출과 서비스를 제공하는 전 과정에서 발생하는 모든 문제를 제거하고 줄임으로써 일관성 있는 사회복지서비스를 확보하고 제공하는 데 있다. 사회복지서비스의 질은 주로 서비스 이용자에 의해서 평가되고 있지만 질적 향상은 서비스 이용자가 원하는 욕구에 초점을 두고 제공할 수 있어야 한다. 이를 뒷받침하는 것으로 사회복지조직에 TQM(Total Quality Management)을 도입하고 적용하기도 한다. TQM을 도입하기 위해서는 다양한 준비가 필요한데, 일본 사회복지 분야에서는 이용자 중심의 복지서비스 전환을 목표로 하여 전 직원, 전 부문을 통한 개선활동과 개발활동을 추진하고 있다. 직원의 능력을 신뢰하여 과제를 부여하고 직원을 교육하여 과거의 집단연수에서는 볼 수 없었던 역동성을 활용하여 직원의 자질 향상을 도모하고 있다. 그리하여 전 직원이 참여하고 협력하여 추진한 개선활동을 통하여 상호 신뢰하는 밝고 명랑한 직장을 만든다.

2) 사회복지서비스의 특성

사회복지서비스는 유형적인 제품과 비교해 볼 때 무형성이 강하고, 생산과 소비가 동시에 일어나며, 노동집약적인 것이 많다. 따라서 영리, 비영리를 불문하고 대부분의 서비스는 무형성, 이질성, 소멸성, 생산과 소비의 비분리성이라는 네 가지 속성을 가지고 있고, 이러한 속성들은 서비스를 재화와 뚜렷하게 구별 짓게 한다. 즉, 서비스는 무형적이기 때문에 냄새를 맡거나 맛볼 수는 없지만 재화는 유형적이기 때문에 가능하다. 서비스(SERVICE)의 구성요소로는 ① S(Sincerity, Speed, Smile)－성의, 스피드, 미소, ② E(Equality)－활기(열정), ③ R(Revolutionary)－신선하고 혁신적인 것(아이디어), ④ V(Valuable)－가치 있는 것, ⑤ I(Impressive)－감명 깊은 것(고객감동), ⑥ C(Communication)－커뮤니케이션, ⑦ E(Entertainment)－환대(친절)로 되어 있다.

(1) 무형성(intangibility)

무형성은 서비스업과 제조업을 구별하는 가장 분명한 차이점이다. 보통 재화(goods)는 유형적이기 때문에 만지거나 감촉을 느끼고 냄새를 맡아볼 수도 있다. 그러나 서비스는 제공할 때 유형적 대상을 사용하거나 수반하는 경우가 있지만, 서비스 그 자체는 손에 잡을 수 없는 무형적인 것으로 대부분의 서비스는 일종의 수행(performance)이다. 즉, 서비스는 사전 구매단계에서 고객들이 지각할 수 있는 완벽한 물리적인 형태가 결여되어 있다.

(2) 동시성(simultaneity), 생산과 소비의 비분리성

서비스의 생산과 소비는 따로 나누어질 수 없다. 서비스는 생산됨과 동시에 소비되기 때문이다. 환자를 진료하는 의사의 서비스 행위는 그 장소에서 바로 소비되므로, 서비스는 고객 없이 이루어질 수 없으며, 고객이 서비스 편익을 누리기 위해서는 서비스 현장에 참여해야 한다. 즉, 서비스를 성공적으로 생산하기 위해서는 서비스 제공자와 고객 간에 상호작용이 필요하다.

(3) 소멸성(perishability)

서비스는 보관하거나 다른 곳으로 이동할 수 없다. 상담처럼 고객이 제공받는 서비스는 제공과 동시에 소멸되기 때문이다. 따라서 재고(inventory)의 대상이나 개념이 없다.

(4) 변동성(variability), 이질성

사회복지서비스는 공급자나 수요자 모두 사람이며, 이들은 서로 상호작용을 한다. 예를 들어, 컨설팅, 의사의 진료 등은 서비스 품질 여부가 실질적으로 그 서비스를 제공하는 사람에 의해 좌우된다. 그러나 서비스는 같은 회사나 같은 직원에 의해 제공되더라도 매번 달라지며 예측할 수 없다. 동일한 업무를 하더라도 서비스 공급자의 성향과 지식, 기술, 태도가 상이하여 서비스가 이질성을 띠게 된다.

〈표 10-1〉 사회복지서비스의 특성에 따른 문제점과 대응전략

서비스 특성	문제점	대응전략
무형성	• 저장이 어렵다. • 진열이나 내용을 설명하기 어렵다. • 가격 설정이 곤란하다. • 지각된 위험이 높다.	• 실체적 단서 제공 • 구전활동을 적극 활용 • 시설 이미지 중점관리 • 구매 후 사후관리 강화
비분리성	• 서비스 제공 시 고객이 참여함으로써 대량생산이 어렵다.	• 직원의 채용 및 교육 철저 • 고객관리 철저 • 여러 지역에 서비스 망 구축
소멸성	• 재고로 보관하지 못한다.	• 수요와 공급 간의 조화 • 변동적 수요대응 전략 이용
이질성	• 표준화와 품질통제가 곤란하다.	• 표준화 또는 개별화 전략을 시행 • 서비스의 상업화와 고객화

3) 사회복지서비스 질 관리의 필요성

사회복지서비스에 대한 수요는 시장을 통하여 이용자에게 재정을 할당하고 공급자를 경쟁시키는 체제를 도입하는 방향으로 변화하고 있다. 영리조직의 서비스 제공기관 참여는 당초 이용자의 선택기회를 높이기 위한 방안으로 채택되었다. 그러나 정책의도와 다르게 조직의 이익을 추구하는 영리조직의 속성으로 인하여 서비스 이용자들을 위험하게 만드는 요인이 되기도 한다. 사회서비스에 대한 품질관리는 서비스의 본질적 특성 때문에 품질의 측정과 관리가 용이하지 않다. 이러한 어려움에도 불구하고 사회서비스는 전통적인 사회서비스와 달리 바우처 중심의 이용자 재정지원 방식을 채택하기 때문에 품질관리의 필요성이 높다. 사회복지서비스의 품질관리가 필요한 구체적 이유는 다음과 같다(김은정, 2008).

첫째, 과거의 사회복지서비스와 달리 이용자의 공급기관 선택권이 확대되고, 본인부담금이 있기 때문에 보다 질 좋은 서비스에 대한 '권리의식'이 생기게 됨으로써 품질에 대한 기대수준이 높아졌기 때문이다.

둘째, 이용자에게 직접 재정을 지원하는 바우처 방식은 민간 공급기관에 대해 직접적이고 일률적인 관리가 어렵다. 따라서 서비스가 어떻게 제공되고 있는지에 대한 별도의 품질관리적 개입이 필요하다.

셋째, 사회서비스는 다수의 민간 영리기관들의 경쟁을 통해 서비스의 품질 개선을 이루고자 하는 시장화 전략을 바탕으로 하고 있다. 그러나 시장체제는 이윤추구를 목적으로 하기 때문에 서비스 품질을 고려하지 못할 경우 이용자들의 권리를 훼손할 가능성이 높다(이유재, 2004 : 332). 따라서 이용자 권리보호, 공공성 확보를 위해서는 추가적인 품질관리 노력이 필요하다.

넷째, 사회복지서비스의 특성상 대면적 성격이 강하고, 이용자들의 취약성으로 인해 정보의 비대칭성이 나타나 공급자가 이용자를 선택하는 역선택이 초래될 수 있다(박세경 외, 2009 : 108). 결과적으로 사회복지서비스의 품질관리는 무형성, 비분리성, 소멸성, 이질성 등의 특징을 갖는 서비스의 특성으로 인하여 상대적이고, 가변적이다.

민간영리조직이 주요 공급주체가 되면서 지역 간, 기관 간 서비스 품질의 편차가 발생할 가능성이 높다. 또한 이윤추구 동기에 의한 과잉경쟁은 품질관리를 위한 합리적 대안이 제시되지 않은 상태에서 과거보다 오히려 질 낮은 서비스를 제공하게 하는 부작용을 초래할 수 있다. 따라서 네반과 라이트(Nevan-Wright, 1996)는 '사회복지서비스 품질의 중요성이 점점 높아져서 이제는 이를 제공기관에 맡겨두기는 어렵게 되었다'고 하였다. 더욱이 복지서비스 전반에 대한 성과관리가 강화되고 있는 시대적 흐름에도 불구하고 허가제에서 신고제로 전환되면서 제공기관의 시장 진입장벽이 낮아져 사회복지서비스 시장의 혼란과 품질관리 문제는 더욱 심각해지고 있다(황인매 외, 2014 : 203-233).

2. 사회복지서비스 질 구성요소와 관리방안

1) 서비스 질의 구성요소

사회복지행정 서비스의 질 구성요소로 PZB(서비스 품질 특성을 분류하고 정의한 미국의 세 학자 이름의 머리글자)가 개발한 서비스 질의 5개 차원인 신뢰성(R : Reliability), 확신성(A : Assurance), 유형성(T : Tangibles), 공감성(E : Empathy), 대응성(R : Responsiveness)에 관해 살펴보고자 한다. 그 구체적인 내용은 다음과 같다.

(1) 신뢰성

신뢰성은 약속한 서비스를 믿음직스럽고 정확하게 수행할 수 있는 능력이다. 신뢰할 만한 서비스의 수행은 고객의 기대에 대하여 적시에 동일한 방법으로 매번 실수 없이 성취할 수 있는 수단이다.

(2) 확신성

믿음과 확신을 동반한 직원의 능력뿐만 아니라 그들의 지식과 호의, 확신성 차원에서의 주요 특징은 서비스 수행 능력, 고객에 대한 정중함과 존경, 고객과의 효과적 의사소통, 서비스 제공자가 진심으로 고객에게 최선의 관심을 쏟는 것을 포함한다. 이는 일반적인 대민 행정서비스 제공에 비해 복지행정서비스 제공이 보다 깊이 있는 능력을 필요로 하는 경우가 많음을 의미한다.

(3) 유형성

물리적인 시설 · 장비 · 통신의 확보 · 물리적 환경(예 청결도)의 상태는 서비스 제공자가 보여준 세심한 관심과 배려의 유형적 증거로, 이는 사회복지행정기관에 대한 긍정 · 부정적 이미지를 창출한다.

(4) 공감성

공감성은 사회복지행정기관이 고객에 대한 배려와 개별적인 관심을 보일 준비로서, 고객의 요구를 이해하기 위하여 접근 가능성 · 민감성 · 노력 등을 주요 특징으로 포함한다.

(5) 대응성

대응성은 고객을 돕고 신속한 서비스를 제공하겠다는 의지로서, 뚜렷한 이유 없이 고객을 기다리게 하는 것은 서비스의 질에 대한 불필요한 부정적 인식을 갖게 한다.

2) 사회복지서비스 질 측정이 어려운 이유

서비스의 질은 서비스 이용자가 서비스에 대해 느끼는 만족의 정도로, 서비스의 질이 훌륭하다는 것은 클라이언트가 기대하는 바를 충족시켜 주거나 기대 이상의 서비스를 제공하는 것이다. 객관적인 질의 평가가 용이한 유형의 재화와 달리, 서비스는 그 특성으로 인해 질을 정의하고 측정하기가 어렵다. 서비스의 질을 측정하기 위해서는 서비스의 질에 대한 정의와 그 결정요소 등에 대한 연구가 있어야 한다. 서비스의 질을 정의할 수는 있으나, 서비스의 질을 측정하기가 어려운 이유는 다음과 같다(김연성 외, 2002).

첫째, 서비스 질의 개념은 주관적이기 때문에 객관화하여 측정하기 어려워 모든 경우에 적용되는 서비스의 질을 측정하기는 어렵다.

둘째, 서비스 질은 서비스의 전달이 완료되기 이전에는 검증되기가 어려운데, 사회복지서비스는 생산과 소비가 동시에 이루어지기 때문에 더욱 어렵다.

셋째, 서비스의 질을 측정하려면 고객에게 설문조사를 해야 하는데, 고객으로부터 데이터를 수집하는 일은 시간과 비용이 많이 들며 질문지 회수율도 낮다.

넷째, 자원이 서비스 전달 과정 중에 고객과 함께 이동하는 경우에는 고객이 자원의 흐름을 관찰할 수 있어, 서비스의 질 측정의 객관성을 저해한다.

그럼에도 불구하고 서비스의 질을 측정하려는 이유는 개선을 하기 위한 첫 단계가 측정이라는 점과 경쟁 우위 확보를 위한 서비스의 질에 대한 중요성이 증가하고 있으며, 사회복지행정 서비스의 질 관리는 대상자에게 제한된 자원으로 최대한의 만족을 얻도록 하는 데 있기 때문이다.

3) 서비스의 질 관리방안

(1) 단기적인 관점

사회복지행정 서비스의 질을 개선시키기 위해서는 몇 가지 노력이 필요하다. 고객이 기대하는 서비스 수준을 이해하고 파악하기 위한 자료를 수집하는 일과, 각 업무단계별로 서비스 질의 요구사항을 정리하여 관리하는 일, 그리고 서비스의 질 기준을 설계하고 그에 따른 실행을 하며, 서비스의 질 전달 시스템을 체계적으로 관리하는 일 등이다. 구체적인 내용은 다음과 같다(임정문 외, 2017).

① **고객의 기대를 이해하고 확인** : 고객의 서비스에 대한 기대를 이해하고 확인하는 것으로, 자료수집을 위한 도구를 설계하는 것이 필요하다. 그리고 프로세스 흐름도를 작성하는 일을 해야 한다. 다음은 정보 · 고객 · 자원 등 각 투입요소를 검토한다.

② **단계별 서비스 품질 요구사항을 정의** : 각 프로세스 단계별 서비스 품질 요구사항을 정의한다. 서비스 전달시스템을 설계하고 이를 바탕으로 대기 시간 · 투입과 산출 질 규정 · 불만고객의 수 · 절차 및 체크리스트에 대한 운영기준 설정 등을 실시한다.

③ **서비스의 질 기준을 설계하고 실행** : 서비스에서 질 기준이란 서비스 표준화가 전제되어야 한다. 서비스 표준화의 가장 어려운 점은 고객이 생각하는 표준이 무엇인지 알아내어 정하는 것이다. 고객이 원하지 않는 표준을 설정하는 것은 고객의 욕구 · 우선순위 · 기대수준을 무시한 것으로 고객 불만을 유발하는 요인이 된다.

④ **피드백** : 서비스의 질 전달시스템의 설계에 피드백을 한다.

이상의 과정을 통해 얻은 결과를 투입 쪽에 연결하여 개선을 유도하는 활동을 하여 서비스의 질을 개선하는 프로세스를 마무리한다.

(2) 장기적인 관점

사회복지행정기관이 서비스의 질을 향상시키기 위해서는 단기적인 관점에서가 아니라 장기적인 관점에서 사회복지행정기관의 문화, 조직 내 인간관계, 그리고 정보통신 기술을 비롯한 기술의 전략적 활용이 필요하다. 이를 위해 사회복지행정기관의 문화를 서비스의 질 향상에 적합하게 변화시키고, 조직 내 조직원이 참여하는 분위기가 마련되어야 하며, 서비스 질의 향상을 위한 기술의 활용이 체계적으로 이루어야 한다. 즉, 사회복지행정 서비스는 서비스 자체의 질과 성과보다는 고객에 대한 즉각적인 대응성이 중요하고, 신뢰를 바탕으로 하며, 고객의 입장에서 이루어져야 한다는 것을 의미한다. 이는 서비스를 공급자 위주에서 수요자 위주로 보는 발상의 전환이 필요하다. 이러한 발상의 전환은 행정서비스에 대한 국민의 인식, 공무원과 국민의 상호작용 방식 및 서비스가 조직되는 방식을 변화시키고 서비스의 공급 유형과 전달방식도 변경하도록 한다.

3. 서비스 질 평가 및 사회복지기관에서 TQM 도입요소

1) 서비스 질 평가의 기준

(1) 서비스 우수성 관점

이것은 사회복지서비스의 뛰어난 것을 의미하며, 이 관점에 의해서는 서비스 질이 명확하게 정의될 수 없다. 서비스의 우수성은 고객의 오랜 경험을 통하여 축적되므로 일시적으로 단순하게 평가할 수 없다.

(2) 서비스 자체를 기준으로 한 관점

서비스 질은 서비스 자체를 구성하고 있는 프로그램이나 구성요소인 인력과 재원의 양에 의해 결정될 수 있다. 그렇지만 프로그램 수가 많다거나 재원이 많이 투입되었다고 해서 반드시 서비스의 질이 높다고 볼 수는 없다.

(3) 이용자 관점

서비스 질은 고객 개개인의 욕구를 잘 충족시켜 주는 서비스를 가장 좋은 서비스로 인정한다. 여기서 질은 매우 주관적이고, 고객 개인이 사용하기가 가장 적합하였는가에 초점을 둔다.

(4) 서비스 과정의 관점

질적 평가는 공급자에게 초점을 맞추어 주로 기술적인 면과 제공방법에 중점을 둔다. 즉, 훌륭한 서비스나 프로그램 계획서에 따라 충실하게 제공되었다면 그 서비스의 질은 충분히 높을 것이라고 판단할 수 있다.

(5) 제품의 가치를 기준으로 한 관점

서비스 질의 평가는 투입비용과 서비스 가격에 의해 품질을 평가한다. 즉, 비용 효과성 측면에서 파악한다.

2) 사회복지기관에서 TQM 도입요소

사회복지기관에서 TQM의 개념을 적용하면 기관장의 리더십 아래 서비스 질을 최우선 과제로 삼고 클라이언트의 복지욕구 충족과 사회복지기관의 발전을 도모하게 된다. 기관 조직원들의 전원 참여와 총체적 수단을 활용하는 종합적인 복지경영시스템이 사회복지기관에서의 TQM이다. 즉, 사회복지기관 종사자 모두의 결집된 노력을 바탕으로 서비스 질을 혁신하여 클라이언트 만족도를 극대화하여 기관의 경쟁적 우위를 확보하는 것이다. 이를 위해 기본요소로 다음을 들 수 있다.

① **클라이언트** : 서비스에 대한 정의를 내리는 사람으로서 클라이언트 만족도가 TQM의 실행결과인 동시에 실행목표이다.

② **기관조직원** : 사회복지사로 기관 조직원의 참여와 사명감 없이는 목표의 효과적인 달성은 어렵다.

③ **복지자원** : 클라이언트에게 제공하기 위한 복지자원은 서비스의 수준에 영향을 주는 중요한 도구이다.

④ **기관장** : 최고경영자로 기관장은 사회복지기관 내에 서비스의 질을 고양시키고 조직 구성원, 자원들을 결집하고, 관리하면서 TQM의 성과를 좌우한다.

⑤ **과정** : 서비스 활동 제공과정 및 지속적인 서비스 개선과정은 클라이언트의 서비스 만족에 결정적 영향을 미친다.

4. 사회복지서비스 질에 대한 과제

1) 사회복지실천 영역의 질에 대한 비판

사회사업의 운영에서와 마찬가지로 품질경영에 대한 여러 가지 비판들도 비슷한 수준으로 존재해 왔다. 사회복지실천 영역에서의 품질에 대한 비판들은 대략 다음과 같다(Veronica, et al., 2006 : 71-73).

첫째, 부적합성(unsuitability)이다. 품질의 추구는 사회복지서비스 영역에 상업주의를 끌어들이고, 그로 인한 장·단점 역시 존재한다. 한편으로 서비스 질 개선은 가장 기본적인 수준에서 인간 삶의 질 향상으로 이어질 수 있다. 사회복지서비스의 질은 물리적으로 재화처럼 측정하는 것이 어려워 그로 인한 결과를 판단하기는 어렵다. 기준 및 수행지표들이 설정될 수 있으나, 서비스를 가치에 기반하여 품질을 개선한 구성물로서 판단하기에는 어렵다.

둘째, 정치적 문제(political issues)이다. 서비스 제공 여부를 결정할 때 기관의 자원 부족에 대한 사용권한의 제한으로 인하여 서비스 제공 여부에 대한 법률적 복잡성이 제기된다.

셋째, 관료제의 확산(proliferating bureaucracy)이다. 품질을 관리하기 위한 과정에 직접 서비스 제공으로 인하여 소요된 자금까지 확인함으로써 관료제로 편입된 주변 업무가 확대되고 있다. 또한 서비스에 대한 지출을 절감하기 위한 이용자 및 보호자에 대한 비용뿐만 아니라, 구성원들로 하여금 자발적인 품질문화에 참여하기보다는 감시받고 있다는 느낌을 줄 수 있다.

넷째, 사회복지서비스 이용자 역량강화 및 반억압적 실천(user empowerment and anti-oppressive practice)이다. 조직적 억압을 피할 수 있는 목표의 범위는 품질에 대한 생각, 혹은 모니터링 및 기타 품질시스템에 들어가 있는 서비스 이용자와 보호자의 목소리에 통합되어 있다. 반억압적 실천에 대한 사회복지적 사고와 이용자 역량 강화는 우리에게 많은 문제에 접근하는 방법을 제공하였으나, 지금까지 사회복지조직 관리자들은 좀 더 급진적인 도전에는 대응하지 못하고 있다.

2) 사회서비스 질 사고의 과제

사회서비스 영역에서 추구하고 있는 품질은 현재 바람직한 경험을 축적하고 필요한 개선을 통해 조직 개발에 지속적인 동기를 제공해야 한다. 품질관리와 품질보증은 사회서비스 기관들이 고객 보호의 신념과 정부의 명령 및 조직의 의지로 품질 측정의 혼합물을 산출하고 있다. 예를 들어, 지역사회의 관심과 아동보호서비스 계획에 대한 포커스 그룹과 같은 지역회의의 내용을 수용하는 데 관심을 가지고 있다. 서비스 계약을 충족하는 품질규격에 대한 모니터링 절차를 보다 체계적으로 측정하여 이용자 피드백을 얻을 수 있는 기회의 극대화에 주목하고 있다.

또한 그런 기회들은 외부적인 양심선언(blowing the whistle)보다 문제를 제기하고 불평을 할 수 있는 내부적 기회를 가질 수 있도록 지원의 목소리도 경청해야 한다. 역사적으로 통제주의 시대에 행하였던 품질 관련 방법은 때때로 전문가를 훈련하는 데 사용된 적합성의 측정과 함께 종사자 인력의 반향(rebound)을 불러오기도 하였다.

5. 위험관리의 개념과 방법

1) 사회복지시설에서 위험관리 개념

사회복지시설에서 위험은 무엇일까? 우선 체계적인 위험관리를 위해서는 위험이 무엇인지, 어떤 형태로 발생하는지에 대한 정확한 개념을 이해하고 있어야 한다. 이전부터 위험(리스크)은 손실이나 상해의 가능성을 의미하였다.

위험이라는 용어에는 여러 가지 의미가 있는데, 영어로는 risk(불확실한 요소), peril(사고 그 자체), hazard(사고상황) 등의 용어가 있다. 이것을 번역하는 경우 어느 것이나 '위험'으로 해석된다. 그러나 보험론이나 위험관리 분야에 있어서는 이 용어의 의미를 구별하고 있는데, 위험이라고 말할 때는 다음의 세 가지 의미를 포함하고 있다. ① 사고발생 가능성으로서 인시던트(incident : 큰 사고에는 이르지 않았지만, 사고를 유발할 가능성이 있는 상태), ② 사고 그 자체로서 액시던트(accident), ③ 사고 발생의 조건, 사정, 상황, 요인, 환경으로 생각하지도 않았던 일들, 우연한 사고나 불가항력의 사고 등이 포함된다.

한편 재가복지에서의 위험은 앞서 언급한 사고(accident, incident)뿐만 아니라 트러블(trouble)도 생각해야 한다. 즉, 이용자나 그 가족과의 트러블, 다른 기관이나 시설, 그리고 지방자치단체나 주무관청과의 트러블, 전문직종 간의 트러블이 발생하기도 한다. 이러한 트러블은 사회복지시설에서 위험이라고 말하기 어려운 점이 있지만, 재가복지에서는 이용자나 가족과의 트러블이 커지거나 작은 고충이 오해의 원인이 되어 큰 경영적 손실을 불러올 수도 있다.

사회복지사들은 현장에서 다양한 위험을 경험한다. 서비스 대상자에 의한 폭력위험을 비롯하여, 사회복지사 자신의 실천과오 및 각종 케어사고는 이제 더 이상 간과할 수 없는 실천의 주요 이슈가 되고 있다. 이러한 맥락에서 복지환경의 변화에 부응하여 사회복지 현장의 주요 위험과 이에 대한 효과적인 관리방안을 파악하는 것이 중요하다.

사회복지전문직은 인간의 존엄성을 중요한 가치의 하나로 보고 휴먼서비스 제공의 최일선에서 클라이언트를 수용하고 서비스를 제공한다. 그러나 많은 사회복지 현장에서 클라이언트와 가족은 존중되어 왔으나, 정작 사회복지 종사자 개개인의 인간존엄성을 바탕으로 한 근무환경이나 복지를 중시하는 제반 조치는 미흡했다. 사회복지사 상해사건의 빈도가 갈수록 위험한 수준에 이르고 있다. 이런 현장의 긴박한 상황 속에서 종사자들의 위험관리는 이제 물러설 수 없는 상황을 맞았다.

2) 위험관리 실태의 전개과정

1980년대 이후 미국에서는 클라이언트의 폭력에 대한 연구가 지속적으로 이루어지고 있으며, 미국산업안전보건청(Occupational Safety and Health Administration)에서 사회복지서비스 종사자들을 위한 산업안전 및 보건 관련 지침을 마련하여 보급하고 있다. 미국의 경우 사회복지사의 전문적 책임성과 윤리적 기준에 주안점을 둔 위험관리가 주요한 주제로 다루어지고 있다.

영국의 경우에는 위험관리를 국가의 중요한 역할로 보고 위험을 창출하는 사람들에게 위험을 효과적으로 통제하는 법적 의무를 부여하고 있다. 1974년 제정된 산업안전보건법을 통해서 법적으로 구체화되었으며, 오늘날까지 영국에서 작업환경에서의 위험관리를 규제하는 기본 뼈대가 되고 있다. 복지시설 관련 연구들에서는 주로 노인복지시설에서 위험연구들이 두드러지는데, 이런 경향은 타 국가에서도 중요하게 나타나는 것으로 보인다.

일본의 경우도 위험은 사회복지기초 구조개혁과 개호보험법의 성립 이후라고 볼 수 있으며, 개호보험제도의 서비스 제공으로 인해 여러 가지 위험을 고려할 수밖에 없는 환경으로 변화했다. 일본의 위험관리는 서비스 대상자의 위험관리와 이를 관리하고 대응해야 하는 시설의 경영위험관리가 제시되고 있다.

자원봉사자 책임보험도 현장의 위험 예방책으로 실행되고 있으며, 이는 한국에서도 적용이 보편화되고 있다. 한국의 경우 사회복지시설은 법적으로 근로기준법의 적용을 받는 사업장으로 산업안전보건법에 따라 직원 위험에 대한 규정을 따르고 있다. 복지와 관련해서는 사회보장기본법과 사회복지사업법, 사회복지사 윤리강령 등을 통해 위험관리에 대한 안내를 하고 있으나, 여전히 비밀보장이나 화재 등 시설관리의 제한된 영역에서만 위험에 대해 논의되고 있는 한계가 있다.

시설종사자의 위험관리와 관련하여 국내 연구는 대부분 인사관리 차원에서의 직무환경, 소진위험 등으로만 일부 다루어 오다가 2005년 서울복지재단에서 복지시설 종사자 위험관리 실태조사가 실시되면서 종사자들의 위험실태를 파악하고, 이들이 당면하는 위험의 본질과 위험이 가져올 수 있는 잠재적 결과를 파악하는 계기가 되었다.

2006년에는 실태조사의 후속조치로 국내 최초로 종사자들을 위한 위험관리

매뉴얼이 발간되었다. 기존에 인지만 하고 있었던 사회복지 현장의 위험관리에 대한 인식을 제고시키고 위험관리를 위한 가이드라인을 제시함으로써 실무에 활용하는 지침을 제공하게 되었다. 매뉴얼이 보급되던 당시 현장에서는 사회복지시설에서 위험관리가 필요하다는 점에 동의하면서, 시설 내부적으로 무엇부터 시작하고, 어떤 것을 갖추어야 하는지 등의 기본적인 가이드라인을 얻는 데 많은 도움을 얻었다.

3) 사회복지시설의 위험관리 접근방법

사회복지시설의 위험관리는 두 가지 측면에서 접근되어야 한다. 첫째, 서비스 관리 측면으로 고객과 이용자에 대한 안전 확보를 통한 최상의 서비스 제공이 서비스의 질 향상으로 연결된다는 점이다. 둘째, 조직관리 측면으로 사회복지시설 종사자의 안전한 근로 및 스트레스 대책이다. 클라이언트로부터의 소송 및 폭력 대책, 자연재해 등에 대한 예방과 사고 대책을 통한 기관의 서비스 질 향상이다. 따라서 개인이 서비스 실천에서 다루는 기술을 습득하는 수준에서 더욱 확대되어 조직 차원에서 개입하고, 이에 대처할 수 있는 관리체계를 마련하는 수준으로 확대되는 것이 필요하다.

다음은 시설에서 우선 접근할 수 있는 개인 차원의 실천이다. 사회복지 종사자들은 인적자산을 통해 클라이언트의 변화를 만들어 가는 전문직이라는 점에서 자신의 신체적 · 정신적 · 심리적 건강을 유지하기 위해 노력해야 한다. 특히 사회복지종사자들에게 과로로 인한 사망 사고가 자주 발생한다는 점에서 건강상태의 확인이 필요하다. 서비스 제공 시 발생하는 신체적 활동(후원품 운반활동, 감염 및 질병 대상자 등의 대응)에 대한 예측과 대처방안을 기관과 개인 차원에서 준비하는 것이 필요하다. 또한 업무량 등으로 나타날 수 있는 스트레스, 소진, 동료와의 갈등 등에 대한 문제를 잘 관리함으로써 클라이언트의 서비스에 영향을 주지 않도록 노력하는 것도 필요하다.

자신의 업무환경에서 발생 가능한 위험요인 목록을 작성하거나 위험요인을 파악하는 노력을 기울여야 한다. 스스로가 위험인식을 높이고, 업무와 관련한 지침이나 정책을 숙지하는 것도 중요하다. 무엇보다 위험발생 소지가 높은 기관은 클라이언트 및 그의 가족과의 위험발생 가능성 등에 대한 설명과 공식적 문서 마련도 고려할 수 있다.

기관에서는 기본적이면서 중요한 것이 종사자들의 업무환경 조성을 위한 노력이다. 폭력이나 도난 위험 등의 가능성이 높은 경우 안전장치를 설치하는 등 보완조치를 취해야 한다. 또한 내부에서 발생된 위험상황에 대해서는 내부 연락체계를 통해 지역사회 내 기관과 연계하거나 발생 시 대처하는 매뉴얼의 마련 등을 통해 발생부터 처리까지 근거를 마련하는 것도 필요하다.

가능하다면 직원 상해 상황을 대비한 보험가입 등도 고려할 수 있을 것이다. 또한 내부의 위험관리매니저 또는 슈퍼바이저에게 전반적인 위험관리에 대한 역할을 부여함으로써 내부관리를 책임 있게 수행할 수 있도록 해야 할 것이다. 전문가를 요구하는 시대 속에서 진정한 전문가로 활동할 수 있는 것은 개인의 능력 외에도 이들이 일할 수 있는 환경조성이 전제될 때 부응할 수 있다. 이제는 좋은 사람 콤플렉스에서 벗어나 당당히 목소리를 낼 수 있는 사회복지사, 그리고 진정한 전문기관이 되도록 시설의 실천력이 필요할 때이다.

4) 사회복지기관의 위험방지 대책

사회복지 전달체계 내에서 사회복지 종사자의 경우 다른 직군에 비해 직장 내 또는 직무수행 과정 중에 경험하는 위험수준이 높다. 실제 사회복지 종사자가 서비스 제공 중 이용자(입소자) 또는 보호자로부터 정신적·육체적 상해를 당하거나, 심할 경우 생명의 위협을 경험하는 사례가 발생하고 있다. 종사자가 경험하는 다양한 위험은 단순한 스트레스나 소진의 수준을 넘어 생명을 위협하기도 하며, 서비스 질에도 부정적 영향을 미친다. 그럼에도 불구하고, 사회복지 종사자들이 경험하는 위험의 종류와 실태에 대한 정확한 진단이 부족할 뿐만 아니라 예방이나 재발방지를 위한 대책이 미흡한 실정이다.

(1) 민간영역

민간영역 사회복지 종사자 위험관리 추진방안으로는 위험관리 매뉴얼 보급 및 확산을 통해서 위험을 방지해야 한다. 그리고 사회복지 종사자 보수교육에 안전이나 위험과 관련된 교육 실시를 의무화하는 것도 한 방법이 된다. 이를 위해서 ① 사회복지 종사자 상해보험 의무가입과 관련된 예산 지원, ② 기관의 자체적인 위험관리위원회 구성 및 운영, 위험으로 인해 인력 및 업무 공백이 발생하였을 경우 기관이 안정적으로 운영될 수 있는 전문인력 지원 방안 마련, ③ 위험에 대한 슈퍼비전 체계 확립, ④ 고위험군 클라이언트에 대한 정보 공유 체계 마련, ⑤ 비상벨 및 CCTV 설치 등을 들 수 있다.

(2) 공공영역

공공영역 사회복지 종사자 위험관리 추진방안으로 ① 안전이나 위험과 관련된 교육 의무화 및 내실화, ② 가정방문 시 2인 1조 편성 의무화, ③ 고위험군 클라이언트에 대한 정보의 조직 내 또는 조직 간 공유체계 마련, ④ 시·군·구와 주민센터의 업무환경 및 특성을 고려한 위험관리 매뉴얼 개발, ⑤ 위험발생 가능성을 낮추는 CCTV 설치, ⑥ 위험상황 발생 시 다른 사람이나 경찰서 등에 알리는 비상벨 설치 등을 들 수 있다.

(3) 중·단기적 위험관리 추진방안

① 사회복지 종사자 안전법을 제정하거나 관련 법령 개정, ② 국가 또는 중앙정부 차원의 사회복지 종사자 심리치료센터 설치·운영, ③ 사회복지공제회를 통해 종사자 위험에 대한 보장성 강화, ④ 사회복지 종사자를 위한 다양한 힐링 프로그램 지원 등을 들 수 있다.

학습평가

01 **사회복지서비스의 특성이 아닌 것은?** ( )

> ㄱ. 무형성　　ㄴ. 서비스 표준성
> ㄷ. 소멸성　　ㄹ. 이질성
> ㅁ. 생산과 소비의 비분리성

① ㄱ　② ㄴ　③ ㄷ
④ ㄹ, ㅁ　⑤ ㅁ

정답 ②

해설 사회복지서비스의 특성으로는 무형성, 이질성, 소멸성, 생산과 소비의 비분리성의 네 가지 속성을 가지고 있다.

02 **사회복지서비스 질 관리가 필요한 이유가 아닌 것은?** ( )

① 질 좋은 서비스에 대한 권리의식이 생김으로 기대수준이 높아졌기 때문이다.
② 서비스가 어떻게 제공되고 있는지에 대한 품질관리 개입이 필요하다.
③ 이용자 권리보호, 공공성 확보를 위해 추가적인 품질관리 노력이 필요하다.
④ 사회복지서비스의 특성으로 인하여 상대적이고 가변적이기 때문이다.
⑤ 사회복지서비스 시장이 안정화되었기 때문이다.

정답 ⑤

해설 사회복지서비스는 민간영리조직이 주요 공급주체가 되면서 이윤추구 동기에 의한 과잉경쟁으로 인하여 사회복지서비스 질 관리가 필요하다.

03 사회복지서비스 질 측정이 어려운 이유로 옳지 않은 것은? ( )

① 서비스 질의 구성요소가 없기 때문이다.
② 서비스 질은 서비스 전달이 완료되기 이전에는 검증되기 어려운데, 사회복지서비스는 서비스 생산과 소비가 동시에 이루어진다.
③ 설문조사 시 고객으로 데이터를 수집하는 시간과 비용이 많이 든다.
④ 고객이 자원의 흐름을 관찰할 수 있어, 서비스의 질 측정의 객관성을 저해한다.
⑤ 서비스 질의 개념이 주관적이기 때문에 측정하기 어렵다.

정답 ①

해설 사회복지서비스 질의 구성요소로는 유형성, 신뢰성, 대응성, 확신성, 공감성이 있다.

04 서비스 질 평가의 기준이 아닌 것은? ( )

① 서비스 우수성 관점
② 서비스 자체를 기준으로 한 관점
③ 서비스 기관의 프로그램 효과성의 관점
④ 제품의 가치를 기준으로 한 관점
⑤ 서비스 과정의 관점

정답 ③

해설 서비스 질 평가의 기준은 서비스 기관의 프로그램 효과성의 관점이 아닌 이용자 관점(고객 개개인의 욕구를 잘 충족시켜 주는 서비스가 가장 좋은 서비스로 인정)으로 한다.

05 사회복지실천영역에서 질에 대한 비판으로 옳지 않은 것은? ( )

① 부적합성
② 정치적 문제
③ 관료제 확산
④ 경제적 문제
⑤ 사회복지서비스 이용자 역량강화 및 반억압적 실천

정답 ④

해설 현재 사회복지실천영역에서 질에 대한 비판으로 부적합성, 정치적 문제, 관료제 확산, 사회복지서비스 이용자 역량강화 및 반억압적 실천 등이 제시되고 있다.

11
CHAPTER

기획과 정보관리

1. 기획의 의의
2. 의사결정
3. 성과관리
4. 정보관리

11 CHAPTER

기획과 정보관리

1. 기획의 의의

1) 기획의 개념 및 특징

기획(planning)은 조직이 지향하는 미래 목표 설정에 부합하기 위하여 구체적인 실천방안과 행동계획 등을 수립해 가는 일련의 과정이라 할 수 있다. 일반적으로 기획은 공공부문뿐만 아니라 사적 부문에 상관없이 조직 내에서 중요한 분야로서 기획이 어떻게 수립되느냐에 따라 조직의 성패에 영향을 미치게 된다. 기획의 핵심내용에는 미래에 대한 목표설정과 이를 달성하기 위한 최적의 접근 선택 방법을 강조하고 있다. 기획의 궁극적 가치는 조직의 목표를 보다 효과적이고 효율적으로 성취하여 조직 책임성을 증진시키는 데 있다.

기획(planning)은 계획(plan)이라는 용어와 혼용되고 있지만, 엄밀하게는 다른 개념이다. 기획은 계획을 수립해 가는 연속적인 행동이지만, 계획은 세부사업에 대한 연속적인 의사결정이며 기획에서 결정된 행동노선이라 할 수 있다(김규정, 1986).

기획의 의미는 학자들에 따라 매우 다양하게 정의하고 있다. 사이먼(H. A. Simon, 1950 : 424-425) 등은 기획이란 장래를 위한 제안, 제안된 대안들의 평가 및 이러한 제 과정들이 이루어질 수 있는 방법과 관련된 활동이라고 정의한다. 길버트와 스펙트(Gilbert & Specht, 1977 : 1)는 기획을 통찰력, 체계적인 사고, 조사, 대안의 선택에 있어서 가치선호의 행사를 통하여 문제를 해결하고 장래 일의 방향을 통제하려는 의도적 시도라고 규정하고 있다. 드로우(Drow, 1967 : 99)는 최적의 수단을 통하여 목표를 달성하기 위한 미래의 행동에 대한 일단의 의사결정을 준비하는 과정으로 규정하고 있다.

기획은 사회복지행정에서 클라이언트에게 보다 효율적인 서비스를 제공하기 위해 그 필요성이 강조되고 있다. 사회복지행정에서 기획이 필요한 이유는(Skidmore, 1995 : 50-51) 첫째, 효율성 측면에서 제한된 사회복지 인력과 자원으로 최소의 비용과 노력으로 효율적인 서비스를 제공하기 위하여 기획이 필요하다. 둘째, 효과성 측면에서 클라이언트에게 서비스를 제공하고 문제나 욕구를 해결하는 데 효과적인 사회복지행정이 이루어져야 한다. 셋째, 책임성 측면에서 사회복지행정은 국가나 지방자치단체에서 제공하는 국고나 개인의 기부금을 통하여 이루어짐에 따라 목표달성과 서비스를 효과적이고 효율적으로 제공할 책임을 가져야 한다. 넷째, 사회복지행정기관의 사기 진작 측면에서 기획과정에 조직 구성원들의 적극적인 참여가 필요하고, 기획과정에의 참여를 통해 인정감과 성취감이 증대되고 사기에 크게 기여할 수 있을 것이다.

기획은 다음과 같은 특징을 지니고 있다(배은영 외, 2010 : 150; Skidmore, 1995 : 50-51). 첫째, 기획의 시간성이다. 시간의식을 수량적·언어적으로 표현하는 것이 기획(企劃)이며 그 결과가 계획(計劃)이다. 따라서 기획은 과거, 현재, 미래 모두를 함께 포함하는 것이어야 한다. 둘째, 기획의 공간성이다. 기획은 일정한 구역을 전제로 하며 유한한 공간적인 범위에서 이루어진다. 이러한 유한한 공간은 배타적으로 독립하여 존재하는 것이 아니라 다른 공간과 상호의존적인 관계를 지닌다. 셋째, 기획의 종합성이다. 기획은 종합적인 것으로서 하나의 완결된 형태로 나타나게 된다. 넷째, 기획의 목적성이다. 기획은 목적성을 가지고 달성 가능한 목적을 설정하여 최대한의 효용성을 증대시키는 것이어야 한다.

2) 기획의 유형

기획의 유형은 다양하게 분류할 수 있다. 기획은 기준에 따라 조직의 계층수준에 따른 유형, 기간(시간) 차원에 따른 유형, 대상에 따른 유형, 지역수준에 따른 유형 등으로 분류할 수 있다. 첫째, 계층수준에 따른 유형은 조직의 상하수준에 의거 최고관리층, 중간관리층, 감독관리층, 관리실무자로 분류할 수 있다(Mcfarland, 1970). 우선 최고관리층은 조직 내 미래 비전을 설정하거나 목표나 정책과 같은 조직 전체의 장기적인 기획을 구상하는 데 관심을 두게 되며, 중간관리층은 부서를 통합하며 사업계획이나 할당, 하위 목표와 같은 보완적 목표수립을 위한 기획에 집중하게 된다. 감독관리층은 현장감독자로서 구체적 사업계획과 운영, 단기적 목표 수립에 관한 기획에 집중하고 관리실무자는 현업에서 일상적으로 발생하는 업무나 프로그램 수행절차와 관련된 기획에 관심을 가진다.

〈표 11-1〉 조직의 위계수준에 따른 기획의 유형

위계수준	주요 내용
최고관리층	목표, 정책, 장기적 계획, 조직 전체 영역
중간관리층	할당, 사업계획, 보완적 목표, 정책
감독관리층	구체적 사업계획, 일정표, 단기목표, 운영기획
관리실무자	일상적 업무, 사소한 절차에 국한

둘째, 기간(시간) 차원에 따른 유형은 기간(시간)에 따라 장기 기획, 중기 기획, 단기 기획으로 분류할 수 있다. 장기 기획은 대체로 10년 내지 20년 이상 장기적인 기간을 통해 수립하게 된다. 장기 기획은 나름 추상적인 계획으로 보일 수 있지만, 조직 내 거시적인 방향과 지침을 제시하고, 중기 기획 및 단기 기획의 활동을 인도하는 역할과 토대를 마련한다. 중기 기획은 기간을 3년 내지 5년 정도로 정하게 되는데, 주로 5개년 계획을 수립하는 경우가 많다. 중기 기획은 장기 기획에서 제시된 거시적이고 장기적 목표 달성을 함에 있어 중간

단계로 3~5년 정도로 구체적이고 실질적인 목표를 설정하거나, 단기 기획에 대한 기준과 지침을 제공한다. 단기 기획은 1년 미만의 기간으로 보통 한 회계연도 내에서 사업을 수립 · 집행하는 것이다. 단기 기획은 한 회계연도의 연도 목표를 달성하기 위해 각 분야별, 부서별, 연차계획의 형태로 수립된다.

〈표 11-2〉 기간(시간)에 따른 기획의 유형

기간(시간)	주요 내용
장기 기획 (10~20년 이상)	거시적인 방향 및 지침, 미래 비전 및 목표 설정
중기 기획 (3~5년)	중간단계의 구체적 · 실질적 목표 설정
단기 기획 (1년 미만)	한 회계연도 내의 구체적 · 실행적 목표 설정

셋째, 대상에 따른 유형은 전략적 기획과 운영기획으로 구분할 수 있다. 전략적 기획은 조직의 구체적 목표의 설정 및 변경, 구체적 목표 달성을 위한 자원 및 그 자원의 획득, 사용, 분배를 위한 정책을 결정하는 과정이다. 즉, 전략적 기획은 목표설정, 우선순위 결정, 자원 획득 및 분배에 관한 것이다. 운영기획은 획득된 자원이 조직의 목표를 효과적이고 효율적으로 달성하기 위하여 사용되도록 하는 자원관리에 관한 기획이다. 운영기획은 목표를 실천에 옮기고 자원을 관리하는 것이다.

〈표 11-3〉 대상에 따른 기획의 유형

대 상	주요 내용
전략적 기획	정책결정 과정 : 목표설정, 우선순위 결정, 자원획득 및 자원분배
관리운영 기획	자원의 관리 : 자원을 조직의 목표달성에 사용되도록 하는 과정

넷째, 지역수준에 따른 유형은 지역적 수준에 따라 국제 기획, 국토 기획, 지역 기획, 도시 기획 등으로 구분할 수 있다. 국제 기획은 인근에 여러 국가

가 있는 지역의 공동개발을 하거나 하나의 지역기구 혹은 국제기구가 중심이 되어 회원 국가들의 협력과 공동의 번영을 위한 계획을 수립하는 것이다. 국토 기획은 국토 내 자원을 종합적으로 이용 · 개발 및 보전하고 도시배치 인구의 지역적 적정 배분에 의한 생활환경의 합리화, 효율적인 교통운수체계의 확립 등을 수립하는 것이다. 지역 기획은 국가의 특별한 경제적 · 사회적 목적을 달성하기 위하여 특별히 선정한 지역의 개발을 목적을 계획을 수립하는 것이다. 즉, 특정 지역의 전략적인 개발 등을 목적으로 한 국가 기획의 하부 기획이라 할 수 있다. 도시 기획은 도시의 건전한 발전을 도모하고 공공복리의 증진에 기여하는 교통 · 위생 · 보안 · 산업 · 후생 · 문화에 관한 중요 시설의 계획을 수립하는 것이다.

〈표 11-4〉 지역적 수준에 따른 기획의 유형

지역수준	주요 내용
국제 기획	국가의 지역 공동개발, 국제 회원국가들 간의 협력과 공동 번영
국토 기획	국토자원의 종합적 이용 · 개발 · 보전, 도시생활 환경의 합리화, 교통운수 체계의 확립
지역 기획	특정 지역의 이용 및 개발, 보전
도시 기획	도시의 교통 · 산업 · 문화 등 계획 수립

3) 기획의 과정

조직에서 기획과정은 나름 복잡한 단계를 거치게 되는데 일반적으로 문제에 대한 정확한 인식, 조직목표 설정, 환경 및 상황 분석, 관련 정보 수집 및 분석, 대안의 탐색 · 평가, 최종안의 선택의 순서 등을 밟게 된다. 기획과정은 연속적인 관점에서 계획을 수립하고 시행하고 그 결과를 평가하여 다음 계획에 반영하는 하나의 순환과정이라 할 수 있다. 여기에서 몇몇 학자들이 제시하고 있는 기획의 과정에 대하여 살펴보면, 드러커(Drucker, D., 1954)는 기획과정을 5단계로 첫째, 목표 설정, 둘째, 목표의 우선순위 결정, 셋째, 자원의 식별, 넷째, 행동적인 프로그램 실행, 다섯째, 통솔유지로 설명하고 있다. 드로어(Dror, Y., 1963)는 기획과정이란 보다 나은 수단으로 목표를 달성하기 위하여 미래의 행동에 관한 일단의 결정을 준비하는 과정이라고 하고 있다. 말하자면 넓은 의미에서 기획과정은 사람의 일생처럼 기획이 시작되고 그 결과가 현실에서 드러나고(계획), 소기의 의도한 바를 실현하며(집행), 실현 결과에 대한 평가가 이루어지는 일련의 과정인 기업의 일생이라 할 수 있고, 좁은 의미에서 기획과정은 계획의 결과를 이루어 내는 과정이라는 것이다. 그리고 요크(York)는 기획의 과정은 첫째, 문제 확인, 둘째, 목표 설정, 셋째, 프로그램 설계, 넷째, 평가 순으로 상호의존적·순환적인 관계로 보고 있다. 스키드모어(Skidmore, 1990)는 기획과정을 첫째, 목표의 선택, 둘째, 기관의 가용자원들의 고려, 셋째, 대안의 모색, 넷째, 최선의 계획 결정, 다섯째, 우선순위화, 여섯째, 구체적 프로그램 계획의 수립, 일곱째, 변화에 대한 개방성 유지의 7단계를 제시하고 있다. 여기에서는 학자들이 제시하고 있는 내용을 종합적으로 정리하여 〔그림 11-1〕로 제시하고자 한다.

〔그림 11-1〕 기획의 과정

(1) 문제의 확인 및 진단

우선적으로 기획을 착수하는 시점에서 문제에 대한 명확한 인지 및 확인 작업이 필요하다. 즉, 기획과정은 명확히 구조화된 문제로 시작되는 것이 아니고 널리 퍼져 있는 문제들과 문제의 초기 징후에 대한 인지로부터 시작된다. 따라서 이러한 문제상황에 대하여 실질적으로 정책분석가, 정책결정자 등 이해 관련 전문가들에 의하여 정확하고 객관적인 분석과 진단이 명확하게 이루어져야 한다.

(2) 구체적 목표의 설정

다음으로 중요한 단계로서 목표를 구체적으로 설정하는 것이다. 일반적으로 목표(objective)란 어떤 활동의 주체가 달성하고자 하는 바람직한 미래의 상태라고 할 수 있다. 그러므로 목표는 실제적이고 실현 가능성이 있어야 하며, 기대하는 결과가 명확하게 명시되어야 하고 결과를 얻기까지의 시간이 명시되도록 서술해야 한다. 즉, 목표는 미래성과 방향성, 실현 가능성, 타당성 및 규범성을 지녀야 한다. 그리고 목표는 주어진 기간 내에 계량화될 수 있는 의도된 결과로서 프로그램에 적합한 것이어야 하고, 목표들 사이에는 내적 일관성이 확보되어야 한다. 구체적인 목표의 설정이란 행정이 구현하려는 바람직한 상태의 구체화를 의미한다고 할 수 있다. 특히 사회복지 기관과 시설의 목표는 그것들이 달성하고자 하는 활동지표 내지 활동목표인 것이다. 따라서 사회복지 기관과 시설들의 설치목표 내지 운영목표를 설정하고 달성하려는 점에서 중요한 의의가 있다. 사회복지조직에서 운영목표를 설정함에 있어 고려해야 할 점은 다음과 같다(강용규 외, 2008). 첫째, 기관 내에서뿐만 아니라 관계기관 및 지역사회 주민 등과의 활발한 의사소통을 통한 폭넓은 민주적 과정 속에서 사회적 욕구를 발견해야 한다. 둘째, 기관 내외에 있는 여러 분야의 전문가들과 광범위한 의견교환을 통하여 그들의 전문적인 지식과 경험을 적극적으로 활용하여야 한다. 셋째, 사회복지기관에서 설정되는 목표는 사회복지 수준을 현재보다 높은 수준으로 끌어올릴 수 있는 바람직한 것이어야 한다. 넷째, 기관에서 목표를 설정할 때에는 관리자의 가치관과 기관의 전통성, 기관 내외의 갈등 등 환경적 요인들이 영향을 미칠 수 있다는 것을 고려해야 한다.

(3) 관련 정보 수집 및 가용자원 검토

구체적 목표가 설정된 후 그 목표와 관련된 상황이나 다양한 정보를 수립하고 그 조직이 동원할 수 있는 경제적 자원, 사회적 자원, 인적 및 물적 자원 등의 가용자원을 검토해야 한다. 즉, 정보는 특정인의 편견이나 주관이 개입되지 않은 객관적 자료이어야 하고, 가용자원은 조직이 그 목표 실행에 동원 가능한 자원이 되어야 한다. 목표를 기관의 설비, 가용예산 및 서비스에 대한 지역사회의 후원 등과 연결시키는 것은 매우 중요하다. 그리고 직원의 가용성뿐만 아니라 직원의 자질, 능력, 태도와 감정 등도 고려되어야 한다.

(4) 목표달성을 위한 대안 설계 및 분석

목표달성을 위한 다양한 방법들을 검토하고 설계해야 한다. 말하자면 구체적인 행동노선의 대안을 탐색하며 여러 대안을 비교, 평가하는 것이다. 여기에는 양적인 면뿐만 아니라 질적인 면을 동시에 고려해야 한다. 대안은 과거의 선례에 의존하는 방법, 직관에 의존하는 방법, 브레인스토밍과 전문가의 지도조언에 의존하는 방법 등이 있다. 이처럼 다양한 방법에 의해 대안들이 설계되고, 목표달성을 위해 가장 바람직한 대안들을 서로 비교, 분석하는 것이 필요하다. 여기에는 비교기준 설정과 대안의 검토가 있다. 비교기준 설정에 있어서는 각 대안의 차이점 발견, 가능한 한 계량적으로 설정해야 하는 양적 설정의 단계, 대안의 기준 설정 등이 있다. 그리고 대안의 비교에 있어서는 각 대안을 서로 비교하는 단계로서 구체적인 요소와 막연한 요소를 분리해서 비교하는 것이 좋다. 구체적인 요소의 비교는 금전이나 노동시간, 기계이동

시간, 생산단위 등 수량화할 수 있는 요소들을 따로 모아 금전과 같은 공통적인 비교척도에 따라 비교하는 것을 말한다. 비교분석의 방법에는 영향분석과 개괄적 분석이 있다. 영향분석을 통한 정책대안들의 비교, 평가에는 비용편익 분석과 비용효과 분석 등이 있다. 그리고 개괄적 분석은 첫째, 결정적인 요소를 중심적으로 비교, 분석하고, 둘째, 대안 간의 차이점만을 비교하여 평가기준으로 삼는다. 셋째, 한계적 분석에 의존하여 부가적 수량에 따른 추가비용과 추가편익만을 비교, 분석하는 것이다(배은영 외, 2010).

(5) 최선의 대안 결정 및 우선순위화

다양한 대안들에 대한 비교, 평가 및 분석이 이루어지고 난 후 어느 하나를 선택하는 과정이다. 즉, 목표 달성을 하는 데 있어서 가장 바람직하고 최선의 대안을 결정하는 과정이다. 이 단계에서는 각 대안이 내포한 제 장점에 대한 가치판단과 불확실한 요소의 조절, 계획의 검증 등을 고려하여 최선의 대안을 선택해야 한다. 다음으로 대안들이 기록되고 가능한 목표에 대한 선택사항들이 인식되면 중요성과 실현 가능성에 대한 가중치를 부여하여 우선순위를 정하는 것이다.

4) 기획과 MBO[1)]

목표관리(MBO)는 피터 드러커(Peter Drucker)가 1954년에 저술한『The Practice of Management』를 통해서 학문적으로 처음 소개되었는데, 조직의 목표 설정을 강조하는 조직의 관리기법 중 하나로서 목표를 달성하기 위해서 경영자와 부하들이 설정된 목표에 동의하고 그들이 조직 내에서 무엇을 해야 할지를 이해해 가는 일련의 과정을 의미한다. 즉, 목표관리(MBO)는 조직의 비전과 중장기적 경영전략 그리고 연간 사업계획을 달성하기 위해서 조직 내 본부, 부문, 팀, 팀원에 이르기까지 상급자와 하급자가 사전 협의를 통해 업무목표와 달성

1) Drucker, P. F.(1954). The Practice of Management. New York : Harper & Row.

기준을 설정하고, 일정 기간이 흐른 후 그 결과를 평가하며 계획과 성과를 점검해 가는 자기 관리 시스템이다. 조직의 각 부서에서는 중·장기 계획을 검토, 평가함으로써 상위조직의 핵심목표와 일관성을 가지고 있는지를 우선적으로 확인하고 세부계획을 수립하게 된다. 따라서 목표관리는 조직 내에서 상사와 부하가 협의를 통하여 공통의 목표를 확인한 후 각자의 책임범위를 정하고, 그것을 판단기준으로 하여 각자의 경험의 정도를 측정해 나가게 된다. 일반적으로 목표관리(MBO)는 다음과 같은 성격을 지니고 있다. 첫째, 목표관리는 목표설정에 부하를 참여시킨다. 둘째, 목표관리는 조직 전체의 목표와 하급자의 개별목표를 민주적·효율적으로 일치시킨다. 셋째, 목표관리는 성과와 능률을 중시한다. 넷째, 목표관리는 관리 면에서 집권화와 분권화를 잘 조화시킨 관리방법이다. 다섯째, 목표관리는 장기적이고 전략적인 계획수립에 중점을 둔다(양창삼, 1994).

기본적으로 목표관리(MBO)는 조직 내 경영자와 부하들과의 관계를 통하여 목표를 설정하고, 실행계획을 개발하며, 직무를 수행하고, 통제하는 모든 국면에서 공동으로 노력하는 과정이라 할 수 있다. 여기에서 좀 더 구체적으로 목표관리(MBO)의 기본 단계를 설명하면 다음과 같다. 첫째, 조직 내 목표를 발견하는 단계이다. 이 단계에서는 조직의 존속과 성장, 발전, 문제해결을 위해 조직이 필요로 하는 가능한 전략적인 목표를 추구하고, 조직이 이용 가능한 목표를 찾아내는 것이고, 아울러 조직의 현재 상황을 분석할 뿐만 아니라 성취하고자 하는 미래의 소망을 검토하는 것이다. 둘째, 조직이 실제로 달성하고자 하는 미래의 목표 및 상태를 확고하게 설정하는 단계이다. 즉, 경영자에게 제출된 부하의 목표가 경영자에 의해 검토되고 다시 부하와의 협의를 통해 공식적으로 목표를 확정시키게 된다. 셋째, 설정된 목표를 확인하는 단계이다. 즉, 목표 실행에 관련되는 개인 또는 부서가 계획된 시간 내에 그 목표를 달성할 수 있는지, 실행상 결점이나 실패요인이 없는지를 검토하는 것이다. 넷째, 목표를 보다 구체화하기 위해 실행계획을 개발하는 단계이다. 상위경영자들은 중간 또는 하부 경영자들과 함께 실행계획을 수립하고, 그들의 목표를 서로 연결시켜 필요한 인적 · 물적 자원을 효과적으로 통합 · 배분함으로써 구체적인 달성시기 등 목표관리의 실행을 구체화시킨다. 다섯째, 설정된 목표를 실행계획으로 구체화함과 아울러 행동으로 옮기는 단계이다. 여기에는 경영자뿐만 아니라 부하 직원 모두의 적극적인 참여가 요구된다. 여섯째, 목표가 계획대로 차질 없이 진행되는지의 여부를 측정하고 통제하는 단계이다. 일곱째, 목표실행의 성과를 평가하는 단계이다. 평가에는 중간과정 평가와 최종 평가가 이루어진다. 여덟째, 목표의 피드백 단계로서 목표에 대한 성과뿐만 아니라 문제점에 대한 명확한 분석을 통해 새로운 목표를 설정하는 것이다.

5) 사회복지행정에서의 기획

사회복지행정에서도 기획은 보다 효과적인 서비스 전달을 위하여 필수적인 요소로서 중요한 역할을 하게 된다. 여기에서는 워터 앨러스(Water Ehlers) 등이 제시한 사회복지행정 기획의 세 가지 형태, 즉 자원 기획(resource planning), 프로젝트 기획(project planning), 개인 기획(personal planning)을 제시한다(Ehlers & Prothero, 1976 : 33; 장인협 · 이정호, 1993 : 88).

(1) 자원 기획

자원 기획은 재정, 시설 및 장비, 소비물자, 인적자원에 대한 기획이다.

① 재정 기획

재정 기획은 특정한 기획기간 동안 기관이나 프로그램의 재정상태를 예측하기 위한 기획이다. 이를 위해서는 기관이나 프로그램의 재정모델이 필요하며 전산화된 회계제도는 그러한 모델에 해당될 수 있다. 만약 재정이 부족할 경우에는 다음과 같은 조치를 취할 수 있다. 첫째, 서비스의 양이나 범위를 축소 또는 수정하여 자금수요를 줄인다. 둘째, 기업의 기부금, 재정원조기관으로부터의 지원 확보 등 모금운동을 한다.

② 시설 및 장비에 관한 기획

복지조직의 목표 달성을 위해 필요한 시설이나 장비의 구매 · 임대 등에 관한 기획이다. 시설 및 장비를 포함하여 임대 여부 및 구매에 관한 결정은 OR(Operation Research) 기법 등을 통하여 주의 깊게 결정되어야 한다.

③ 소비물자에 관한 기획

소비물자(supplies)란 서류용지, 필기용구, 기록보관철 등과 같은 것이다. 이러한 품목들의 구매가 일상적인 업무가 되어야 하며 이를 위한 구매자금은 필요할 때에는 언제든지 이용 가능하여야 한다.

④ 인적자원에 관한 기획

인적자원 관리에서 수행되어야 하는 기획이다. 즉, 인적자원 확보, 인적자원 개발, 인적자원 보상, 유지관리, 노사관계 등에 관련된 기획이다. 따라서 여기에는 다음과 같은 업무들이 포함되어 있다. 첫째, 기관의 목표를 달성하기 위하여 필요한 최소한의 직원(전문직, 준전문직, 서기 등)의 수, 둘째, 매 기획연도에 충원되어야 할 직원의 수, 셋째, 새로 고용된 직원이 배치되어야 할 부서나 프로그램 등이다.

(2) 프로젝트 기획

개별 프로젝트이든 집단 프로젝트이든 미리 계획을 세우지 않으면 활동 연결이 잘 되지 않을 뿐 아니라 각 단계에 필요한 시간도 제대로 할당할 수 없게 된다. 특히 집단 프로젝트의 계획을 세우지 못하면 노력의 중복, 성취 불능, 접근방법 중복 등의 결함이 부가된다. 적절하게 계획된 프로젝트가 주어진 시간 안에 최소의 비용으로 성공적으로 달성되기 위해서는 다음과 같은 일련의 단계에 따라 진행되어야 한다.

① 프로젝트 요구사항의 인식과 명확화
② 이전의 경험, 조사, 견해 등과 같은 기술을 사용한 자료수집
③ 기본적인 접근방법에 관한 잠정적인 결정

④ 기본적인 활동계획의 설계

⑤ 프로젝트 계획의 검토

⑥ 집단 프로젝트의 경우 과업할당과 프로젝트 시작 일자의 결정

⑦ 종료일자와 보고서 전달방법의 결정

(3) 개인 기획

관리자는 기관의 프로그램과 프로젝트 등 전반적인 기획뿐만 아니라 개인적인 기획도 수행하여야 한다. 따라서 개인 기획이란 자신의 목표를 설정하고 취해야 할 활동과정을 기술하는 것이다. 개인적인 목표를 성취하기 위하여 계획을 수립할 때 고려해야 할 요소는 다음과 같다.

① 시간적 요소, 가용한 자원, 장애물, 자신이 하는 일에 영향을 미칠 수 있는 타인의 기대되는 행동 등의 요소를 이해하고 계획을 수행하면서 일어날 수 있는 불가피한 변화들을 예상할 수 있어야 한다.

② 유사한 과업이나 프로젝트를 가진 다른 사람들의 이전의 경험을 활용하여 계획을 설정해야 한다.

③ 계획이 실현 가능한지를 알아보아야 한다. 실현 가능성 여부는 다음 질문에 대한 대답을 통해 알 수 있다. 첫째, 가용한 자원과 시간을 고려할 때 목표달성이 가능한가? 둘째, 필요한 시간과 자원이 있다면 목표를 성취할 능력이 있는가? 위의 두 질문 가운데 하나라도 부정적인 대답이 나온다면 목표를 수정하거나 다른 목표를 계획해야 한다.

④ 계획 속에 점검지점을 확인해 두어야 한다. 점검지점에 도달할 때마다 정보를 평가하고 필요한 경우 계획을 수정해야 한다.

2. 의사결정

1) 의사결정의 개념

모든 조직은 조직을 운영함에 있어서 의사결정을 수시로 시행하게 된다. 따라서 의사결정은 조직운영에 핵심적인 활동으로서 조직의 목표달성을 위해 매우 필요한 행위이다. 특히 사회복지조직에서 관리자는 일상적으로 의사결정을 해야 하며 그것은 서비스 전달에 직접적 또는 간접적으로 지대한 영향을 미치게 된다. 또한 사회복지조직의 환경과 사회적 요구의 변화에 대처하고, 생존과 발전을 위해 신속하고 적절한 의사결정을 내리는 것이 중요하다. 이처럼 의사결정이라는 행위는 조직에서 핵심적인 부분을 차지하고 있다.

의사결정이란 일반적으로 조직의 목표 달성을 위하여 다양한 대안 가운데 가장 최적의 대안을 선택하는 과정이라 할 수 있다. 즉, 의사결정자가 어떤 목적을 설정하고 그 목적을 달성하기 위한 행동을 선택하는 과정이며, 계속적으로 진행되는 동태적 선택과정이며 실천지향적이고 불확실한 미래에 대한 결정을 하는 과정인 것이다. 의사결정의 개념은 크게 좁은 의미와 넓은 의미로 나누어 살펴볼 수 있다. 좁은 의미에서는 여러 가지 대안 중에 하나를 선택하는 것이라 할 수 있고, 넓은 의미에서는 최종 대안을 선택할 때까지 전개되어 가는 모든 과정을 포함한 것으로 정의할 수 있다(Trecker, 1977 : 148-150). 사이먼(Simon, 1977)은 의사결정을 조직관리를 위한 가장 기본적인 활동으로 규정하고, 의사결정 과정 자체가 곧 행정이요, 경영이라고 보고 있다. 스키드모어(Skidmore, 1983)는 의사결정 과정이 기관 구성원의 사기와 밀접한 관계를 가진다고 하며, 특히 사회복지기관의 서비스 전달의 효과성을 좌우할 수 있는 중요한 요인임을 강조하고 있다. 와이너(Weiner, 1990)는 의사결정은 정책결정, 기획, 집행 통제 등 행정업무의 근간을 이루고 있는 행정의 기본적 도구일 뿐만 아니라 조직은 하나의 의사결정기구(decision machine)로 의사결정이 행정에서 차지하는 비중이 높다고 하고 있다.

사회복지조직에서 의사결정은 사회복지의 설치, 조직구조의 설계, 정책결정, 정책의 시행, 기획, 인사관리, 재무관리, 프로그램의 개발 및 평가 등 행정업무의 근간을 이루고 사회복지행정의 기본적 도구로 인식되고 있다. 그러므로 사회복지행정가는 조직의 의사결정 과정에 대한 충분한 이해와 지식을 통하여 보다 합리적이고 만족할 만한 것을 결정하거나 선택하는 의사결정을 해야 한다.

2) 의사결정의 유형

의사결정의 유형은 기준 설정에 따라 다양하게 분류할 수 있다. 여기에서는 의사결정의 유형을 주체, 절차, 계층, 권한의 분산 등에 따라 살펴본다.

(1) 의사결정 주체에 따른 유형

의사결정 주체가 개인이냐 집단이냐에 따라 분류할 수 있다. 우선 개인적 의사결정은 개인이 내리는 결정으로 개인의 가치관, 성격, 위험, 문제의 속성 여부 등이 의사결정에 영향을 미치게 된다. 집단적 의사결정은 개인적 결정의 집합체로 조직 내 주요 의사결정이 개인보다 조직의 위계구조나 관리집단을 통하여 이루어지는 의사결정이며 개인적 의사결정을 보완할 수 있다.

(2) 의사결정 절차에 따른 유형

의사결정 절차에 따른 유형은 정형적 의사결정과 비정형적 의사결정으로 분류할 수 있다. 정형적 의사결정은 주로 조직의 하위계층에서 이루어지는데, 일상적이거나 반복적인 업무를 수행하거나, 그 대안과 방법을 표준화하여 일정한 절차와 방법에 따라 기계적으로 의사결정하는 것을 말한다. 반면 비정형적 의사결정은 주로 조직의 상위계층에서 이루어지는데, 조직의 최고관리층에서 불확실한 환경 변화와 비구조화된 틀 속에서 전략적으로 의사결정을 수행하는 것이다.

(3) 의사결정 계층에 따른 유형

의사결정 계층에 따른 유형은 조직의 상하계층에 따른 유형으로 업무적 의사결정, 관리적 의사결정, 전략적 의사결정 등으로 분류할 수 있다. 첫째, 업무적 의사결정은 주로 조직의 하위계층에서 현장 실무자가 내리는 구조적 의사결정이다. 업무의 생산성과 능률을 극대화하고 수익을 증대시키는 목적을 가지고 일상적이고 반복된 업무수행에 따른 의사결정을 하는 것이다. 예를 들어, 자원분배, 작업과정 계획, 물량조달 계획, 가격결정, 마케팅 전략의 설정, 평균재고량 설정 등이다. 둘째, 관리적 의사결정은 조직의 중간단계 관리층에서 담당하는 의사결정으로 조직설계, 자원조달, 자원개발, 직원의 훈련, 원가계산 및 분석, 시설투자 등을 결정하는 것이다. 셋째, 전략적 의사결정은 조직의 최고관리층에서 담당하는 의사결정으로 급격한 외부환경 변화 경쟁 속에서 조직의 전체적인 방향과 전략적 비전 설정, 조직의 목표, 성장계획과 전략구상, 경쟁조직과의 차별화된 우위선점 등에 대한 결정을 하는 것이다.

(4) 의사결정 권한의 분산에 따른 유형

의사결정 권한의 분산에 따른 유형은 권한의 집중도에 따라 집권적 의사결정과 분권적 의사결정으로 분류할 수 있다. 집권적 의사결정은 조직 내 권한과 책임을 한 사람이 집중적으로 지니는 경영관리에서 이루어지는 의사결정으로 주로 최고관리자에 의해 이루어지고 있다. 집권적 의사결정은 긴밀한 대응에 따른 의사결정을 함으로써 조직활동에 대한 평가결과에 대한 책임소재를 명확히 하고, 강력한 통솔력을 행사하여 조직의 안전성을 확보할 수 있다는 장점이 있지만, 집권적 의사결정은 최고관리층의 독단적이고 주관적인 의사결정으로 다양한 의견수렴 과정이 부족하여 조직의 융통성이 없어 부문 간 효율적인 조정이 곤란하고, 조직운영의 비능률을 초래할 수 있다. 반면 분권적 의사결정은 일정한 권한과 책임을 여러 사람에게 분산위임하는 경영관리에서 이루어지는 의사결정이다. 분권적 의사결정은 조직의 하부에 자율적인 권한과 책임을 부여하여 운영됨으로써 경영의 합리화를 도모하고 조직 구성원의 적극적인 참여를 유도하여 구성원의 사기와 창의성을 향상시킬 수 있는 기회를 제공한다는 장점이 있다. 그러나 분권적 의사결정은 의사결정의 신속성 저하로 조직 운영과 관리를 지연시킬 수 있다는 단점이 있다.

3) 의사결정의 절차

의사결정의 절차는 그 유형에 따라 달라지거나 학자의 관점과 강조점에 따라 다양하게 규정되며 여러 단계와 절차를 거쳐 수행된다. 일반적으로 체계적이고 과학적인 절차를 필요로 하는 문제해결적 결정절차에 의해 설명되고 있다. 여기에서는 에이블즈와 머피(Ables & Murphy, 1981)가 체계적인 문제해결적인 의사결정 과정으로 제시하고 있는 의사결정의 절차를 설명한다.

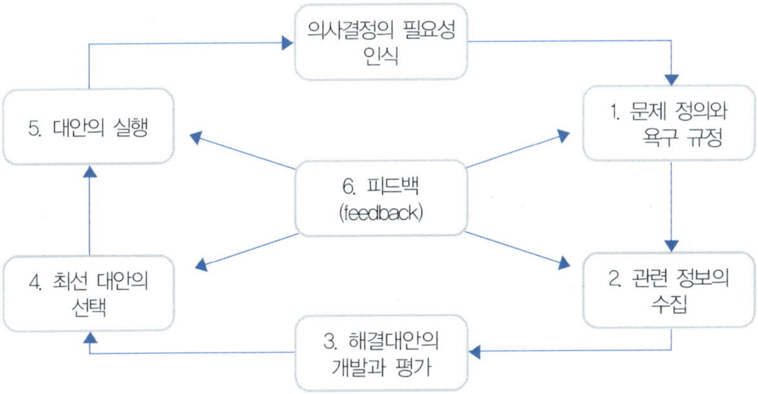

| 그림 11-2 | 의사결정의 절차

출처 : Ables & Murphy(1981), p. 107.

(1) 문제의 정의와 욕구 규정

문제의 정의와 욕구 규정은 조직 내 상황분석을 통하여 문제 또는 욕구가 어떤 것인가를 찾아내는 것이다. 그러므로 불만족스러운 현재의 상황 또는 조건을 문제로 인식하고 그것을 개선 또는 해결하기 위한 의사결정을 위하여 문제나 욕구가 어떤 것인가를 명확히 규정하고, 그 문제와 관련된 상황, 심리적, 사회적 및 문화적 요인과 관련자의 감정 그리고 문제의 심각성, 피해자, 문제를 해결하려는 조직 구성원들의 욕구도 알아야 한다.

(2) 관련 정보의 수집

문제와 욕구를 규정한 이후 그와 관련된 정보나 자료를 수집하는 것이다. 정보의 출처와 수집방법은 문제나 욕구에 따라 다양하다. 정보를 수집하기 위하여 조직 내·외에서 개인·동료 등을 적극 활용하고, 객관성과 중요성을 고려하여 수집하되, 검토와 정리 그리고 대안적인 행동방침을 판단할 수 있는 기준을 마련해야 한다.

(3) 해결대안의 개발과 평가

수집된 관련 정보나 자료를 분석·정리하여 조직문제 해결의 목표, 잠재적 및 현실적 제약사항을 고려하여 실행 가능한 대안들을 개발하고 그 대안의 결과에 대한 평가를 해야 한다. 말하자면 이를 위해서는 창의력을 발휘하여 비교가 가능한 방식으로 대안을 영역별로 구분하고, 전 단계에서 설정한 기준에 의거하여 각 대안의 장·단점, 성공 가능성, 기대효과 등이 분석되어야 한다.

(4) 최선 대안의 선택

검토된 여러 대안 중에서 최선의 대안을 선택하는 것이다. 말하자면 이 단계에서는 각 대안의 장·단점, 성공 가능성 및 기대효과, 윤리적 측면 등을 비교·평가하고 조직의 정책과 목표에 따라 적절한 가중치를 주어 우선순위를 정하여 최선의 대안을 선택하는 것이다.

(5) 대안의 실행

최선의 선택된 대안을 실행을 하는 것이다. 전 단계까지의 시간과 노력은 결국 대안의 실행으로 귀착되기 때문에 실행단계가 의사결정의 절차에 포함되는 것이 바람직하다. 따라서 결정된 대안을 조직 내의 필요한 모든 사람에게 알리고 이해시켜 조직 내의 개인, 부서 또는 조직 전체가 그 대안이 실행되도록 지원하여야 한다. 소극적인 태도나 무관심은 많은 사람들이 시간과 노력을 들여 결정한 사항을 실패로 이끌 것이다.

(6) 피드백(feedback)

의사결정에서 피드백은 의사결정 과정과 결과를 효과적으로 만들기 위해서 매우 중요한 단계이다. 피드백(feedback)은 의사결정의 전 과정에서 개방적인 태도와 유연성을 가지고 의사결정의 각 과정 자체와 그 각 과정에서 이루어진 것 그리고 대안실행의 결과에 대하여 문제가 없는지 또는 실수가 없는지에 대한 관련자들의 의견을 듣는 것이다. 그러므로 결정된 사항에 대하여 검토사항이 있으면 적극적인 태도로 수정 또는 변경할 수 있는 융통성을 필요로 한다.

4) 의사결정의 모형

(1) 합리 모형

합리 모형(rational model)은 이성과 합리성을 의사결정의 기준으로 하는 모형으로서 포괄적 모형 또는 최선의 대안선택 모형이라 할 수 있다. 합리 모형에서는 의사결정가는 첫째, 이성에 의해 완전한 정보를 가지고 가장 합리적인 선택을 한다는 것을 전제로 한다. 즉, 합리 모형은 최소의 비용으로 최대의 효과를 얻으려는 최적성(optimizing point)에 근거하여 그중에 가장 좋은 것을 선택한다는 주장이다(Barnard, 1978). 합리적 결정은 다음과 같은 절차에 의하여 이루어진다. 첫째, 달성할 목적이나 목표를 선정, 둘째, 관련된 모든 자료수집, 셋째, 수집된 자료 분석, 넷째, 활용 가능한 대안 제시, 다섯째, 각 대안들에 대한 평가로 우선순위 결정, 여섯째, 대안의 최종선택, 일곱째, 최적 대안의 실천이다. 이러한 합리 모형에는 과학적 관리나 운영연구(OR) 등이 있다. 합리 모형은 완전히 합리적인 결정을 하기 위한 합리적 사고, 합리적 행동만을 요구하는 규범적 · 이상적 성격을 가지고 있다고 할 수 있다. 따라서 이 모형에 따른 의사결정자는 현실적인 제한점을 고려하지 않고 문제와 욕구를 규정하며, 그와 관련된 정보를 완전하게 수립 · 분석하고 그 해결을 위한 모든 대안을 개발하여 최선의 것을 선택하게 된다. 그러나 합리 모형은 현실적으로 완전하게 합리적 의사결정을 하는 데는 한계와 비판을 받고 있는데, 첫째, 인간사회의 동태적 요소를 경시하는 폐쇄이론이라는 점, 둘째, 대안이 결과를 정확하게 예측할 수 있는 능력이 존재하지 않는다는 점, 셋째, 결정자의 지적 능력에 한계가 있다는 점, 넷째, 완전한 대안의 발견 및 선택에는 많은 비용이 소요된다는 점 등을 제기하고 있다(박용치, 1988).

(2) 점증 모형

점증 모형(incremental model)은 린드블룸(Lindbloom, 1959; 1968), 윌다스브키(Wildavsky, 1961) 등에 의해 주장된 이론으로, 의사결정자가 목표달성을 위해 여러 대안을 평가하여 최적의 것을 선택하는 방법과 달리 현행의 목표를 신중하게 생각하고 현실을 인식하여 그것보다 약간 향상된 수준에서 의사결정을 하는 현실적 · 실증적 접근방법에 의한 모형이다. 말하자면 이 모형은 인간의 지적 능력의 한계와 의사결정 수단의 기술적 제약을 인정하고 의사결정 과정에 있어서 대안의 선택이 종래의 정책이나 결정의 점진적 · 세부적 · 순차적 수정 내지는 약간 향상된 수준에서 이루어지는 것이다. 린드블룸은 점증 모형의 장점과 단점을 다음과 같이 제시하고 있다. 점증 모형의 장점은 첫째, 현재 상황에서 저항을 가장 적게 받는다는 점, 둘째, 과거의 정책에서 얻는 지식을 활용할 수 있다는 점, 셋째, 새로운 의사결정의 예측 가능성이 높다는 점 등이다. 반면 단점으로는 첫째, 현실 유지적인 문제해결 방법에 지나지 않다는 점, 둘째, 기존 세력의 이익만을 반영할 수도 있다는 점, 셋째, 급속한 환경변화와 전례가 없는 문제에 대해서는 채택하기가 어렵다는 점이 있다. 따라서 점증 모형은 미국을 비롯한 선진국가에서는 적용할 수 있겠지만, 혁신적이고 변화가 많은 개발도상국이나 우리나라와 같이 전체와 균형이 상대적으로 약하여 정책결정자 자신의 판단이 크게 작용할 가능성이 높은 사회에서는 적용 가능성이 희박하다(Dror, 1968).

(3) 만족 모형

만족 모형(satisfying model)은 사이몬과 마치(Simon & March, 1958)가 합리 모형을 수정한 것으로, 제한된 합리 모형이라 할 수 있다. 만족 모형에 의하면, 의사결정자는 제한된 합리성(bounded rationality)에 입각하여 모든 정책대안과 정책수단들을 검토하는 것이 아니라 어느 정도 만족할 만한 결과를 낼 수 있는 대안을 검토 · 선택하여 결정하는 것이다. 즉, 만족할 만한 대안의 선택에 강조점을 두는 현실적 · 실증적 접근방법에 기초하고 있다. 그러나 만족 모형은 지나치게 주관적이고 만족 정도를 측정할 수 있는 객관적인 척도가 없으며, 만족한 기준에 의해 대안을 선택한다고 하더라도 그 대안은 현실 만족적 · 보수적인 것이며, 급변하는 상황에서 창의적인 문제해결을 어렵게 한다는 비판을 받고 있다.

(4) 혼합 모형

혼합 모형(mixed-scanning model)은 에치오니(Etzioni, 1967)에 의해 제시된 합리 모형과 점증 모형 두 이론의 장점을 상호 혼용하는 혼합 모형이다. 즉, 합리 모형의 이상주의적 성격을 지양하고, 점증 모형의 보수성을 탈피하기 위하여 이 양자를 변증법적으로 합(syntheses)하려는 것으로, 우선 기본적인 방향 설정과 같은 것은 합리 모형의 방법을 채택하고, 이렇게 기본 목표가 설정되면 특정 문제에 대한 세부적 결정은 점증 모형을 택하여 적용하게 된다. 따라서 혼합 모형은 새로운 모형이라기보다는 두 개의 대립되는 모형을 절충 · 혼합한 것에 불과하다.

(5) 최적 모형

최적 모형(optimal model)은 드로어(Dror)가 제시한 모형으로 만족 모형이나 점증 모형에서 벗어나 과거에 선례가 없는 비정형적인 의사결정에 합리적 · 경제적 요소와 초합리적 요소인 직관 · 판단 · 창의력 등을 모두 포함해 의사결정체제의 성과를 최적화하려는 모형이다. 최적 모형은 합리적 분석만이 아니라 결정자의 직관적 판단도 중요한 요소로 간주하고 있으며, 계량적 분석뿐만 아니라 질적 분석도 중시하고, 경제성을 감안한 합리성을 추구하며, 집행과정이나 그 정보교류에 대한 지속적인 평가를 통하여 의사결정 능력을 최적의 수준까지 향상시킬 수 있는 모형이라 할 수 있다. 그러나 실제적인 의사결정에서 시간적 · 경제적으로 적용하는 데 한계가 있고, 의사결정을 할 때 사회적 과정에 대한 고찰이 불충분하며 초합리성의 구체적인 성격도 명확치 않아 지나치게 유토피아적인 이상 모형이라는 비판을 받고 있다(강용규 외, 2008).

(6) 쓰레기통 모형

쓰레기통 모형(garbage can model)은 코헨과 마치, 올슨(Cohen, March & Olsen, 1972) 등에 의해 제시된 모형으로 집합 모형이라 할 수 있다. 쓰레기통 모형은 의사결정이 어떤 일정한 규칙에 따라 이루어지는 것이 아니라 마치 쓰레기통에 던져 넣은 쓰레기들이 뒤죽박죽 엉켜 있는 것과 같이 고도로 불확실한 조직상황에서의 의사결정 형태를 설명하기 위한 모형이다. 말하자면 쓰레기통 모형은 극도로 불합리한 집단결정에 대한 대표적인 이론모형으로서 복잡하고 급격한 변화가 일어나는 상황을 설명하는 데 적합한 모형이라 할 수 있다.

이론적으로 쓰레기 모형은 의사결정을 하는 흐름 속에서 보면, 네 가지의 독립적인 주입물, 즉 문제,[2] 해결책,[3] 참여자,[4] 선택의 기회[5] 등이 하나의 쓰레기통에 들어간 다음, 서로 간의 우연한 만남이나 특수한 혼합에 의하여 최종 결과가 만들어지며, 이러한 최종 결과에 의해 의사결정이 이루어지게 된다(성규탁 역, 1985 : 45-48). 그리고 이렇게 도출된 의사결정은 세 가지 형태로 나타나게 된다. 첫째, 간과의 형태이다. 현존하는 문제는 고려되지 않고 이루어지는 선택을 한다. 둘째, 도피의 형태이다. 문제와 분리된 후에 이루어지는 선택으로 문제에 대한 해결방안을 찾지 못하는 것이다. 셋째, 해결의 형태이다. 문제해결을 할 수 있는 의사결정이다. 이 모형은 사회복지조직 중에서도 조직의 목표가 모호하며 조직의 기술이 불확실한 막연한 사회복지조직에서 적용할 가능성이 있다.

3. 성과관리

1) 성과관리의 개념

조직에서 성과관리에 대한 중요성이 매우 크게 대두되고 있다. 초창기에는 주로 민간부문에서 성과관리의 개념이 적용되어 왔지만, 이제는 민간부문 못지않게 공공부문에서도 그 중요성이 증대되고 있다. 우리나라도 「정부업무 등의 평가에 관한 기본법」이 2001년에 제정되어 정부업무의 추진내용 및 집행성과에 대한 점검, 분석 및 평가가 시행되면서 성과관리제도가 체계적으로 구축·운영되고 있다.

성과관리는 1980년대 초반부터 영국에서 강조되어 왔고, 특히 1993년 미국이 「정부성과 및 결과법(GPRA : Government Performance & Results Act)」을 제정하

2) 일상생활의 관심사로서 생활의식, 가족, 경제, 집단관계들을 의미한다.

3) 문제발생 전에 이미 누군가에 의해 발견된 것으로서 이러한 해결책이 오히려 해결해야 할 문제를 찾으려는 경우도 있다.

4) 결정과정에 참여하는 모든 사람들이다.

5) 조직이 어떤 결정을 내리는 계기를 말한다.

면서 기존의 투입중심 성과관리에서 벗어나 행정업무를 얼마나 효과적으로 이행하고 있는지에 초점을 둔 성과지향적 성과관리 방식이 도입되었다. GPRA에 의하면 미연방정부의 각 행정부처는 최소 3년에 한 번씩 전략계획을 수립하고, 이에 따라 매년 성과계획서와 성과보고서를 작성하도록 하였다(고영선 외, 2004).

〈표 11-5〉 미국 GPRA에 따라 작성되는 보고서

구분	전략계획서	연간성과계획서	성과보고서
주기	최소한 향후 5년을 대상으로 작성되며 최소한 3년에 한 번씩 갱신	매년 향후 1년간의 성과계획을 보고	매년 과거 3년간의 실적을 보고
주요 내용	• 부처의 주요 기능과 업무를 포괄하는 종합적 임무선언문 • 전략목표 • 목표달성 방법·업무추진과정·소요자원에 대한 설명 • 전략목표와 연간성과계획서상의 목표 사이의 관계에 대한 설명 • 목표달성에 큰 영향을 미치는 통제 불가능한 외부적 요인에 대한 설명 • 전략목표의 설정 및 수정에 참고하였던 사업평가에 대한 설명 및 향후의 사업평가 계획	• 사업의 성과목표를 설정 • 객관적·정량적이며 측정 가능한 형태로 성과목표를 정의 • 업무추진 과정과 소요자원을 설명 • 산출·서비스 수준·결과를 측정하고 평가하기 위한 성과지표를 설정 • 실제의 사업결과와 설정된 목표 사이의 비교 근거를 제시 • 측정된 수치의 타당성을 점검하기 위한 방법을 설정	• 성과목표의 달성 여부를 설명 • 과거 실적을 바탕으로 금년도 성과계획을 평가 • 목표를 달성하지 못한 경우 그 이유와 향후의 목표달성계획을 설명하고, 목표달성이 비현실적이거나 불가능한 경우 그 이유와 정책대안을 설명 • 자율권 확대조치의 활용 현황을 설명하고 그 효과성에 대해 평가 • 당해연도에 실시된 사업평가의 결과를 요약·설명

성과관리에 대한 개념은 학자들에 따라 다양하게 제시하고 있다. 암스트롱(Amstrong, 2006)은 성과관리를 "개인과 팀의 성과를 진전시킴으로써 조직성과를 개선하기 위한 체계적인 과정"으로 정의하고 있다. 또 로켓(Lockett, 1992)은 "조직에 헌신하고자 하는 유능한 개인들이 조직의 공통목표를 달성하기 위한 일련의 작업"으로 규정하고 있다. 그리고 월터스(Walters, 1995)는 "구성원들이 조직의 요구에 부응하여 가능한 한 효율적이면서도 효과적으로 업무를 수행

할 수 있도록 관리하고 지원하는 과정"이라고 규정한다. 그리고 암스트롱과 바이런(Amstrong & Baron, 1998)은 "성과관리란 조직 구성원들의 업무성과를 개선하고 팀과 개인의 역량을 개발하는 전략적이면서도 통합적인 접근"이라고 제시했다. 또한 국내 학자인 이윤식(2005)은 "조직의 장기적 비전 또는 전략을 효과적, 효율적으로 달성하기 위해 조직의 성과와 개인의 성과를 일련의 지표를 통해 체계적으로 집계, 관리, 환류하는 일련의 과정"이라고 하였다. 결국 종합해서 보면 성과관리는 조직이나 팀, 개인들로 하여금 조직의 비전과 전략에 기초하여 목표와 활동계획을 수립하여 시행하게 하고, 그 결과로서 성과를 평가하여 정책 및 기관관리에 환류시킴으로써 성과를 극대화하려는 일련의 과정이라 정리할 수 있을 것이다.

이처럼 성과관리에 대하여 다양한 정의가 있지만, 넓은 의미에서 성과관리란 "조직(기관)의 경영목표 달성을 위하여 조직(기관)의 가용자원을 효율적이면서도 효과적으로 관리하고 지원하는 과정"이라고 할 수 있다. 즉, 조직 및 조직 상하계층 그리고 개인의 성과가 그 조직이 추구하는 궁극적인 목표와 잘 연계될 수 있도록 합의된 성과목표를 설정하고 자원을 우선순위에 따라 배분하며, 현재의 정책과 사업의 방향을 유지할 것인지 변경할 것인지 여부에 대해 관리자에게 도움을 줄 수 있는 성과측정 정보를 제공하는 것이다. 또 협의적인 의미의 성과관리는 조직의 제반 합목적적 활동과 결과를 주어진 성과지표에 의해 평가하고, 그 결과를 기초로 사후관리를 하는 일련의 과정이다. 이는 당해 목표달성 여부를 평가하기 위해 반드시 모니터링되고 관리되어야 할 요소, 즉 성과기준을 바탕으로 성과를 지속적으로 평가하고 장애요인을 극복하여 최적의 자원배분을 도모하는 일련의 과정을 말한다(정보통신부, 2000).

성과관리를 하는 목적은 크게 세 가지로 살펴볼 수 있다, 첫째, 전략적 목적(strategic purpose)으로 효과적인 성과관리를 통해 조직이 사업목표를 달성하도록 도움을 준다. 둘째, 관리적 목적(administrative purpose)으로 조직이 급여, 복리후생 등에 관한 의사결정에 필요한 자료 제공, 인력의 유지, 고용과 해고 등에 관한 의사결정을 지원한다. 셋째, 개발적 목적(development purpose)으로 성과

부진 요인 분석을 통해 성과를 개선하도록 돕고 문제의 원인을 파악하고 개선을 위한 단계를 모색하도록 한다.

일반적으로 성과관리는 투입(inputs), 과정/ 활동(activities), 산출(outputs), 결과(outcomes)라는 일련의 프로세스를 구성하게 된다(그림 11-3).

투입(inputs)		과정/ 활동 (activities)		산출(outputs)		결과(outcomes)
인력, 재원, 장비 등	⇒	투입을 통해 활동이 직접 이루어지는 집행과정	⇒	활동을 통해 생산된 직접적이고 종합적인 결과물	⇒	산출물의 효과/ 결과, 활동이 의도한 궁극적인 목적의 실현 정도

| 그림 11-3 | 성과관리의 흐름

향후 조직 내 성과관리제도가 보다 성공적으로 활용되기 위하여 다음과 같은 노력이 필요할 것이다. 첫째, 조직(기관)의 성과가 상위조직(기관)의 성과 달성과 직접적이고도 밀접하게 연결되어 운영될 수 있도록 상하위 계층적 조직 간의 성과를 통합하여 관리할 수 있는 프로세스 및 IT 시스템을 구축해야 한다. 둘째, 상하위 조직(기관) 간의 성과목표가 적정하게 설정되고 유기적으로 역할을 할 수 있도록 성과체계 각 단계에 맞는 종합적이고도 구체적인 성과관리 계획을 수립해서 운영해야 한다. 셋째, 통합 성과관리시스템과 종합 성과관리계획이 효율적으로 작동할 수 있도록 계획(Plan), 실행(Do), 점검(Check), 조치(Action)의 PDCA 방식 등 성과체계의 각 단계에 적절한 성과관리 도구 등을 개발하여 활용해야 한다. 넷째, 조직(기관)의 성과중심 기업문화와 더불어 성과관리 업무를 직접적으로 담당하는 인력의 열정 및 전문성을 향상시킬 수 있는 적극적인 노력이 필요하다.

2) 성과관리의 구성요소

미국 연방정부의 성과관리는 회계감사국(General Accounting)의 심사평가와 관리예산처(Office of Management & Budget)의 정부성과 및 결과법(GPRA)에 의한 평가로 이루어지고 있다. 특히 GPRA에 의해 미연방정부는 정부업무의 비효율성 문제를 해결하고자 하는 데 목적을 두고, 업무를 수행함에 있어 우선 중기 전략계획의 수립을 통하여 전략적 목표를 설정하고 이에 따라 연차별 달성목표를 구체화하고 구체화된 이들 목표에 따른 성과를 측정하기 시작하였다. 여기에서 GPRA에서 규정하고 있는 성과관리의 핵심 구성요소와 절차 등과 같은 성과관리체계를 제시하고자 한다. 기본적으로 다섯 가지 구성요소로 성과관리체제를 구성하고 있다. 즉, 전략계획 수립(strategic planning), 성과계획 수립(performance planning), 성과지표(performance measures), 사업성과보고서(program performance report), 관리책무성과 유연성(managerial accountability & flexibility)으로 이루어진다(표 11-6)

〈표 11-6〉 GPRA 성과관리체계의 구성요소

구성요소	내 용
전략계획 수립	• 기관의 설립 및 존재이유 및 운영 프로그램의 필요성 • 구체적 목표 수립 및 목표달성 방법 • 업무 수행에 필요한 자원확보 방법 등
성과계획 수립	• 활동을 통하여 달성할 성과수준 목표 • 객관적 · 양적, 측정 가능한 목표 • 목표달성을 위한 업무수행 과정 등
성과지표	• 프로그램의 활동과 관련된 서비스 수준, 성과의 측정지표 • 결과/ 영향 중심의 지표 마련
사업성과보고서	• 성과지표별 목표 대비 성취 정도 • 성과계획의 평가 • 성과목표 미달성 시 그 사유 및 향후 계획
관리책무성과 유연성	• 성과의 달성에 대한 책무성 및 자율성 부여 • 관리자의 행정적 및 절차적 규정 준수 및 통제규정의 면제

출처 : 이근주(2001). 미국 GPRA의 현황과 평가. 한국행정연구, 10(1). 봄호.

3) 성과관리와 BSC

BSC(Balanced Score Card)는 균형성과기록표 또는 균형성과관리지표라고 할 수 있는데 미국 하버드 대학교 카플린과 노톤(Kaplan & Norton, 1996) 교수가 제시한 경영성과관리시스템이다. 기존의 재무분석이 재무적 관점만을 중심으로 과거의 현황을 분석함으로써 현 시장이나 미래의 시장환경에 적응하는 데는 적합하지 않아 이러한 문제점을 개선하기 위하여 BSC가 탄생하게 되었다. 즉, BSC의 각 지표들은 재무와 비재무, 장기와 단기, 선행과 후행(과거와 미래), 내부와 외부, 조직과 개인에 관련된 것들로 균형을 이룬다. 이렇게 균형을 이룸으로써 조직 내에 전략과 비전이 공유되고, 단기간의 성과가 아닌 미래 이익에 선행하는 비재무적 성과도 중요하게 관리된다. 또한 지속적인 성과 피드백을 통해 전략 실행을 위한 조직적인 학습이 가능하도록 한다. 결과적으로 조직은 전략이 중심이 되어 모든 활동을 전개하는 '전략 중심의 조직'으로 바뀌어 가고, 임직원들이 기존의 사고와 틀에서 벗어날 수 있도록 '변화'를 이끌어 낸다. 그래서 BSC는 전략적 성과관리 시스템이라고 할 수 있다.

일반적으로 BSC는 재무, 고객, 내부 프로세스, 학습과 성장의 서로 다른 네 가지 관점 및 시각으로 구성되어 있다(그림 11-4).

- **재무** : 재무적으로 성과 및 성공을 위해 우리는 무엇을 해야 하는가?
- **고객** : 비전을 달성하기 위해 우리는 고객에게 어떻게 보여야 하는가?
- **내부 프로세스** : 고객을 만족시키기 위해 우리는 어떤 프로세스에 탁월해야 하는가?
- **학습과 성장** : 비전을 달성하기 위해 사람과 정보, 조직역량을 어떻게 강화시킬 것인가?

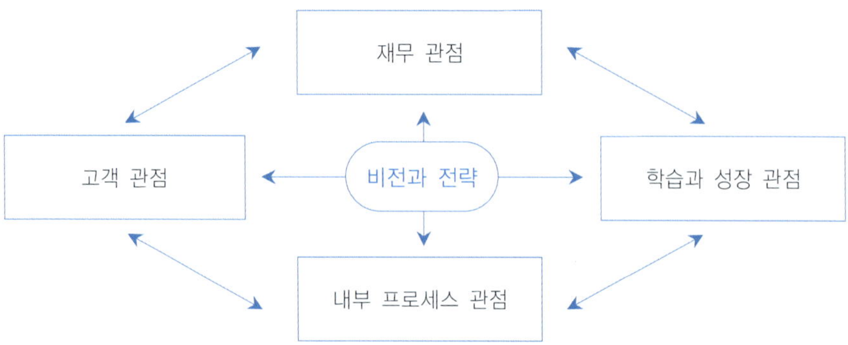

| 그림 11-4 | BSC의 구성

또한 BSC는 이들 네 가지의 다른 관점에서 핵심성과지표들을 도출하고 이 핵심성과지표들 사이의 연계관계를 규명함으로써 효율적으로 조직의 성과를 관리하게 된다(표 11-7).

〈표 11-7〉 BSC의 네 가지 관점에 따른 기본적 측정지표

관 점	기본적 측정지표
재 무	투자수익율과 경제적 부가가치
고 객	만족도, 유지율, 시장점유율
내부 프로세스	품질, 대응시간, 원가, 신제품의 도입
학습과 성장	직원 만족과 정보 시스템의 이용도

출처 : 송경근 · 성시중 공역(2014). 균형성과관리지표 BSC. 로버트 S. 카플랜과 데이비드 P. 노튼. 서울 : 한언출판사.

4) 성과관리 체계의 과정

조직의 성과는 결국 개인 성과의 총합이므로 조직과 부서, 개인의 성과가 연계되어야 할 것이다. 조직 전체의 목표와 단위 부서 및 개인 목표가 체계적으로 연계되도록 성과관리가 이루어지기 위해서는 조직의 미션으로부터 시작해 달성해야 하는 조직의 목표가 합리적이어야 한다. 결국 성과관리의 핵심은 첫째, 조직이 추구하는 미래상 달성을 위한 비전 및 목표를 설정하는 것이고, 둘째, 조직의 지속적인 발전을 위한 관리의 수단으로 조직 및 개인의 성과를 평가하며, 셋째, 평가의 자료를 조직운용에 적용 · 활용하는 것이다. 따라서 성과관리는 다음과 같은 일련의 체계적인 단계 및 과정을 통하여 이루어진다고 할 수 있다. 첫째, 성과계획을 수립하는 단계이다. 성과계획은 기관의 임무-비전-전략목표-성과목표-활동을 체계적으로 연계시켜 이들을 달성하고자 하는 미래적 활동을 의미한다(이윤식, 2007). 여기서 임무는 해당 기관의 존재이유, 즉 기관의 근본목적 및 기관사업의 본질적 목적에 관한 것이며, 비전은 장기적인 목표와 바람직한 미래상으로서 조직의 정책 수립 방향을 설정하는 기능을 한다. 그리고 전략목표는 앞의 임무와 비전을 바탕으로 기관의 임무수행

을 위해 중장기적으로 추진하는 중점적인 정책방향이다. 성과목표는 주요 사업 또는 사업 진단을 통해 기관이 달성하려는 일련의 구체적인 목표이고 활동은 목표를 달성하기 위한 실제적 행동을 의미한다(제갈돈 외, 2006). 둘째, 성과를 측정하는 단계이다. 성과측정은 설정된 성과지표와 목표치를 기준으로 얼마나 성과가 달성되었는지를 확인하는 것으로서, 성과달성 과정을 점검하는 성과모니터링과 실적치를 점검하는 활동을 포함한다(이윤식, 2007). 셋째, 측정된 성과지표를 바탕으로 성과를 평가하는 단계이다. 구체적으로 성과관리 대상사업이나 활동의 수행이 계획된 장 · 단기 목표에 얼마나 경제적 · 능률적 · 효과적으로 달성되었는가를 측정 · 분석 · 평정함으로써 성과정보를 창출하는 활동을 의미한다(이윤식, 2007). 성과를 평가할 때에는 성과감독 · 사업평가 · 직무평가 등 다양한 방법을 활용한다(고영선 외, 2004). 마지막으로, 성과측정 및 평가를 통해 도출된 성과정보를 활용하는 단계이다. 이 단계에서는 측정결과 또는 평가결과를 반영하여 성과목표를 수정하거나 사업설계를 변경하는 것을 의미하며, 다음의 성과계획 및 활동 · 업무에 관한 의사결정에 환류하는 것도 포함한다(제갈돈 외, 2006).

1. 성과계획 수립
기관의 임무 · 비전 · 전략목표 · 성과지표 · 활동을 체계적으로 연계시켜 이들을 달성하고자 하는 미래적 활동

2. 성과측정
설정된 성과지표와 목표치를 기준으로 얼마나 성과가 달성되었는지를 확인

3. 성과평가
성과관리 대상사업이나 활동의 수행이 계획된 장 · 단기 목표에 얼마나 경제적 · 능률적 · 효과적으로 달성되었는가를 측정 · 분석 · 평정함으로써 성과정보를 창출하는 활동

4. 성과정보 활용
측정결과 또는 평가결과를 반영하여 성과목표 수정 · 사업설계 변경 및 다음의 성과계획 및 활동업무에 관한 의사결정에 환류

| 그림 11-5 | 성과관리의 체계

4. 정보관리

1) 정보관리의 개념

정보관리란 기관에서 필요한 모든 정보를 하나의 시스템, 즉 구조화된 틀을 통하여 체계적으로 관리하는 것으로, 이는 조직에 필요한 정보를 적시에 효과적으로 제공함으로써 조직의 목적을 효과적으로 달성하는 데 그 목적이 있다. 즉, 사회복지기관에서의 정보관리는 클라이언트에 관한 정보와 재정자원의 관리와 같은 내부운영의 효과적 관리목적을 위해 사용된다.

정보관리 체계는 수집된 다양한 정보를 일정한 기준에 따라 분류하여 체계화한 구조로서 다양한 자료들을 수집하고, 저장하고, 처리하여 유용한 정보로 전환하는 것을 말한다(장동일, 2006). 즉, 조직관리나 의사결정에 필요한 데이터를 지원해 주게 된다.

데이비스와 올슨(Davis & Olson)에 의하면, 정보관리 체계란 조직에 있어서 운영, 관리, 분석 및 의사결정기능을 지원하기 위하여 정보를 제공하는 통합된 사용자-기계체계(user-machine system)라고 정의를 내리고 있다. 말하자면 정보관리 체계를 통하여 정책결정과 행정을 위한 각종 복잡한 자료는 물론 일선 실무자들의 임상실무를 위한 지침작성에 필요한 정보까지를 포괄적이고 체계적으로 정리·분류한다. 기본적인 정보관리 체계 개념은 **|그림 11-6|**과 같다.

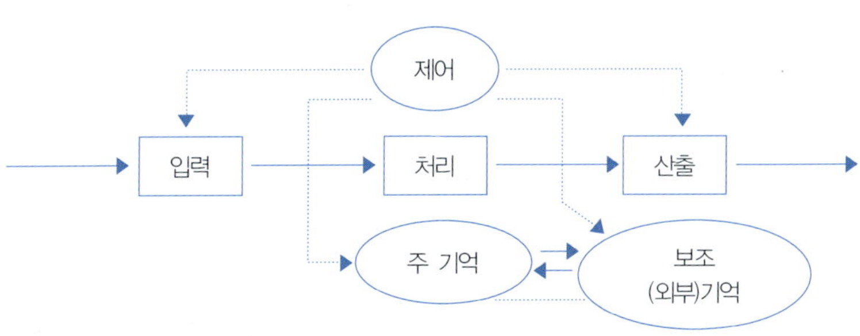

|그림 11-6| 기본적인 정보관리 체계 구성개념

일반적으로 정보관리 시스템은 사무자동화시스템(OAS : Office Automation System), 거래처리시스템(TPS : Transaction Processing System), 경영정보시스템(MIS : Management Information System), 의사결정지원시스템(DSS : Decision Support System), 전문가시스템(ES : Expert System)으로 구성되어 있다. 첫째, 사무자동화시스템은 정보를 관리할 뿐 아니라 정보와 연관된 업무를 보다 효과적으로 수행할 수 있도록 도와주고, 대규모 조직에서 단순업무에 사무자동화시스템을 이용함으로써 사무실의 기능을 자동화하여 조직의 생산성을 지원하는 시스템이다. 이러한 시스템을 통하여 사회복지기관에서는 워드프로세서 파일이나 그래픽, 그림, 사진, 음성, 동영상에 이르기까지 다양한 복지활동 정보를 일관된 관리체계하에 효율적으로 관리 · 보관하면서 조직 내에서 다수의 사용자가 공유하며 사용할 수 있도록 통합적으로 관리하는 것이 가능하다. 둘째, 거래처리시스템은 하나의 업무가 순서대로 여러 단계로 구성되어 처리되는 시스템이다. 즉, 기록의 보존이나 필요한 정보를 제공하기 위해서 데이터를 수집, 분류, 저장, 유지, 갱신, 검색하는 기능으로 나누어 수행하는 가장 기본적인 정보시스템 기능이다. 이 시스템을 통하여 사회복지조직을 이용하는 고객에 대한 정보를 사용 가능한 형태로 가공하여 데이터베이스에 저장하고, 저장된 정보를 이용하여 수요자의 서비스 관리와 맞춤서비스를 제공하며, 조직 내 · 외부에 의사결정에 적합한 정보를 만들어 제공할 수 있도록 한다. 셋째, 경영정보시스템은 전 조직에 관한 정보를 수집하여 조직하고, 평가할 수 있게 해주는 소프트웨어로서 기관의 데이터베이스로부터 관리자의 위치에 따라 다양한 종류의 규격화된 보고서를 작성하게 해준다. 이 시스템을 통하여 사회복지기관의 방대한 양의 정보들을 일반 사회복지사들의 업무와 중견관리자 및 최고관리자에게 적합한 유용한 정보로 요약하여 제공해 준다. 넷째, 의사결정지원시스템은 합리적이고 효과적인 의사결정을 지원하기 위해서 개발된 시스템으로 의사결정자들이 자료를 활용하여 쉽게 분석과 평가를 할 수 있도록 관리자를 돕는 대화형 시스템이라 할 수 있다. 이 시스템을 통하여 사회복지기관은 문제를 호소하는 클라이언트에 대한 서비스 내용 등을 분석하여 적절한 서비스 계획을 수립하고 결정하는 데 유용하게 활용할 수 있게 한다. 다섯째, 전문가시스템은 인간의 전문능력과 의사결정을 모방하는 능력을 지님으로써 전문가에 의해 행해지는 작업을 수행하기 위해 만들어진 시스템이다. 전문가시스템은 지식베이스와 추론 그리고 사용자 인터페이스로 구성된 것으로 보유하고 있는 데이터를 분석한 후에 어떠한 행동을 취할 것인가를 제안해 준다.

이와 같이 사회복지기관에서 정보시스템 활용은 조직업무의 효율화, 서비스의 질 향상, 그리고 조직의 성과를 이루기 위해서 사용하고 있다. 말하자면 사회복지기관에서 활용되는 정보시스템은 전자우편, 단순 데이터베이스와 같은 개인 직원들 차원의 접근 혹은 사회복지기관의 단편적 접근의 차원으로서뿐만 아니라 기관의 정보를 보다 체계적으로 관리하고 업무수행에 효율적으로 활용하며, 클라이언트에 대한 서비스를 향상시키고, 서비스 제공의 효율을 향상시킬 수 있는 정보시스템을 요구하고 있다. 따라서 사회복지기관에서 정보시스템은 사회복지조직의 개인적인 기본 관리업무에 대한 것뿐만 아니라 사회복지사업의 효율성을 제공하고, 나아가 사회복지조직 성과를 대내·외적으로 보여줌으로써 사회복지서비스의 책임성을 검증받기 위한 시스템이 되어야 할 것이다.

궁극적으로는 사회복지조직의 정보관리시스템은 클라이언트에 관한 정보를 생성하고 저장하거나 혹은 공유하기 위한 목적으로 사용될 수 있고, 재정자원의 관리와 같은 내부 운영의 통제를 위해서 사용된다(장동일, 2006).

2) 정보관리 체계의 필요성

21세기 지식정보화 시대에 맞추어 컴퓨터 기술 및 통신기술 등 정보기술의 발전으로 인한 정보가치가 어느 때보다도 중요하게 대두되고 있다. 정보의 효율적인 관리를 통하여 조직 내 분산된 다양한 정보들을 통합·운영하는 것이 매우 중요하게 되었다. 따라서 우리 사회 전반에서 정보통신기술의 통합, 멀티미디어 정보의 발달, 인터넷 등은 조직 내 업무구조 및 생산방식을 획기적으로 바꾸어 놓았을 뿐만 아니라 사회 전체에 엄청난 변화를 불러일으켰다. 아울러 정보기술의 발전은 조직 내 업무전산화를 포함하여 혁신적인 경영전략을 구상하는 데도 한 몫을 하였다. 이러한 점에서 사회복지조직도 예외가 아니다.

다양한 사회복지 행정업무에 있어서 보다 포괄적이고 체계적인 사회복지 행정서비스 활동 강화를 위하여 사회복지조직의 서비스 제공 및 유지 활동에 활용할 수 있는 사회복지 정보체계와 사회복지행정의 관리정보체계가 매우 필요하게 되었다.

사회복지 정보화는 주민이나 사회복지서비스의 이용자 자신에 관한 사항으로부터 사회복지에 관한 시책 · 서비스 · 시설 · 자원 자체에 관한 사항 또한 이를 연결하여 사회복지에 대하여 판단을 내리거나 행동을 일으키기 위한 지식의 총합이라 할 수 있다(우종모 · 김재호 · 조당호, 2004). 이러한 사회복지 정보화를 추진함에 있어서 사회복지 정보시스템의 구축 및 사회복지 정보화 전략이 필요하다.

일반적으로 사회복지 분야에서 정보는 크게 세 가지로 첫째, 공공적 가치가 있는 정보이다. 공공재로서 사회복지 정보는 정부나 공공기관 등에서 공적으로 전달하는 정보 및 전달 매체들이다. 국가나 지방자치단체의 사회복지예산, 공공복지서비스 기관에서 시행하는 프로그램, 일반적인 사회복지서비스의 제공 등이 모두 공공재에 속한다. 둘째, 상업적 가치가 있는 정보이다. 시장재로서 사회복지 정보는 상업적 가치가 있는 사회복지 분야의 정보 및 기술 체계이다. 특정 기업이나 개인이 다중을 상대로 자신들이 가지고 있는 사회복지 정보 및 전달기술을 판매하거나 교환하는 교환적 가치를 지닌 것들이다. 셋째, 개인적 가치가 있는 정보이다. 사유재로서 사회복지 정보는 개인적으로 소유할 수밖에 없는 사회복지 정보로서 특정 개인에게만 필요로 하는 복지 프로그램이나 의사전달 도구, 교육 프로그램들로서 매우 소수의 특정인에게만 필요로 하는 것들이다. 일반적으로 사회복지 분야의 대부분의 복지정보들은 사실상 공공재의 성격을 띠고 있다.

아울러 사회복지조직의 정보관리는 크게 세 가지 측면에서 그 필요성을 살펴볼 수 있다. 첫째, 복지서비스 전달체계의 정보화 측면이다. 복지서비스 통합창구의 필요성으로 종합적인 서비스 제공이 가능한 사례관리시스템 구축, 클라이언트의 프라이버시를 위한 온라인 상담, 복지행정기관들의 정보화 체계 구축, 복지기관들 간의 협조적 체계 구축, 가상 복지관을 통한 정보 교류 등이다. 둘째, 복지자원 동원체계의 정보화 측면이다. 클라이언트의 복지요구와 복지자원(시민, 지역사회 등)을 연계시켜 주는 중개서비스 체계, 일반 시민들의 복지정보 참여를 통한 복지전달, 자원봉사 등 후원 및 결연시스템 등이다. 셋째, 정보 관련 인력 양성 및 교육 측면이다. 가상복지대학이나 산학협동전문 포럼, 산학연계 가상복지관 등이다.

따라서 사회복지조직의 정보관리 체계를 통하여 사회복지조직에게 다음과 같은 효과를 주게 된다. 첫째, 사회복지조직의 효율적 관리도구로서뿐만 아니라 사회복지서비스 조직의 책임성 검증도구로 활용 가능하다. 둘째, 조직의 업무효율성 및 서비스 효과성이 증대된다. 셋째, 장기간 걸리는 업무를 단시간에 처리함으로써 비용절감 효과를 높일 수 있다. 넷째, 시간과 장소의 구별 없이 클라이언트의 요구에 신속히 대응하게 된다. 다섯째, 사회복지서비스의 정확성, 객관성, 타당성 등을 확보하게 된다. 여섯째, 사회복지서비스 업무의 표준화를 가져와 서비스 질 확보에 유용한 도구로 활용하게 된다.

3) 정보관리 체계의 기능

정보관리 체계 구축을 통하여 대체로 다음과 같이 수직적인 기능과 수평적인 기능, 통합적인 기능을 갖게 된다(이윤식, 1994).

(1) 수직적 기능

수직적 기능은 조직 내 계층에 따른 활동을 지원하는 기능을 말한다.

① 최고관리층 또는 정책결정자들의 전략적 정책기획 및 의사결정을 지원

해 주는 전략적 기획기능이다. 이 기능은 주로 최고관리층이 조직방침의 확립, 새로운 정책의 입안, 정책이나 사업 간의 조정에 필요한 정보를 나타낸다. 조직 내 전략정보는 조직의 목표를 달성하기 위하여 외부환경의 영향 및 예상된 변화에 더 많은 관심을 갖고, 비주기적이고 비정기적이며, 장기적인 전략적 기획을 위해 필요로 되는 정보로서 정책결정자들의 판단에 근거를 두게 된다.

② 중간관리층의 전술적 정책기획 및 의사결정을 지원해 주는 관리기능이다. 이 기능은 조직 내 중간관리자들의 조직 내 활동의 성과를 측정하고 통제조치를 취하며, 하위관리자들에 의하여 적용될 새로운 결정규칙들을 설정하고, 조직활동에 필요한 제반 자원을 배분하는 데 요구되는 정보의 역할을 담당하게 된다. 관리정보는 비교적 미래지향적일 수도 있고, 현실적인 문제해결을 위한 정보일 수도 있다.

③ 하위관리층의 운영기획, 의사결정 및 통제를 지원해 주는 운영통제 기능이다. 운영정보는 조직 내 실무 담당자인 하위관리자들이 운영통제를 하는 데 요구되는 정보로서 제반 운영활동을 효과적이고 능률적으로 추진해 나가도록 확보하는 과정이다.

④ 하급 조직 구성원의 일상적인 업무를 지원해 주는 일상업무 처리기능이다. 이 기능은 조직활동을 수행하는 데 필요한 정보로서 대개 일선 실무자들에게 활용하게 된다.

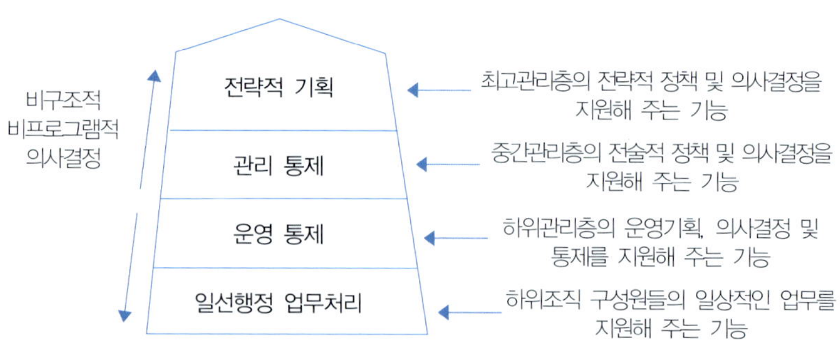

| 그림 11-7 | 정보관리 체계의 수직적 기능

(2) 수평적 기능

수평적 기능은 하위조직의 업무분야에 따라 달리 지원하는 정보관리 기능이다. 즉, 일반행정 업무, 재무회계업무, 인사관리업무 등을 지원하는 정보관리 체계의 기능을 말한다.

(3) 통합적 기능

통합적 기능은 수직적 기능과 수평적 기능을 함께 수행하는 기능이다. 하위조직 계층에서 각종 업무를 수행하기 위하여 필요한 정보를 관리하게 되는데, 이것은 하위조직 구성원들이 그런 정보관리 활동을 통하여 그 하부조직 계층에게 업무상 요구되는 정보를 제공하게 되어, 결국은 조직 전체가 유기적으로 정보기능을 함께 수행하게 된다.

4) 정보관리 체계의 구성

(1) 정보관리 체계의 물리적 구성

정보관리 체계의 물리적 구성요소는 〈표 11-8〉과 같이 하드웨어, 소프트웨어, 데이터베이스, 운영절차, 운영요원, 이용자 등이 있다(이용규, 1996).

〈표 11-8〉 정보관리 체계의 물리적 구성

구성요소	주요 내용
하드웨어 (hardware)	하드웨어는 물리적인 컴퓨터 장비와 관련 장치를 의미한다. 하드웨어는 통상적으로 다음과 같은 다섯 가지 주요 장치로 구분될 수 있다. ① 입력장치 ② 출력장치 ③ 데이터와 프로그램을 위한 보조기억장치 ④ 중앙처리기(계산, 통제, 주기억장치) ⑤ 통신(communication)

소프트웨어 (software)	소프트웨어는 하드웨어의 작동을 지시하는 프로그램을 포괄적으로 지칭하는 용어이다. 소프트웨어는 크게 시스템 소프트웨어(시스템제어, 시스템지원, 시스템개발)와 응용 소프트웨어(범용 S/W, 전용 S/W)로 구분할 수 있다.
데이터베이스 (database)	데이터베이스란 넓은 용도에 이용할 수 있는 형태로 보조기억장치 등에 기록한 데이터의 집합이다. 저장된 데이터의 물리적 존재는 데이터가 저장된 기억매체[자기 테이프, 디스크팩(pack), 디스켓, USB 등]로 나타난다.
운영절차 (procedure)	시스템의 운영에 필요한 제반 절차는 매뉴얼 또는 지침서와 같은 물리적 책자를 통해 정리되므로 정보시스템의 물리적 요소의 하나로 볼 수 있다. 운영절차는 다음 세 가지 유형으로 나눌 수 있다. ① 사용자의 시스템 이용을 위한 절차 ② 데이터 입력요원을 위한 절차 ③ 컴퓨터 조작요원을 위한 절차
운영요원 (operations personnel)	운영요원이란 컴퓨터 오퍼레이터(operator), 시스템 분석가, 프로그래머, 데이터 준비요원, 정보시스템 관리자, 데이터 관리자 등을 의미한다.
이용자 (user)	정보시스템을 사용하는 사람으로 사회복지조직의 구성원, 지역주민, 관련 단체 등이 있다.

출처 : Davis, Gordon B., & Margrethe H. Olson(1985). Management Information System : Conceptual Foundations, Structure, and Development. New York : McGraw-Hill Book Company, p. 29.

(2) 조직의 기능에 따른 구분

일반적으로 조직의 기능에 따라 정보관리시스템은 생산정보시스템, 마케팅 정보시스템, 재무정보시스템, 회계정보시스템 그리고 인사정보시스템 등으로 구분할 수 있다. 그런데 사회복지조직은 기업조직과 달리 다음과 같이 구분할 수 있다. 첫째, 사무관리, 둘째, 클라이언트 정보시스템, 셋째, 의사결정 지원, 넷째, 임상사정, 다섯째, 직접적 개입, 여섯째, 전자 네트워킹, 일곱째, 교육과 훈련, 여덟째, 조사연구와 정보검색 등이다(우종모 · 김재호 · 조당호, 2004).

(3) 조직의 관리수준에 따른 구분

조직의 관리수준에 따라 첫째, 전략기획 정보시스템으로 주로 최고경영층의 업무를 지원하기 위해 구축된 정보시스템이다. 조직의 현재 능력을 평가하고, 과거 자료를 이용한 미래 예측을 행하며 산업과 경영자에 대한 자료의 조직 내 데이터베이스 구축 및 외부 데이터 은행과의 연결기능 등을 구비한 정보관리시스템의 하위 시스템이다. 둘째, 관리통제정보시스템으로 주로 중간 경영층의 업무지원에 사용되는 정보시스템이다. 이를 위해 관리통제정보시스템은 계획 및 예산 모형, 차이보고 프로그램, 문제분석 모형, 의사결정 모형 및 조회 모형 등을 갖추게 된다. 셋째, 운영통제정보시스템으로 조직의 기본적인 거래활동이 원활히 수행될 수 있도록 하위경영층의 업무를 지원하기 위한 정보시스템이다. 이를 위해 거래 처리, 보고서 처리 및 조회 처리 기능을 구비하는 것을 기본으로 한다.

(4) 시스템의 지원업무에 따른 구분

시스템의 지원업무에 따라 첫째, 거래처리시스템으로 일상적이고 반복적인 업무를 지원한다. 둘째, 의사결정지원시스템으로 관리층의 반구조적 의사결정을 지원한다. 셋째, 사무자동화시스템으로 사무직 근로자의 업무를 지원한다. 넷째, 전문가시스템으로 전문가의 지식을 정보시스템에 구현하여 전문적인 업무처리를 지원한다. 다섯째, 그룹지원시스템(DSS, GSS)으로 의사결정 업무지원을 위한 정보시스템이다. 여섯째, 중역정보시스템이 있다.

(5) 성장단계 모형

조직에 있어서 정보체계가 어떠한 단계를 거쳐 도입·확산·성장하는가를 보여주는 모형이다. 놀란(R. Nolan, 1973; 1974)은 4단계 모형, 즉 착수(initiation), 확산(expansion), 공식화(formalization), 성숙(maturity)을 주장한 후, 새로운 기술이 도입됨으로써 다시 새로운 성장이 시작된다는 6단계 모형으로 확장하였다. 구체적으로 6단계 모형을 살펴보면 다음과 같다. 첫째, 도입단계로서 낮은 통제, 약간의 여유자원, 정보시스템 계획이 미비하거나 없다. 둘째, 확산단계로서 컴퓨터 사용을 보급하기 위한 보다 큰 여유자원 확보, 낮은 수준의 계획, 비용

증가와 통합의 결여에 의한 비용증가가 두드러진다. 셋째, 통제단계로서 높은 수준의 통제, 정보시스템 계획이 강조된다. 넷째, 통합단계로서 통합의 강조, 정보시스템 비용에 대한 사용자 통제를 강조하고 DB를 사용한다. 다섯째, 데이터 관리단계로서 데이터 관리에 초점을 두며, 조직의 전략적 우위에 공헌하는 시스템 개발을 촉진하기 위한 어느 정도의 여유가 있다. 여섯째, 성숙단계로서 응용 포트폴리오가 완성되고 조직목적에 부응한다.

놀란의 6단계 모형은 정보시스템의 계획수립이 용이하고, 시스템의 효과적인 관리 및 통제가 가능하며, 정보관리시스템의 발전방향을 제시했다는 장점을 가지고 있다. 반면 단점으로는 단계별 특성요인들 간의 논리성이 부족하고, 실증적 검증의 어려움이 있으며, 시스템의 네트워크화에 따른 모형의 설명력이 제한된다는 점이 있다. 그리고 성장단계 모형에는 맥팔런(F. McFarlan, 1983) 등의 정보기술 확산모형, 어터백(J. Utterback, 1974)의 조직혁신 모형, 산업의 수명주기 모형 등이 있다.

5) 정보관리 체계의 설계요건

정보관리 체계를 설계하는 데 고려해야 하는 요건은 다음과 같다. 첫째, 현재 자원이 어떻게 사용되고 있는가를 알려주어야 한다. 즉, ① 기관의 각 부서에서 요원들이 직접 또는 간접적 서비스를 위해 그들의 시간을 어떻게 사용하고 있는가를 알려주고, ② 치료자에게 배당된 시간을 통해서 얼마만큼의 서비스가 이루어졌는가를 알려주며, ③ 동일한 서비스 부서나 기관의 회계부서를 통해서 비용에 관한 자료를 수집하여야 한다. 이를 통해 서비스 비용이 결정된다. 적당한 비율을 결정하는 방법은 많지만 이런 방법들은 모두가 활용 가능하고 유용하며 명확하게 정의된 형태의 자료들을 요구한다. 서비스 방식과 유형에 대한 명확한 합의가 없으면 사업의 비용을 비교하기가 어렵게 된다.

둘째, 기관 내외의 서비스 유형들을 결정하는 능력이다. 기관 내에서는 중복되는 책임, 전문적인 역할들 간의 차이, 그리고 치료에서 누락된 클라이언트의 사후처리를 한다. 기관 외적으로는 중복되는 서비스 분야, 중복되는 책임들 및 서비스의 지속성과 통합에 대한 문제들을 식별한다. 클라이언트를 관계된 변수들에 따라 의뢰를 해줄 수 있어야 한다.

셋째, 기관의 각 하위체계의 일선 관리자의 기관 직원에게 그들이 책임져야 할 서비스 활동에 관한 보고서를 제공해 준다. 입원, 퇴원, 제공되어야 하는 서비스, 케이스분담, 업무시간 및 치료결과에 관련된 정보가 제공되어야 한다.

넷째, 보조금 제공자와 자금출처에서 요청하는 보고서를 작성하는 것이다. 즉, 후원을 해주는 국영기관, 자문위원회와 감독위원회, 지역사회, 자금기관 및 박애적인 자금제공자가 요청하는 보고서를 작성하는 것이다. 앞으로 예상되는 요구조건뿐만 아니라 현재의 요구조건도 재검토되어야 한다.

다섯째, 장 · 단기의 결정사항을 위해 계획자료를 제공해야 한다. 이와 관련하여 두 가지 단기 결정 사항이 필요하다. 즉, ① 직원과 기타 자원의 재분배, ② 서비스를 잘 제공받지 못하는 사람들에게 활용 가능한 서비스를 개발하는 것이다. 장기 결정사항에 있어서는 서비스 내용, 치료방법 및 요원들의 효과성, 비효율적인 사업을 대체할 혁신적인 사업의 필요성 확인, 새롭게 인지된 욕구를 충족시키기 위한 사업의 계획이 중요하다.

여섯째, 포괄적이고 정확한 자료의 수집뿐만 아니라 체계의 경제성도 보장해야 한다. 입력된 자료들은 요원들이 최소 시간 내에 찾아볼 수 있고 가능하면 어느 곳에서든지 활용할 수 있도록 준비되어 있어야 한다.

6) 사회복지조직의 정보관리시스템

정보관리시스템(information management system)이란 정형화된 구조를 통해서 다양한 자료들을 수집, 저장, 처리하여 유용한 정보로 전환하는 것이다. 사회복지조직에서의 정보관리시스템은 클라이언트에 관한 정보를 다룰 목적으로 쓰여지고, 재정자원의 관리와 같은 내부 운영의 통제목적을 위해서 사용된다.

사회복지조직의 정보관리시스템은 크게 세 가지 근본적인 하위 정보시스템들로 나누어질 수 있다(김영종, 2006). 첫째, 클라이언트 정보관리시스템, 둘째, 조직 정보관리시스템, 셋째, 업적 정보관리시스템이다. 특히 업적 정보관리시스템은 클라이언트 정보관리시스템과 조직 정보관리시스템의 결합에 의해서 발생한다. 그래서 각 시스템 간의 유기적인 연결을 통해 통합적인 정보관리시스템을 구축하는 것이 중요하다.

(1) 클라이언트 정보관리시스템

클라이언트 정보관리시스템은 클라이언트에 관한 정보, 클라이언트와 서비스 프로그램 간의 상호작용에 관한 정보 등을 생성, 조직, 보고하기 위한 것이다. 이 시스템의 기본적인 기능은 프로그램 이용자들에게 서비스를 제공하는 것에 초점을 맞추고 있다. 따라서 클라이언트 정보관리시스템의 주요 하위 시스템들은 이러한 과정에서 나타나는 활동을 반영한다. 클라이언트 정보의 유형과 관련된 정보원천들을 클라이언트의 접촉에서부터 종료에 이르기까지 조직과정의 흐름 순서대로 나타내면 〈표 11-9〉와 같다.

〈표 11-9〉 클라이언트 정보관리시스템의 단계별 자료/ 정보

단계별 활동	수집할 자료/ 정보
1. 이용자 확인	서비스의 잠재적 수요자 명단, 다른 기관들의 의뢰, 비공식 접촉 혹은 다양한 활동을 통해서 얻어진 자료
2. 인테이크	개인이나 가족에 관한 개인적 자료, 해결될 필요가 있는 문제에 관한 자료
3. 결정	프로그램에 대한 자격 여부를 판단하는 데 적합한 자료 산출, 서비스 전달비용에 관한 자료, 정부기관, 관련 기관, 의뢰기관에 관한 자료, 서비스 대상자에 관한 자료
4. 프로그램 진단/ 계획	문제, 욕구, 계획들 간의 관계에 대한 기록, 개인적 혹은 사업의 목표들을 보다 구체적으로 기록한 자료
5. 서비스 전달	언제, 누구에 의해 어떤 서비스가 제공되는지 등의 자료, 연결된 서비스들의 경우 그 과정에 대한 자료
6. 모니터링	활동계획과 실질적으로 제공된 서비스를 비교하는 자료
7. 평가	개인의 서비스 결과에 관한 종료 직전 혹은 종료 후에 발생되는 정보
8. 종료	사업 종료의 시점과 이유에 관한 정보, 자발적 중단, 목표의 성공적인 성취 혹은 실패, 다른 지역으로의 이전 등과 같은 자료

(2) 조직 정보관리시스템

조직 정보관리시스템은 기획이나 예산수립, 보고서 작성, 조직관리의 평가 등과 같은 기본적인 사회복지조직의 행정적 기능들을 보조하는 역할을 수행하는 정보관리시스템이다. 조직 정보관리시스템에서 지원되는 기능들은 다음과 같다. 첫째, 욕구사정, 둘째, 시설 및 운영에 관한 기획, 셋째, 예산, 넷째, 조사연구, 다섯째, 직원 및 임금 대장, 여섯째, 회계 및 비용 통제, 일곱째, 통계 및 예측 등이다. 조직 정보를 생산하는 기본적인 원천은 운영 단위 혹은 개별 업무자이다. 클라이언트에 관한 정보를 생성하고 갱신하는 책임을 갖는 동일한 단위와 개인들에 의해서 조직 정보가 생성된다. 다만, 클라이언트 정보가 '누구에게 누가, 언제, 어디서, 어떤 정도로, 무엇을 했는지'의 문제들에 주로 관심이 있다면 조직 정보관리시스템은 '어떤 자금으로, 누가 어떤 목적을 위해, 얼마나, 사용했느냐'에 주된 관심을 두는 것이다. 시간, 임금, 임차료, 여행, 훈련물품, 진단 및 치료 과정, 계약, 서비스 구입 등과 같은 기본적인 자료들이 재정관리의 지출 항목들에 의거해서 생성된다.

(3) 업적 정보관리시스템

업적 정보관리시스템은 의사결정의 향상을 위해서 프로그램의 생산성 및 효과성과 같은 다양한 측면들을 평가하는 데 필요한 목적으로 정보들을 다룬다. 업적 정보관리시스템은 새로운 정보시스템을 운영하지 않고서도 기존의 클라이언트 정보관리시스템과 조직 정보관리시스템의 합성에 의해서 가능하다(장동일, 2006).

업적에 관한 정보는 기획을 위한 정보와 평가를 위한 정보로 나눌 수 있다. 첫째, 기획 정보는 미래의 계획을 수립하기 위해 필요한 정보로서 장기간에 걸친 데이터의 축적이 필요하다. 계획기간 내에 욕구를 가진 인구와 서비스 예상 인구를 예측하는 데 필요한 정보가 주된 관심의 대상이 된다. 이것을 위해서는 다양한 원천들로부터의 방대한 자료가 필요하다. 둘째, 평가정보는 서비스 성과와 비용에 관한 정보들이다. 서비스 이용자들은 복수의 문제와 욕구들을 소유하고 있을 가능성이 높으며, 이들은 각기 다른 여러 기관들의 서비스를 사용하는 것이 보통이다. 따라서 서비스의 효과성 평가를 위해서는 자기 기관에서 제공한 서비스와 관련된 정보만이 아니라 클라이언트의 다른 기관들에서의 다양한 서비스 경력에 관한 정보들도 요구된다. 이를 위해 다른 기관이나 프로그램들과의 정보시스템의 호환성 내지는 통합성이 필요하다.

7) 사회복지 정보시스템의 추진 사례

(1) 사회보장정보시스템

① 추진 배경 및 목표

- 사회복지사업법 제6조의2(사회복지업무의 전자화) 및 사회보장기본법 제37조(사회보장정보시스템의 구축·운영 등)에 의거 보건복지부에서 사회복지법인 및 사회복지시설 업무의 전자화를 위하고 관계 중앙행정기관과 지방자치단체에서 시행하는 사회보장수급권자 선정 및 급여관리 등에 관한 정보를 통합·연계하여 처리·기록 및 관리하는 시스템을 구축하였다.
- 사회보장정보시스템은 사회복지통합관리망을 통하여 시·군·구별로 분산되어 있던 복지대상자 정보와 전산시스템을 통합하여 전국 단일 DB로 만들고 사업별로 각각 관리되던 복지대상자 정보를 개인별, 가구별로 통합하여 개인별, 가구별로 지원받는 수혜이력을 투명하게 관리하고, 각 부처에서 분산·운영되고 있는 복지사업 정보, 지원 대상자의 자격 및 이력정보를 개인별, 가구별로 통합 관리하여 복지업무 처리를 지원하기 위한 시스템이다.

② 주요 내용

- 각종 사회복지 급여 및 서비스 지원 대상자의 자격과 이력에 관한 정보를 통합·관리하고, 지방자치단체의 복지업무 처리를 지원하기 위해

개인별 · 가구별 DB로 중앙에 통합 구축하고 있다.

- 수요자 중심의 맞춤형 서비스를 제공하고 부정 · 중복수급을 방지할 수 있는 기틀을 마련하고 있다.
- 각 부처 및 정보보유기관에서 제공한 복지사업정보, 자격정보, 수급이력정보를 사회보장정보시스템을 통해 관리한다.
- 축적된 정보를 이용하여 개별 수급자에게 보다 편리하게 복지서비스 및 급여를 제공한다.
- 각 부처는 관리정보를 기반으로 민원대응, 적정수급 관리, 업무처리, 복지사업 설계 등에 활용한다.
- 사회보장정보시스템(범정부)은 향후 중앙부처 복지사업뿐만 아니라 지방자치단체 복지사업 및 민간지원 등 범정부 차원으로 단계적으로 확대하여, 평생맞춤복지시스템으로 발전할 예정이다.

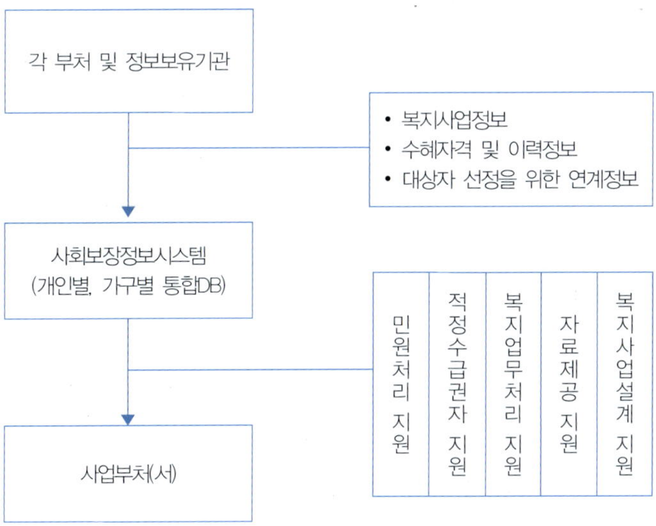

| 그림 11-8 | 사회보장정보시스템 지원 체계도

출처 : 보건복지부(2013). 2013년 사회보장정보시스템 활용안내. 범정부복지정보시스템.

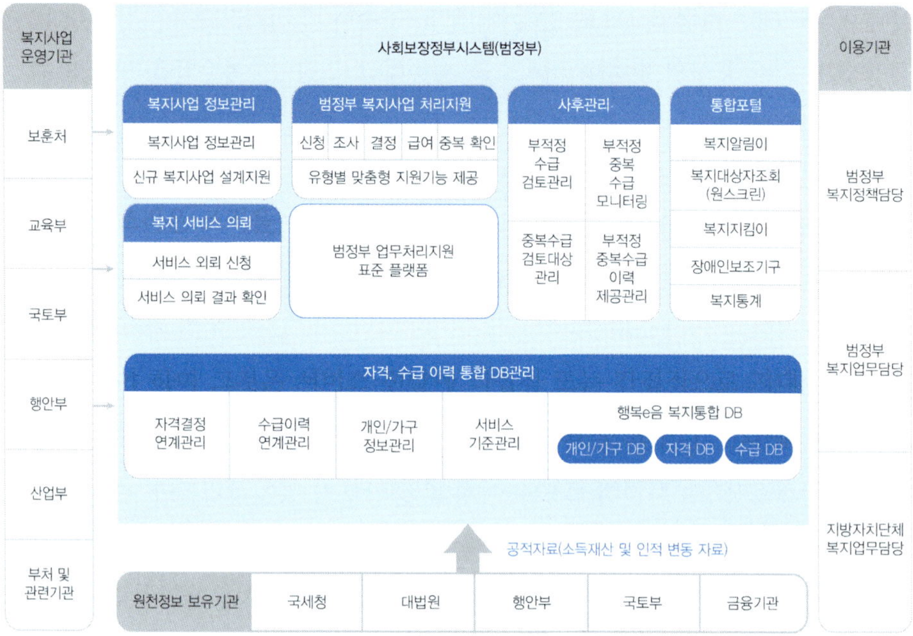

| 그림 11-9 | 사회보장정보시스템(범정부) 개념도

출처 : 보건복지부(2021). 2021 보건복지백서.

③ 기대 효과

- 사회보장정보시스템(범정부) 구축을 통해 각 부처에서 수행하는 복지사업을 통합·관리하고 행정 효율성을 향상한다.
- 복지 자원의 효율적 활용 기반을 마련함으로써 수요자 중심의 맞춤형 복지서비스 제공 환경을 조성한다.

〈표 11-10〉 기대 효과

구 분	주요 기능	기대 효과
자격·수급 이력 통합 DB	• 전 부처 복지사업 대상자의 자격·수급 이력 정보 통합 관리	• (국민) 수요자 중심 맞춤형 서비스 • (각 부처) 복지·보건·일자리 등 다양한 서비스의 통합적 연계·제공
업무처리지원 시스템	• 신청-조사-결정-사후관리 등 단계별 업무 처리 지원	• (국민) 구비 서류 감소 등 편의성 증대 • (각 부처) 공적 자료 공동 활용, 전산화로 대상자 선정·관리 효율성·정확성 제고
복지지킴이	• 중복 수급 예방·차단 • 인적 사항, 소득·재산 수급 이력 등 대상자별 변동 정보 제공	• (각 부처) 중복·부정적 수급 방지를 통한 복지 재정의 효율성 제고
복지알림이	• 중앙부처·지자체·민간 복지사업 정보 통합 제공	• (국민) 전 부처 복지사업 조회·온라인 신청 확대 등 접근성 향상 • (각 부처) 전 부처 복지사업 조회로 맞춤형 복지서비스 제공

출처 : 보건복지부(2021). 2021 보건복지백서.

(2) 독거노인 · 장애인 응급안전안심서비스 구축

① 목적 및 내용

- 독거노인 · 장애인 응급안전안심서비스 사업은 정보통신(IT) 및 무선네트워크 기반 기술(RFID/ USN)을 이용하여 24시간, 365일 독거노인과 장애인의 안전 상태를 실시간으로 확인하여 지방자치단체 및 수행기관, 소방서 구조 · 구급 연계로 독거노인 · 장애인에 대한 사회 안전망 구축을 목적으로 하고 있다.

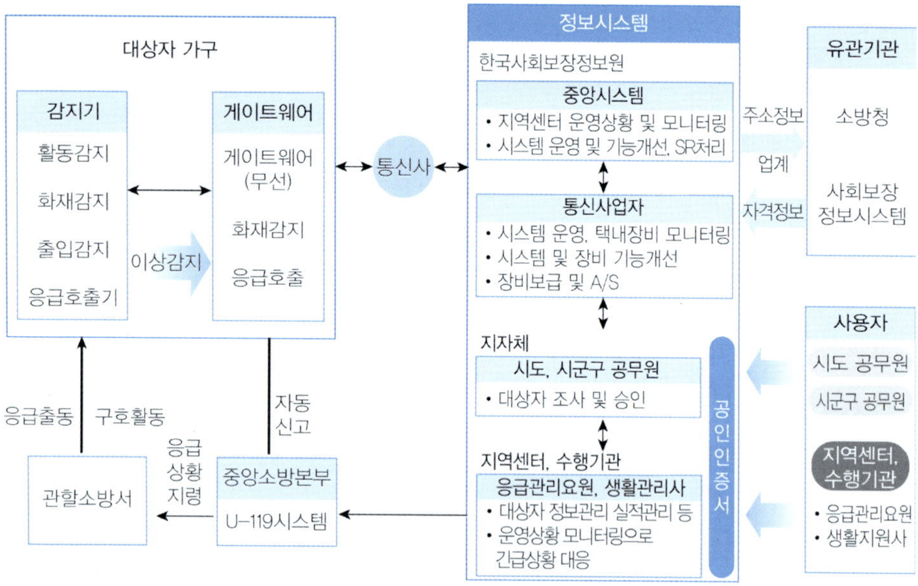

| 그림 11-10 | 응급안전안심서비스 시스템 구성도

출처 : 보건복지부(2021). 2021 보건복지백서.

(3) 사회복지시설정보시스템 구축

① 목적 및 내용

- 사회복지시설정보시스템은 2003년 전자정부 31대 로드맵 과제로 선정, 구축한 시스템으로 사회복지시설의 회계, 인사, 후원금, 복지서비스 이력관리 등 시설의 업무 효율성 향상 및 회계 투명성을 제고하기 위한 목적을 두고, 사회복지사업법에 따라 장애인, 노인, 아동, 한부모, 부랑노숙인, 사회복지관 · 노인복지관 · 지역자활센터, 장애인직업재활센터에서 활용하고 있다.
- 사회복지시설정보시스템은 사회보장정보시스템과 연계하여 사회복지시설정보시스템 구축 및 고도화 사업에 따라 사회복지시설 보조금 집행의 투명성을 제고하고, 복지급여의 중복 및 누락 방지, 수혜서비스의 균등배분 등 국민지향적 복지를 달성하는 데 기여하고 있다.

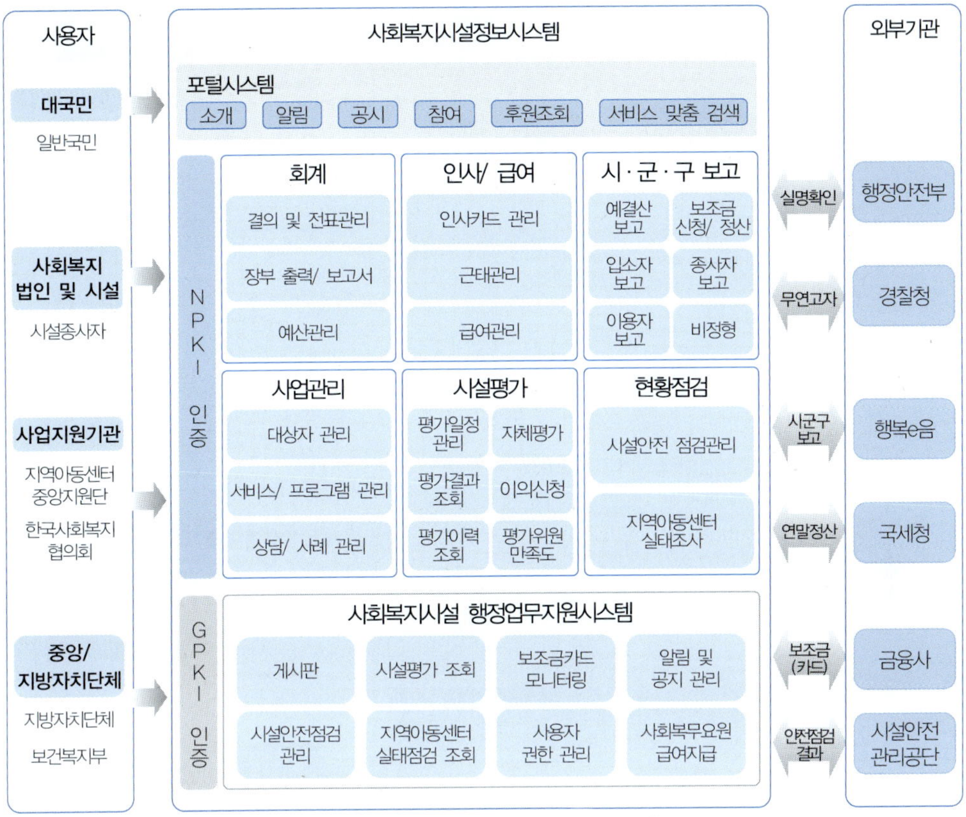

그림 11-11 사회복지시설정보시스템의 구축

출처 : 보건복지부(2021). 2021 보건복지백서.

(4) 국민복지 포털 '복지로' 구축

① 목적 및 내용

- 복지로는 일반국민이 중앙부처에서 제공하는 복지서비스 정보를 쉽게 접할 수 있고, 도움신청, 이웃돕기, 복지부정 신고 등의 국민이 직접 참여할 수 있는 국가대표 복지포털이다.
- 정부부처와 지방자치단체의 모든 복지서비스 정보, 최신 복지뉴스, 복지시설의 지도를 제공하고 있으며, 법률 온라인상담 서비스 및 장애인, 노인, 여성 등 이용자별 사이트 운영을 통해 개인별 맞춤 복지서비스를 제공받을 수 있도록 운영하고 있다.

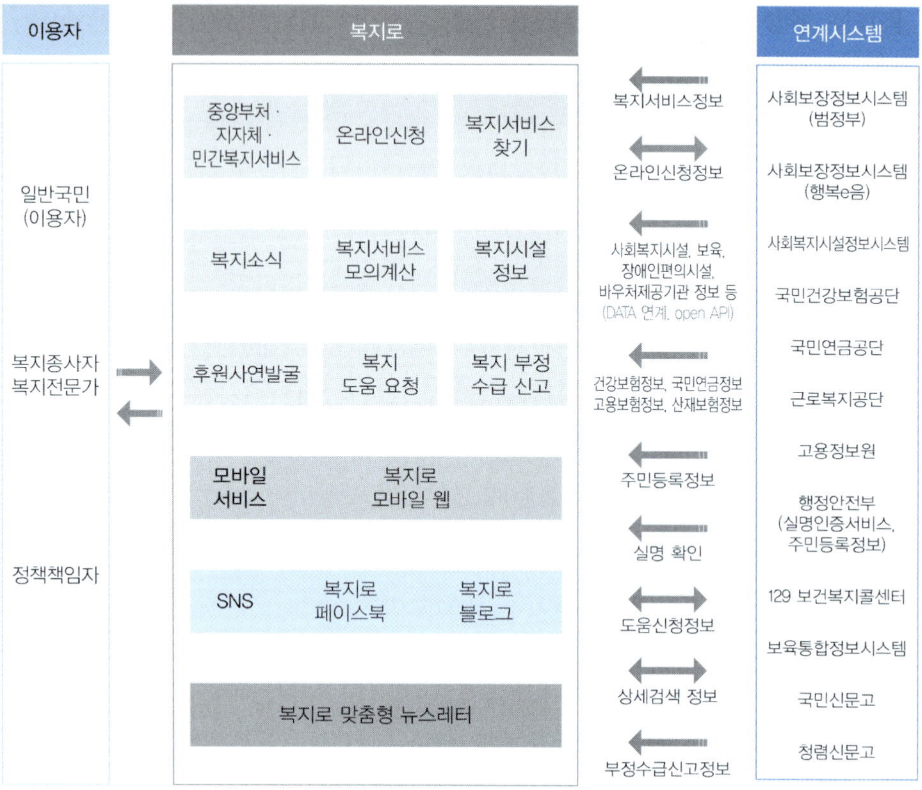

| 그림 11-12 | 복지로 시스템 체계

출처 : 보건복지부(2021). 2021 보건복지백서.

(5) 보육통합정보시스템 구축

① 목적 및 내용

- 보육통합정보시스템은 보육료 지원을 위한 아이행복카드(구 아이사랑카드)사업 및 보육 행정의 효율화를 위해 2008년 보육정보화전략계획(SP)을 수립하여 2009년 9월 구축 · 운영하고 있다.
- 2010년 이후 어린이집 평가인증 및 보육자격 검정 · 관리를 위한 유관기관 업무시스템 구축, 정보공개포털 및 입소대기관리시스템 구축, 아동생활기록부, 교직원 인사기록카드 온라인화, 임신육아종합포털 아이사랑 구축, 맞춤형 보육제도 도입, 보육료의 간편 결제 기능 구현, 부적정 결제 방지

및 부정수급 모니터링 강화, 평가인증시스템 전면 개편, 전자출결시스템 도입, 보육교직원 통합서비스 체계 구축 등 지속적인 제도개선을 통해 사용자 편의성과 대국민 서비스 향상을 도모하고 있다.

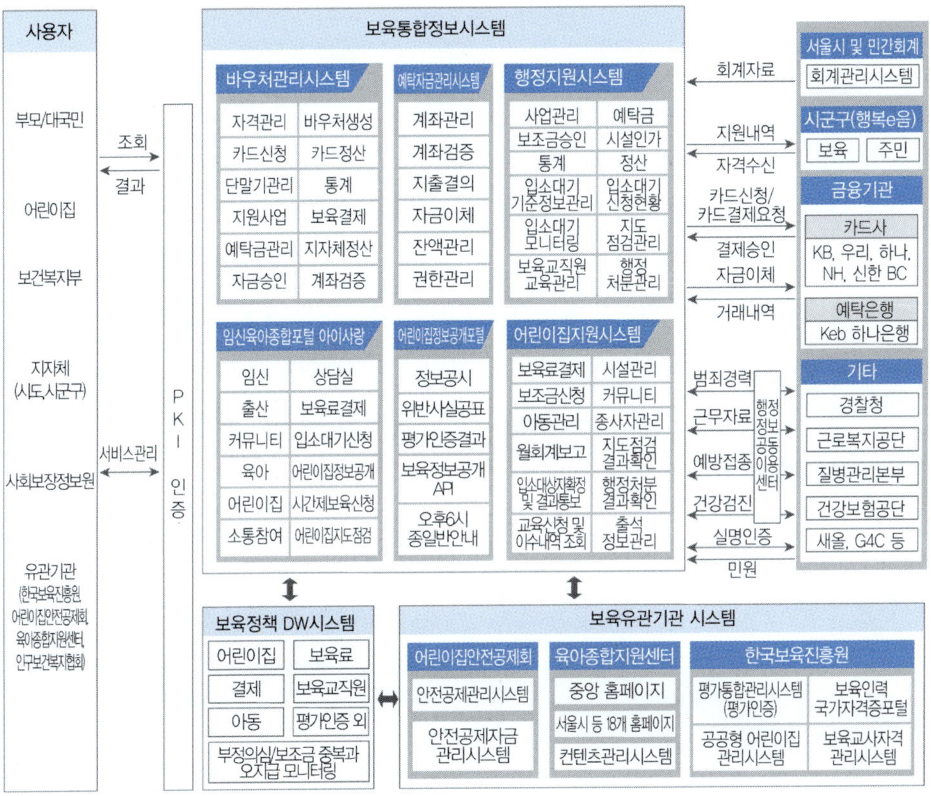

|그림 11-13| 보육통합정비시스템 개념도

출처 : 보건복지부(2021). 2021 보건복지백서.

(6) 사회서비스 전자바우처시스템 구축

① 목적 및 내용

- 2007년부터 장애인 활동지원 등 각종 사회서비스 사업에 대해 서비스의 이용, 비용지불, 정산 등의 전 과정을 전산시스템으로 처리하기 위해 구축·활용하고 있다.

- 2014년도 기준 노인돌봄종합, 장애인활동 지원, 산모신생아 건강관리 지원, 자사간병방문 지원, 발달재활, 언어발달 지원, 지역사회서비스 및 발달장애부모 심리상담서비스 등 2개 사업을 전자바우처 형태로 제공하고 있다.
- 2015년 5월부터는 바우처 통합카드인 국민행복카드를 출시하고, 사업별로 발급되는 바우처카드를 단계적으로 통합하여 하나의 카드로 서비스를 이용할 수 있도록 하고 있다.
- 2019년에는 시각장애인의 웹접근성 확보를 위해 사회서비스 전자바우처시스템 기능을 개선하고 또한 발달장애인 주간활동서비스, 청소년 발달장애인학생 방과후활동서비스 바우처를 신설·지원하고 있다.
- 2020년에는 전자바우처 부정수급관리를 위한 현장검검기능을 강화하고, 청소년산모 임신·출산 의료비 지원사업 신청창구를 일원화하여 운영하고 있다.

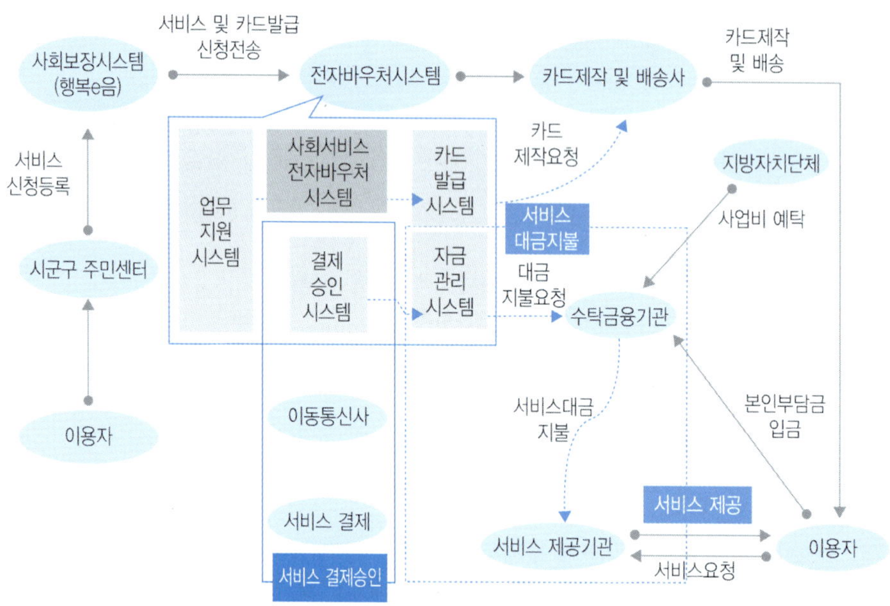

| 그림 11-14 | 사회서비스 전자바우처시스템 운영체계

출처 : 보건복지부(2021). 2021 보건복지백서.

학습평가

01 기획의 유형으로서 설명한 것 중에서 올바른 것은? ( )

> 조직의 구체적 목표의 설정 및 변경, 구체적 목표 달성을 위한 자원 및 그 자원의 획득, 사용, 분배를 위한 정책을 결정하는 과정

① 전략적 기획 ② 관리운영 기획 ③ 국제 기획
④ 국토 기획 ⑤ 지역 기획

정답 ①

해설 전략적 기획은 조직의 구체적 목표의 설정 및 변경, 구체적 목표 달성을 위한 자원 및 그 자원의 획득, 사용, 분배를 위한 정책을 결정하는 과정이다.

02 기획의 단계별 과정 중에서 보기에 해당되는 단계를 설명한 것은? ( )

> 목표달성을 위한 다양한 방법들을 검토하고 설계하며, 구체적인 행동노선의 대안을 탐색하며 여러 대안을 비교, 평가 등을 한다.

① 문제의 확인 및 진단
② 구체적 목표의 설정
③ 관련 정보수집 및 가용자원 검토
④ 목표달성을 위한 대안 설계의 분석
⑤ 최선의 대안 결정 및 우선순위화

정답 ④

해설 목표달성을 위한 대안 설계 및 분석 단계는 목표달성을 위한 다양한 방법들을 검토하고 설계하며, 구체적인 행동노선의 대안을 탐색하며 여러 대안을 비교, 평가 등을 한다.

03 의사결정의 모형을 설명한 것 중에서 올바르지 못한 것은? ( )

ㄱ. 합리 모형은 이성과 합리성을 의사결정의 기준으로 하는 모형이다.
ㄴ. 점증 모형은 린드블롬과 윌다브스키 등에 의해 주장된 이론으로 현실적, 실증적 접근 방법에 의한 모형이다.
ㄷ. 혼합 모형은 사이몬과 마치가 합리 모형을 수정한 제한된 합리 모형이다.
ㄹ. 만족 모형은 의사결정자의 제한된 합리성에 입각하여 어느 정도 만족할 만한 결과를 낼 수 있는 대안을 검토, 선택하는 모형이다
ㅁ. 최적 모형은 드로어가 제시한 모형으로 합리적, 경제적 요소와 직관, 판단, 창의력 등을 강조한 모형이다.

① ㄱ ② ㄴ ③ ㄷ
④ ㄹ ⑤ ㅁ

정답 ③

해설 사이몬과 마치가 합리 모형을 수정한 제한된 합리 모형은 만족 모형이다.

04 성과관리의 구성 요소 등을 설명한 것 중에서 올바른 것은? ( )

활동을 통하여 달성할 성과 수준 목표, 객관적이고 양적으로 측정 가능한 목표, 목표달성을 위한 업무수행 과정 등

① 전략계획 수립 ② 성과계획 수립 ③ 성과지표
④ 사업성과보고서 ⑤ 관리책무성과 유연성

정답 ②

해설 성과계획 수립이란 활동을 통하여 달성할 성과 수준 목표, 객관적이고 양적으로 측정 가능한 목표, 목표달성을 위한 업무수행 과정 등이다.

05 정보관리 체계의 물리적 구성 요소 중 설명이 올바른 것은? ( )

컴퓨터 오퍼레이터, 시스템분석가, 프로그래머, 데이터 준비요원, 정보시스템 관리자, 데이터 관리자 등이다.

① 하드웨어 ② 소프트웨어 ③ 데이터베이스
④ 운영절차 ⑤ 운영요원

정답 ⑤

해설 운영요원은 컴퓨터 오퍼레이터, 시스템분석가, 프로그래머, 데이터 준비요원, 정보시스템 관리자, 데이터 관리자 등이다.

12
CHAPTER

사회복지조직의 마케팅과 홍보

1. 마케팅
2. 사회복지조직 마케팅

12
CHAPTER

사회복지조직의 마케팅과 홍보

앞에서 일반행정과 사회복지행정의 공통점과 차이점이 있듯이, 마케팅에서도 사회복지조직은 사회복지서비스를 제공하는 조직이라는 특성 때문에 일반적인 마케팅과는 공통점과 차이점을 가진다.

1. 마케팅

1) 마케팅의 기본 개념

마케팅(marketing)은 시장 경제(exchange relationship) 또는 수요를 관리하는 경영학의 한 분야로, 이 이론은 생산자는 잠재적 소비자의 욕구를 분석해야 하며 그들의 욕구를 만족시켜야 한다는 입장에서 출발한다. 마케팅이란 시장에서 가치를 창출하고, 기본욕구와 수요를 충족시킬 목적으로 교환이 이루어지고, 관계가 이루어질 수 있도록 시장을 관리하는 것을 의미한다. 즉, 소비자를 대상으로 고객을 창조하고 유지 · 관리함으로써 고정고객으로 만드는 모든 활동, 즉 고객과 관련된 모든 활동을 의미한다. 마케팅은 광고, 영업 등을 포함하여 창의성을 갖는 산업으로 비쳐왔으며 또한 소비자가 가질 만한 미래의 요구와 욕구를 예측하는 일로 한정되었으나 21세기 이후의 마케팅은 어떤 잠재적인 욕구를 자극하여 표면상으로 이끌어 내는 행위나 동기로 용어의 적용 범위가 확대되고, 시장에서 벗어나 일상의 행위에서도 마케팅이라는 용어가 등장하게 되었다.

마케팅은 판매행위를 어떻게 구성하고 전달할 것인지에 대한 모든 일련의 행위를 포함하며, 또한 상대방이 자신에 대해 가지고 있는 잠재욕구를 자극하여 필요로 하게끔 만드는 행위와, 상품과 용역을 생산자로부터 소비자에게 원활히 이전하기 위한 비즈니스 활동을 포함한다. 즉, 생산자와 소비자의 희망을 결합해서 능률적인 공급을 하는 것이 마케팅이다. 그것을 위한 활동으로 시장조사, 상품화 계획, 판매촉진, 선전 · 광고, 디지털 마케팅(digital marketing) 등이 있다.

2) 마케팅의 정의

마케팅을 어떻게 해석하고 정의하느냐는 학자에 따라 다르며, 통일적인 견해는 없다. 다만, 마케팅을 사회 경제적 입장에서 다루려는 경우와 기업주체적 입장에서 취급하려는 경우가 있는데, 전자의 대표적인 사람은 더디(E. D. Duddy), 레브잔(D. A. Revzan)이다. 이들의 정의에 의하면 "상품 혹은 서비스를 교환하거나, 이들을 화폐가치로서의 가치를 부가하거나 하는 과정으로서 단지 이들 물질적인 것으로 그치지 않고 소비자의 욕구를 최대한 만족시키기 위하여 생산지점에서부터 소비지점까지 유통되게 하는 경제과정이다"라고 말한다. 후자의 대표적인 사람은 켈리(E. J. Kelley)로, 그는 "마케팅이란 고객이 만족할 상품 혹은 서비스의 배급을 통한 고객의 만족이나 시장 유발을 의미하며, 이는 생산에서부터 소비까지 상품 또는 서비스의 흐름을 개발 · 유통시키기 위해 필요한 서비스 과업을 포함한다"고 정의하고 있다. 기업의 입장에서 마케팅을 미시적으로 볼 때에는 마케팅을 '욕망을 충족하는 재화와 서비스를 계획하고, 가격을 정하고 판매를 촉진하여 배급하는 의도를 갖는 상호작용적인 경영활동의 전체적 시스템'이라고 정의할 수 있다.

미국 마케팅협회의 용어정의 위원회(The Committee of the American Marketing Association)의 정의에 의하면 마케팅이란 '상품 혹은 서비스를 생산자에서 소비자 혹은 사용자에까지 유통시키는 것에 관한 기업경영 활동의 수행을 의미한다'고 해석하고 있다. 이와 같은 견해들을 종합해 보면 마케팅은 생산자에게 생산재를 제공하고 소비자에 재화나 서비스를 제공하여 이윤을 얻음과 동시에, 사회의 생산성을 높이고 소비생활 수준을 높이기 위한 유통 활동의 계획과 실행의 프로세스라고 할 수 있다.

3) 마케팅믹스 4Ps

마케팅믹스(marketing mix)는 회사의 마케팅 담당자가 표적시장에서 원하는 반응을 창출하는 데 사용하는 전술적 도구(tactical marketing tools)로서 마케팅에 중요한 몇 가지 요소들을 혼합한 것이다. 마케팅믹스는 고객과 회사의 목표를 만족시키기 위해 사용되는 마케팅 도구들의 조합으로, 이러한 마케팅믹스는 기업이 마케팅 전략을 수행하는 데 활용되는 도구들로 일관성 있게 활용되어야만 그 효과가 나타난다.

마케팅믹스는 4Ps라고 말하기도 하는데 이는 미국 경영학 교수 맥카시(E. J. McCathy) 교수가 1960년도에 마케팅활동을 네 개의 활동으로 분류한 것에서 유래되었다. 이를 마케팅 4Ps라고 부르며 바로 상품(Product), 가격(Price), 유통(Place), 촉진(Promotion)을 말한다. 당시 미국은 소비자들의 구매력이 크게 커지면서 회사들은 이런 수요를 제품의 판매로 연결시킬 전략을 원했다. 특히 고객의 욕구를 충족시키는 것이 중요해졌기 때문에 이에 부합하는 새로운 마케팅 전략이 필요했다(원석조, 2022).

상품(Product)이란 효용의 묶음 또는 조합을 의미하며, 효용을 제공함으로써 구입하는 사람의 욕구나 필요를 충족시켜 줄 수 있는 모든 것이 상품의 범주에 포함된다고 볼 수 있다. 따라서 시장에서 교환되고 소비되는 대상은 어느 것이라도 상품이라고 할 수 있다.

고객은 필요와 욕구의 충족을 위해 제품을 구입하려 할 때에는 그에 상응하는 대가를 지불한다. 이러한 금전적 대가로 기업이 제시하는 것이 가격(Price)

이다. 가격은 제품의 교환가치로 볼 수 있으며, 보다 구체적으로 구매자들이 특정 제품을 구매함으로써 얻게 되는 효용에 부여된 가치라고 할 수 있다. 가격은 구매자가 제품을 선택할 때 중요한 결정요인이 되며 기업의 입장에서는 이익의 원천으로 총이익에 영향을 미치는 중요한 마케팅믹스이다. 이러한 가격은 다른 마케팅믹스에 비하여 경쟁에 가장 민감하게 반응하며, 시장에서 가장 강력한 경쟁도구가 될 수 있지만 경쟁자에 의해 즉각적인 모방이 가능하다는 단점을 지닌다.

유통(Place)이란 특정 제품이나 서비스가 소비 또는 사용될 수 있도록 하는 과정과 관련된 상호의존적인 조직 혹은 개인들의 집합으로 정의된다. 제품이나 서비스가 제조업자로부터 표적시장의 최종 소비자에게 적절한 시간에 적절한 수량이 적절한 장소에 제공되도록 하는 것으로 기업이 소비자가 원하는 제품을 생산하는 것에 그치지 않고 최종적으로 고객의 욕구를 만족시키고 기업의 목표를 달성하기 위해 최적의 전달경로를 구성함으로써 효용을 창출하는 기능을 수행하는 것이 유통경로이다.

촉진(Promotion)이란 기업의 제품이나 서비스를 고객들이 구매하도록 유도할 목적으로 해당 제품이나 서비스의 성능에 대하여 고객을 대상으로 정보를 제공하거나 설득하려는 마케팅 노력의 일체를 말한다.

4Ps를 요약하면, 타겟 고객의 욕구를 충족시키는 올바른 제품을 만드는 것(Product), 올바른 제품에 올바른 가격을 책정하는 것(Price), 올바른 제품을 올바른 가격에 올바른 장소에서 구매할 수 있게 하는 것(Place), 잠재적 고객에게 제품에 대한 정보를 제공하는 것(Promotion)이다.

〈표 12-1〉 마케팅믹스 4Ps 개념

구분	개념
상품(Product)	회사가 시장에 내놓는 제품과 서비스
가격(Price)	고객이 상품을 구매한 대가로 지불하는 비용
유통(Place)	표적고객에 대한 제품의 접근 유용성(availability) : 고객이 접근하기 편리한 곳에 제품을 비치하는 것
촉진(Promotion)	기존 고객뿐만 아니라 잠재적 고객을 포함한 고객과의 커뮤니케이션을 통하여 고객의 구매를 유인하는 활동

2. 사회복지조직 마케팅

1) 사회복지조직의 마케팅

비영리조직으로서 사회복지조직은 사회 구성원들의 다양한 욕구와 문제 해결을 위해 휴먼서비스를 제공한다. 사회복지조직은 자원을 발굴하여 욕구를 가진 대상자에게 연결함으로써 대상자와 사회의 변화를 유도해야 하는 사명이 있다. 사명을 달성하기 위해서는 지속 가능한 자원 발굴과 생태체계 구축이 필요한데, 이를 위해 사회복지조직도 영리조직 못지않게 자원의 발굴·획득·연계를 위한 마케팅 능력이 필수로 요구된다(정무성·황정은, 2013).

최근 사회복지조직을 둘러싼 환경이 역동적으로 변화하면서 마케팅 능력이 점차 강조되고 있다. 정보통신의 발전과 사이버공간의 활성화, 코로나19와 4차 산업혁명으로 더욱 가속화된 비대면 접촉 등과 같은 환경변화는 우리에게 더욱 전략적인 마케팅 능력을 요구하고 있다.

과거 사회복지기관을 포함한 비영리기관 마케팅의 중요성은 크지 않았다. 그러나 사회복지기관의 책임성 확보와 비용효과성이 강조되면서, 마케팅은 중요한 관리활동의 하나로 부각되었다. 미국의 경우에는 1960년대 이후 대학, 교회, YMCA 등과 같은 비영리조직이 비용증가와 수익감소로 인한 재정난에 직면하게 되면서 재원확보의 수단으로서 마케팅활동에 많은 노력을 기울이게 되었다(정무성, 1998). 아울러 사회복지기관의 자본화(capitalization)의 필요성도 마케팅의 중요성을 더욱 부각시키는 계기가 되었다. 자본화란 사회복지기관과 같은 비영리기관이 기관 목표의 달성을 위한 프로그램과 서비스의 활성화를 위해 "충분한 양의 재정자원을 창출하고 보유하는 것"을 의미한다(Grace, 정무성 역, 2000). 이처럼 사회복지조직의 책임성과 전문성에 대한 외부사회의 요구가 점차 커지고 있으며, 사회복지사업의 적절성, 창조성, 효과성, 효율성을 관리하기 위해서 마케팅 능력의 중요성은 더욱 강조되고 있다.

사회복지조직의 마케팅 전략은 변화하는 내·외부 환경에 발맞추어 '환경 속의 인간'의 관점을 마케팅에 접목하여 고객중심의 마케팅 전략을 수립해야 한다. 이를 통해 클라이언트가 지닌 문제를 해결하고 변화를 추구해야 한다. 이는 사회복지조직의 마케팅 전략이 모금활동에 국한될 뿐 아니라 자원이 필요한 대상자에게 효과적으로 서비스되어 지역사회의 변화를 이룰 수 있다는 것을 의미한다. 최근 들어 사회복지조직에도 변화의 바람이 불기 시작했다. 클라이언트의 다양한 욕구, 기금확보의 어려움, 다양한 자원 획득 루트의 발달로 마케팅의 중요성에 대해 이해하고 대처하기 시작했다(정무성 · 황정은, 2013).

사회복지기관의 마케팅을 교환의 과정으로 정의한다면, 마케팅의 활성화를 위해서 필요한 것은 기관이 잠재적 기부자가 원하는 활동을 수행할 수 있는 능력을 충분히 보유했음을 제시하는 것이 중요하다. 즉, 기관의 장점을 객관적으로 제시하는 노력이 무엇보다 중요하다. 예를 들어, 잠재적 후원자가 아동학대 문제를 시급히 해결해야 할 사회문제로 관심을 가질 때 학대문제의 해결을 위한 충분한 인력, 기술, 경험 및 프로그램을 기관이 갖추었다는 것을 잠재적 후원자에게 확신시켜 준다면 그 잠재적 후원자는 실질적 후원자로 변화할 수 있을 것이다(김형식 외, 2007; 2021).

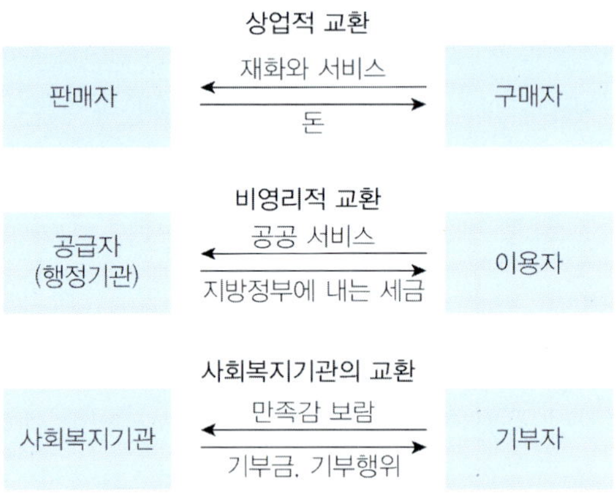

| 그림 12-1 | 마케팅 교환의 유형

2) 사회복지조직 마케팅의 특성

사회복지조직은 영리를 극대화하기 위한 전략의 하나로 활용되는 영리조직의 마케팅과 다음과 같은 차이가 있다(우종모 외, 2004; 황성철 외, 2003).

첫째, 영리조직은 소비자집단으로 구성된 하나의 시장을 가지고 있지만 비영리조직은 서비스를 받는 클라이언트 집단과 비영리조직을 지원하는 후원자 집단 양자를 상대해야 한다. 클라이언트 집단은 자원의 분배 대상이고 후원자 집단은 자원의 동원자다. 비영리조직은 이 두 집단을 대상으로 마케팅해야 한다.

둘째, 서비스의 무형성이다. 서비스가 정형화된 현물이 아니기 때문에 클라이언트가 이용하기 전에는 먼저 확인할 수가 없으며, 홍보 등에 있어서도 어려움이 많다. 그러므로 비가시적이긴 하지만 클라이언트나 후원자에게 만족이나 감동을 주는 서비스를 개발하여 제공하는 마케팅이 필요하다.

셋째, 비영리조직의 서비스는 다양하고 복잡하다. 사회복지조직이 제공하는 서비스는 클라이언트가 가지고 있는 다양하고 복잡한 욕구를 개별적으로 다루기 때문에 서비스를 표준화할 수 없어 대량생산이 불가능하고 단위비용이 높아질 수밖에 없다. 따라서 기관과 서비스 제공자의 전문성과 질적 수준을 제고하고 윤리적 실천을 강화할 필요가 있다.

넷째, 생산과 소비의 동시성 또는 불가분성(inseparability)이다. 일반적으로 기업 등 영리부문은 상품을 먼저 생산하고 그 이후에 소비가 이루어지지만, 사회복지서비스는 생산과 동시에 소비가 이루어지는 특징이 있다. 따라서 생산과 소비가 분리되지 않고, 서비스 제공자와 이용자가 공동 참여하여 상호작용을 중시한다.

다섯째, 비영리조직 서비스의 소멸성(perishability)이다. 사회복지서비스는 형태가 없기 때문에 쌓아두거나 저장할 수 없고, 반환할 수도 없이 소멸된다. 다시 서비스를 받고자 한다면 다음 서비스 제공 시까지 기다려야 한다. 다음 서비스가 이번의 서비스와 질이 동일하다는 보장도 없다. 그러므로 비영리조직은 서비스가 최적의 조건에서 제공될 수 있도록 배려해야 하며 마케팅에서도 이 점을 고려해야 한다. 비영리조직 마케팅에서는 서비스의 질적 우수성을 신뢰하게 만드는 것이 중요하다.

〈표 12-2〉 기업마케팅과 사회복지마케팅의 비교

기 준	기업마케팅	사회복지마케팅
특 징	기업의 내부욕구 강조	복지조직을 둘러싼 내부 및 외부욕구 강조
목 적	목표시장이나 사회에 이익을 부여하면서 동시에 주목적인 이윤창출	이윤추구보다는 목표시장과 사회이익을 위해 봉사
노력의 초점	목표시장이 원하는 필요와 욕구를 충족시키기 위해 노력	목표시장의 태도와 행동을 변화시키기 위해 노력
마케팅 대상	아이디어를 수단으로 제품과 용역을 마케팅	사회의 전반적인 이슈나 이념 등을 마케팅
관심사	대체로 상품과 서비스에 관심	상품, 서비스뿐만 아니라 사람, 장소, 조직에 대해서도 관심
교 환	일반적으로 화폐의 형태로 이루어질 수 있음	무형(지지, 노력, 만족, 참여 등)의 형태로 이루어질 수 있음
목 표	조직목표는 일반적으로 재정적인 것이며 투자에 대한 이익, 판매, 보고의 형태로 진술됨	조직의 목표는 상당히 복합적이고, 재정적인 이슈를 넘어서 다양함
이익, 지불	이익이 보통 고객의 지불과 관련됨	사회복지서비스의 이익은 수혜자, 후원자의 지불능력과 상관이 없는 경우도 있음
시장분할	현재 또는 잠재적으로 가능성이 있는 시장분할을 하기 위해 노력함	사회복지조직에는 경제적으로 가능성이 없는 시장분할도 기대되거나 요구됨
고 객	단일한 고객시장이 존재	두 고객(수혜대상자와 후원자) 이상의 시장을 보유함

출처 : 황성철(2021).

3) 사회복지조직의 마케팅 과정

일반적으로 사회복지조직에서는 자금이나 후원자 개발을 중심으로 마케팅이 전개되어 왔다. 대두분의 사회복지조직은 민간재원의 필요성을 인식하고 상당한 비용과 시간을 투자하여 새로운 후원자 개발이나 후원금 확보를 위해 노력하고 있다. 사회복지조직의 마케팅 과정에 대해 살펴보면 다음과 같다(우종모 외, 2004).

(1) 기관 환경분석

마케팅의 출발은 기관과 기관환경에 대한 분석으로부터 시작된다. 기관에 대해서는 다음 사항들에 대한 분석이 필요하다(김형식 외, 2007; 2021).

- **기관의 존재 이유** : 기관활동의 초점이 되는 주요 사회문제 및 욕구는 무엇인가? 기관의 미션과 비전은 무엇인가?
- **기관 프로그램** : 사회문제 및 욕구에 대처하기 위한 기관의 주요 서비스 및 프로그램은 무엇인가?
- **기관지원** : 누가 기관을 지원하는가?
- **기관지원의 당위성** : 개인, 재단, 기업 및 정부는 왜 기관을 지원하는가?
- **지원자에 대한 혜택** : 기관을 지원하는 사람들에게 어떠한 혜택이 교환의 과정으로 제공되는가?

기관환경은 제도적 환경과 조직 내부 환경으로 구분된다. 제도적 환경은 모금과 관련된 각종 법규와 정부정책, 경제적 상황 등을 말한다. 조직 내부 환경은 조직의 경쟁력과 조직 내 자원을 말한다. 이러한 환경적 요인을 분석하기 위해 SWOT(Strength, Weakness, Opportunity, Threat) 분석을 많이 사용한다(SWOT 분석은 제5장 사회복지조직의 환경과 조직문화 참고).

(2) 시장 욕구 분석

시장조사는 잠재적 후원자와 그들이 원하는 것을 찾아내는 작업이다. 시장조사를 육하원칙으로 표현하면, 후원하기를 원하는 사람은 누구인가(Who), 후원을 하고자 하는 것이 무엇인가(What), 언제 후원하기를 원하는가(When), 후원하고자 하는 장소는 어디인가(Where), 어떤 방식으로 후원금 내기를 원하는가(How), 왜 다른 기관에 후원하지 않고 우리 기관에 후원하고자 할까(Why)로 정리된다(원석조, 2022).

(3) 마케팅 목표의 설정

마케팅의 목표를 분명하게 설정하기 위해서 목표는 양적으로 측정 가능한 형태로 설정되어야 한다. 예를 들어, '이용자의 행복추구'라는 목표는 너무 추상적이다. 이와 같은 목표는 잠재적 기부자에게도 그들이 기부함으로써 얻을 수 있는 보상에 대해 확신을 가지지 못하게 한다. 따라서 목표는 구체적이고(Specific), 측정 가능하며(Measurable), 달성 가능(Attainable)하고, 결과지향적(Result-oriented)이면서, 시간적 제한(Time-bounded)이 분명해야 한다. 이를 영문 머리글자를 따서 SMART라고 한다.

(4) 시장의 세분화와 표적시장의 분석

마케팅에서 시장을 세분화하는 것은 사람들의 욕구나 기호가 다양하기 때문이다. 시장은 고객들 개개인은 모두 상이하지만 특정 제품군에 대한 태도, 의견, 구매행동 등에서 비슷한 고객집단들이 존재하고 있다. 이러한 비슷한 성향을 가진 사람들은 다른 성향을 가진 사람들의 전체 소비자 집단과 구별하여 하나의 집단으로 묶어 전략적으로 마케팅하는 것을 시장세분화라고 한다.

시장을 세분화하는 작업에서 관련 변수들을 잘 살펴볼 필요가 있다. 일반적으로 시장세분화에 사용되는 기준들은 다음과 같다.

- **지리적 변수** : 지역단위, 지역의 크기, 인구밀도 등
- **인구통계학적 변수** : 연령, 성, 가정 규모와 구성, 가족 수명주기 단계, 결혼 여부, 소득, 직업, 종교, 사회계층 등
- **심리적 변수** : 사람들의 개성, 생활 스타일, 소속감, 관계의 지속성 등
- **행동적 변수** : 구매자들이 상품에 대하여 가지고 있는 지식, 태도, 사용 후의 반응 등

한편 동질적인 부분들을 묶어 시장을 세분화했을 때 이 중에서 자사의 경쟁우위와 경쟁상황을 고려하여 자사에게 가장 좋은 시장기회를 제공해 줄 수 있다고 판단된 시장이 표적시장이다. 사회복지조직은 이러한 표적시장을 대상

으로 가장 적합한 상품이나 서비스를 개발하여 마케팅을 집중함으로써 마케팅 효과를 극대화할 수 있다.

(5) 마케팅 계획 수립

마케팅을 어떻게 실행하고 또 마케팅의 결과를 어떻게 평가할 것인가에 대한 청사진을 구축하는 과정이다. 이 과정에서 중요한 요인은 잠재적 기부자들과의 의사소통을 어떻게 진행할 것인가에 관한 사항이다. 여기서의 의사소통은 기관의 존재 이유와 목적을 잠재적으로 기부자들에게 어떻게 전달하는가에 초점을 둔다. 아울러 잠재적 기부자들이 기부를 함으로써 얻을 수 있는 보상에 대한 정보를 보다 명확히 전달할 수 있는 방법을 개발하여야 한다.

(6) 마케팅 실행방법

후원자 개발을 위한 마케팅 방법에는 다이렉트 마케팅(DM), 인터넷 및 SNS 활용, 이벤트, 대중매체 광고, 자동응답시스템(ARS), 기업의 공익연계 마케팅 등이 있다.

- **다이렉트 마케팅**(DM : Direct Marketing) : 비영리조직에서 DM은 우편에 의해 클라이언트, 서비스 이용자, 이전 기부자 및 잠재적 후원자에게 현재 기관의 운영현황이나 이용할 수 있는 서비스와 프로그램에 대한 다양한 정보를 전달하는 가장 전통적인 방법이다.
- **인터넷 및 SNS 활용** : 인터넷을 통한 모금방법으로는 기관 홈페이지를 통한 정보알림, 이용자가 많은 포털사이트와의 협력으로 배너광고나 공익연계 캠페인 등을 통한 후원자 개발, 단체 이메일 발송을 통한 후원자 개발 등이 있다. 인터넷의 활용은 후원자 개발뿐만 아니라, 기관 및 기관의 프로그램 홍보 및 유관기관과의 연계 등에도 활용된다. 또한 다양한 SNS를 활용하여 기관의 홍보와 모금을 할 수도 있다.

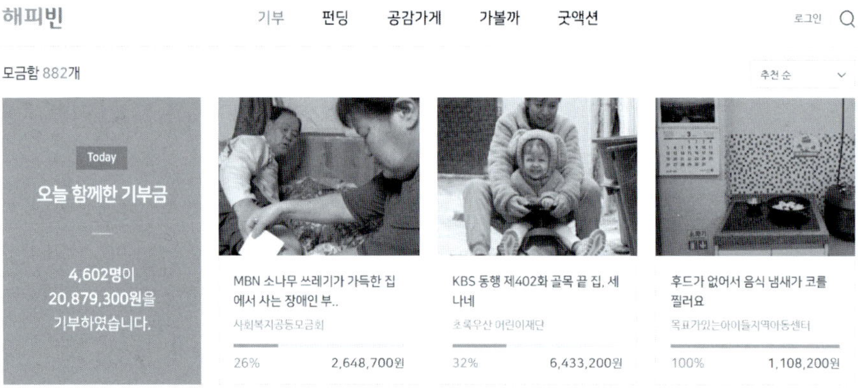

그림 12-2 네이버 해피빈 기부 예시

- **이벤트** : 후원의 특정 동기를 부여하기 위하여 특정 기간과 장소에서 사전 계획하에 특별한 활동을 벌이는 커뮤니케이션 과정이다. 후원자 개발을 위한 사회복지조직의 이벤트는 자선 음악회, 모금 만찬회, 바자회, 전시회 등이 있다.
- **자동응답시스템**(ARS) : 방송 시청자들이 ARS 시스템을 통해 전화를 걸면 통화당 일정 금액의 후원금이 자동으로 전화요금에 부과되어 전화요금과 함께 기부금이 납부되는 방식이다. ARS 방법은 손쉽게 적은 금액으로 부담 없이 후원에 참여할 수 있다는 장점이 있으며, 재난재해 등이 일어났을 때 공영방송에서 주로 활용되고 있다.
- **공익연계 마케팅**(CRM : Cause-Related Marketing) : 기업과 사회복지조직의 상호 간 이익을 위해서 기업이나 브랜드를 사회적 명분이나 이슈에 전략적으로 연계시키는 방식이다. 기업은 이 활동을 통해 기업이나 브랜드 이미지를 상승시켜 직접적인 매출 증대의 효과를 꾀할 수 있고, 사회복지조직은 재정 확보 및 홍보 효과를 누릴 수 있다.

(7) 마케팅 관리

사회복지조직처럼 비영리조직에서는 후원자를 개발하는 마케팅도 중요하지만 관리하는 마케팅도 매우 중요하다. 사회복지조직 후원자의 중도탈락을 줄이기 위해서는 후원자 관리 마케팅이 필요하다. 신규후원자의 경우 감사편지, 후원안내서, 신규 후원자 추천용 신청서 등을 발송하고, 기존 후원자는 감사편지, 소식지, 연말 카드 또는 생일 카드, 후원자 만족도 조사를 통한 분석 등을 통해 관리한다.

4) 사회복지조직의 마케팅믹스

마케팅믹스의 전통적 모델인 4Ps를 사회복지조직에 적용하면 다음과 같다 (김수영, 2001; 이성우, 2001; 이영균, 2007; 조우홍, 2009; 원석조, 2022).

(1) 상품(Product)

마케팅믹스 4Ps 중에서 가장 중요한 요소가 제품과 서비스이다. 사회복지조직에서의 상품은 기관의 이미지, 신뢰감, 서비스, 인적자원, 사업내용, 사회복지적인 측면에서 사회적인 공감대 형성이 가능한 상징물을 만들어 잠재적 후원자들인 지역사회 또는 시민들을 대상으로 자발적인 참여를 이끌어 내야 한다. 또한 상품을 개발하는 데 있어 소비자의 욕구를 정확히 파악할 필요가 있는데, 사회복지조직의 마케팅에서는 후원금 모금에 관심을 집중하는 것보다는 후원행위를 통한 사회적 기여와 소외계층의 삶의 질 향상에 중점을 두어 상품이 개발되어야 한다.

(2) 가격(Price)

상품이 완성되면 가격을 결정해야 한다. 가격은 구매자가 그 상품을 얻기 위해 기꺼이 지불하고자 하는 대가를 의미한다. 생산자는 가격을 결정하기 전에 사람들이 그 상품에 어떠한 가치를 부여하고 있는지를 반드시 파악하여야 한다. 그러나 가치를 화폐로만 측정하는 것이 아니라 구매자들이 지불하는 시간, 노력, 생활양식의 변화, 또 다른 기회비용이 포함된다. 특히 비영리기관인

사회복지시설에서 잠재적 후원자들을 대상으로 마케팅 전략을 세울 때는 이윤의 극대화보다는 서비스의 가치가 중요하다는 점을 고려해야 한다.

(3) 유통(Place)

유통은 시장에 상품을 공급하는 방법, 소비자가 상품을 구입할 수 있도록 만들어 주는 수단, 생산자와 소비자 사이를 연결해 주는 통로이다. 사회복지조직의 경우 사회복지조직이 위치한 장소, 교통의 편리성, 후원사업을 하는 데 이용할 수 있는 유통망, 접근의 편의성 등이 중요하다. 사회복지조직의 마케팅도 대상(개인, 기업체, 교회, 단체 등)에 따라 적절한 장소와 시간 들을 달리 활용하여 경우에 따라 찾아가는 서비스를 모색하는 등 적극성을 보여야 하며, 기관이나 어려운 이웃을 돕는 후원자를 개발할 경우 직원 개인이 하나의 상품이기 때문에 모든 직원이 적극적으로 행동해야 한다.

(4) 촉진(Promotion)

사회복지조직에서 홍보의 목적을 달성하기 위해서는 마케팅 목적이 확실해야 하며, 어떠한 메시지를 후원자들에게 알리는 것이 효율적인지 먼저 검토해야 한다. 사회복지기관에서 시행하고 있는 다양한 프로그램, 시설의 서비스 내용뿐만 아니라 행사, 교육, 지역사회에서의 역할 등 홍보에 관련된 필요한 내용들을 찾아내어야 하며, 창의성과 참신성을 가지고 사회복지기관의 이미지 제고와 어떤 메시지가 후원자들에게 호소력 있는지 파악해야 한다.

홍보의 메시지가 결정되면 후원자들에게 어떤 통로로 전달할 것인가를 결정해야 하며, 다양한 홍보 수단 중에서도 쉽게 접근이 가능하면서도 효과적인 홍보수단을 선정해야 한다. 홍보수단의 결정은 홍보하고자 하는 대상자가 누구냐에 따라 달라질 수 있으므로 이를 염두에 두고 효과적인 홍보수단을 결정하는 것이 필요하다.

학습평가

01 사회복지기관 마케팅 전략에 해당하지 않는 것은? ( )

① 생산자 관점 강화
② 소비자 만족 중시
③ 품질관리 강조
④ 비영리조직의 미션과 비전 중시
⑤ 마케팅 믹스 고려

정답 ①

해설 사회복지기관 마케팅이 성공하기 위해서는 소비자인 클라이언트 중심의 관점이 강화되어야 한다.

02 일반적인 마케팅 믹스(4Ps) 전략에 포함되지 않는 것은? ( )

① 가격(Price)
② 성과(Performance)
③ 촉진(Promotion)
④ 유통(Place)
⑤ 상품(Product)

정답 ②

해설 마케팅 믹스(4Ps) : 상품(Product), 가격(Price), 유통(Place), 촉진(Promotion)

03 우리나라 비영리조직 모금활동의 최근 경향이 아닌 것은? ( )

① 지속적 기부자를 체계적으로 개발한다.
② 비영리조직에서도 마케팅이론과 원칙을 적용한다.
③ 기부자의 욕구에 반응하는 기부요청 프로그램을 개발한다.
④ 비영리조직의 모금을 중앙정부가 대행하는 추세이다.
⑤ 기업의 사회적 책임 강조로 기업의 기부가 증가되고 있다.

정답 ④

해설 비영리조직의 모금의 경우 각 사회복지 시설, 기관의 상황에 따라 인터넷 모금, 캠페인 모금, 이벤트 모금, SNS 모금 등 다양한 모금 방법으로 다원화하고 있다.

04 **다음의 사업을 홍보하는 데 가장 효과적인 방법은?** ( )

> 농촌지역에 위치한 ○○○ 복지관은 한국어 구사능력이 능숙하지 못한 결혼 이주민을 대상으로 외국인 가정의 위기개입 프로그램을 실시할 계획이다. 이를 위해 표적효율성이 높도록 대상자를 발굴하려고 한다.

① TV광고 ② 신문광고
③ 대중집회 ④ 아웃리치
⑤ 공익연계마케팅

정답 ④

해설 아웃리치(outreach)의 사전적 의미는 '손을 내밀다'이다. 클라이언트가 사회복지 시설 및 기관에 찾아올 때까지 기다리는 것이 아니라, 적극적으로 찾아 나선다는 의미이다.

05 **사회복지기관에서 우편으로 잠재적 후원자에게 기관의 현황이나 정보 등을 제공하여 후원자를 개발하는 마케팅 방법은?** ( )

① 고객관계 관리 마케팅 ② 데이터베이스 마케팅
③ 다이렉트 마케팅 ④ 소셜 마케팅
⑤ 클라우드 펀딩

정답 ③

해설 ① 고객관계 관리 마케팅 : 이용자들의 데이터를 분석하여 세분화하여 적극적이고 지속적으로 관리하는 방식
② 데이터베이스 마케팅 : 이용자들의 주소, 나이, 성별, 프로그램 이용현황 등의 정보를 수집하여 마케팅에 활용
④ 소셜 마케팅 : 공공의 안전, 건강, 환경 또는 사회복지 등에 관한 개선을 목표로 기업이 특정 행동의 변화를 기획, 시도할 때 적용하는 방식
⑤ 클라우드 펀딩 : 자금을 필요로 하는 수요자가 온라인 플랫폼 등을 통해 불특정 다수 대중에게 자금을 모으는 방식

13

CHAPTER

사회복지조직 관리자의 자세와 지식 및 기술

1. 사회복지조직 관리자의 자세
2. 사회복지조직 관리자의 지식
3. 사회복지조직 관리자의 계층별 요구기술

13 CHAPTER

사회복지조직 관리자의 자세와 지식 및 기술

사회복지서비스업에 종사하는 관리자의 역할은 매우 중요하다. 그 이유는 이들이 가지고 있는 내부고객(종사자) 및 외부고객(클라이언트)에 대한 태도와 자세가 조직의 효율성을 좌우하기 때문이다. 이처럼 사회복지조직의 산출과 성과는 이들 관리자에게 달려 있다고 해도 과언이 아니다. 따라서 사회복지조직의 성공과 실패를 좌우하는 요인은 관리자의 역할이다(신복기 외, 2011; Skidmore, 1995).

한때는 사회복지조직은 관리속성이 경영이라기보다는 행정적 속성이 강하기 때문에 일반행정에 관한 지식과 기술을 가진 관리자가 사회복지조직을 잘 관리하고 운영할 수 있을 것이라는 높은 기대를 가지고 있었다.

그러나 오늘날 현대 사회복지의 관리현장에서는 사회복지의 이념에 근거를 둔 사회복지행정의 특수성이 존재한다는 공감대가 형성되어 사회복지조직은 사회복지 전문관리자에 의해 관리될 때 조직성과를 높인다는 인식이 공감을 얻고 있다. 따라서 이 장에서는 사회복지관리자의 자세, 이들에게 요구되는 지식과 기술에 대해 검토한다.

1. 사회복지조직 관리자의 자세

사회복지조직 관리자는 현상에 대한 실무적 지식과 함께 내부 고객에 대한 동기부여, 외부 고객에 대한 서비스 마인드, 지역사회 유관기관과의 네트워킹 능력 등이 요구된다. 통상 자세는 행동의 선행요인이 되므로 조직 관리자의 자세 함양은 매우 중요하다. 사회복지조직 관리자에게 요구되는 자세는 규범적인 측면이 강하기 때문에 다음과 같은 것을 열거해 볼 수 있다(신복기 외, 2011; Skidmore, 1995).

1) 수용적 측면과 보호(Accepting & Caring)

사회복지조직 관리자의 인적관리 대상은 내·외부 고객이다. 내부 고객의 관리뿐만 아니라 특히 외부 고객에게 서비스를 제공함에 있어 특별한 주의를 요한다. 외부 고객은 핸디캡을 가진 사회적 약자가 대부분이기 때문에 이들의 약점을 있는 그대로 수용해야 한다. 그리고 이들 고객들은 대개 신체, 정신적으로 상처를 지닌 사람들이 많기 때문에 특별한 보호와 관심 또한 필요하다.

2) 창조성과 민주성(Creating & Democratizing)

사회복지조직 관리자에게는 창조성과 민주성이 요구된다. 여기서 창조성이란 조직 개선을 위해 기존의 관행을 타파하고 새로운 아이디어와 업무처리 절차와 방법 등을 창안해 내는 열정과 능력을 말한다.

그리고 민주성이란 조직운영에 있어 이해 관계자의 광범위한 참여를 말한다. 이러한 참여는 장점도 많지만, 의사결정 과정의 지체, 비용의 소요 등 부정적 측면도 함께 가지고 있기 때문에 이에 대한 고려도 필요하다.

3) 신뢰와 인정(Trusting & Approving)

사회복지 관리자에게는 신뢰와 인정이 요구된다. 신뢰란 '상대방이 나의 기대에 부응하리라는 믿음'을 말한다(국어대사전, 2015). 신뢰는 조직 내외를 불문하고 사회 및 대인관계의 기초가 되는 항목이다. 이러한 신뢰는 질서의식, 규범, 연결망 등과 함께 사회자본(social capital)으로 지칭되기도 한다.

신뢰는 무형의 자산이지만 인간 상호 간의 관계형성을 통해 무한히 확장해

갈 수 있는 자본이 되기 때문에 중요성을 가진다. 또한 사회복지조직 관리자는 내 · 외부 고객들을 인정하는 데서 출발해야 한다.

특히 이들 내 · 외부 고객들은 인정과 보상을 갈망한다는 점을 인식하고 조직관리에 적극 고려할 필요가 있다. 인정과 칭찬에 인색하기보다 적절한 인정과 칭찬이 이들을 동기부여하여 조직성과를 높이고 서비스 만족도를 높인다는 사실을 인식해야 한다.

4) 내 · 외부 고객의 존중(Respecting)

조직에서 중요한 것은 내 · 외부 고객이며 이들의 반응과 역할이 조직의 발전을 도모할 수도, 퇴보시킬 수도 있다는 점을 인식하고 이들의 의견을 청취하고 존중하는 자세가 필요하다. 또한 특히 내부 고객인 직원들이 가진 역량상의 우열을 바탕으로 적재적소에 배치하고, 부적합 업무나 적응력이 떨어지는 경우 고충 청취 및 적절한 반영이 필요하다.

5) 인간의 불완전성 인정(Uncomprehensiveness of Human Being)

신이 아닌 이상 인간은 누구나 실수를 할 수 있으며 이를 통해 성장한다는 사실을 깊이 통찰할 필요가 있다. 조직 내외부 고객들이 업무처리 과정이나 서비스 수혜과정에서 실수를 할 경우 엄한 질책이나 모욕적 언사를 하기보다는 실수의 원인이 무엇인지를 스스로 자각하게 하여 재발방지에 주안점을 두어야 한다.

6) 최적의 업무환경과 분위기를 제공하려는 자세(Optimal Job Conditions)

어느 조직이나 인적 · 물적 자원의 한계를 안고 있다. 이를 해결하기 위한 현실적 방법이 자원의 적정 배분을 위한 우선순위 설정이다. 사회복지 관리자는 내부 고객들이 업무에 전념할 수 있도록 조직의 여력 범위 내에서 쾌적한 물리적 업무환경을 제공하고 인사권의 행사를 통해 협조적인 조직 분위기 형성에 주력하여야 한다.

7) 개인의 가치와 조직의 가치의 조화 모색 (Harmony of Individual Value VS. Organizational Value)

고전적 조직관에서는 조직의 가치를 강조하며, 현대적 조직관에서는 개인의 가치와 조직의 가치의 조화를 강조하고 있다. 사회복지조직 관리자는 구성원, 서비스 이용자, 조직의 가치에 대해 조화와 균형적 가치에 입각한 태도가 필요하다. 다시 말해, 이들의 일방적 가치를 강요해서는 바람직하지 않으며, 이들의 개별 가치를 존중해야 한다. 나아가 조직의 업무 추진과 관련하여 구성원들에게 조직이 지향하는 가치를 강요하기보다는 조직가치에 대한 이해와 동의를 구하는 것이 필요하다.

8) 변화에 대한 긍정적인 자세(Planned Change)

사회복지조직을 포함한 조직환경은 늘 가변적이다. 이러한 변화에 대한 조직의 대응은, 특히 기업조직의 경우 조직의 생사를 가늠하기도 한다. 그래서 일찍이 발전 행정론자 아이젠슈타트(S. N. Eisenstadt), 디아맘(A. Diamant) 등은 발전을 '변화대응 능력의 증진'이라고 정의하였다. 사회복지조직도 조직이기 때문에 환경으로부터의 변화 압력에 직면하기는 마찬가지이다. 이때 변화에 대한 적극적 대응은 물론이고, 나아가 필요시 의도된 변화(intended change), 계획된 변화(planned change)가 요구된다.

9) 조직의 성장과 발전을 우선시하는 자세 (Prioriting Organizational Growth)

사회복지조직 관리자는 전체 조직의 관리자이기 때문에 구성원 개인의 성장, 발전보다는 조직의 성장과 발전을 강조한다. 조직 전체의 성장과 발전을 위해서 특정 개인의 부서 이동 내지 교체가 필요하다고 판단되면 단호한 결단도 필요하다. 업무역량이 부족해서 보충의 기회를 주었음에도 불구하고 이를 보충하지 못해 조직 전체의 성과에 장애가 되는 경우 할 수 없이 인사 이동, 권고사직 등의 조치가 필요하다.

2. 사회복지조직 관리자의 지식

사회복지조직 관리자는 조직 운영에 요구되는 적절한 관리지식을 가져야 한다. 이는 조직의 효율적 운영 및 형평성 있는 서비스의 제공을 통해 조직 성과를 극대화하는 데 목적이 있다. 이에 사회복지조직 관리자가 겸비해야 할 지식을 다음과 같이 제시할 수 있다(신복기 외, 2011; Skidmore, 1983).

1) 기획 및 조직화(Planning & Organizing)

기획이란 보다 나은 미래를 성취하기 위한 일련의 행동노선이다. 효과적인 기획은 바람직한 미래를 위한 결과를 가져오기 위한 준비과정으로 기획이라는 수단을 거치지 않는다면 부적절한 서비스가 제공되거나 조직의 기능이 쇠퇴할 수 있다. 따라서 사회복지조직 관리자에게 기획은 기초적이고 핵심적인 활동이다. 또한 사회복지조직 관리자는 서비스의 효과적 생산과 배분을 위한 조직구조의 설계와 구성원의 동기부여를 위한 행동양식에 관한 지식이 필요하다.

2) 자원의 우선순위 설정 및 권한 위임(Prioritizing & Delegating)

사회복지조직 관리자는 희소한 자원의 적정 배분을 위한 자원의 우선순위 배열 방법을 알고 있어야 한다. 이를 통해 목표에 비추어 각 대안들의 장·단점을 비교하여 우선순위를 매기게 된다. 그 결과 우선순위가 높은 사업은 우선적으로 예산을 배정하고 낮은 우선순위 사업은 예산배정에서 배제됨으로써 자원의 효율적 배분이 가능해진다.

또 조직 상층부로 올라갈수록 중요 업무를 취급하고 그렇지 않은 업무는 계층에 따라 하향적으로 위임함으로써 최고관리자의 전체 조직 관리가 가능해진다. 그리고 권한을 위임받은 하급자는 권한을 행사해 봄으로써 관리자로서의 역량을 키울 수 있는 훈련기회를 갖게 된다.

3) 의사결정 및 의사소통(Decision Making & Communicating)

의사결정은 조직의 관리 자체라고 해도 과언이 아니다. 일찍이 사이몬(H. A. Simon)은 '조직은 의사결정의 연속체'라고 말했다. 의사결정의 예로는 각종 결재, 보고, 지시, 승인, 회의 등이 해당된다. 사회복지조직 관리자는 조직에 유리한 결정을 하고 이를 효과적으로 집행하기 위해 의사결정의 과정과 모형을 알고 있어야 한다.

또한 관리자는 의사소통에 관한 지식도 겸비해야 한다. 조직에서 의사소통은 인체의 혈액과 같이 막힘없이 원활하게 소통되어야 한다. 이를 위해서는 수평적 · 수직적 양 측면에서 자유로운 흐름이 보장되어야 한다.

4) 동기부여와 조장(Motivating & Facilitating)

사회복지조직에 있어 동기부여는 구성원들로 하여금 목표지향적 행동을 하도록 유인하는 심적 기제이다. 관리자는 이를 잘 숙지하여 구성원들의 능력을 최대한 발휘하도록 하여야 한다. 동기부여된 조직은 사기가 높고 조직성과가 높은 것은 당연하다.

또한 고전적 관리에서는 직접적 급부를 강조하였지만, 현대적 관리에서는 간접적으로 촉진하고 후원하는 활동이 강조되고 있다. 이를 통해서 주인의식과 문제해결 능력을 향상시키는 데 기여하게 된다.

5) 조직 목표, 정책, 서비스, 및 자원(Goal, Policy, Services and Resource)

사회복지조직 관리자는 조직의 목표를 명백히 이해하고 목표-수단의 관계, 목표와 수단의 전도, 목표의 변동에 관한 지식을 가져야 한다. 또한 관리자는 목표 → 정책 → 서비스의 구체화 과정을 인식하고 이에 대한 적절한 지식을 가져야 한다. 나아가 현재 제공되고 있는 서비스는 물론 향후 확대 제공될 서비스를 판단할 수 있는 지식과 능력도 필요하다.

6) 인간행동의 역동성(Dynamics of Human Behavior)

조직 속의 개인은 복잡한 존재이다. 경제적 유인, 사회심리적 유인 등 다양한 동기부여 수단을 통해 그때그때 조직이 처한 상황에 적합한 관리전략을 구사해야 한다. 특히 클라이언트를 심층적으로 이해할 수 있게 하는 지식 또한 요구된다.

7) 지역사회 연계 자원(Linking Resource)

특정 사회복지조직이 클라이언트의 요구에 대응하는 자원을 온전히 갖기는 쉽지 않다. 이때 이러한 부족 자원은 지역사회의 자원 연계를 통해 보충함으로써 서비스의 완전성을 지향할 수 있다. 이러한 것을 가능하게 하기 위해서는 평소 지역사회의 주요 유관조직의 지도자 및 실무자들과 신뢰를 쌓아두는 것이 중요하다.

사회복지조직 관리자는 이러한 관계를 원만하게 유지할 수 있도록 지역사회 유관조직 간 폭넓은 인적·물적·조직적 자원에 대한 네트워킹 능력과 지식이 필요하다. 이러한 자원에 해당하는 조직으로는 사회복지사협회, 사회복지협의회, 사회복지공동모금회, 학회 등이 대표적이며, 기타 심리학, 상담학, 보건학, 정신의학, 간호학, 법학, 의학 등 해당 전문직 단체와도 네트워킹 노력을 기울여야 한다.

8) 사회복지방법론(Methodology)

사회복지조직 관리자는 조직 관리 및 고객들에게 적절한 서비스를 제공하기 위해서 특히 개별사회사업, 집단사회사업, 지역사회조직, 지역사회조사 등 실천방법론에 대한 지식을 가지고 있어야 한다. 한편 양적 · 질적 연구방법에 관한 이해와 분석 능력도 요구된다. 이러한 지식은 고객들이 안고 있는 문제에 대한 정확한 진단과 처방을 제시하는 데 중요 수단이 되며 나아가 조직의 문제해결 능력을 증진시키는 데 핵심수단이 된다.

9) 관리 원칙, 과정, 기술(Principles)

사회복지조직 관리자는 전통적 조직관리론에서 강조되어 온 POSDCoRB, 즉 기획(Planning), 조직화(Organizing), 인사관리(Staffing), 통제(Directing), 조정(Co-ordinating), 보고(Reporting), 예산(Budgeting)에 관한 지식을 가지고 있어야 한다. 또한 관리원칙을 숙지하여 조직의 합리적 관리가 가능하도록 해야 한다.

10) 조직 이론(Organizational Theory)

사회복지조직 관리자는 조직에 관한 지식을 연마하여 조직구조를 설계하고(조직구조론), 구성원들의 행동양식을 잘 관찰하여(조직행동론) 동기부여를 통해 역기능을 최소화하고 순기능은 극대화하여 조직성과를 높이기 위해 노력해야 한다.

11) 평가과정 및 기법(Measurement)

현대 사회복지조직은 평가기능이 강조되고 있다. 이는 신자유주의 사조와 더불어 강조되고 있으며, 조직에서 제공하고 있는 특정 프로그램의 평가, 구성원들의 업적 평가, 조직 자체의 성과 평가 등이 강조되고 있다. 평가는 과정

평가(형성평가)와 결과평가(총괄평가)가 있으며 둘 다 중요성을 가진다. 왜냐하면 과정이 역기능적이면 결과를 담보할 수 없기 때문이다.

한편 많이 활용되고 있는 평가기법으로는 균형성과표(BSC)가 있다. 이는 평가가 용이하고 재무적 · 비재무적 측면을 모두 포괄할 수 있는 장점이 있다.

3. 사회복지조직 관리자의 계층별 요구기술

사회복지조직 관리자는 사회복지사로서 가져야 할 기술뿐만 아니라 관리자로서 관리기술을 갖추어야 한다. 미린고프(Miringoff, 1980)는 사회복지조직의 효과성은 조직이 사용하는 전체 기술목록 가운데 조직 구성원이 이 중 특정 기술을 어느 정도에 보유하고 있느냐에 따라 좌우된다고 하면서 조직 구성원의 구사기술의 중요성을 강조하고 있다.

특히 카츠 등(Katz, et al., 1978)은 사회복지조직에 있어서 계층제의 수준에 따라 구사 기술이 달라져야 한다고 하면서 조직기술의 종류로 개념적 기술(conceptual skills), 인간관계 기술(human relations skills), 기능적 기술(technical skills)의 세 가지를 들고 있다.

첫째, 개념적 기술이란 조직 내외의 정보를 종합 분석, 판단하여 조직의 나아갈 방향을 설정하고, 조직구조의 설계, 정책 및 의사결정, 리더십, 동기부여 등 조직 전체적 관점에서 판단하는 기술을 의미한다.

둘째, 인간관계 기술이란 조직 구성원들이 조직 내의 수직 · 수평적 관계, 고객과의 관계에서 원활한 대인관계가 형성되어 조직 내 협동적 행동이 이루어지는 상태를 의미한다.

셋째, 기능적 기술이란 사회복지의 구체적 실천방법, 과정, 절차, 기법 등을 정확히 이해하면서 업무를 처리하는 실무적 능력을 의미한다. 이는 다음과 같이 〈표 13-1〉로 제시할 수 있다.

이를 보면 상위관리층은 ① 개념적 기술과 ④ 인간관계 기술을, 중간관리층은 ② 개념적 기술과 ⑤ 인간관계 기술, ⑧ 기능적 기술 모두를, 하위관리층은 ⑥ 인간관계 기술과 ⑨ 기능적 기술이 요구된다고 볼 수 있다.

〈표 13-1〉 사회복지조직의 관리 계층별 요구기술

계층수준 / 요구기술	상위관리층	중간관리층	하위관리층
개념적 기술	①	②	3
인간관계 기술	④	⑤	⑥
기능적 기술	7	⑧	⑨

출처 : R. L. Katz, et al.(1978), 신복기 외(2011) 재구성.

학습평가

01 **사회복지행정 조직에서 관리자의 자세를 강조한 학자는?** ( )

① Y. Hansenfeld ② R. A. Skidmore ③ R. Rohmann
④ J. S. Adams ⑤ P. Senge

정답 ①

해설 사회복지행정 조직에서 관리자의 자세를 강조하는 학자는 Hansenfeld(1995)이다.

02 **다음 내용에 부합되는 사회복지행정 조직에서 요구되는 관리자의 자세는?** ( )

> 조직 개선을 위해 기존의 관행을 타파하고 새로운 아이디어와 업무처리 절차와 방법을 고안하는 역량

① 수용성 ② 민주성
③ 창의성 ④ 신뢰성
⑤ 고객 존중성

정답 ③

해설 기존 관행을 타파하고 새로운 아이디어와 업무처리 절차와 방법을 고안하는 역량은 창의성이다.

03 **사회복지행정 조직에서 활용할 수 있는 사회적 자본(social capital)이 아닌 것은?** ( )

① 질서의식 ② 규범
③ 신뢰 ④ 연결망
⑤ 보상

정답 ⑤

해설 사회적 자본(social capital)은 무형의 자본으로 인간 상호 간 관계형성을 통해서 무한히 확장할 수 있는 자본으로 질서 의식, 규범, 공동체 의식, 신뢰, 사회적 연결망 등이 있다.

04 조직 관리자의 기능으로 귤릭(L. Gulick)이 제창한 내용이 아닌 것은? (　　)

① 기획　② 조직화
③ 조정　④ 변화
⑤ 예산

정답 ④

해설 귤릭(L. Gulick)은 조직 관리자의 기능으로 POSDCoRB를 제창하였다. P(기획), O(조직화), S(인사관리), D(지휘), Co(조정), R(보고), B(예산)을 제시하였다.

05 카츠 등(Katz et al., 1978)이 제시한 조직 계층에 따른 관리자의 기술로서 다음에 적합한 기술은? (　　)

> 조직 내외의 정보를 종합 분석, 판단하여 조직의 나아갈 방향을 설정하고 조직구조의 설계, 정책 및 의사결정, 리더십, 동기부여 등 조직 전체적 관점에서 판단하는 기술

① 기능적 기술　② 평가 기술
③ 개념적 기술　④ 인간관계 기술
⑤ 동기부여 기술

정답 ③

해설 카츠 등(Katz et al., 1978)은 조직 계층에 따른 관리자의 기술로서 개념적 기술, 기능적 기술, 인간관계 기술 3가지를 들고 있다.

참고문헌

강용규 외(2008). **사회복지행정론**. 경기 : 공동체.

경기복지재단(2011). 사회복지시설 경영컨설팅 매뉴얼 개발 및 사업보고서-2011년 노인복지관 경영컨설팅 사례를 중심으로.

고영선 · 윤희숙 · 이주호(2004). **공공부문의 성과관리**. 한국개발연구원.

고재욱 · 전선영 · 황선영 · 박성호 · 이용환(2016). **사회복지행정론**. 경기 : 정민사.

금창호 외(2002). **지방자치단체 성과관리기법의 효율화 방안**. 서울 : 한국지방행정연구원.

김규정(1986). **신고 행정학원론**. 서울 : 법문사.

김년희 · 조성숙(2018). 사회복지기관의 조직문화유형이 사회복지사의 소진에 미치는 영향과 조직내 갈등의 매개효과 분석. **보건사회연구, 38**(1), 335-364.

김대건 · 허성욱(2015). 조직문화 격차가 조직효과성에 미치는 영향. **한국공공관리학보, 29**(3), 1-28.

김명수 · 이명호 · 허정철(2014). **사회복지행정론**. 경기 : 정민사.

김병섭 · 박광국 · 조경호(2012). **조직의 이해와 관리**. 서울 : 대영문화사.

김수신 · 조홍식(2006). **사회복지행정론**. 서울 : 한국방송통신대학교출판부.

김영종(2001). **사회복지행정**. 서울 : 학지사.

______(2010). **사회복지행정론**. 서울 : 학지사.

김영종(2017). **사회복지행정**. 서울 : 학지사.

김융일 외(2004). **사회복지 수퍼비전론**. 경기 : 양서원.

김제선(2021). **사회복지행정론**. 공동체.

김제선 · 고강호 · 강석주 · 김재원 · 이규태(2015). **사회복지행정론**. 경기 : 양서원.

김현진 외(2013). **사회복지행정론**. 양서원.

________(2022). **사회복지행정론**. 공동체.

김형식 · 이명철 · 신준섭(2007). **사회복지행정론**. 경기 : 양서원.

____________________(2021). **사회복지행정론**. 경기 : 양서원.

김형식 · 이영철 · 신준섭 · 김형식 외(2001). **사회복지행정론**. 서울 : 도서출판 동인.

남일재 · 양정하 · 나용선 · 오종희 · 김영호 · 주익수 · 오 주(2006). **사회복지행정론**. 서울 : 학현사.

문인식 · 김혜미 공역(1995). **사회복지기관행정론**. 서울 : 동인.

민 진(2013). **조직관리론**. 서울 : 대영문화사.

박경일(2000). 서비스의 질적 향상을 위한 관리기법으로서 복지 QC 활동에 관한 사례연구. 한국사회복지학, 통권 제40호, 97-130.

박경일 · 장중탁 · 이명현(2002). 사회복지기관의 TQM 진단평가를 통한 단계별 수행방안에 관한 연구 : 부산광역시 지역사회복지관을 중심으로. 한국사회복지행정학, 6.

박연호(1995). 행정학신론. 서울 : 박영사.

박연호 외(2007). 현대조직관리론. 서울 : 법문사.

박용치(1988). 현대 행정학원론. 서울 : 경세원.

박우순(2015). 조직관리론. 서울 : 법문사.

______(2016). 현대조직론. 서울 : 법문사.

박원우(2005). 임파워먼트 실천 매뉴얼. 서울 : 시그마 컨설팅그룹.

박재린(2005). 현대조직론의 이해. 서울 : 무역경영사.

배은영 외(2010). 사회복지행정론. 경기 : 공동체.

배종석 (2012). 인적자원론. 서울 : 홍문사.

백기복(2011). 조직행동연구. 서울 : 창민사.

생각의마을 기획(2022). 사회복지행정론. 공동체.

성규탁(1985). 사회복지행정조직론. 서울 : 박영사.

______(1993). 사회복지행정론. 서울 : 법문사.

신민정 · 염일열 · 조성욱(2015). 사회복지행정론. 경기 : 공동체.

신복기(1984). 사회사업행정의 발달과정에 관한 연구. 사회과학논총, 3(1), 219-240.

______(1986). 사회복지 프로그램의 효과적 관리에 관한 연구 - Rino J. Patti의 프로그램 발달 사이클에 따른 발달목표와 관리과업을 중심으로-. 사회과학논총, 5(1), 129-166.

신복기 · 박경일 · 이명현(2009). 사회복지행정론. 경기 : 공동체.

____________________(2011). 사회복지행정론. 경기 : 공동체.

____________________(2013). 사회복지행정론. 경기 : 공동체.

____________________(2014). 사회복지행정론. 경기 : 공동체.

신섭중 · 신복기 · 현외성 · 김경호 · 박경일 · 김익균(1996). 한국사회복지법제개설. 서울 : 대학출판사.

신유근(1993). 리포트-우리나라 기업문화의 현주소와 방향설정. 석유협회보(12), 72-78.

신유근 외(2003). 조직환경론. 서울 : 다산출판사.

심상용(2017). 사회복지행정론. 서울 : 학지사.

안경섭 (2008). 공공부문의 조직문화가 조직성과에 미치는 영향. 한국정책과학학회보, 12(4), 103-131.

양창삼(1994). 조직이론. 서울 : 박영사.

______(2002). 조직이론. 서울 : 박영사.

______(2004). 조직행동의 이해. 서울 : 법문사.
오석홍(2010). 조직이론. 서울 : 박영사.
오세영(2022). 사회복지행정론. 서울 : 신정.
우종모 외(2004). 사회복지행정론. 경기 : 양서원.
원석조(2022). 사회복지행정론. 경기 : 양서원.
유영옥(2005). 행정조직론. 서울 : 학문사.
유종해(1995). 현대조직관리. 서울 : 박영사.
______(2012). 현대조직관리. 서울 : 박영사.
윤유곤(2011). 조직관리론. 서울 : 다산출판사.
이유재(2008). 서비스마케팅. 서울 : 학현사.
이윤식(2007). 우리나라에 있어서 성과관리를 위한 평가의 개선방안에 관한 연구 : 중앙부처 사례를 중심으로. 정책분석학회보, 17(3), 1-30.
이학종(2006). 조직행동론. 서울 : 세경사.
______(2008). 조직행동론. 서울 : 박영사.
이현수 외(2004). 신문광고사례를 통해서 본 아파트 브랜드 포지셔닝에 관한 연구. 광고학연구, 15(2), 67-93.
임정문 외(2021). 사회복지행정론. 서울 : 동문사.
임창희(2016). 조직행동론. 서울 : 비엔엠북스.
장동일(2006). 사회복지행정론. 서울 : 학문사.
______(2010). 사회복지행정론. 서울 : 동문사.
장인협 · 이정호(2003). 사회복지행정론-이론과 실제. 서울 : 서울대학교출판부.
장천식(2006). 사회복지행정의 이해. 서울 : 창지사.
정무성(1998). 사회복지기관의 후원자개발을 위한 마케팅 전략에 관한 연구. 사회복지리뷰, 3.
______(1999). 사회복지조직의 책임성. 서울 : 한국사회복지행정학회 1999년 추계학술대회자료집. 사회복지 책임성과 사회복지조직의 변화.
______(2000). 한국사회복지행정과 리더십. 한국사회복지행정학회.
정무성 · 황정은(2013). 사회복지마케팅. 서울 : 신정.
정수진(1994). 조직행동론. 서울 : 삼우사.
제갈돈 외(2006). 성과관리를 위한 우리나라 평가제표체계의 개선방안에 관한 연구. 한국거버넌스학회보, 13(2), 217-248.
조석준(1997). 한국행정학. 서울 : 박영사.
조우홍(2009) 마케팅믹스에 의한 사회복지시설 후원자 개발에 관한 연구. 한국컴퓨터정보학회, 14(5).
조흥식 외(2009). 사회복지학개론. 서울 : 창지사.

진석범(2015). 사회복지사가 지각하는 보상이 직무태도에 미치는 영향에 관한 연구. 건국대학교 일반대학원 박사학위논문.

채서일(2006). MARKETING(제4판). 서울 : 비앤앰북스.

최상미 · 최재성(2007). 사회복지시설의 보상체계 특성과 정립방향에 대한 탐색적 고찰. **한국사회복지조사연구**, 15. 97-118.

최성재 · 남기민(2010). **사회복지행정론**. 경기 : 나남.

____________(2016). **사회복지행정론**. 경기 : 나남.

최용민 외(2021). **사회복지행정론**. 서울 : 동문사.

최항순(2013). **행정조직론**. 서울 : 동성출판사.

한국복지행정학회(2014). **사회복지행정론**. 경기 : 양서원.

허만형(2004). **사회복지행정론**. 서울 : 법문사.

홍봉수 외(2013). **사회복지행정론**. 경기 : 공동체.

________(2016). **사회복지행정론**. 경기 : 공동체.

홍현미라 · 정진경 · 이은정 · 심선경 · 김가율 · 함수연(2014). **사회복지행정론**. 경기 : 공동체.

황성철 · 정무성 · 강철희 · 최재성(2014). **사회복지행정론**. 서울 : 학지사.

__________________________(2021). **사회복지행정론**. 서울 : 정민사.

황희숙(2020). **사회복지행정론**. 서울 : 창지사.

Ables, P., & Murphy, M. J.(1981). *Administration in the Human Services : A Normative Systems Approach*. Englewood Cliffs, NJ : Prentice Hall.

Adams, J. S.(1963). Toward an understanding of inequity. *Journal of Abnormal and Social Psychology, 67*.

Alderfer, C. P.(1972). *Existence, relatedness and growth*. New York : Free Press.

American Association of Social Workers(1929). *Social Casework : Generic and Specific*. New York : American Association of Social Workers.

Argyris, C.(1962). *Interpersonal Competence and Organization Effectiveness*. Homewood, Ⅲ : Irwin Dorsey Press.

Barnard, C. I.(1978). *The Functions of the Executive*. Cambridge : Harvard University Press.

Bass, B. M.(1985). *Leadership and performance beyond expectations*. New York : Free Press.

Blau & Scott(1970). Formal Organization. In Gilbert Smith(Ed.), *Social Work the Sociology of Organization*. Routledge & Kagan Paul.

Brown, J. C.(1940). *Public Relief : 1929~1939*. New York : Henry Holt and Co.

Burns, J. M.(1978). *Leadership*. New York : Harper & Row.

Burns, T., & Stalker, G. M.(1961). *The Management of Innovation*. London : Travistock.

Calisle, H. M.(1987). *Management Essentials : Concepts For Productivity and innovation*(2nd ed.). Chicago : Science Research, inc.

Cohen, M., March J., & Olsen, J.(1972). A Garbage Can Model of Organizational Choice. *Administrative Science Quartely, XVII*(1), March.

Daft, R. L.(2016). *Organization Thoery & Design*(12th ed.). Canada : Cengage Learning.

David F. Hendry(1995). *Dynamic Econometrics*. Oxford University Press.

Deal, T. A., and Kennedy, A. A.(1982). *Corporate culture*. MA : Addison-Wesley.

Dror, Y.(1963). The plannning Process : A Fact Design. *International Review of Administrative Science, 29*(1).

_______(1967). The Planning Process : A Fact Design. In F. J. Lyden & E. G. Miller(Eds.), *Planning-Programming-Budgeting*. Chicaco : Markham Publishing Co.

_______(1968). *Public Policy-Making Reexamined*. Pennsylvania : Chandler Publish Company.

Drucker, D. F.(1954). *The Practice of Management*. New York : Harper & Row.

Dunnette M. D., & Kirchner W. K.(1965). *Psychology Applied to Industry*. New York : Appenton-Century-Croffs.

Ehlers, W. H., Michael J. Austin & Jon C. Prothero(1976). *Administration for the Human Service*. New York : Harper & Row. Publisher.

E. H. Schein(1984). Coming to a New Awareness of Organization Culture. *Sloan Management Review*, Winter.

___________(1985). *Organizational Culture and Leadership : A Dynamic View*. San Francisco : Jossey-Base Publishers.

Etzioni, A.(1967). Mixed Scanning : A Third Approach to Decison Making. *PAR, Dec*.

Fiedler, F. E.(1967). *A theory of leadership effectiveness*. NY : McGrew-Hill.

Gibson, J. L., Ivancevich, J. M., & Donnelly, J. H.(1976). *Organizations*. Plano Texax : Business Publications. Inc.

Gilbert, N., & Specht, H.(1977). *Planning for Social Welfare*. Englewood Cliffs. NJ : Prentice-Hall.

Gulick, L., & Urwick, L.(Eds.)(1937). *Papers on the Science of Administration*. New York : Institute of Public Administration.

Gunther, John & Hawkins, Frank(1999). *Making TQM Work : Quality Tools For Human Service Organization*. New York : Springer Publishing Company.

Hasenfeld, Y.(1985). **사회복지행정조직론**. 성규탁 역. 서울 : 한국사회개발연구원.

___________(1992). *Human Services as Complex Organizations*. Newbury Park, London : Sage.

___________(1992). The Nature of Human Service Organizations. In Y. Hasenfeld(Ed.),

Human Service as Complex Organizations(pp. 3-23). Newbury Park, CA : Sage.

Hersey, P., & Blanchard, K. H.(1977). *Management of organizational behavior : Utilizing human resources*. Englewood Cliffs, NJ : Prentice-Hall.

Herzberg, F.(1966). *Work and the nature of man*. Cleveland : World Publishing.

Herzberg, F., Mausner, B., & Snyderman, B. B.(1959). *The Motivation to work*. New York : Wiely;

House, R. J. A.(1971). path-goal theory of leader effectiveness. *Administrative Science Quarterly, 16*.

Kadushin(1992). *Supervisionin Social Work*(pp. 371-373).

Kaplan R. S., & Norton D. P.(1992). The Balanced Scorecard-measures that Drive Performance. Harvard Business Review. January-February.

________________(1996). *The Balanced Scorecard : Translating Strategy into Action*. Harvard Business Review Press.

Katz, D., & R. L. Kahn(1978). *The Social Psychology of Organization*. New York : John Wiley and Sons.

Kidneigh, J. C.(1950). Social Work Administration : An Area of Social Work Practice?. *Social Work Journal, 31*(2), 257-279.

Korman, A. K.(1966). Consideration, initiating structure and organization criteria. A review. *Personnel Psychology, 19*.

Lewis, J. A., Lewis, M. D., Packard, T., & Souflee, F. S. Jr.(2001). *Management of Human Service Programs*. Belmont : Wadsworth Com.

Lewin, K., & Lippitt, R.(1939). Patterns of aggressive behavior in experimentally created social climates. *Journal of Social Psycology, 10*.

Lindbloom. C.(1959). The Science of Muddling Through. *Public Administration Revies, 19*, Spring.

__________(1968). *The Policy-Making Process*. NY : Prentice Hall.

Locke, E. A.(1990). Toward a theory of task motivation and incentives. *Organization Behavior and Human Performance, 3*.

Lohmann, R. A.(1980). Financial management and social administration, In F. D. Permutter & S. Slavin(Eds.), *Leadership in social administration : Perspectives for the 1980s*. Philadelphia, PA : Temple University Press.

Lubove, R.(1965). *The Professional Altruist : The Emergence of Social Work As a Career, 1880~1930*. Cambridge, MA : Harvard University Press.

Martin, Lawrence L.(1993). *Total Quality Management in Human Service Organization*. Newbury

Park, CA : SAGE Publications.

Maslow, A. H.(1954). *Motivation and personality.* New York : Haper & Row.

_____________(1968). *Toward a theory of being.* New York : Van Nostrand reinhold.

McClelland, D. C.(1961). *The achieving society.* Princeton, NJ : Van Nostrand.

_________________(1962). *Bussiness drive and national achievement.* Harvard Business Review.

_________________(1965a). *Achievement motivation can be developed.* Harvard Business Review.

_________________(1965b). *Toward a theory of motive acquistion.* American Psychologist.

_________________(1971). *Assessing human motivation.* New York : General Learning Press.

Mcgregor, D.(1960). *The human side of enterprise.* New York : Mcgraw-Hill.

Miles, R.(1980). *Macro-Organizational Behavior.* Pacific Palisades : Goodyear Publishing.

Muson, C. E.(1979). *Social Work Supervision : Classic Statement and Critical Issues.* N.Y : Free Press.

Neugeborn, B.(1985). *Organization, Policy and Practice in the Human Service.* New York : Longman.

Patti, R. J.(1983). *Social Welfare Administration : Managing Social Programs in a Development Context.* Englewood Cliffs, NJ : Prentice-Hall.

Pettigrew, A. M.(1979). On studying organizational cultures. *Administrative Science Quarterly 24*(4), 570-581.

R. A. Skidmore(1990). *Social Work Administration.* Englewood Cliffs : Prentice-Hall.

Robins, Stephen P.(1984). *Organizational Behavior : Concepts, Controversies, and Applications.* Prentice-hall.

R. T. Pascale & A. G. Athos(1981). *The Art of Japanes Management.* New York : Penguin Books.

Scott William G., & Mitchell Terence R.(1976). *Organization Theory : A Structural and Behavioral Analysis.* Illinois : Richard D.Irwin, Inc.

Senge, P.(1990). *The fifth Discipline : the Art and Practice of Learning Organization.* New York : Doubleday Currency.

Shortell, S. M., & Kaluzny, A. D.(1994). *Health care management : Organizational design and behavior*(3rd ed.). Albany, NY : Delmar Publishers Inc.

Simon, H. A.(1977). *The new science of management decision.* Englewood Cliffs, NJ : Prentice-Hall Inc.

Simon, H. A., Smithburg, D. W., & Victor, A.(1950). *Public Administration.* New York : Knopf. Thompson.

Simon, H., & March(1958). *Organization.* NY : John Wiley and Sons.

Skidmore, R. A.(1983). *Social Work Administration : Dynamic Management and Human Relationships*. Englewood Cliffs, NJ : Prentice-Hall.

______________(1990). *Work Administration*. New Jersey : Prentice-Hall.

______________(1995). *Social Work Administration*. England Cliffs : Prentive-Hall.

Skidmore, T. E.(1990). *The politics of military rule in Brazil, 1964-1985*. O U Press.

Stogdil, R. M.(1974). *Handbook of Leadership*. NY : The Free Press.

Trecker, H. B.(1977). *Social Work Administration : Principles and practices*. New York : Association Press.

T. E. Deal & A. A. Kennedy(1982). *Coporate Culture*. Reading Mass : Addison-Wesley.

Vroom, V.(1965). *Work and Motivation*. New York : John Wiley and Sons.

Weiner, M. E.(1990). *Human Service Management : Analysis and Application*(2nd ed.). San Francisco, CA : Wadworth.

W. G. Ouchi(1981). *Classics of Organization Theory*.

Wildavsky, A.(1961). Political Implications of Budgetary Reform. *PAR, 21*.

찾아보기

인명

내용

저/자/소/개

■ 김남수
제주한라대학교 복지행정과 교수

■ 김문수
구미대학교 사회복지과 교수

■ 김효선
서영대학교 사회복지행정과 교수

■ 류동수
청암대학교 사회복지과 교수

■ 박철민
제주국제대학교 사회복지학과 교수

■ 이승준
호원대학교 사회복지학과 초빙교수

■ 정형민
영남외국어대학교 사회복지과 교수

■ 한승협
부산여자대학교 사회복지학부 교수

사회복지행정론

|공저자| 김남수 · 김문수 · 김효선 · 류동수 · 박철민 · 이승준 · 정형민 · 한승협

|1판 1쇄| 발행 2023년 8월 30일
|1판 2쇄| 발행 2024년 7월 30일
|1판 3쇄| 발행 2025년 3월 15일

|발행인| 김동훈
|발행처| 공동체

|주소| 경기도 고양시 일산동구 호수로 358-39, 동문타워 1차 905호(백석동)
|전화| 031)814-3000(대표)
|팩스| 031)814-3100
|홈페이지| http://www.compub.co.kr
|전자우편| compub@naver.com
|출판등록| 2005년 10월 6일
|등록번호| 제396-2005-36호

|ISBN| 979-11-6725-407-8
정가 23,000원